Oklahoma City
Memphis
Atlanta
USA
Ft. Worth
Dallas
Austin
New Orleans
Houston
San Antonio
Nuevo Laredo
Laredo
El Cenizo
Ciudad Miguel Aléman
Roma
McAllen
Broca Chica State Park
Monterrey
Reynosa
Rio Bravo
Saltillo
Golf von Mexiko
San Luis Potosí
San Diego de la Unión
San Miguel de Allende
Mexiko-Stadt
Altacomulco
Cholula
Morelia
Toluca
Texcoco
Puebla
Veracruz
Valladolid
Mérida
Campeche
Belize-Stadt
Coaizacoalcos
Santá María Ixcatlán
Balsas
Yanhuitlán
Oaxaca
Oventic Village
San Cristobal de las Casas
Acapulco
Ixtepec
Juchitán de Zaragoza
San Jerónimo Tlacochahuaya
San Dionisio Ocotepec
Guatemala-Stadt

PAUL THEROUX

AUF DEM SCHLANGENPFAD

Als Grenzgänger in Mexiko

Aus dem amerikanischen Englisch
von Erica Ruetz

Hoffmann und Campe

Die Originalausgabe erschien 2019 unter dem Titel
On the Plain of Snakes. A Mexican Journey bei Houghton Mifflin Harcourt, New York.

Bei der vorliegenden Ausgabe handelt es sich um eine leicht gekürzte Fassung der US-amerikanischen Originalausgabe.

2. Auflage 2020

www.hoffmann-und-campe.de
Karte: Peter Palm, Berlin
Umschlaggestaltung: Vivian Bencs © Hoffmann und Campe
Umschlagabbildung: © Frontpage / Shutterstock
Satz: Dörlemann Satz, Lemförde
Gesetzt aus der Minion
Druck und Bindung: GGP Media GmbH, Pößneck
Printed in Germany
ISBN 978-3-455-00811-1

HOFFMANN
UND CAMPE

Ein Unternehmen der
GANSKE VERLAGSGRUPPE

A mis queridos amigos
que me acompañaron por los caminos de México
No los olvidaré

In der baumlosen Gebirgssteppe der gähnend leeren Mixteca Alta im Bundesstaat Oaxaca schlurfte ein alter Campesino mit verbeultem Hut und abgewetzten Stiefeln einen Feldweg entlang. Er war allein unterwegs auf der Strecke zwischen dem abgelegenen Dorf Santa María Ixcatlán und der meilenweit entfernten Fernstraße. Diese armselige Gestalt mit ihrem harten Los war für mich eine zeichenhafte Verkörperung Mexikos, ein Sinnbild für das Leben in diesem Land. Er mochte ein Bauer auf dem Weg zum Markt sein, ein Arbeiter in der Hoffnung auf einen Job in der Fabrik, ein Migrant, der zur Grenze wollte, oder einfach nur jemand, der Hilfe brauchte. Wohin sein Weg ihn auch führen mochte, er war steinig.

Wir hielten den Pick-up an und ließen ihn einsteigen. Nach einer guten Stunde Rüttelei erreichten wir die Fernstraße. Der Mann reichte uns die Hand: »Danke.«

»Wie heißt das Dorf hier?«

»San Juan Bautista Coixtlahuaca«, sagte er. »Da, das alte Kloster.«

Die gigantische Kirchenruine lag leer, hohl und einsam in der Landschaft.

»Was bedeutet ›Coixtlahuaca‹?«

»El llano de los serpientes.«

Die Schlangensteppe.

Inhalt

Erster Teil

GRENZLANDE

Zur Grenze: Ein Beispiel für die normative Kraft des Faktischen

Die mexikanische Grenze ist der Rand der bekannten Welt: Dahinter lauern Schatten, Gefahren und finstere Gestalten – hungrige, kriminelle, raffgierige Feinde –, ein böswilliger, unbeherrschbarer Pöbel, der es auf unschuldige Reisende abgesehen hat. Und die Beamten der Policía Federal sind diabolische, schwerbewaffnete Typen; eben noch stur und muffig, sind sie mit einem Mal wütend, schreien dich an und wollen dich erpressen, wie sie es mit mir gemacht haben.

Schickt Anwälte, Feuerwaffen und Geld! Fahr da nicht hin! Das überlebst du nicht!

Aber halt – tiefer im Land (breitkrempige Sombreros, Mariachi-Musik, trötende Trompeten, Zahnpastagrinsen) liegen die erholsamen Urlaubsorte. Da kann man für eine Woche hinfliegen, sich sinnlos mit Tequila volllaufen lassen und mit elendem Durchfall flachliegen, und dann fährt man mit einem handgewebten Poncho oder einem bunten Keramiktotenschädel wieder nach Hause. Und hier und da, am Strand und in den Bergen, gibt es die sonnigen Reservate für US-amerikanische Rentner – haufenweise weißhaarige Gringos in Gated Communities und Künstlerkolonien.

Ach ja und dann die Bonzen und Ölbarone in Mexiko-Stadt. Carlos Slim, der siebtreichste Mann der Welt, steht ganz oben auf einer Liste von dreißig bekannten mexikanischen Milliardären, die zusammen mehr Geld besitzen als die gesamte übrige Bevölkerung Mexikos. Die Campesinos in den südlichen Bundesstaaten Oaxaca und Chiapas haben ein niedrigeres Jahreseinkommen als ihre bäuerlichen Kollegen in Bangladesch oder Kenia und darben in erodierten Bergregionen in stumpfer Tristesse dahin; Licht in die Dunkelheit des harten Dorfalltags bringen nur die alljährlichen Fiestas mit den phantastischen Maskenumzügen, in denen für kurze Zeit Frohsinn herrscht. Hungernde, Schurken und Hedonisten bevölkern den gleichen Raum, und dieser riesige Raum, diese mexikanische Landschaft, ist alles: elend und üppig, urweltlich und erhaben.

Dazu kommen riesige Ferienanlagen für sonnenhungrige kanadische Winterflüchtlinge. Und die Überreste von fünfzehn Kolonien polygamer Mormonen, die von Utah nach Mexiko flohen, um ihre Harems von gefügigen häubchentragenden Ehefrauen behalten zu können, die unter dem »Tempelgewand« mit seinen Schichten von züchtiger Unterwäsche in der Wüste von Chihuahua ziemlich schwitzen dürften. Und abgeschottete Gruppen von Plautdietsch sprechenden Altkolonier-Mennoniten, die in den ländlichen Regionen von Cuauhtémoc und Zacatecas Rohmilchkäse machen: buttrigen *queso menonita* aus Chihuahua, sehr schmackhaft in einem mennonitischen Wareniki-Auflauf oder in Bubble Bread.

Baja California ist protzig und arm zugleich, die *frontera* gehört hüben wie drüben den Kartellen und Maulwürfen, im Staat Guerrero regieren Drogengangs, in Chiapas die vermummten, idealistischen Zapatisten – und an den Rändern des Landes sind die Kurzurlauber, die Surfer, die Rucksacktouristen, die rüstigen Rentner, die Hochzeitsreisenden, dann Drop-outs, Flüchtlinge, Waffenschmuggler, schnüffelnde CIA-Fieslinge, Geldwäscher, Währungsbetrüger – und ach, dort: ein alter Gringo in einem Auto, der mit zusammengekniffenen Augen auf die Straße schaut und denkt: *Mexiko ist kein Land. Mexiko ist eine Welt mit so vielen in Kultur, Temperament und Küche extrem voneinander verschiedenen Staaten, dass man alle Facetten seines sonderbaren* Mexicanismo *niemals auf einen Nenner bringen kann: ein Paradebeispiel für die normative Kraft des Faktischen.*

Dieser alte Gringo war ich. Ich saß in meinem eigenen Auto und fuhr im Sonnenschein Mexikos die kurvenlos ansteigende Straße durch die menschenleeren Täler der Sierra Madre Oriental – Mexikos Rückgrat ist schroff und gebirgig. In dieser weiten, abweisenden Gegend wuchsen Tausende einzeln stehende Yucca-Bäume der Gattung

Yucca filifera, die bei den Mexikanern *palma china* heißt. Ich fuhr an den Straßenrand, um sie genauer anzusehen, und notierte in meinem Buch: *Ich kann mir nicht erklären, warum ich mich in der meilenweiten Leere dieser Straßen so jung fühle.*

In diesem Moment sah ich im erdähnlichen Sediment unter einer der Pflanzen einen schlanken Ast zucken. Er bewegte sich. Eine Schlange, ein Knäuel schimmernder Schuppen. Es zog sich zusammen und umschlang sich selbst – der glatte, dünne Körper pulsierte in peristaltischen Serpentinen; eine einzige Bedrohung, hellbraun wie der staubige Schotterboden. Ich ging einen Schritt zurück; das Tier fuhr fort, sich langsam um sich selbst zu winden. Ungiftig, wie ich später erfuhr. Keine gefiederte Schlange und auch nicht die zappelnde Klapperschlange im Schnabel des augenrollenden Adlers, das Emblem der mexikanischen Nationalflagge. Es handelte sich um eine Kutscherpeitschennatter, hier genauso oft anzutreffen wie die Klapperschlange mit ihren sechsundzwanzig in Mexiko vorkommenden Unterarten, ganz zu schweigen von der Dreiecksnatter, Blindschlange, Rattennatter, Berggrubenotter, Strumpfbandnatter und der drei Meter langen Boa Constrictor.

Das Glück der freien Fahrt – es grenzte an Euphorie. »Hinter uns lag ganz Amerika und alles, was Dean und ich bisher vom Leben gewusst hatten und vom Leben auf der Straße«, schreibt Kerouac in *Unterwegs* über seine Einreise nach Mexiko. »Schließlich hatten wir am Ende der Straße das zauberische Land gefunden; nie hatten wir uns träumen lassen, wie groß sein Zauber war.«

Aber dann, beim Weiterfahren, dachte ich über die alten, knorrigen Stämme der Yuccas nach und über ihre runden Kronen mit den spitzen, schwertartigen Blättern. (»Die Blätter der Jungpflanze stehen aufrecht, senken sich aber bei älteren Exemplaren bogig nach unten«, schreibt ein Botaniker, als beschriebe er einen alten Knacker.) Die Strünke gehören alle zur Familie der Spargelgewächse. Es ist vorstellbar, dass ein saftiger Speer hier zu einer Wüstenpalme angeschwollen ist, die ihre Wurzeln hartnäckig in den Sand gräbt, zäh, aber gebeugt von den Jahren. Und ich dachte: *Es war ein böser Sommer.* Verachtet, gemieden, brüskiert, stehengelassen, nicht für voll genommen, herabgesetzt, verspottet, belächelt, mit Stereotypen behangen, als parasitär empfunden, unsichtbar für die Jungen – die Alten in den USA und auch ich, der Mensch und Autor, haben viel mit der Yucca und viel mit den Mexikanern gemein. Wir teilen uns den Vorwurf der Vergreisung und Überflüssigkeit.

Also habe ich hier etwas, mit dem ich mich identifizieren kann. Dass ich in einer Seelenlage nach Mexiko abreise, in der ich mir besonders missachtet und schwach vorkomme, ist weder Anlass zu Besorgnis noch zu Mitleid. So ist es eben. Es ist großartig. Ich gehe auf eine lange Reise, verschwinde einfach, gebe niemandem Bescheid und bin ziemlich sicher, dass es nicht einmal auffällt, wenn ich weg bin.

Wie der verachtete Mexikaner, wie ein Mensch, den man stets daran erinnert, dass er oder sie nicht willkommen ist, dass er oder sie genauso gut wegbleiben könnte, komme auch ich mir vor: Ich habe das größte Mitgefühl. Ich bin die Yucca mit den wirren Haaren und dem krummen Rücken, ich bin (auch wenn ich in die entgegengesetzte Richtung reise) der durchtriebene Migrant. *Yo soy tú*, denke ich mir, *ich bin du.*

Ein Gringo in der Dégringolade

Nach gängiger amerikanischer Auffassung bin ich alt, überständig und überflüssig. Also werde ich mit einem Diminuendo, zu dessen traurigen Klängen ich ein letztes Mal mit meinem Rentenbescheid winke, langsam ausgeblendet. In den USA ist ein alter Mensch entweder unsichtbar oder wird überhört, weil er sowieso bald von der Bildfläche verschwindet: ein Gringo im freien Fall, für den es das französische Wort *dégringolade* gibt.

Natürlich kränkt mich das, aber ich bin zu stolz, es mir anmerken zu lassen. Meine Trotzreaktion besteht in Arbeit und Reisen. Lieber möchte ich sein, was die Mexikaner unter einem Senior verstehen: ein *hombre de juicio*, ein Mann mit Urteilskraft, eine Respektsperson, die das im Spanischen beschönigend sogenannte »Dritte Lebensalter« erreicht hat und höflich mit *tio* oder, in meinem Fall, mit »Don Pablo« angesprochen wird. Von mexikanischen Jugendlichen wird erwartet, dass sie selbstverständlich den Älteren ihren Sitzplatz überlassen. Sie kennen den Spruch: *Más sabe el diablo por viejo, que por diablo* – Der Teufel ist nicht schlau, weil er alt ist, sondern weil er der Teufel ist. In den USA heißt es: »Weg da, Alter, jetzt ist ein Junger dran.«

Wie eine Art Ancient Mariner würde ich gern meine Widersacher mit knochigen Fingern bei der Hand nehmen, sie mit funkelnden Augen fixieren und ihnen sagen: »Ich war an einem Ort, an dem keiner von euch je gewesen ist und den keiner von euch jemals erreichen wird. Das ist die Vergangenheit. Ich habe Jahrzehnte dort zugebracht und kann euch nur sagen, dass ihr völlig ahnungslos seid.«

Bei meiner ersten langen Reise – vor fünfundfünfzig Jahren nach Zentralafrika – fand ich es aufregend, als Fremder in einem fremden Land zu leben: weit weg von zu Hause, mit einer neuen Sprache und zwei Jahren mit wenig Außenkontakt vor mir, in denen ich barfüßige Schüler im Busch unterrichten würde. Ich blieb schließlich sechs Jahre und lernte, was es heißt, nicht dazuzugehören. Der nächste Job als Lehrer brachte mich nach Singapur, und als dieser nach drei Jahren zu Ende war, gab ich das Dasein als Gehaltsempfänger auf und ließ mich siebzehn Jahre lang in Großbritannien nieder, wo ich den vorgeschriebenen Ausländerausweis stets bei mir zu tragen hatte.

Teils aus leidenschaftlicher Neugier, teils zum Geldverdienen war ich viel auf Reisen. Heute staune ich darüber, was für gefährliche Fahrten ins Unbekannte ich mit dreißig und vierzig unternommen habe. Ich habe einen Winter in Sibirien zugebracht. Ich bin auf dem Landweg bis Patagonien gefahren. Ich habe in jedem klapprigen Bummelzug in China gesessen, habe ein Auto nach Tibet gesteuert. Mit fünfzig paddelte ich allein in meinem Kajak im Pazifik, wurde von Insulanern bedroht, von Wellen herumgeworfen und im Sturm vor der Osterinsel vom Kurs abgebracht. Auch die Reise von Kairo nach Kapstadt (auf der ich im Jahr 2001 in Johannesburg meinen Sechzigsten beging) möchte ich nicht noch einmal machen – wenn ich daran denke, dass in der Kaisut-Wüste bei Nasabit ein *shifta* auf mich schoss und mir in Johannesburg die Koffer nebst Inhalt gestohlen wurden. Zehn Jahre später, in Afrika zwischen Kapstadt und der kongolesischen Grenze für einen Folgeband des damaligen Buches unterwegs, wurde ich in der Kalahari-Wüste siebzig und musste mich im Gestank und Elend von Nordangola gegen irgendwelche Idioten verteidigen. Aus all den Reisen wurden Bücher.

»Die Geschichte eines Zeitgenossen schreiben, der allein durch die eingehende Betrachtung einer Landschaft von seiner Zerrissenheit geheilt wird«, schreibt Camus in seinen *Notizbüchern.* Als ich schon glaubte, es sei nun vorbei mit langen Reisen, rief ich mir Camus' Rat ins Gedächtnis, setzte mich ins Auto und begab mich auf einen zweijährigen Ausflug in den tiefen Süden der USA, ein Buchprojekt im Hinterkopf. Und während ich mit meinem Auto auf den Landstraßen herumkutschierte, wurde ich im wahrsten Sinn des Wortes verjüngt.

Bei einem Abstecher nach Nogales hatte ich damals zum ersten Mal die mexikanische Grenze überquert. Dieser Gang war wie eine Erleuchtung, ein Blick in eine andere Welt. Ich musste nur von Arizona aus durch ein aus dem Neunmeterzaun herausgefrästes Loch mit Drehkreuz schlüpfen und war Sekunden später in einem fremden Land: Düfte und Fettgezisch von Essensbuden, Gitarrenklänge, Scherze der Markthändler.

»Gleich jenseits der Straße begann Mexiko«, schreibt Kerouac, »wir sahen neugierig nach vorn. Zu unserem Erstaunen sah es genau aus wie Mexiko.«

Damals lernte ich einige Migranten kennen, Mexikaner, die über die Grenze wollten, und andere, die man zurückgeschickt hatte. Bei diesem Besuch sah ich eine etwa vierzigjährige Frau im Speisesaal einer Flüchtlingsunterkunft, im *Comedor* der Grenzinitiative Kino, ein Tischgebet sprechen. Sie war Zapotekin aus einem Bergdorf im Bundesstaat Oaxaca. Ihre drei kleinen Kinder hatte sie bei ihrer Mutter zurückgelassen, wollte in die USA, um, wie sie sagte, einen Aushilfsjob irgendwo in einem Hotel anzunehmen und Geld an ihre Familie zu schicken. Aber sie hatte sich in der Wüste verirrt, war von der US-Grenzpatrouille aufgegriffen, zusammengeschlagen und nach Nogales abgeschoben worden. Das Bild dieser betenden Frau ging mir nicht aus dem Kopf. Wann immer ich auf dieser Fahrt aufgehalten wurde oder kraftlos war, dachte ich an jene tapfere Frau und raffte mich wieder auf.

Das Wissen um die Gefahren, denen die Migranten sich aussetzen, stachelte mich bloß an. Ich wollte mir selber ein Bild von Mexiko machen. Ich breitete die Landkarten vor mir aus. Ich hatte keinen anderen Status als den meiner Lebensjahre, aber in einem Land, in dem man Respekt vor dem Alter hat, sollte das völlig genügen.

Und noch ein entscheidender Punkt, der mit meinem Alter zu tun hatte: Wie lange würde ich noch lange Strecken allein im Auto herumfahren können, durch die Wüsten, Städte und Gebirge Mexikos? Wer sechsundsiebzig ist, muss alle zwei Jahre seinen Führerschein erneuern lassen. Wenn ich beim nächsten Mal durch den Sehtest fiele, wäre dies das Ende meiner Zeit als Autofahrer. Mein Führerschein hat ein Verfallsdatum: Ich musste mich beeilen. Das Auto hatte mir auf der Reise in den Südstaaten gute Dienste geleistet. Also plante ich mit fast dem gleichen Reisefieber wie in jungen Jahren einen improvisierten Roadtrip, der mich an der Grenze entlang und dann weit nach Süden bis nach Chiapas führen sollte.

Ein Buch über Mexiko schwebte mir vor. Allerdings gibt es Hunderte von guten Büchern ausländischer Autoren, die über das Land geschrieben haben. Ein sehr frühes Werk stammt von Job Hortop, einem Engländer, der sowohl Besatzungsmitglied auf einem Sklavenschiff als auch zwölf Jahre lang selber Galeerensklave auf spanischen Schiffen gewesen war. In seinen *The rare travales of an Englishman who was not heard of in three-and-twenty year's space*, die 1591 herauskamen und in Hakluyts *Voyages* nachzulesen sind, schildert er seine Leiden in Mexiko. Die erste umfassende englischsprachige Schilderung von Mexiko erschien etwa fünfzig Jahre später, geschrieben von dem englischen Dominikanermönch Thomas Gage, der 1625 in Veracruz eintraf. Gages Buch über seine Reisen und die Wunder von Neuspanien erschien 1648. Ein wichtiges Werk des 19. Jahrhunderts war der sehr detailreiche, in Briefform abgefasste Bericht *Viva Mexiko! Im Wirbel der Revolution* (Original 1843, deutsch 2017,

Anm. d. Verlags) von Fanny Erskine Inglis, die unter ihrem Ehenamen Marquise Frances Calderón de la Barca schrieb – sie war die schottische Ehefrau des spanischen Botschafters, hatte überall Zutritt und war von Natur aus indiskret. Bedeutend und aufschlussreich ist auch das bereits vor hundert Jahren erschienene *Viva Mexiko!* (in dem lobend auf Fannys Werk Bezug genommen wird) von Charles Macomb Flandrau.

Stephen Crane, D.H. Lawrence, Evelyn Waugh, Malcolm Lowry, John Dos Passos, Aldous Huxley, B. Traven, Jack Kerouac, Katherine Anne Porter, John Steinbeck, Leonora Carrington, Sybille Bedford, William S. Burroughs, Saul Bellow, Harriet Doerr – und so weiter, die Liste ist lang. Es war gut für Mexiko, dass bedeutende Autoren hier reisten und schrieben. Obwohl jeder von ihnen etwas anderes sieht, steht Mexiko bei ausnahmslos allen immer für das Exotische, das Farbige, das Primitive, das Unbegreifliche. Ein Defizit ist aber allen Autoren gemein: ihre sehr dürftigen Kenntnisse des Spanischen.

Graham Greene, 1938 für nur fünf kurze Wochen in Mexiko unterwegs, konnte überhaupt kein Spanisch. Sein *Gesetzlose Straßen*, von einigen Kritikern gelobt, ist ein sauertöpfisches und herabwürdigendes Werk. Als er gerade in Tabasco und Chiapas unterwegs war, wurde dort die katholische Kirche von der Regierung belagert – auch in den übrigen Landesteilen standen damals Regierungstruppen schwerbewaffneten katholischen *Cristeros* gegenüber.

Greene, der konvertierte Katholik, nahm die Unterdrückung der Kirche persönlich. »Ich verabscheute Mexiko«, schreibt er an einer Stelle, dann: »Wie man dies Volk zu hassen beginnt«, und: »Ich war nie in einem Land, wo dauernd Haß [...] in solcher Stärke zu spüren war.« Die Gesichter betender Bauern (wahrscheinlich vom Volk der Tzotzils) in Chiapas sind für ihn die »platten Gesichter« von »Höhlenmenschen«, und er jammert über »schauerliche« Mahlzeiten. Und doch zählt *Die Kraft und die Herrlichkeit*, der auf der Mexikoreise fußt, zu seinen besten Romanen.

William Somerset Maugham war 1924 wegen eines Zeitschriftenartikels im Land, zur gleichen Zeit wie D.H. Lawrence, mit dem er eine Auseinandersetzung hatte. Er schrieb ein paar deprimierende, von Mexiko inspirierte Kurzgeschichten, aber kein Buch. Auf die Frage von Frieda Lawrence, was er von Mexiko hielte, antwortete Maugham: »Wollen Sie etwa, dass ich Männer mit großen Hüten bewundere?«

Hass und Verachtung ziehen sich ebenso durch Evelyn Waughs verbittertes Reisebuch *Robbery under Law: The Mexican Object Lesson* wie durch Aldous Huxleys bekannteres *Beyond the Mexique Bay.* Waugh: »Von Jahr zu Jahr wird es (Mexiko) hungriger, böser und elender.« Huxley: »Der Sonnenaufgang, als er dann kam, war eine vulgäre Angelegenheit«, und: »Unter den festgezogenen Umschlagtüchern erheischt man den reptilienhaften Glitzerblick indianischer Augen.«

Bücher über Mexiko erscheinen nach wie vor, und es sind viele hervorragende darunter: Werke über die Kartelle, den wilden Drogenhandel, die großartigen Ruinen, die Grenze, über mexikanische Kunst und Kultur, Küche, Politik, Wirtschaft. Es gibt Bücher für Einsteiger, Bilderbücher, Hotel- und Strandführer, Ratgeber für potenzielle Ruheständler, Surfer, Wanderer und Camper, idealisierende Werke über die Landschaft und warnende Schriften voller Vorurteile, wie etwa der hilfreiche, 2012 erschienene Titel: *Don't Go There. It's not Safe. You'll Die, and Other More Rational Advice for Overlanding, Mexico and Central America.*

Die Urteile von auswärtigen Autoren mögen hart sein, aber niemand geht stärker mit Mexiko ins Gericht als die Mexikaner selbst. Carlos Fuentes, der im Ausland bekannteste mexikanische Autor, bekam so viel Ärger mit seinen Schriftstellerkollegen, dass er nach Paris umzog. Andere mexikanische Autoren suchen sich gern Jobs in US-amerikanischen Universitäten oder wandern in andere Länder aus. Man kann es ihnen nicht verdenken: Geld spielt auch eine Rolle. Die Anklageschriften füllen Regalmeter. Einen guten Überblick gibt das dicke, erhellende Sammelwerk *The Sorrows of Mexico: An Indictment of Their Country's Failings by Seven Exceptional Writers.* Octavio Paz' *Das Labyrinth der Einsamkeit* mit seinen Gedanken über Tod und Einsamkeit, Masken und Geschichte ist unbarmherzig, gehört nach meiner Auffassung aber zu den aufschlussreichsten Texten über mexikanische Überzeugungen und Geisteshaltungen.

Bisher allerdings ist mir noch kein Reisender oder Berichterstatter aus Mexiko oder dem Ausland begegnet, dem es gelungen wäre, Mexiko in seiner Gesamtheit zu erfassen; aber vielleicht ist das ein müßiger, altmodischer Anspruch. Dieses Land verweigert sich der Generalisierung und dem flüchtigen Überblick; es ist zu groß, zu komplex, zu vielfältig in seiner Geographie und Kultur, zu unübersichtlich und – mit 68 behördlich anerkannten Sprachen und 350 Dialekten – zu vielsprachig. Es gibt Autoren, die es trotzdem versucht haben: Die reiselustige Rebecca West trug noch im Alter von siebzig Jahren Notizen für ein Buch zusammen, das genauso enzyklopädisch werden sollte wie ihre sehr lebendige, 400 000 Worte umfassende Chronik Jugoslawiens, *Schwarzes Lamm und grauer Falke.* Sie gab das Vorhaben auf. Die posthum unter dem Titel *Survivors in Mexico* erschienenen Auszüge allerdings sind sehr geistreich und einsichtsvoll.

Aus allen Büchern über das Land geht das Gleiche hervor: Europäer können nach Mexiko auswandern und Mexikaner werden. Amerikaner können das nicht; der Gringo bleibt unwiderruflich Gringo. In der Praxis ist das eher befreiend als unangenehm. Man denke nur an das ritualisierte Wortgeplänkel von der Art, die Verhaltensforscher »Scherzbeziehung« nennen. Diese Blödelei findet in Mexiko auf hohem Niveau statt. Mexikaner konzedieren Gringos ihre Eigenarten, indem sie sie damit aufziehen. Gut gemeinte Respektlosigkeiten werden zur Konfliktvermeidung eingesetzt. Der Anthropologe A. R. Radcliffe-Brown beschreibt diese Form sozialer Interaktion als »Beziehung zweier Personen, in der es einer Person gewohnheitsmäßig gestattet ist oder gar von ihr verlangt wird, die andere zu ärgern und zu verspotten, während es von der anderen erwartet wird, gute Miene dazu zu machen«.

Dank der gelassenen Gutmütigkeit der mexikanischen Kultur mit ihrem Sinn für gute Sitten, die wiederum die Grenzen für die scherzhafte Aufzieherei vorgeben, wird ein Amerikaner, der sich mit der Rolle des Gringos abfindet, in seinem Gringotum akzeptiert. Wenn er diesen Status nicht missbraucht, kann er so anders sein, wie er will. Im Allgemeinen verwenden Mexikaner das Wort »Gringo« nicht böswillig. (Stärker ist der in Spanien nur für Franzosen, hier allgemein für Ausländer verwendete Ausdruck *gabacho.)* Schon immer haben sich Gringos in Mexiko niedergelassen, und heutzutage sieht man landauf, landab Gringokolonien von Ruheständlern und Aussteigern, die sich für Jahre häuslich einrichten. Die mexikanische Gastfreundschaft gegenüber den Gringos steht in einem bizarren Widerspruch zu der derzeitigen Situation der verteufelten, unerwünschten und eingezäunten Zuwanderer.

Widersinn wie dieser und die gebetsmühlenartige Wiederholung von Vorurteilen waren Motiv genug für eine Reise, von der ich mir mehr Einblick in das fremde Land hinter dem hohen Zaun am Ende der Straße versprach. Ein Roadtrip würde zudem meine Stimmung heben, mich von sinnloser Selbstreflexion ablenken und vielleicht an den Punkt bringen, den der britische Autor Henry Green in seinem Buch *Pack my Bag* so beschreibt: »Der selige Moment, in dem man auf alles pfeift.«

Eine Vergnügungsreise von einem Ende Mexikos bis zum anderen wollte ich machen, einen Sprung ins kalte Wasser wagen, sozusagen als Gegenbeweis für den freien Fall der *dégringolade.* Ich wollte einfach von zu Hause weg, die Grenze überqueren und fahren, bis keine Straße mehr übrig war. Aber aus dem Spaß einer Reise nach Mexiko wird irgendwann Ernst – es wird gefährlich, tragisch, riskant, aufschlussreich, und manchmal werden einem auch kräftig die Eingeweide durchgeschüttelt. All das sollte für mich zutreffen.

Kaum saß ich aber hinter dem Steuer, schien mich ein himmlischer Windhauch zu streifen und mich an das zu erinnern, was Reisen sein kann: Ich war frei.

»Fahr da nicht hin! Das überlebst du nicht!«

Viereinhalb Tage brauchte ich von Cape Cod bis zur Grenze. Ich war mitten am Nachmittag spontan einen Tag früher als geplant aufgebrochen, hatte hastig den Inhalt meines Kühlschranks in eine große Kiste gepackt und als Proviant ins Auto verfrachtet. Bei Sonnenuntergang war ich in Nyack, New York. Am nächsten Tag fuhr ich knapp tausend Kilometer lang durch den milden Herbst in Dixie und durchquerte die melancholischen, vergessenen Landstriche des Südens. Mir waren sie in den zwei Jahren, die ich dort für mein Buch *Tief im Süden* auf Nebenstraßen unterwegs gewesen war, allerdings so vertraut geworden wie das Gesicht eines alten Freundes. Achthundert Kilometer weiter fand ich mich am dritten Tag bei Montgomery, Alabama, machte mir spätabends im Zimmer des Motels eine Portion Mikrowellennudeln und sah mir im Fernsehen ein Football-Spiel an.

Vom trägen, verschlafenen Süden aus fuhr ich Richtung Golf von Mexiko, passierte Biloxi, Pascagoula und das Sumpfland um New Orleans mit seinen *bayous*, um Beaumont in Texas zu erreichen, wo sämtliche Motels voller Leute waren, die im letzten Hurrikan ihre Häuser verloren hatten. *Displaced Persons* im buchstäblichen Sinn: Halbnackte Halbwüchsige und ganze Familien hatten die Lobbys in Beschlag genommen, Raucher palaverten auf dem Parkplatz. Sie wirkten verloren, erbarmungswürdig und schicksalsergeben wie Flüchtlinge am Tag des Jüngsten Gerichts. So ungefähr könnte das Ende der Welt aussehen: Hoffnungslose Gestalten hocken in überfüllten Motels und wissen nicht wohin.

Näher bei Houston bekam ich fernab von der Hauptstraße im flachen Städtchen Winnie (3254 Einwohner) ein Zimmer und einen bierseligen Vortrag von einem Motorradfahrer der von Billings, Montana, hierhergefahren war.

»Billings, *schön*? Nee, das isses nich. Du sagst, du willst zur Grenze? Ich war mal in Laredo. Hab mich verfahren. Hab das Schild gesehn ›Nach Mexiko‹ und bin sofort umgekehrt – U-Turn auf der Einbahnstraße, scheiß auf die Cops. In das Scheißland fahr ich nich. Die Mexikaner würden meine Maschine klauen, und ich wär am Arsch. Keine zehn Pferde bringen mich über die Grenze da.«

Dieser Mensch, der sich da auf dem Parkplatz des Motels an seine Harley gelehnt ein Bier genehmigte – er war tätowiert, hatte wenige Zähne, fettige Haare und vom Umklammern der Lenkergriffe einen krummen Rücken –, war der härteste Typ, der mir in dieser Woche begegnet war: gewieft, über Fliegende Untertassen, Kettensägen und

Landstraßen im Bilde und mit den Widrigkeiten des Lebens vertraut. Er hatte gerade seinen Sohn aus einem Gefängnis in Montana abgeholt (»Hat anderthalb Jahre abgesessen – das hängt ihm sein Leben lang nach«) und gab mir wieder den Satz mit: »Mit dem Auto nach Mexiko? Du spinnst wohl, Mann. Vergiss es, geh da nich hin, das überlebst du nich.«

Man sollte nicht herumerzählen, dass man unbedingt irgendwohin fahren möchte, weil einem jeder zehn Gründe dafür aufzählt, es sein zu lassen. Alle wollen, dass man zu Hause bleibt, Hackbraten mümmelt und am Computer spielt – weil sie das selber auch tun. Die gleiche Litanei hörte ich am folgenden Tag in Corpus Christi, als ich, völlig fertig von der Fahrt durch die struppige Wüste zwischen Victoria und Refugio, an einer Tankstelle den Weg nach McAllen erfragte.

Ein stämmiger, schielender Mann, schon wieder ein harter Typ, allerdings nüchtern, betankte gerade seinen riesigen Truck und schrie mir seine Vorsichtsmaßregeln geradezu ins Gesicht: »Bloß nicht in Brownsville rüber. Eigentlich nirgendwo rüberfahren. Die Drogenkartelle gucken, wer du bist, dann folgen sie dir. Und wenn du Glück hast, schmeißen sie dich bloß am Straßenrand raus und nehmen dein Auto mit. Wenn du Pech hast, bringen sie dich um. Bleib bloß raus aus Mex.«

Ich wollte aber den Zaun sehen und fuhr zum Tal des Rio Grande, südwärts nach Harlingen, dann rüber nach McAllen und schließlich die Dreiundzwanzigste Straße runter zum International Boulevard nach Hidalgo an die Grenze, wo das Ding steht: auffällig, hässlich und unmissverständlich. Diese Grenze unseres grandiosen Landes ragt hinter einem Whataburger-Stand, einem Flohmarkt und einem Haushaltswarengeschäft auf, ein über sieben Meter hohes Stahlgebilde, das aussieht wie der Gitterzaun um ein Gefängnis. In keinem anderen Land hatte ich je so etwas zu sehen bekommen. Ein texanischer Kongressabgeordneter hat den Zaun mal treffend »eine ineffiziente mittelalterliche Antwort auf ein Problem des 21. Jahrhunderts« genannt. In der Tat ist er wie eine mittelalterliche Mauer mehr Symbol für Abwehr als Mittel zu ihrer Durchsetzung; man kann ihn ziemlich leicht überklettern oder untertunneln. Im Zeitalter von Überwachungsflügen und hochentwickelter Sicherheitstechnik wirkt diese Absperrung wie ein Werkstück althergebrachter Schmiedekunst: ein altes, rostiges Bollwerk, das sich als sichtbares Zeichen nationaler Paranoia meilenweit dahinzieht.

»Zehn Leute am Tag bringen sie um, mehr nicht.« Jorge (»Nennen Sie mich George«), der Frühstückskellner im Hotel in McAllen, wandte mir sein leichenblasses Gesicht zu.

»Das war in Juárez«, sagte ich. »Aber da soll es ja jetzt ruhiger sein.«

Geschichten von blutrünstigen Mexikanern gibt es schon so lange wie ihre frühesten Berichterstatter, so zum Beispiel Francisco López de Gómara, dessen *Hispania Victrix* von 1553 Montaigne in seinem Aufsatz »Über die Mäßigung« zitiert: »Alle ihre Götzen schlürfen Menschenblut.« Wie so viele sensationshungrige Berichterstatter heutiger Tage war auch Gómara nie in Mexiko gewesen und hatte seine Informationen aus zweiter Hand. Das Gleiche gilt für Daniel Defoe, der im *Robinson Crusoe* (erschienen 1719) von spanischen Gräueltaten ebenso spricht wie von den »Götzendienern und Barbaren«, die sie in der Neuen Welt massakrierten, eben weil sie »ihren Götzen Menschenopfer brachten«. Der Held des Buches sagt über die Spanier, »der bloße Name jenes Volkes [hat] bei allen Leuten von christlichem Mitgefühl einen schrecklichen Klang«.

»Und die Frau, die den Unfall hatte«, Jorge hob den Zeigefinger, »wegen der Leiche, die an einer Brücke aufgehängt war und auf ihr Auto gefallen ist?«

»Tijuana«, antwortete ich besserwisserisch. »Und ist länger her.«

»Die dreiundvierzig Studenten, die sie in Guerrero gekidnappt und umgebracht haben?«

»Ich weiß, was Sie sagen wollen, George.«

»Nehmen Sie ein Flugzeug. Fahren Sie nicht mit dem Auto.«

»Ich fahre rüber. Das ist der Plan.«

»Und warum mit dem Auto?«

»Verschiedene Gründe.«

»*Mucha suerte, señor.*«

»Ohne Terror kein Geschäft«

Jorges mahnende Worte gehörten zu den üblichen Sprüchen wie »Pass auf dich auf«, die jeder Reisende bei der Abfahrt zu hören bekommt: leere Worte, in denen der Neid mitschwingt, Vorsichtsmaßregeln, die dem muffigen Stubenhocker später das Recht geben, mit einem »Siehst du, ich hab's dir doch gesagt!« aufzutrumpfen.

»*Me vale madre.*« Jorge quittierte den groben mexikanischen Ausdruck, mit dem ich seine Mahnungen in den Wind schlug, mit einem lächelnden Seufzen und Kopfschütteln. Er hielt mich offenbar für sehr töricht.

Eigentlich hatte er recht damit, weil ich tatsächlich wenig Ahnung von dem ganzen Chaos hatte. Es sind eine Menge Menschen von den Kartellen umgebracht worden, das weiß man, aber die brutalen Fakten waren mir nicht im Detail bekannt. Vielleicht hatte ich sie auch bewusst ausgeklammert, um mich nicht beirren zu lassen. Was ich hier aufschreibe, entstand im Nachhinein. Die Statistik zum Beispiel besagt schlicht, dass seit September 2006, als die mexikanische Regierung dem organisierten Verbrechen den Krieg erklärt hatte, zweihunderttausend Menschen umgebracht wurden oder verschwunden sind. Was ich bei meinem Aufbruch im Frühjahr 2017 nicht wusste, ist, dass es allein in den ersten zehn Monaten jenes Jahres 17 063 Mordfälle im Land gegeben hatte, wobei Ciudad Juárez im Durchschnitt einen Mord am Tag verzeichnete – bei meiner Abfahrt waren es also schon mehr als 300, weil die Drogenkartelle von Sinaloa und Juárez sich in der Stadt erbitterte Revierkämpfe lieferten. Zum Jahresende 2017 verzeichnete Mexiko 29 168 Mordfälle, überwiegend standen sie im Zusammenhang mit den Kartellen.

In Reynosa, der mexikanischen Stadt gleich gegenüber von McAllen, Texas, wo ich in all meiner Unkenntnis stand, war Gewalt inzwischen Dauerzustand: Die Straßen waren unsicher, weil es immer wieder blutige Auseinandersetzungen gab – es wurde gemordet und gekidnappt – und weil immer wieder *narcobloqueos* errichtet wurden, Straßensperren aus gekaperten, manchmal in Brand gesteckten Autos als Barrikaden zum Schutz der *narcos* gegen die Belagerung durch

Polizei oder Armee. »*Reynosa amanece con narcobloqueos, persecuciones y balaceras*« hatte die Online-Ausgabe des *Proceso* getitelt, als ich im Mai 2018 wieder einmal über die Grenze fuhr. Ich bekam aber nur noch mit schwerbewaffneter Polizei besetzte Kontrollposten und schwarzmaskierte Soldaten in dunklen, dick gepanzerten Lastwagen zu sehen.

Reynosa war zu einer der Städte mit der höchsten Kriminalitätsrate in Mexiko geworden, weil ein erfolgreicher Schlag der mexikanischen Armee, die zwei der Bosse des Golfkartells aufgespürt und getötet hatte, ein Machtvakuum ergeben hatte. Julian Loiza Salinas (»Comandante Toro«) wurde im April 2017 getötet, und der Mord an Humberto Loiza Méndez (»Betito«), der im Jahr darauf zusammen mit drei Kumpanen von Regierungstruppen umgebracht worden war, erzeugte noch mehr Chaos und Machtkämpfe.

In Reynosa kamen Los Zetas, die zuerst zur Verstärkung des bewaffneten Flügels des Golfkartells eingesetzt wurden, auf die Idee, ihr eigenes Kartell zu bilden; die Zetas galten als gnadenlos. Die meisten von ihnen waren Deserteure aus einer Spezialeinheit der mexikanischen Armee, hatten sich gegen ihre Offiziere erhoben und dann beschlossen, mit ihren Fertigkeiten im Töten als *sicarios*, als Auftragskiller, richtiges Geld zu machen. Die Kämpfe in den Straßen von Reynosa forderten zwischen Mai 2017 und Juni 2018 insgesamt vierhundert Todesopfer. Um diese Zeit überquerte ich mehrmals die Grenze und fuhr, von einem Schlagloch ins andere rumpelnd, die Gassen und Straßen von Reynosa entlang – in einem Auto mit auffällig beschrifteten Nummernschildern: *Massachusetts – The Spirit of America*.

Ich hatte mich von Reynosas Anblick täuschen lassen, von der malerischen Plaza, der hübschen Kirche und den freundlichen Ladenbesitzern, von den guten Restaurants und Taco-Buden, dem florierenden Markt, dem Treiben der Schulkinder in ihren Uniformen. Erst nachdem ich öfter dort gewesen war, begriff ich, was sich hinter der Fassade des heiteren *mexicanismo* abspielte: zwielichtige Gassen, kleine Dealer, sogenannte *narcomenudeos* in den Slums und Elendsquartieren am Stadtrand, dürre, kläffende Hunde – und Straßenbarrikaden: Panzerwagen voller grimmiger Soldaten mit Sturmgewehren, nervös wirkende, schwerbewaffnete Polizisten. Fast alle waren maskiert, um nicht erkannt, überfallen und von Killern ermordet zu werden.

In den mexikanischen Drogengangs spiegeln sich mexikanische Politik, mexikanische Bundesstaaten, mexikanische Geographie und mexikanische Lebensart: *el mundo México*. Ihre vielfältigen Erscheinungsformen und Schattierungen lassen sich nicht auf einen Nenner bringen. Gewalt herrscht nicht nur im Kampf der Regierung gegen die Kartelle, sondern auch in den Fehden der Kartelle untereinander, die durch die ideologischen Brüche in ein und derselben Gang noch verkompliziert werden – ideologisch im gröbsten und brutalsten Sinn, wenn zum Beispiel die einen für Enthauptungen sind, die anderen lieber Gedärme herausschneiden, Gliedmaßen amputieren, Ermordete an Laternenpfählen aufhängen, Migranten versklaven oder nach neuer Praxis Leichen auf den Straßen der Städte verteilen, so geschehen, als im September 2011 Joaquín Guzmáns Schläger fünfunddreißig blutige Leichen – darunter zwölf Frauen – auf dem Boulevard Ávila Camacho in der Nähe einer Shoppingmall im gepflegten Teil der Hafenstadt Veracruz von einem Laster warfen, um ihren Gegnern klarzumachen, wer der Boss ist. Sobald die Kontrolle durch ein einziges Kartell fehlte, gab es nur mehr konkurrierende Gangs und mehr Gewalt als jemals vorher.

Verstümmelungen sind Botschaften. Eine abgeschnittene Zunge weist auf einen Schwätzer hin, und weil *dedo* im Slang auch für Ausspionieren stehen kann, fehlt den Leichen von Spionen ein Finger. Es geht noch weiter. Ein Forensiker führt in Ed Vulliamys *Amexica*, einem ausführlichen Buch über die Kartelle, aus: »Abgetrennte Arme bedeuten, dass einer etwas von seiner Lieferung für sich abgezweigt hat, abgetrennte Beine heißen, dass er das Kartell verlassen wollte.« Enthauptungen sind eine unzweideutige »Machtbehauptung, eine Warnung an alle, so etwa wie die öffentlichen Hinrichtungen früherer Zeiten«.

Und warum gibt es diesen blutigen Wettkampf der Kartelle? Weil eine erfolgreiche mexikanische Drogengang einen jährlichen Profit einstreichen kann, der in die Milliarden geht. Die besonders geschäftstüchtigen Kartelle stecken ihr Geld in ihre Geschäftsaustattung.

Vor seiner zweiten Festnahme besaß Guzmán, wegen seiner kleinen Statur El Chapo, der Kurze, genannt, das größte Flugunternehmen in Mexiko und verfügte über mehr Flugzeuge als die nationale Fluggesellschaft Aeromexico. Zwischen 2006 und 2015 beschlagnahmten mexikanische Behörden 599 Fluggeräte – 586 Flugzeuge und 13 Hubschrauber – des Sinaloa-Kartells. Aeromexiko dagegen musste mit einer mickrigen Flotte von 127 Flugzeugen auskommen. El Chapos Flugreisen (er gab an, auch U-Boote zu besitzen) dienten hauptsächlich zur Belieferung des Marktes in den USA, des weltgrößten Abnehmers für illegale Drogen. Nach einem Bericht der RAND Corporation von 2014 wird hier jährlich über eine Milliarde US-Dollar für geschmuggeltes Kokain, Crack, Heroin, Marihuana und Metamphetamine ausgegeben.

Zwei ehemalige Verbündete aus der Zeta-Gruppe hatten sich abgespalten und rivalisierten inzwischen; die Vieja Escuela Zeta führte gegen die Cartel-del-Noreste-Fraktion einen Krieg um die Hauptrouten für Menschen- und Drogenschmuggel. Die Zetas hatten nicht nur besonders perfide Mordmethoden, sondern waren überregional aktiv: Das ist in Mexiko unüblich bei den Gangs, die normalerweise in ihren Heimatregionen oder nur auf speziellen Routen und *plazas* Ärger machen. Eine *Plaza* ist im Narco-Slang ein wertvoller Handelsplatz. Nuevo Laredo und Tijuana sind besonders begehrt, daher das Chaos dort. Die Zetas, hieß es, waren überall, selbst in Sinaloa, wo sie Krieg gegen das nach der Verhaftung von El Chapo führerlose und zersplitterte Sinaloa-Kartell führten. In *Amexica* zitiert Vulliamy einen Geschäftsmann aus McAllen: »Los Zetas und die Kartelle unterwandern gerade die USA. Sie sind schon in Houston, sie sind in New York City und in allen Indianerreservaten.«

Eine Gräueltat der Zetas, von der ich vorher nicht gewusst hatte, wurde im Jahr 2010 in der Kleinstadt San Fernando südlich von Reynosa verübt. Eine herumziehende Bande von Zetas hielt zwei Busse mit Migranten an – Männer, Frauen und Kinder aus Zentral- und Südamerika auf der Flucht vor der Gewalt in ihren Heimatländern. Die Zetas verlangten Geld. Die Migranten hatten keins. Die Zetas verlangten, dass die Migranten für sie als Killer, Agenten oder Drogenkuriere arbeiten sollten. Die Migranten weigerten sich. Also wurden sie in ein Gebäude im Dorf El Huizacal gebracht, man verband ihnen die Augen, fesselte sie an Armen und Beinen und tötete alle mit Kopfschüssen. Zweiundsiebzig von ihnen starben. Ein Mann aus Ecuador stellte sich tot, entkam und schlug Alarm.

Die blutigen Einzelheiten dieses Massakers wurden bei der Verhaftung eines der Täter bekannt: Édgar Huerta Montiel, ein desertierter Soldat, Spitzname »El Wache« oder auch Fettarsch. Er gestand, elf der Migranten selber umgebracht zu haben, da er (angeblich) glaubte, sie arbeiteten für eine verfeindete Gang. Im Jahr darauf fand die Polizei in der Nähe derselben Stadt 47 Massengräber mit 193 verscharrten Leichen von Migranten und anderen Reisenden aus gekaperten Bussen, die in dieser nur achtzig Meilen von der Grenze der USA entfernten Gegend des Staates Tamaulipas unterwegs gewesen waren.

Auf der Suche nach Geld, Dienstboten und Frauen, die sie über die Grenze schmuggeln können, kidnappen die Zetas und andere Gangs immer wieder Busse und Lastwagen und entführen die Passagiere – Migranten, Arbeiter, Pendler und Reisende. Die Entführungsmethode der Kartelle nennt sich *levantón*, Einbringung. Angezogen von den niedrigen Löhnen in Reynosa (ein übliches Anfangsgehalt liegt bei zehn Dollar am Tag) haben sich hier Hunderte von US-amerikanischen und europäischen Unternehmen angesiedelt; Hunderttausende Beschäftigte leben in den *colonias*, den Arbeitersiedlungen rings um die Stadt.

»Es gab hier mal einen Gringo, der war Vorstand in einer Fabrik«, erzählte mir ein Mann im nur eine Viertelstunde von Reynosa entfernten McAllen, »der ist jeden Morgen mit Anzug und Krawatte in einem fetten SUV über die Grenze zur Arbeit gefahren. Eines Tages haben sie ihn in einem *levantón* erwischt, und die Firma musste ein dickes Lösegeld zahlen. Jetzt haben sie ihren Fuhrpark ausgetauscht. Heutzutage fahren die Manager in alten Klamotten mit verbeulten Pick-ups rüber.«

Der Mann, ein mexikanischer Einwanderer aus Monterrey, der jetzt dicht an der Grenze zu Mexiko lebte, war seit über zwanzig Jahren nicht mehr hinübergefahren.

»Mir geht's hier in Texas gut. Und ich will keinen Ärger«, sagte er. »Wir wohnen bloß anderthalb Kilometer außerhalb von Reynosas Zentrum, und wissen Sie was? Wir kriegen von da nichts mit. In den Zeitungen steht nie was. Ich höre bloß, was die Leute so reden. Tratsch und Gerüchte. Nichts Offizielles.«

Dies war aber viel später auf meiner Reise.

El Chapos Sinaloa-Kartell spaltete sich erneut mit der Gründung des Cartel de Jalisco Nueva Generación durch eine Bande seiner Scharfschützen, die besonders dadurch auffiel, dass sie als erste Granatwerfer einsetzte, um Militärhubschrauber abzuschießen. Dieses Kartell, angeführt von einem Psychopathen, dem ehemaligen Avocadobauern und Polizisten Nemesio Oseguera Cervantes alias »El Mencho«, war eine besonders gefürchtete Verbrecherbande. El Menchos Ehrgeiz, den Drogenhandel am Sinaloa-Kartell vorbei an sich zu reißen, ergab eine drastisch erhöhte Mordrate. Allein in Tijuana erreichten die registrierten Tötungsdelikte im Jahr 2017 die vorher nicht dagewesene Anzahl von 1781. Die meisten davon waren Morde an Mitgliedern des Kartells von Tijuana, einer kleineren, mit dem Sinaloa-Kartell verbündeten Formation von Drogen- und Menschenhändlern, die versuchten, ihr Revier gegen das Jalisco-Nueva-Generación-Kartell zu verteidigen. Ein unmissverständlicher Drohbrief, eine sogenannte *narcomensaje*, steckte an den durchsiebten Leichen eines Mannes und einer Frau, die im Januar 2018 in einem Stadtviertel von Tijuana aufgefunden worden waren. Er lautete: »Willkommen im Jahr 2018. Die *plaza* gehört nicht den Sinaloas. Sie gehört der Nueva Generación.« Im Jahr darauf stieg die Zahl der von den Kartellen in Tijuana verübten Morde auf zweitausend an.

Noch eine Gräueltat: Im März 2018 reisten drei Studenten der Filmschule von Guadalajara für ein Filmprojekt nach Tonalá in Jalisco. Das malerische Tonalá ist berühmt für seine Keramik, seine bunten Läden und seine Kirchen im Kolonialstil. Aus Sparsamkeitsgründen übernachteten die Studenten bei einer ihrer Großmütter. Bei der Motivsuche in der Stadt wurden sie für Mitglieder der rivalisierenden Nueva Plaza Bande gehalten, entführt, gefoltert und schließlich getötet. Ihre Leichen übergab man dem ziemlich populären mexikanischen Rapper Christian Omar Palma Gutiérrez (Rappername »QBA«), der angab, gemeinsam mit ein paar anderen von der Jalisco Nueva Generación bezahlten Tätern ihre Leichen in Säurefässern aufgelöst zu haben. Im gleichen Jahr verschwanden in der Stadt Tecalitlán im Staat Jalisco drei Italiener, die mit chinesischen Waren für die ambulanten Markthändler in der Provinz unterwegs gewesen waren. Sie wurden an einer Tankstelle von einer Motorradstaffel der örtlichen Polizei entführt und für 53 Dollar an eine Bande verkauft, die sie tötete und ihre Leichen verbrannte.

Im mexikanischen Bandenkrieg waren Enthauptungen und Verstümmelungen relativ neu. »Die Machete ist das überzeugendste Argument«, schreibt Charles Macomb Flandrau schon 1908 in *Viva Mexico!*. Die Kartelle hatten bisher gezielt platzierte Kugeln vorgezogen: Ein »Gnaden«-Schuss in den Hinterkopf hieß, dass das Opfer ein Verräter war, ein Schuss durch die Schläfe kennzeichnete es als Mitglied einer rivalisierenden Bande. Aber seit Anfang 2000 fanden sich am Straßenrand immer wieder kopflose Leichen. Köpfe wurden an Straßenkreuzungen und gelegentlich auf Autodächern zur Schau gestellt. Diese Schlächterei folgte vermutlich einer Taktik der Elitekommandos der Streitkräfte Guatemalas, der »Kaibiles«.

Später, hinter der Grenze in Matamoros am Rio Grande, sollte mir jemand die Abhärtungsmethoden der Kaibiles beschreiben: Die Rekruten werden aufgefordert, sich Hundewelpen zuzulegen und sie aufzuziehen. In einem bestimmten Stadium des Trainings müssen die Soldaten dann die Hunde töten und essen. Nach allem, was ich über sie erfuhr, verdienen die »Kaibiles« die Klassifizierung als »Spitzenprädator«: die fürchterliche, herrschende Spezies an der Spitze der Nahrungskette (Tiger, Grizzlybär, Löwe), die keine natürlichen Feinde kennt. Nachdem Angehörige der Kaibiles sich als Söldner zu den Kartellen geschlagen hatten, kam es zu den ersten Enthauptungen; im Jahr 2006 trat eine Gang die Türen einer Bar in Michoacán ein und warf fünf Menschenköpfe auf die Tanzfläche. Nach Expertenmeinung gehören Enthauptungen heute zu »den Grundbegriffen im Gewaltlexikon« der mexikanischen Kartelle.

Die Leichen wurden nicht mehr in Massengräbern versteckt, sondern stolz wie Trophäen präsentiert, so zum Beispiel, als das Jalisco-Nueva-Generación-Kartell, damals noch eine Untergruppe von El Chapos Sinaloa-Gang, im September 2011 fünfunddreißig Leichen auf eine Prachtstraße von Veracruz kippte. Als Replik verteilten die Zetas sechsundzwanzig Leichen in Jalisco und ein Dutzend in Sinaloa. Es stellte sich heraus, dass es sich bei den Ermordeten um unbescholtene Bürger gehandelt hatte: Sie waren Arbeiter und Studenten, nur zu dem Zweck entführt, ermordet und ausgestellt, jeden, der an der mörderischen Entschlossenheit der Zetas zu zweifeln wagte, in Angst und Schrecken zu versetzen.

Manche Mordtaten zeugen von einer geradezu unvorstellbaren Perfidie. In seinem Buch *Sterben in Mexiko: Berichte aus dem Inneren des Drogenkriegs* beschreibt John Gibler eine Serie von Akten abartiger Gewalt in der Stadt Torreón im Bundesstaat Coahuila an der Grenze zu Texas: »Wer vermag sich zum Beispiel vorzustellen, dass der Wärter eines Staatsgefängnisses bei Nacht verurteilte Mörder hinauslässt, mit Dienstwagen, automatischen Sturmwaffen und kugelsicheren Westen versorgt, damit sie im Nachbarstaat Dutzende unschuldiger Menschen abknallen und dann schnell wieder über die Grenze zurück ins Gefängnis hüpfen und hinter Gittern ein perfektes Alibi vorweisen könnten? Wer würde glauben, daß eine paramilitärische Drogenorganisation, formiert aus Ex-Spezialkräften der mexikanischen Armee, einen einheimischen Polizisten kidnappen, ihn durch Folter zu dem Geständnis all der obigen Details über das Todeskommando der Häftlinge zwingen, das Geständnis auf Video aufnehmen, den Mann vor laufender Kamera mit einem Schuß ins Herz hinrichten und dann das Video auf YouTube zeigen? Wer könnte begreifen, daß der Generalbundesanwalt wenige Stunden nach dem Erscheinen des Videos im Internet die Gefängnisdirektorin festnehmen läßt und dann ein paar Tage später eine Pressekonferenz abhält, auf der er eingestand, daß das Killerkommando monatelang ungestört agierte und im Januar 2010 zehn Menschen in einer Bar, im Mai 2010 acht Menschen ebenfalls in einer Bar und im Juli siebzehn Menschen auf einer Geburtstagsparty ermordete?

Im April 2012, als »El Chapo« Krieg gegen die Zetas führte, wurden vierzehn Torsi am Rand einer Straße von Nuevo Laredo in einem Auto aufgefunden. Es waren Zetas. Manche davon waren im Kofferraum abgelegt, nach dem Narco-Terminus für diese Praxis, also *encajonado*, »eingekoffert«. Einen Monat später hingen neun Tote von einer Brücke über der Bundesstraße 85 im Zentrum von Nuevo Laredo. Neben ihnen war ein Banner mit einer *narcomensaje* der Zetas angebracht, das die Leichen als Mitglieder des Golfkartells und sie als die Mörder auswies. Am Tag darauf standen vor dem eleganten Palacio Municipal von Nuevo Laredo einige große Kühlboxen. Sie enthielten vierzehn kopflose tote Zetas mit einem Bekennerschreiben von El Chapo, der auf diese Weise den Besitzanspruch seines Kartells auf die *plaza* von Nuevo Laredo deutlich machte.

Die Zetas ließen sich nicht einschüchtern. Am 9. Mai 2012 hinterließen sie in Chapala, Jalisco, die zerstückelten Körper von achtzehn Männern mitsamt ihren abgetrennten Köpfen in zwei Autos. Bald darauf fanden allerdings die Zetas ihr ebenbürtiges Gegenstück in der Person von Nazario Moreno, alias El Más Loco, »Der Verrückteste«, im Staat Michoacán. Er war der Boss der skrupellosen Templarios vom Kartell der Tempelritter, zu deren Initiationsritus es gehörte, das Fleisch ihrer Opfer zu essen. Nachdem Moreno im Jahr 2014 von der mexikanischen Armee erschossen worden war, hatten die Zetas Oberwasser. Der »Verrückteste« allerdings kam zu postumen Ehren: Er avancierte zum Heiligen. In der Gegend um seinen Geburtsort Apatzingán wurden Schreine und Altäre mit dem Abbild des toten Drogenbosses im Heiligengewand aufgestellt, und »St. Nazario« wurde von Gläubigen Michoacános angebetet.

Das Massaker, das vielen am stärksten im Gedächtnis blieb – und von dem auch ich durch die ausführlichen Medienberichte erfahren hatte –, ereignete sich 2014 im Staat Guerrero, als dreiundvierzig angehende Lehrer aus Ayotzinapa, die zu einer Kundgebung nach Iguala gereist waren, von der Polizei aus ihren Bussen geholt und dann umgebracht wurden. Nur eine Leiche konnte gefunden werden. Es gab eine große Solidaritätskundgebung für die Hinterbliebenen, das Verbrechen wurde aber nie ganz aufgeklärt.

Der mit diesem Fall befasste Generalstaatsanwalt gab an, dass die 43 Studenten von korrupten Polizeibeamten an ein Verbrecherkartell ausgeliefert und von diesem getötet wurden. Die Leichen seien verbrannt worden. Eine Gegendarstellung zu dieser Behauptung findet sich in John Giblers Sammlung von Augenzeugenberichten: *I Couldn't Even Imagine That They Would Kill Us*. Der Autor zitiert hier die Äußerung einer Frau zum korrupten Verhältnis von Polizei und Drogengangs in ihrem von Mordtaten geplagten Heimatstaat Veracruz: »Heutzutage gibt es kein Geschäft mehr ohne Terror« – »*Es que ya sin terror no hay negocio.*« Ein hartes Urteil über eines der beherrschenden Themen im täglichen Chaos.

Während meiner mexikanischen Reisen hatte ich einige schöne Wochen in Baja California verbracht, in einer der noch friedlichen Gegenden Mexikos: Man fährt wegen der Sportfischerei, der Strände, Hotels und Ferienanlagen dorthin. Nur ein paar Monate nach meiner Abreise – ich schwelgte noch in der Erinnerung an die Gastlichkeit und das gute Essen – fand man im Dezember 2017 sechs an Brücken in Los Cabos aufgeknüpfte Leichen: zwei in der Nähe des internationalen Flughafens Las Verederas, zwei an der Brücke über den Highway zwischen Cabo San Lucas und San José del Cabo und zwei an einer dritten Brücke beim Flughafen. Dies war das Werk von Drogengangs, die Los Cabos als aufstrebende Touristendestination und somit als Drogenabsatzmarkt für sich beanspruchten.

Wegen der Unruhen und Unsicherheit in Mexiko gab das Außenministerium der USA im Jahr 2018 ein neues, vierstufiges System von Reisewarnungen heraus. Stufe I: Normale Vorsichtsmaßnahmen für ganz Mexiko, Stufe II: Erhöhte Wachsamkeit für Cancún, Cozumel und Mexiko-Stadt, Stufe III: Von Reisen nach Guadalajara, Puerto Vallarta und Jalisco wird abgeraten, Stufe IV: Von Reisen nach Acapulco, Zihuatanejo und Taxco wird dringend abgeraten. Ich erfuhr erst nach meiner Rückkehr davon, war allerdings mehrmals vor Autofahrten im Bundesstaat Guerrero und einem Besuch in Acapulco gewarnt worden, was ich auch beherzigt hatte.

Die Canyons von Barrancas del Cobre im Bundesstaat Chihuahua liegen in der Zone für »Normale Vorsichtsmaßnahmen« in einer bei

Touristen und Wanderern beliebten Gegend. Nach meiner Rückkehr von der Mexikoreise las ich einen Artikel über einen jungen US-amerikanischen Lehrer namens Patrick Braxton-Andrew. Er war als Rucksacktourist unterwegs. Am 28. Oktober 2018 verließ er, nur mit Sandalen an den Füßen, vor dem Essen sein Hotel im Bergdorf Urique zu einem kleinen Abendspaziergang. Er wurde am selben Abend von einem Mitglied des Sinaloa-Kartells getötet; von einem Mann, der als El Chueco, »Der Einäugige«, identifiziert, aber nicht festgenommen wurde.

Mexikanische Polizisten und Soldaten waren als Täter oder Mittäter an etlichen Morden und Entführungen beteiligt. Nach einem 2018 veröffentlichten Dokument von Human Rights Watch musste die mexikanische Regierung im August 2017 einräumen, dass der Aufenthaltsort von 32 000 seit 2006 verschwundenen Personen weiterhin unbekannt war. Im August 2016 wies die mexikanische Menschenrechtskommission, die CNDH (Comisión Nacional de Los Derechos Humanos) darauf hin, dass 22 der 42 Zivilisten, die im Jahr 2015 in Tanhuato, Michoacán, bei einer Schießerei umkamen, willkürlich von der Bundespolizei ermordet worden waren. Tanhuato, berühmt für seine Fiestas, ist ein wichtiger Umschlagplatz auf der Nordroute des Drogenhandels.

»Polizeikräfte haben mindestens dreizehn Personen durch Schüsse von hinten getötet«, stellt der Bericht von CNDH fest, »zwei Verhaftete misshandelt, einen bei lebendigem Leibe verbrannt und dann den Tatort durch Arrangieren der Leichen und das Ablegen von Schusswaffen verändert, um die illegalen Erschießungen zu vertuschen. Angeklagt wurde wegen dieser Verbrechen niemand, eine staatliche Untersuchung der Mordtaten blieb ohne Ergebnis.«

Folterungen von Verdächtigen durch Angehörige der mexikanischen Polizei- und Streitkräfte waren keine Seltenheit. Beim CNDH waren seit dem Jahr 2000 fast 10 000 Beschwerden über Misshandlungen durch die Armee eingegangen. Das mexikanische Amt für Statistik, das Instituto Nacional de Estadística y Geografía, berichtet von einer Umfrage aus dem Jahr 2016 unter 64 000 in 370 mexikanischen Gefängnissen Inhaftierten, nach der über die Hälfte der Insassen während ihrer Haft physische Gewalt erlitten hatte: »19 Prozent berichteten von Elektroschocks, 36 Prozent wurden gewürgt, unter Wasser getaucht oder angezündet, 59 Prozent geschlagen oder getreten. Darüber hinaus berichteten 28 Prozent, dass ihnen damit gedroht wurde, ihren Familien würde Schaden zugefügt.«

Journalisten, die über die Kartelle und die Polizei berichten, werden für beide Seiten zur Zielscheibe. Laut einem Bericht des mexikanischen Generalstaatsanwalts wurden vom Jahr 2000 bis zum Oktober 2017 insgesamt 104 Journalisten getötet; 25 verschwanden. Zwischen Januar und Juli 2017 wurden acht Journalisten ermordet und einer entführt. Sie alle hatten Reportagen über kriminelle Kartelle und korrupte Polizisten veröffentlicht. In Anlehnung an Präsident Donald Trumps Devise »Die Presse ist der Feind des Volkes« höhnten manche Mexikaner, es sei den Journalisten recht geschehen. Der Bericht des International Press Institute vom Dezember 2017 stellt fest, Mexiko sei »für Journalisten hochgefährlich, schlimmer als der Irak oder Syrien«.

So weit also die jüngste Geschichte von Verbrechen und der Situation im Land, die ich nicht kannte, als ich zur Grenze fuhr, in die Sonne blinzelte, die leere Straße anlächelte, mich des Lebens freute und nichts weiter dachte als: Die Kutscherpeitschenschlange ist harmlos! Ich sollte tatsächlich erfahren, dass niemand in Mexiko jemals das Wort »Kartell« in den Mund nahm oder gar den Namen einer Gang wie »Zeta« oder »Golfo«. Es konnte tödlich sein, diese verbotenen Worte auszusprechen. Das Einzige, was ich hörte, wenn ich fragte, war ein heißes Flüstern, kaum lauter als ein flacher Atemzug, wenn mit warnendem Augenrollen das Wort »Mafia« gehaucht wurde. Und ich stellte fest, dass die allgegenwärtige Angst vor der sogenannten Mafia der Drogengangs und Schlepper die guten Menschen einander nähergebracht und für wachsame Gemeinschaften gesorgt hatte.

Je näher ich der Grenze kam, desto schriller die Warnhinweise, bis schließlich an der Grenze selbst der US-amerikanische Immigration Officer eine meiner Fragen mit dem Satz beantwortete: »Ich habe keine Ahnung. Keinen Schimmer. Ich war nie da«, seinen blauen

Uniformarm ausstreckte und mit dem gelben Nagel eines behaarten Fingers auf das 15 Meter lange, sonnige Straßenstück nach Mexiko zeigte.

Nach TJ: Aquí empieza la Patria

Um ein Bild von der gesamten vieldiskutierten Grenze zu bekommen, wollte ich nicht von McAllen aus nach Reynosa hinüberwechseln, sondern in Tijuana eine lange Transversale beginnen und die gesamte *frontera* entlang von West nach Ost fahren, von San Ysidro, Kalifornien, bis Brownsville, Texas, beziehungsweise von Tijuana nach Matamoros, immer im Zickzack zwischen den Vereinigten Staaten und Mexiko hin und her von einer Grenzstadt zur anderen wechselnd. Am östlichen Ende wollte ich dann von Reynosa aus direkt in den Norden zurück.

Ins texanische McAllen und die umliegenden Städte wie Hidalgo, Mission, Progress und Pharr kommen viele Mexikaner aus den grenznahen Orten zum Einkaufen herüber. Mexikanische Arbeitskräfte mit Visa aus den Bundesstaaten Nuevo León und Tamaulipas bevölkern allmorgendlich die Brücken, über die sie am Ende des Arbeitstags wieder heimkehren. Wie so viele andere große Grenzstädte der USA sind diese Orte lebendig und zweisprachig. Ihr Wohlstand speist sich aus den Ausgaben der mexikanischen Besucher und der Leistungsfähigkeit mexikanischer Tagelöhner, ohne die zur Erntezeit wenig von den Feldern eingebracht würde. Texaner fahren nicht zum Vergnügen nach McAllen, Mexikaner tun das schon.

Ich sollte anfügen, dass McAllen und die Nachbarstädte auch von Migranten aus den ärmeren Bundesstaaten wie Oaxaca und Michoacán belagert werden, die von Schleppern – hier heißen sie entweder Kojoten oder *polleros* – über den Rio Grande gelotst werden. Es kommt vor, dass Migranten auf der Flucht vor der Grenzpolizei durch Vorstadtgärten rennen oder, manchmal gleich dreißig auf einmal, in sogenannten »Safe Houses« in gutbürgerlichen Vierteln darauf warten, dass die Kartelle und Schleuser sie an den Kontrollpunkten der USA vorbei weiter nach Norden bringen. Oft genug halten die Menschenhändler sie in diesen Häusern als Geiseln und zwingen sie, von ihren Familien in Mexiko per Telefon Lösegeld zu verlangen.

Ich übernachtete in McAllen und fuhr am Morgen westwärts, über die Route 83, entlang der Grenze, die hier vom Rio Grande gebildet wird, vorbei an Roma und, an den Ufern des Ortes Zapata, am hier über drei Kilometer breiten, vom Falcon-Damm an seinem Südostende aufgestauten Lake Falcon. Bei Laredo führte mich die Straße ins Landesinnere, in die Farmersiedlungen des texanischen Südens, dann nach Osten durch die bleichen Kalkberge und tiefen Schluchten von Box Canyon mit dem 35 Kilometer langen, von der Grenze zweigeteilten Amistad Reservoir, das in einem blaugrünen Meer von mannshohen Wacholderbüschen und verkrüppelten Eichen liegt. Weiter westlich kam wirkliche Wildnis. Sie sah anders aus als die altbekannte texanische Wüste: Hier wuchs ein strauchiger, dichter, anscheinend undurchdringlicher Wald aus Johannisbrotbäumen und Zedern. Es war menschenleer abgesehen von den Patrouillenwagen auf den Feldwegen und dann und wann einem Kontrollpunkt mit Spürhunden und Grenzpolizisten, die einen am Stoppschild mit einem knappen »Sind Sie ein Staatsbürger der USA?« begrüßten.

Bei Anbruch der Dunkelheit ging es weiter weg von der Grenze hinauf in die High Plains: die Grenze zwischen Langtry West bis Big Bend ist zu zerklüftet für Straßen, ein wilde Berggegend aus Schluchten und krallenartigen Graten, eine ziemliche Herausforderung für Grenzgänger. Nach fast 900 Kilometern Fahrt von McAllen erreichte ich Fort Stockton, wo die Motels voller müder Arbeiter waren, abgekämpft nach einem harten Arbeitstag in den Ölfeldern im Nordwesten der Stadt.

Am nächsten Morgen nahm ich die I-10 nach Westen zum wohlhabenden Großraum von El Paso mit seinem Rundblick auf die staubigen, flachen Siedlungen um Ciudad Juárez, dann fuhr ich weiter auf den geraden Straßen in der dürren Hochebene von New Mexico bis zu den sanften Hügeln und milden, bewaldeten Tälern des südlichen Arizona. Ich genoss die Leere, die Schattenmuster der Bäume an den trockenen Straßenrändern, passierte Tucson mit seinen einzelnen gedrungenen Bergen und flachen grauen Ebenen, wählte einfach einen Ort aus, es war Gila Bend, und suchte mir ein Motel für die Nacht.

Am Tag darauf schmiegte sich die Straße wieder näher an die Grenze; am Horizont südlich von Yuma und Calexico war Mexiko zu sehen: hinter den grünen Feldern von Date City der helle Schein von Mexicali. Ich fuhr durch El Centro – ein heruntergekommenes Geviert aus glühenden Straßen und ausgebleichten Bungalows – und dann ins Imperial Valley, das William T. Vollmann in *Imperial* verewigt hat, einem gelehrten sozialkundlichen Werk. Später hinein in die Geröllhügel – Berge, die aussehen wie aus glatten Kieseln aufgeschüttet – Richtung Otocillo und Jacumba Wilderness Area, bis ich auf die Wüstenstraße abbog, die nach Portrero, Dulzura, und schließlich in den kleinen, ärmlichen verschlafenen Ort San Ysidro führt: Gegenüber, hinter dem Zaun, lärmt das geschäftige, ausgelassene Tijuana.

Travesía de la Frontera: ein Grenzübertritt

Zwitschernde, kläglich piepsende Singvögel verbargen sich im verfilzten Dickicht hoch aufgeschossener Sträucher wie der blühenden *Baccharis salicifolia*, dem »Maultierfett«, und spillerigen Weiden. Ich begann meinen Grenzübertritt mit einem Gang auf einer Sandpiste am Rande des Border Field State Park in San Ysidro im Süden von San Diego. Mir war schon am Anfang meiner Reise klar gewesen, dass diese Grenze kein glatter Messerschnitt ist, kein sauberer Schmiss in der Landschaft. So existiert sie allenfalls in der Vorstellung von Politikern und Kartographen. Wie die meisten anderen Staatsgrenzen auch ist sie ein verwischter Streifen, an dem Mexiko nicht einfach aufhört, sondern hie und da überschwappt und damit für die typische gemischte kulturelle Identität des Grenzlandes sorgt.

Nach der letzten Volkszählung von 2010 waren die Einwohner San Ysidros zu 93 Prozent hispanisch. Im Vergleich zu den bescheidenen

Häusern im kümmerlichen San Ysidro thronten die Villen auf der Anhöhe der Calle Cascada drüben in Tijuana sehr stolz auf ihrem natürlichen Bollwerk.

Das war am westlichsten Punkt der Grenze. Sie wird von einem hohen rostfarbenen Zaun aus Eisenstangen markiert – er verläuft parallel zu einem älteren, niedrigeren – und endet unter Wasser im Pazifik. An diesem Vormittag war zufällig Ebbe, und mir wurde klar, welche Rolle dieses Detail spielt: Bei Ebbe können sich Einwanderer leichter um den Zaun herumhangeln, den festen Sand hinaufrennen und sich dann in die US-amerikanischen Büsche schlagen.

In diesen Park haben sich nicht nur piepsende Vögel geflüchtet; auch menschliche Wesen in Not suchen hier Zuflucht. Drei ehemals vom Aussterben bedrohte Vogelarten sind hier dank der Bemühungen von Naturschützern wieder heimisch und bauen fleißig ihre Nester: die Seezwergschwalbe mit ihrem »Kip-kip«-Gezwitscher, der Seeregenpfeifer und die seltene Klapperralle: Ihr schepperndes »ik-ik-ik« ist überall zu hören. Die Migranten sind lautlos.

Autos sind verboten in diesem baumlosen Gelände, das wenig Ähnlichkeit mit einem Park hat; nur Wanderer und Vogelfreunde haben hier Zutritt. Es ist sandiges Ödland, Sandwege führen durch niedrige Dünen und sumpfiges Marschland zur Mündung des Tijuana River. Das dürre Gestrüpp ist stellenweise gerade hoch und dicht genug, dass sich ein Mensch darin verstecken kann. Ich war an diesem heißen Tag allein. Es war nichts zu hören außer Vogelgezwitscher, das bald vom nahenden Brummen zweier Quads der Grenzpatrouillen übertönt wurde, die viel zu schnell an mir vorbeischossen und mit ihren großen Reifen feuchten Sand aufwarfen.

»Die suchen jemanden, der wegen der Ebbe gerade rübergekommen ist«, erklärte ein Parkranger. Ich hatte seinen Truck angehalten, um nach dem Weg zu fragen. »Er ist irgendwo da drüben.«

Der Migrant war offenbar im Gestrüpp am Nordende des Marschlandes an Land gekommen und versteckte sich jetzt im hohen Gras, das von Imperial Beach aus zu sehen war. Die Männer auf den Quadbikes suchten die Gegend ab, und inzwischen schwebte auch ein Helikopter über Turmfalken und anderen Greifvögeln.

»Wenn sie ihn nicht kriegen, bis es dunkel ist«, sagte der Ranger, »dann macht er sich mitten in der Nacht auf die Socken.« Mit einem Lächeln erinnerte er sich: »Vor Jahren war das noch anders, da hab ich schon mal dreißig, vierzig Kerle gesehen, die einfach so auf den Zaun losgegangen sind, weil sie annehmen konnten, dass zwei oder drei es schaffen würden. Sieht man heutzutage nicht mehr.«

Ich ging weiter; näher am Zaun sah ich drüben einen Tijuanero mit herumtollenden Hunden, er hatte die Arme um einen grünen Gartenschlauch geschlungen, und seine Hunde bellten ihn an, als wollten sie ihn zum Spielen auffordern. Mit dem Gartenschlauch in der Hand blickte er zum Zaun herüber und zu mir.

Ich winkte. Er winkte zurück. Dann ließ er den verwickelten Schlauch fallen und begann, mit den Hunden zu spielen. Ich ging weiter – über mir ragte die Monumental Plaza de Toros auf der mexikanischen Seite auf, ein Wandgemälde zeigte die vereinten Flaggen von Mexiko und den USA mit der Aufschrift »Love Trumps Hate« und »El Amor Vence al Odio« – bis dahin, wo das mit Eisenplatten verkleidete Gitter etwa hundert Meter hinter dem Strand unter der Wasseroberfläche endet. Die Quads der Küstenwache dröhnten noch immer, der Hubschrauber knatterte weiter, und ein Offizier der Grenzpatrouille stand neben seinem markanten weiß-grünen Fahrzeug und suchte mit dem Feldstecher den Horizont ab. Irgendwo im Marschland zwischen dem Fluss und Sunset Spur versteckte sich ein Mann, kauerte da wie ein Kaninchen im Dickicht, totenstill, mit eingezogenem Kopf und rasendem Herzklopfen.

Was er getan hatte, war nichts Außergewöhnliches. Er hatte sich wohl die Gezeiten notiert, die Stadtmitte von Tijuana passiert, war bis zum westlichen Stadtrand im Wohngebiet Jardines Playas de Tijuana gegangen, hatte die mehrspurige Küstenstraße, die Avenida del Pacífico, überquert, war Richtung Kai zur Strandpromenade, dem Paseo Costero, hinuntergegangen, dann von der niedrigen Mauer aus auf den Sand gesprungen und bis zum Zaun gelaufen, der hier den Strand durchschneidet. Wäre er ein guter Schwimmer gewesen, hätte er ein Stück weit aufs Meer hinausschwimmen, das Ende des Zauns umrunden, auf den Wellen der Brandung in die USA reiten können und wäre beim International Friendship Park an Land gegangen.

Aber er war bei Ebbe aufgebrochen, hatte sich wahrscheinlich am Zaun festgehalten und sich dann, als er auf den Strand gespült worden war, in die Büsche geschlagen, wo er ungefähr zu der Zeit gesichtet wurde, als ich dort wanderte, gegen zehn Uhr morgens. Jetzt kauerte er dort, blinzelnd und schniefend, verließ sich auf die dunkle Tarnung seiner nassen Kleidung und verharrte in einer instinktiven Starre, bis die Gefahr vorüber wäre. Er wartete auf die Nacht, in der er sich weiter nach San Diego County hineinbewegen konnte. Wenn er den Fluss überqueren und es bis auf die Straßen von Imperial Beach schaffen könnte, wäre er am Morgen in Chula Vista.

Dieser gejagte Mann musste sich allein durchschlagen. Migranten mit Geld konnten sich Schleuser leisten. Zur Zeit meiner Reise durchs Grenzland waren innerhalb von sieben Monaten 663 chinesische Staatsangehörige verhaftet worden, die von Tijuana aus über die Grenze wollten. Einige davon waren am Ende eines langen Tunnels ins Netz gegangen. Jeder hatte für die Reise zwischen 50 000 und 70 000 US-Dollar bezahlt. China gehört mittlerweile zu einem der führenden Herkunftsländer von illegalen Migranten; dazu kommen noch Glücksritter und Wirtschaftsflüchtlinge aus dem Mittleren Osten und Südasien.

Kurz nachdem ich in diesem Grenzabschnitt gewesen war, besuchte ein kalifornischer Kongressabgeordneter das Staatsgefängnis von Adelanto bei Victorville, wo er erwartete, auf politisch verfolgte Asylsuchende aus Zentralamerika zu treffen. Zu seinem Schrecken befanden sich unter den 680 Inhaftierten, die hier hinter Schloss und Riegel saßen, 380 Inder, die von Indien nach Mexiko-Stadt geflogen waren und den dortigen Kojoten Tausende von Dollar für Schleuserdienste bezahlt hatten. Zwanzig Prozent der Gefangenen in der Abteilung »Immigrations and Customs Enforcement« (ICE) waren Inder. In den ersten sechs Monaten des Jahres 2018 waren laut einem Bericht der *Los Angeles Times* vom 13. August 2018 mehr als 4000 Inder bei dem Versuch, illegal in die USA einzureisen, erwischt worden. Sie verlangten politisches Asyl. Etwa zur gleichen Zeit wurden 671 Bangladescher aufgegriffen, die bei Laredo, Texas, über die Grenze wollten – Mitglieder des Zeta-Kartells, denen sie pro Kopf bis zu 7000 US-Dollar zahlen mussten, hätten sie über den Fluss gebracht.

Zu diesen Nichtmexikanern, sogenannten SIAs, Special Interest Aliens, gehören neben den Chinesen auch Iraker, Afghanen, Pakistani, Syrer und Afrikaner (diese hauptsächlich aus Nigeria). Den meisten hatten Kojoten aus den Drogenkartellen geholfen. Manche wandten erfindungsreichere Strategien an: Sie glitten auf Jetskis durch die Brandung oder benutzten jeweils etwa zu zwölft Panga-Boote: ein simpler, seetüchtiger Bootstyp mit hochgezogenem Bug und Außenbordmotor, der bei Fischern in der Dritten Welt, somalischen Piraten und Schleusern beliebt ist. Regelmäßig brachte die kalifornische Grenzpolizei am Imperial Beach solche Boote auf.

Der Hubschrauber kreiste noch immer über dem Border Field Park, als ich schon zu einem der Einreisestelle nach Tijuana nahen Parkplatz unterwegs war. Ich ging zu Fuß über die Grenze, füllte ein Einreiseformular aus und ließ meinen Pass stempeln. Dann nahm ich ein Taxi zur Avenida Revolución im Herzen von Tijuana und ging in das Restaurant Cenaduría de las Once Antojitos Mexicanos, bekannt für seine Pozole, den hiesigen Eintopf aus fermentiertem Mais. Es ging mir gut, als ich hier so saß und meine Notizen ordnete: Ich hatte gut gegessen, freute mich über den simplen Grenzübertritt und fing eine interessante Unterhaltung mit einem anderen Gast an.

»Wir fahren ziemlich oft nach Kalifornien«, sagte er. »Wir kaufen Jeans, Hemden, Fernseher. Vieles davon ist in Mexiko hergestellt. Und obwohl wir hier auf dem Rückweg Zoll zahlen müssen, ist es billiger für uns.«

Das erklärte, warum ich später auf dem ganzen Weg nach Brownsville an sämtlichen Grenzübergängen so viele schwer mit Tüten bepackte Mexikaner sehen sollte. Wie in fast allen Grenzstädten, die ich noch besuchen würde, gab es auch in Tijuana an jeder Ecke Apotheken, Zahnarztpraxen und günstige Optiker.

»Ländereien, Zölle, Parzellierungen«, schreibt Carlos Fuentes in seiner Sammlung von Grenzerzählungen *Die gläserne Grenze*, »der

Reichtum und die Macht, die sich aus der Kontrolle einer illusorischen, gläsernen, durchlässigen Grenze ergeben, über die jährlich Millionen Menschen, Ideen, Waren passieren, alles (mit leiser Stimme: Schmuggelgut, Rauschgift, Falschgeld ...).«

Nach einer Gewohnheit, die ich für die nächsten paar Wochen beibehalten wollte, spazierte ich durch den belebten, sicher scheinenden Teil der Stadt. Wie in den anderen Grenzstädten begrüßte man mich als harmlosen alten Gringo, der vielleicht einen Sombrero, eine Lederjacke oder eine Gürtelschnalle mit einem in Kunstharz eingelassenen toten Skorpion kaufen würde.

»Was halten Sie von Donald Trump?«, lautete die Standardfrage. Natürlich war er kein Liebling der Mexikaner, die er als Vergewaltiger und Mörder bezeichnete. Aber etliche Mitarbeiter der US Customs and Border Protection Agency, mit denen ich mich über das Thema unterhielt, bekannten sich zu ihm, und ihre Gewerkschaft, die National Border Patrol Council, hatte sich mit über achtzehntausend Mitgliedern erstmals an einer Präsidentenwahl beteiligt und seine Kandidatur unterstützt.

Der Einzelhandel lief nicht gut in Tijuana, und obwohl die Zahnärzte zu tun und die Apotheken Zulauf hatten (Viagra für 5 $ die Tablette), waren die Bars und Stripteaseclubs in der Zona Norte um die Calle Coahuila herum so schwach besucht, dass sich alle zu mir umdrehten, als ich eine Bar betrat – einer der raren Gringos hier. Die Bars sind grauenvoll: biergetränkt, verräuchert und laut. Junge und weniger junge Mädchen sitzen in Grüppchen am Tresen und hoffen, einen Kunden dazu zu bringen, ihnen einen teuren Drink zu kaufen und dann mit ihnen einen Preis für eine Stunde in einem der Zimmer im ersten Stock eines Hauses auszumachen, an dem außen »Hotel« steht.

»*Solo mirando*, ich schaue mich nur um«, sagte ich in jeder Bar. Ich schaue mich um: Motto meines Reiselebens.

Mit Zonas de Tolerancia – in Tijuana ist es die Zona Norte, in Nuevo Laredo die »Boys' Town« – verschafft sich der mexikanische Staat die Kontrolle über die Sexarbeit: In bestimmten Vierteln am Stadtrand ist Prostitution gestattet. Die männlichen und weiblichen Sexarbeiter haben Papiere und werden regelmäßig medizinisch untersucht: eine ganz vernünftige Lösung für ein uraltes Problem. Aber solche Bezirke ziehen natürlich nicht nur in Tijuana Zuhälter, Parasiten und Dealer an.

Jetzt, mitten am Nachmittag, rochen die Bars und Kneipen nach Schimmel und Bier und waren weitgehend leer; sie würden sich am Abend beleben, sagte man mir. Bleiben sollte ich bis dahin besser nicht; wenn ich unbedingt die Grenze sehen wollte, dann sollte ich das bei Tag tun.

Bei Anbruch der Dunkelheit befand ich mich als einziger Gringo in einer Schlange von vielleicht vierhundert Leuten, die aus Mexiko hinausdrängten. Ein ruppiger US-amerikanischer Einwanderungsbeamter am Drehkreuz schnauzte: »Zurück! Hey, Lady. Ja, Sie da – hab ich Ihnen erlaubt weiterzugehen?«

Ich ging nach vorn, wollte meinen Pass zeigen, aber er scheuchte mich zurück: »Hinten anstellen!«

Die Grenze ist nicht die einfache Linie, die sie zu sein scheint, und man mag es kaum glauben, dass sie irgendwann – wie man uns versichert – nur noch als einstige Festungsanlage der Murus Hadrianus Trumpus im Gedächtnis bleiben wird. Während der letzten 170 Jahre hat sie sich stark verändert, war umkämpft und wurde neu gezogen. Die Vereinigten Staaten haben sich vergrößert, Mexiko ist geschrumpft. Vieles von unserem heutigen Westen und Südwesten – Texas und New Mexico, die gesamte Fläche von Arizona und große Teile Kaliforniens – war einst mexikanisches Staatsgebiet. Dieses nördliche Drittel des alten Mexiko fiel nach dem Mexikanisch-Amerikanischen Krieg von 1846 bis 1848, den die Vereinigten Staaten durch ihre Annexion von Texas provoziert hatten, an die USA. Damals war Kalifornien noch kaum besiedelt. Es gab lediglich eine Reihe von Missionsstationen entlang dem Camino Real zwischen San Diego und San Francisco. Davon berichtet Richard Henry Dana in *Zwei Jahre vorm Mast*, seinem Bericht einer Reise als Matrose entlang der Küste von Alta California. (Dana war 24 Jahre später wieder dort: Die winzige Missionsstation San Francisco war inzwischen durch den Gold Rush zur Großstadt angewachsen.)

Seit Texas zu den Vereinigten Staaten gehört, folgt seine südliche Grenze dem Rio Grande. Arizona wurde erst 1912 ein eigenständiger Bundesstaat. Als es noch zu New Mexico gehörte, bestand sein südlichster Teil aus dem mit dem »Gadsden-Kauf« von 1884 erworbenen Gebiet. Dessen Südgrenze war damals wie heute ein gerader Federstrich durch steinige Berge und staubige Täler in der Wüste, die sich kaum bewachen lassen.

Kolonisten und Neuankömmlinge trugen ihre Grenzstreitigkeiten aus; die Ureinwohner, die dieses Gebiet seit Hunderten von Jahren besiedelt hatten, störten dabei. Sie wurden bekämpft, weil sie sich gegen die Eindringlinge wehrten und die Heimat ihrer Vorfahren verteidigten. Die Apachen (um den üblichen Sammelbegriff für eine ganze Reihe von Völkern zu benutzen) leisteten den größten Widerstand. Nur weil sie ihr Land verehrten, galten sie als kriegslüstern und wurden abgeschlachtet. Nachfahren der Angehörigen dieser dezimierten Ureinwohnervölker sind geblieben, und wenn man heute dem Grenzverlauf folgt, trifft man immer wieder auf Reservate und Stammesgebiete indigener Völker: vom Cabezon-Volk bei Coachella in Kalifornien bis zur Ewiiaapaayp-Gruppe der Kumeyaay-Indianer (auch als Cuyapaipe bekannt) bei San Diego, von den Cocopah an der Staatsgrenze von Arizona bis zu den Tohono O'odham weiter im Osten, von den Mescalero-Apachen im südlichen New Mexico bis zu den texanischen Ysleta del Sur bei El Paso und dem Kickapoo-Volk in Eagle Pass.

Die mexikanische Grenze, die wir heute kennen, wurde erst etwa Mitte des 19. Jahrhunderts als Trennlinie zwischen Nationen festgelegt. Über hundert Jahre lang, seit etwa Anfang des 20. Jahrhunderts, warben US-amerikanische Farmer Mexikaner für die Feldarbeit an – zum Missfallen der mexikanischen Regierung, die ihre Campesinos im eigenen Land brauchte. Diese Männer und Frauen stellten den Hauptanteil der landwirtschaftlichen Arbeitskräfte im Südwesten und in Kalifornien. Zur Regulierung des Zustroms legten die USA und Mexiko im Jahr 1942 in einem bilateralen Abkommen das Bracero-Programm für zeitlich befristete Arbeitsverträge auf.

Der US-amerikanische Bedarf an billigen Arbeitskräften hat die

Kultur des Grenzlandes geformt. Einst war die Absperrung porös, an manchen Stellen kaum vorhanden; die Leute überquerten sie hin und her, um zu arbeiten, einzukaufen, sich zu amüsieren und sich niederzulassen. Mormonen flohen über die Grenze nach Süden, um der Verfolgung wegen Polygamie (*Buch Mormon*, »Lehre und Bündnisse«, Nr. 132:61: »Wenn ein Mann eine Jungfrau ehelicht und den Wunsch hat, noch eine andere zu ehelichen, und die erste gibt ihre Zustimmung …«) zu entgehen, Mexikaner fuhren nach Norden, um Arbeit zu suchen. Die Grenze selbst war recht friedlich. »Wir sind ständig rübergefahren«, hieß es auf beiden Seiten. Dank des Bracero-Programms konnten Hunderttausende Mexikaner als Tagelöhner in den USA ihr Brot verdienen. Nach 22 Jahren und fünf Millionen Braceros lief das Programm 1964 aus; wer noch da war, wurde heimgeschickt.

Aber immer noch blieb die Grenze kaum bewacht und leicht zu passieren – bis zum Jahr 1994, in dem die von der Regierung Clinton beschlossenen Maßnahmen der »Operation Gatekeeper« zu greifen begannen. Die Grenze wurde mit wesentlich mehr Personal, hohen Zäunen, Mannschaftswagen und Sicherheitstechnologie verstärkt. Illegale Einwanderer wurden massenweise abgeschoben. Verbrechen, Drogenhandel und gewalttätige Kartelle verlangten nach strengerer Abschottung. Hinzu kam das Klima der Angst nach dem ersten Attentat auf das World Trade Center im Jahr 1993. Das Ergebnis heute: eine Demarkationslinie für etwas, das mal ein Krieg, mal schlicht ein endloses Katz-und-Maus-Spiel zu sein scheint.

Der ausgefranste Südrand der USA zieht sich über 3145 Kilometer hin, vom rostigen Zaun in der Dünung des Pazifik bei Tijuana bis nach Matamoros am Delta des Rio Grande, wo sich der suppige grüne Fluss südlich von Boca Chica in die braune Brandung des Golfs von Mexiko ergießt.

Man hatte mir abgeraten hinüberzufahren. Ich aber wollte an der Grenze entlangreisen und immer mal wieder an geeigneten Stellen auf die mexikanische Seite wechseln. Diese vielleicht zwölf Überquerungen sollten eine Erleuchtung für mich werden; sie eröffneten eine neue Perspektive auf die ganze Grenzdebatte, in dem sie ihr ein menschliches Gesicht – oder besser gesagt viele Gesichter – gaben. Ich hatte nicht erwartet, dass dieses Grenzland so viel Mut machen und zugleich so hoffnungslos sein kann. Wirklich vorbereiten kann man sich auf die Besonderheit dieses Landstrichs nicht.

Das Erste, was man wissen muss, ist, dass Gringos eher selten in die Städte auf der anderen Seite reisen, aber Zehntausende mexikanischer Amerikaner und mexikanischer Staatsbürger tagtäglich in beide Richtungen hinüberwechseln. Das geht, weil sie Visa, Pässe oder Personalausweise haben. Da viele von ihnen sich auf der US-amerikanischen Seite kein Haus mieten oder kaufen können, hat sich hüben und drüben eine Pendlerkultur gebildet, in der amerikanische Staatsbürger mit mexikanischen Wurzeln in Häusern, Wohnungen oder schlichten Hütten in einer mexikanischen Grenzstadt wie Juárez oder Nuevo Laredo wohnen und zur Arbeit nach El Paso oder Laredo fahren.

Es ist eigentlich ziemlich einfach, an irgendeiner Stelle zu Fuß nach Mexiko überzuwechseln, aber überall stauen sich Massen von Menschen – alle mit Papieren – an den Grenzkontrollen, um zur Arbeit, zur Schule oder zum Einkaufen in die USA einzureisen. Wie der Mann in Tijuana gesagt hatte: Kleidung und Elektroartikel sind in den USA viel billiger. Hinter nahezu jedem Grenzübergang findet sich auf US-amerikanischer Seite ein belebter zweisprachiger Walmart. Auf der US-Seite gibt es immer Discountläden, auf der anderen Discountapotheken; die »Zonas de Tolerancia« allerdings sehen zurzeit nur wenige fröhliche Zecher.

»Früher sind wir oft rübergefahren«, lautete ein üblicher Satz auf US-Gebiet; meistens geäußert von einem lachenden alten Mann, der mir dann ungefragt seine schmutzigen Reminiszenzen an Jugendsünden in einer »Toleranzzone« mitteilte.

Aber die alte US-amerikanische Gepflogenheit, zum Feiern über die Grenze zu fahren, ist Vergangenheit. Die Souvenirläden sind ebenso leer wie die Bars. Sombreros, Gipsschädel und Perlen liegen unverkauft und unbeachtet in den Regalen. Tagsüber sind die mexikanischen Städte einigermaßen friedlich, nachts ist das weniger der Fall. Die meisten haben eine Sperrstunde, deren Einhaltung von Polizeibeamten oder Armee – die »allerdings niemanden einsperren«, wie mir jemand in Nuevo Laredo sagte – streng überwacht wird. Und bei allem Frohsinn in den Innenstädten, bei aller Freude an Taco-Buden, Mariachi-Bands, religiösen Festen und Schuhputzern auf den Plazas – man wird von den Einheimischen davor gewarnt, sich aus den Städten hinauszubewegen, nicht einmal die zehn Kilometer raus in die ländlichen Gebiete mit ihren *ranchitos*: Dort hausen, hochgefährlich und schwerbewaffnet, die Gangster der Kartelle.

Die meisten Menschen im Grenzland sind recht zufrieden mit ihrem Los; sie gehen zur Schule, zur Arbeit, leben ihr Leben, achten ihre jeweilige Staatsflagge, gehen zur Kommunalwahl, ziehen Kinder groß. Sie haben sich hier eingerichtet, sie bleiben zu Hause; das Land hinter dem Zaun auf der anderen Seite des Flusses existiert nur in der Vorstellung.

Und doch bleibt als Dauerton auf niedriger Frequenz ein böses Störgeräusch, verursacht durch die ständigen Scharmützel in diesem besonderen Grenzkonflikt. Er wird bleiben, solange Migranten – Mexikaner, Verzweifelte, Kriminelle, Glücksritter, Pakistani, Syrer und Afrikaner – mit Hilfe von Schleppern im Dienst der Kartelle, die ihnen viel Geld dafür abverlangen, auf die andere Seite gelangen wollen. Und über 21 000 Grenzschützer Tag und Nacht daran arbeiten, sie aufzuhalten.

Nicht nur Männer und Frauen sollen die Grenze sichern, sondern auch sechs bis neun Meter hohe Stahlgitter, die sich über Meilen hinziehen. Dazu niedrigere Zäune, Fahrzeugsperren, Drohnen, Hubschrauber, verengte Brückenköpfe, Kontrollpunkte auf Nebenstraßen und Interstates, Spürhunde und über den texanischen Städten Zapata und McAllen riesige weiße Fesselballons eines Typs, der zur Terrorismusbekämpfung im Irak und in Afghanistan entwickelt wurde: gigantische lenkbare Flugkörper hängen über dem Zaun, lauschen und beobachten. Hinzu kommen der Fluss, die Wüste und die Rollen von Natodraht. Die Idee, eine Mauer zu bauen, findet fast jeder lächerlich, egal, auf welcher Seite er lebt: Zeigen Sie mir eine neun Meter hohe Mauer, ich zeige Ihnen eine neuneinhalb Meter lange Leiter.

Am nächsten Tag ließ ich San Ysidro hinter mir, sah die Wüste wieder und die Geröllberge und fragte mich, wie jemand jemals diese Wüste durchqueren könnte. Sie war grandios, verbrannt und unwirtlich, in weiten Teilen Indianerland: die Imperial Dunes, Sanddünen wie in der Sahara, die Schlangengruben in steinigen Schluchten, ewige Strecken von verwachsenen Mesquitebäumen und zerfetzten Feigenkakteen, segelnde Falken am Himmel und die rollenden Zweige des Tumbleweed am Boden.

Dass Menschen sie trotz allem zu durchqueren versuchen, bezeugten die vielen Masten mit gestreiften Flaggen, die alle paar hundert Meter weiße, mit dem Wort AGUA beschriftete Kisten mit Vier-Liter-Plastik-Wasserflaschen markieren. Samariter von Gruppen wie »No more Deaths« oder den »Border Angels« haben sie hier für durstige Migranten aufgestellt. Enrique Morones, der Gründer der »Border Angels«, erläutert: »Diese Absperrung durch die Operation Gatekeeper hat seit 1994 auf beiden Seiten des Zauns über 11 000 Menschenleben gekostet.«

»Vom Licht getötet«, in den Worten von Luis Alberto Urrea, dem Autor von *The Devil's Highway*, für mich eine der besten Darstellungen von der Mühsal der Migranten, von Verbrechen und Kultur im Grenzland. Die meisten Migranten kommen durch die Elemente um – durch die Hitze der Wüste am Tag, ihre Kälte bei Nacht. Urrea führt die klinischen Stadien im Detail auf, in denen ein Mensch in der Wüste ohne Wasser dem Hitzetod erliegt: Sonnenstich, Ermüdung, kardiale Synkope (Ohnmacht), Krämpfe und schließlich völlige Entkräftung: Sehstörungen (Tunnelblick), Halluzinationen, Erbrechen von Blut. »Du träumst von Teichen, Meeren, einem See … Du würdest dein ganzes Geld für kaltes Wasser ausgeben, würdest dich selbst verkaufen, alles tun, um an Wasser zu kommen. Es kommt vor, dass Menschen, die zu Fuß unterwegs sind, die Kühler von liegengebliebenen Autos aufbrechen und dann sterben, weil sie das Frostschutzmittel getrunken haben.«

Die US-amerikanische Gemeinde Tecate existiert kaum, das mexikanische Tecate schmiegt sich als ländlich geprägte Kleinstadt mit fast achtzigtausend Einwohnern an den Zaun. Es ist außerdem der Schauplatz einer meiner Lieblings-Short-Storys: »Pastor Dowe at Tacaté« von Paul Bowles. Der griesgrämige amerikanische Pastor in dieser schwarzen Komödie hat Probleme bei seinen Versuchen, die Indios zum Christentum zu bekehren: Sie schlafen bei seinen Predigten ständig ein und wachen nur auf, wenn er seinen alten Plattenspieler ankurbelt und den Revuesong »Crazy Rhythm« von 1928 abspielt. Also lässt er während seiner Predigten immerzu die gleiche Platte laufen. Ein paar Männer in der Gemeinde wollen Pastor Dowe eine Freude machen und ihn mit einem dreizehnjährigen Mädchen in Versuchung führen, das ein lebendiges Alligatorjunges wie eine Schmusepuppe mit sich herumträgt. Tecate selbst ist etwas gesichtslos, es gibt mehr Grün als auf der anderen Seite – die Stadt könnte auch weiter im Landesinneren von Mexiko liegen –, für mich ist es einfach der Ort, den ich mit dieser Meistererzählung verbinde.

Calexico, Kalifornien, eine Stunde weiter östlich an der Grenze, ist kaum mehr als eine Straßenkreuzung; überschaubar und grün liegt es wie eine Oase mitten in der Wüste. Das nur anderthalb Kilometer entfernte Mexicali wirkt äußerlich ebenso unscheinbar, hat aber durch seine Industrie enormen Auftrieb erhalten: Honeywell, Mitsubishi, BF Goodrich, Gulfstream und andere haben sich hinter der Grenze angesiedelt, um Männer, Frauen – gelegentlich auch Kinder – zu niedrigen Löhnen von manchmal nur 6 US-Dollar am Tag für sich arbeiten zu lassen.

Auf der Fahrt über die Imperial Avenue nach Süden in Richtung Grenzübergang kam es mir vor, als sei ich nicht mehr in den USA: So gut wie alle Schilder waren auf Spanisch oder mindestens zweisprachig beschriftet, da die US-amerikanischen Einwohner von Calexico in einer Art Vorort von Mexicali leben, eine Überschneidung, die sich auch im Wortspiel der verflochtenen Kunstnamen beider Städte ausdrückt.

Ich ließ das Auto in einer Seitenstraße und ging zu Fuß durch eine Grünanlage und die Treppen zum strengen grauen Gebäude der US Customs and Border Protection hinauf, spazierte die Auffahrrampe hinunter und schob mich durch ein Drehkreuz; meinen Pass wollte niemand sehen. Hinter dem Maschendraht auf der mexikanischen Seite sah ich eine Schlange von Menschen, die sich von der Treppe hinunter ins Foyer und in eine Passage hineinwand; Hunderte, vielleicht Tausende warteten auf Einlass in die USA. Eigentlich wollte ich in Mexicali zu Mittag essen und dann schnell wieder zurück nach Calexico wechseln, doch angesichts der im Schneckentempo vorrückenden Warteschlange beschloss ich, das Mittagessen lieber sausenzulassen und mich nur umzusehen. Ich passierte ein Begrüßungskomitee (»Señor!«) aus Bettlern und Obdachlosen, ging vorbei an Frauen mit wimmernden Säuglingen und ein paar forscheren jungen Männern (»Geeve!«) und nahm ein Taxi. Mit dem freundlichen, aber wortkargen Fahrer, er hieß Héctor, vereinbarte ich eine Rundfahrt durch Mexicali; auf die Frage, ob er mich zu einer der Fabriken bringen könnte, kam nur ein »Prohibido«. Die Staus, durch die wir uns quälten, bewiesen es deutlich: Calexico, Kalifornien, ist eine Kleinstadt. Mexicali hinter dem neun Meter hohen Zauns ist eine Millionenmetropole mit einem internationalen Flughafen, einer großen Kathedrale, einer Stierkampfarena, zwei Museen, verschiedenen Krankenhäusern, vier Universitäten, einer Hochschule für Zahnärzte, diversen öffentlichen Bibliotheken und in die Wüste von Baja California hineinwuchernden Industriegebieten mit den dazugehörigen *colonias* voller Häuschen mit einem Stockwerk und drei Zimmern für die Fabrikarbeiter.

»Pimsa«, sagte Héctor beim Vorbeifahren am Industriegelände.

»Was ist das?«

»Flugzeugtriebwerke.«

In seinem Reisetagebuch *The Mexican Night* (1970) beschreibt der Dichter der Beatgeneration und Verleger Lawrence Ferlinghetti ein Mexicali voll tödlichen Elends. Heute dagegen: GKN Aerospace, Martech Industrial (Medizintechnik), Furukawa México, Wabash Technologies, Robert Bosch Werkzeuge und so weiter. Dazu die nötigen Dienstleistungsbetriebe: Banken, Spediteure, Supermärkte, Tanklager und Schulen.

Hier liegt das große Paradox des NAFTA-Abkommens konkret vor uns: Ein paar hundert Meter hinter den Industriegebieten von

Mexicali mit ihren Hightech-, Luftfahrttechnologie- und Textilfabriken, den *maquilas*, und hinter dem Zaun gleich auf der anderen Seite der Avenida Cristóbal Colón erstrecken sich die Spinatfelder von Calexico, deren Ernte von Mexikanern mit Arbeitsvisa eingebracht wird. Tagelöhner hüben, Labortechniker drüben.

Hier und auf den Salat- und Brokkolifeldern weiter östlich arbeiten fast ausschließlich Mexikaner mit H-2A-Visum, einer befristeten Einwanderungserlaubnis für Landarbeiter. Diese Visa, die Mexikanern Arbeitsaufenthalte für vier bis zwölf Monate ermöglichen, werden jedes Jahr neu ausgegeben. Zunächst muss der Agrarbetrieb beim US Department of Labor einen Antrag stellen. Er hat darin nachzuweisen, dass er trotz intensiver Suche nicht genügend US-amerikanische Arbeiter für die unbesetzten Stellen findet. Der Antrag wird dann von der US-Citizenship-and-Immigration-Services-Behörde geprüft. Wenn er für ordnungs- und wahrheitsgemäß befunden wurde, wird die entsprechende Anzahl H-2A-Visa für landwirtschaftliche Hilfskräfte genehmigt. Allein in dem Jahr, in dem ich vom Auto aus die Brokkoliäcker sah, wurden neunzigtausend solcher Visa ausgegeben. Und warum? Weil die hier und in der Gegend von Yuma produzierenden Agrargenossenschaften ganzjährig neunzig Prozent des jährlichen Salatbedarfs der USA decken und damit 2,4 Milliarden Dollar jährlich erwirtschaften.

Meine Vorahnungen angesichts der Warteschlange an der Grenze waren nicht unbegründet. Nach Mexiko hineinspaziert war ich in ein paar Minuten, aber auf dem Rückweg hieß es über zwei Stunden Schlange stehen, zusammen mit geduldigen Mexikanern, alle mit gültigen Visa, die darauf warteten, in die enge Kontrollstelle hineingelassen zu werden, wo die Papiere überprüft wurden, wo jeder Einzelne fotografiert und knapp befragt wurde. Zurück im Auto passierte ich die Salatfelder, fuhr durch die Wüste – gigantisch und unwirtlich –, die Geröllberge, die Dornenbüsche und blühendes Gestrüpp die etwa achtzig Kilometer nach Yuma.

Diese adrette kleine Stadt liegt nicht unmittelbar am Zaun. Ich übernachtete hier und fuhr am nächsten Morgen zwischen Salatfeldern die sechzehn Kilometer nach Süden (MEXICO NEXT EXIT) zur Grenze. Eins war klar: Viel ärmer als diese elenden Siedlungen am Zaun können Dörfer und Städte nicht werden. Gadsden und Somerton, Arizona: Hütten, verrottete Trailer, verrammelte Läden, verlassene Häuser, eingesäumt von den hohen rostigen Rippen des Zauns, der hier den Rand aller Orte bildet, das Ende aller Sackgassen Richtung Westen, wo der Colorado River sich über die Grenze nach Süden windet.

Ich machte eine Weile Pause in Gadsden. Der Ort trägt den Namen des US-amerikanischen Botschafters in Mexiko, der im Jahr 1853 die Verhandlungen über den Kauf des südlichen Drittels von Arizona und eines Teils von New Mexico (für zehn Millionen Dollar) durch die USA führte. Die Kleinstadt Gadsden in der südwestlichen Ecke des gekauften Gebiets ist eine halbverfallene Gemeinde mit 1314 Einwohnern (Stand von 2010), von denen 46 Prozent auf ihren trockenen, kakteenbestandenen Äckern unterhalb der Armutsgrenze leben. Die Stadt San Luis, gleich um die Ecke, ist größer und mit ihrem bedeutenden Grenzübergang etwas besser dran. Mexikaner aus San Luis Río Colorado kaufen beim Walmart Super Center und im Einzelhandel ein. Und dennoch ist San Luis im Vergleich zu den Städten drüben doch nur etwas wie Gadsden, Somerton und das Reservat der Cocopa bei Yuma: unbedeutend, arm wie die Dritte Welt, ausgeglüht in der Hitze der Wüste.

Beim Kaffee in San Luis unterhielt ich mich mit Javier, einem Mann um die vierzig, der hier aufgewachsen war. Ich wollte wissen, wie sich der Zaun auf sein Leben auswirkte.

»Der Zaun ist schon komisch«, sagte er. »Ich war mal bei der Feuerwehr. Eines Tages sind wir zu einem Buschfeuer gerufen worden, mitten in der Pampa, und haben mit dem Löschen angefangen. Es breitete sich fix aus, also sind wir hinterher. Wir kamen an so einen kleinen Maschendrahtzaun, da haben wir die Wasserschläuche durchgesteckt und weitergelöscht, was aber nicht viel gebracht hat. Da sagt plötzlich einer von den Jungs: ›Hey, das ist Mexiko!‹«

»Und was haben Sie gemacht?«

»Wir sind schnell abgehauen!«

»Sind Sie sicher, dass Sie in Mexiko waren?«

»Klar, da war schließlich der Maschendraht. Sie denken, dass der große Zaun draußen am Stadtrand an der ganzen Grenze immer so weitergeht, aber so ist es nicht. Es sind bloß ein paar Kilometer hier, ein paar da, der Rest ist Maschendraht.«

»Über den man leicht klettern kann?«

»Früher gab es jede Menge Zaunkletterer. Heute sind's weniger.«

Kurz vor dem Grenzübergang selbst – biegen Sie nach rechts auf die Urtuzuastegui Street ab und gehen Sie weiter über die Brücke – waren die Läden der Main Street voller mexikanischer Kunden, Tagesbesucher, die sich hier mit Kleidung und Hüten made in China, Lautsprechern made in Korea und Fahrrädern made in Taiwan eindeckten.

Nur ein Fußweg, keine Formalitäten, auf beiden Seiten niemand, der meinen Pass sehen oder meinen Namen wissen wollte. Dies war die einfachste Grenzüberquerung in meiner langen Karriere von Grenzüberschreitungen; es war ein schöner Tag, und der Gedanke, so einfach in ein anderes Land zu spazieren, machte mir Freude. Nun war ich in San Luis del Río, einer ausufernden Stadt mit einstöckigen, zwar verwitterten, aber solide gebauten Häusern, einem Park, einer Kathedrale, einer Plaza Benito Juárez und einer staatlichen Hochschule. Läden gab es hier viele – mit dem typischen Warenangebot der Grenzstädte: Hüte, Stiefel, Lederwaren und Sonnenbrillen, dazu Drogerien und die üblichen Praxen von Zahn- und anderen Ärzten.

Am östlichen Ende der Stadt liegt das Industriegebiet so dicht am Zaun, dass man die Radios in den Fahrzeugen der Grenzpatrouillen auf der anderen Seite hören und die glänzenden Grillgeräte in den Vorortgärten der Bungalows von Las Villas, Arizona, sehen konnte. Ich staunte immer über die US-amerikanischen Fabriken hinter der Grenze; hier lagen sie so nah, dass der Fabrikbesitzer auf seinem Gelände in Mexiko eine dicke Zigarre rauchen, den Rauch in die USA blasen und die Asche durch den Zaun hätte schnipsen können.

In San Luis del Río waren es Daewoo, TSE Bremsen und die Firma Bose Flextronic, die zweitausend Mitarbeiter beschäftigt. Wenn Sie das nächste Mal ihre teuren Bose-Kopfhörer aufsetzen oder ihr Autoradio aufdrehen, sollten Sie daran denken, dass sie hundert Meter vor

Arizona von jemandem gebaut wurden, der in der Wüste von Sonora in einer Hütte wohnt und sich, die USA ständig im Blickfeld, nach einem besseren Leben sehnt.

Ich spazierte zum Stadtzentrum mit dem Benito-Juárez-Park, einer großen Grünfläche mit Palmen. Kinder spielten Fußball, alte Männer palaverten. Ich fing ein Gespräch mit den Herren an.

»Ich könnte mir denken, dass manche Leute durch den Fluss rüberschwimmen«, sagte ich zu einem in der Gruppe, einem zahnlückigen Mann, der zur Antwort den Kopf schief legte, als wollte er etwas Witziges loswerden. Der Colorado River, hier ist er mehr Wadi als Fluss, bildet die Grenze im Westen der Stadt.

»Nicht schwimmen«, kicherte er mit seinem zahnlückigen Grinsen. »Kein Wasser im Fluss.«

»Klettern die Leute also über den Zaun?«

»Abajo«, er zwinkerte. *»Tuneles.* Die gehen durch Tunnel. Da drüben sind zwei oder drei.« Er deutete nach Osten in Richtung Wüste. »Zwei Kilometer lang sind die. Die Leute zahlen den Kojoten dreitausend Dollar – und weg sind sie.«

»Oder den Kartellen?«

Bei dem Wort zuckte er leicht. »Vielleicht der Mafia.«

Tunnel aller Art – lange, kurze, Rattenlöcher, Hightechgänge und Kaninchenbaue – gibt es überall, wo ein Grenzzaun ist. Erst kürzlich wurde der bisher längste entdeckt: vom Einstieg am Boden eines Aufzugschachts in einem Haus in Tijuana führte er auf achthundert Metern unter der Grenze hindurch zu einer eingezäunten Lagerhalle auf US-amerikanischer Seite. Solche Bauwerke erinnern an den anderthalb Kilometer langen Tunnel, der zur Zelle von El Chapo in seinem Hochsicherheitsgefängnis führte: entworfen und erbaut von professionellen, erfahrenen Technikern. Ein Jahr, nachdem der Zahnlückige mir beim Wort *Tuneles* zugezwinkert hatte, wurde ein hundertachtzig Meter langer Gang zwischen dem Keller eines leer stehenden KFC-Lokals in San Luis, Arizona, und einer Falltür unter einem Bett in einem Haus in Mexiko entdeckt. Dieses Bauwerk war aber kein Fluchttunnel, sondern für Drogen gedacht: Die Päckchen wurden an einem Seil von Mexiko in die USA gezogen.

»Dies hier war Bergbaugebiet«, erklärte mir jemand weiter östlich an der Grenze. »Bergbau gibt es nicht mehr. Was denken Sie denn, wo die Bergbauingenieure heute buddeln?«

Tatsächlich wurden nahe Nogales, Mexiko, vier Tunnel gefunden, die zu Kellern von Häusern in Nogales, Arizona, führten.

»Ich will nicht in die USA.« Mario, einer der alten Männer, deutete in Richtung Zaun, der nur vier Straßen weiter nördlich liegt. »Meine Familie ist hier. Ich bin hier geboren. Dies ist meine Heimat.«

Für ihn verbot sich der Gedanke an eine Ausreise schon fast, während ich einfach so nach San Luis hinüberkonnte, ein paar Schritte, keine Warteschlangen, kein Theater, und schon saß ich im Auto auf dem Highway, fuhr vorbei an saftig grünen Feldern, auf denen sich Landarbeiter mit Strohhüten über Salatreihen beugten. Und weiter, hinaus aus dem friedlichen, restaurierten historischen Stadtzentrum von Yuma (hundert Jahre altes Theater, Museum, Restaurants) nach Osten auf der Interstate 8 zum sechzehn Kilometer weit entfernten Kontrollpunkt Wellton (freundliche Beamte, hechelnde Spürhunde auf der Suche nach Drogen oder Menschen in meinem Kofferraum), durch die brüllende Hitze in der herben Wüste um Stoval, Aztec und Theba bis zum Städtchen Gila Bend: drei Tacos und jemand zum Reden, nämlich Lorraine, Angehörige des Tohono O'odham Volkes.

»Ich kann unsere Sprache noch gut, aber meine Kinder interessieren sich nicht dafür.« Sie deutete nach Süden: »Drüben ist der Stamm noch viel traditionsbewusster, da sprechen mehr Leute die Sprache.«

Das Volk der Tohono O'odham, dessen Gebiet halb in Mexiko, halb in den USA liegt und von der Grenze zerschnitten wird, leistet Widerstand mit dem Slogan: »Die O'odham kennen kein Wort für ›Mauer‹.«

Hinter Gila Bend biegt der Highway von der Grenze ab, führt 320 Kilometer durch die Sonora-Wüste mit ihren typischen Saguaro-Kakteen und den fernen blaugrauen Bergen, macht eine Schleife durch Tucson und biegt dann wieder nach Süden ab zur Grenzstadt Nogales – zu den Grenzstädten, müsste es heißen, da es zwei Nogales gibt, die der rostige Zaun voneinander trennt.

Damals, als ich für *Tief im Süden* unterwegs war, habe ich hier einen Umweg zur Grenze gemacht und blieb aus einer Laune heraus vier Tage lang. Ich sah ein schlichtes Holzschild mit den gemalten Lettern: »TO MEXICO«, das neben der Tür am Zaun lehnte. Mich faszinierte der Zaun selbst. Es gibt Meisterwerke, die gleichsam absichtslos entstehen, durch eine Laune des Schicksals oder einen Anfall schieren Irrsinns: der trennende Zaun zwischen Nogales, Arizona, und Nogales, Sonora, gehört dazu. Diese unbarmherzige Wand ist monumental, ein viele Millionen teures, stählernes Denkmal für unsere nationale Fixierung auf Bedrohung und Kontamination durch die Außenwelt.

In meinem ganzen Leben, in dem ich viele Staatsgrenzen passiert habe, ist mir noch keine dermaßen sonderbare Absperrung untergekommen: Sie sieht effizienter aus als die Berliner Zonengrenze, brutaler als die Große Chinesische Mauer und steht doch exemplarisch für den gleichen Größenwahn. Erst vor sechs Monaten war sie als Ersatz für die vorherige Stahlplattenkonstruktion errichtet worden. Diese aufragende, endlos scheinende Reihe aus senkrechten Stahlpfählen war in ihrem trotzigen Hochmut so aberwitzig, dass man sich entweder nicht daran sattsehen konnte oder sofort kehrtmachen und weglaufen wollte. Ein solcher Widerstreit von Gefühlen kann sich auch vor einem befremdlichen Kunstwerk einstellen.

Man konnte natürlich auch durchgehen, und das hatte ich vor. Und da war er, der Durchgang: am Ende des US-Abschnitts der Morley Avenue. Hinter JCPenny und Kory's Clothing, nur zehn Schritte von einem Staat zum anderen, hinter einer Tür in der Wand am Ende einer heißen Straße lag das fremde Land im Sonnenlicht.

Nachdem ich das Auto auf einem bewachten Parkplatz (vier Dollar pro Tag) abgestellt hatte, zeigte ich meinen Pass vor. Der Grenzbeamte wollte wissen, was ich drüben vorhatte. Geschäftsreise?

»Bin nur neugierig«, sagte ich. Er verzog missbilligend das Gesicht. »Gehen Sie nicht ab und zu rüber?«, ergänzte ich.

»War nie da«, sagte er.

»Aber es sind doch nur ein paar Meter!«

»Ich bleibe hier«, sagte er, und sein Gesichtsausdruck deutete an, dass ich es ihm besser gleichtäte.

Ich setzte das Drehkreuz in Bewegung und ging durch die schmale Tür – keine Warteschlangen, keine weiteren Formalitäten – hinüber in den Bundesstaat Sonora, Mexiko. Ich fand mich unmittelbar und zweifelsfrei in einem fremden Land, auf schlechtem Straßenpflaster zwischen einigermaßen tristen Gebäuden und ein paar verrammelten Schaufenstern, in der Nase das Geruchsgemisch von Bäckereien, Taco-Buden und aufgewirbeltem Staub. Als ich mich einen Augenblick später umwandte, war Arizona nicht mehr zu sehen, dafür der Vordergrund von Mexiko: Kleine Kinder spielten Fangen, Männer mit Sombreros schwatzten unter einer gestreiften Markise, Imbisswagen dampften.

Ich liebe Grenzübergänge. Die schönsten waren immer die gewesen, an denen ich zu Fuß von einem Staat zum anderen gehen, das Gefühl genießen, nur einer unter vielen anderen Fußgängern zu sein, und die theoretische Linie überschreiten konnte, die auf Landkarten eingezeichnet ist: von Kambodscha nach Vietnam, von Pakistan nach Indien, von der Türkei in die Republik Georgien. Meistens wird die Grenze durch einen Fluss gebildet – durch den Mekong, den Ussuri, den Sambesi –, durch eine Gebirgskette wie die Pyrenäen oder die Ruwenzoris, oder sie wird durch eine plötzliche Veränderung der Topographie markiert, durch ein überraschend neues Landschaftsbild, wie etwa, wenn das gebirgige bewaldete Vermont plötzlich zu den gepflügten Äckern von Québec abfällt. Oft aber ist eine Grenze nur ein irrationales politisches Mittel zum Zweck, ein nahtloses Niemandsland, ein eingezäunter Streifen Land.

Dieser Palisadenzaun aber, der dasteht wie die Einfriedung eines Militärgefängnisses, dieses zeichenhafte Wunderwerk, verlangt, wie mir der Grenzbeamte klarmachte, Entscheidungen. Gehst du durch, oder bleibst du zu Hause? Einen Zaun hat es hier natürlich immer gegeben. Die Einwohner beider Nogales erinnern sich noch an die bescheidene Anlage, die einfach nur La Linea, die Linie, genannt wurde und den Straßenzug der Main Street kaum unterbrach.

»Jedes Jahr im Frühling hatten wir hier einen Festumzug«, hatte mir Nicolas Demetrio Kyriakis bei meinem ersten Besuch hier erzählt. Nicolas, der einer griechischen, nach Mexiko emigrierten Unternehmerfamilie entstammte, war *regidor*, Stadtverordneter von Nogales und Berater des Bürgermeisters. »Die Prunkwagen fuhren die Straße entlang nach Nogales, Arizona, hinein. Auf einem Podest bei La Linea wurde dann feierlich die Maikönigin gekrönt. Es war wunderschön, und gefeiert haben beide Städte.«

Das liegt nun dreißig Jahre zurück. Damals war Nogales noch das Ausflugsziel für Soldaten aus Fort Huachuca gewesen, einem in etwa 32 Kilometern Luftlinie nordöstlich gelegenen Standort der US-Armee. Urlauber aus Tucson und Umgebung kamen zum Ausspannen herüber – immer eine Gelegenheit, Keramiktöpfe und Sombreros zu kaufen, einen erstklassigen Margarita zu trinken, in einen Taco-Laden einzukehren oder hiesiges Streetfood zu probieren. Auch der Rotlichtbezirk auf der Canal Street gehörte zu den Attraktionen. In den Vierzigern wurden in der Gegend Wildwestfilme gedreht. Die Hollywoodstars kamen über die Grenze, um zu essen und sich in La Caverna auszutoben, einem bekannten Club, den Nicolas' Cousins führten.

Die Bande zwischen den beiden Schwesterstädten waren eng. Als in den Sechzigern im eleganten Hotel Olivia auf der mexikanischen Seite ein Feuer ausbrach, die Flammen auf andere Gebäude übergingen und die Lage verzweifelt wurde, hievte die Feuerwehr von Arizona Schläuche über den Zaun, um den örtlichen *bomberos* beim Löschen zu helfen: ein Akt der Nachbarschaftshilfe, den die Mexikaner ihnen nicht vergaßen.

Aber nach 9/11 kamen keine Soldaten mehr aus Fort Huachuca, und als die mexikanische Einwanderungsbehörde das Vorlegen von US-amerikanischen Pässen verlangte, tröpfelten die Besucherströme nur noch als Rinnsal ins Land. Hinzu kam noch ein anderes Motiv: Da die USA sich nun so intensiv damit beschäftigten, Ausländer unter die Lupe zu nehmen – wer wollte da selber einer sein? Die ständigen Nachrichten von der Machtübernahme der Drogenkartelle verstärkten noch die düsteren Vorahnungen: Geh über die Grenze nach Mexiko und du krepierst wie ein Hund.

»Nach dem Attentat auf das World Trade Center kam eine ziemliche Flaute. Die Geschäfte liefen nicht mehr«, erzählte Juan Cordero, der Leiter des Instituts für Wirtschaftsförderung in dieser Region von Sonora. »Aber das betraf die Massagesalons und Bars auf der Canal Street und die Andenkenläden im Zentrum. So etwas ist kein zeitgemäßes Geschäftsmodell mehr. Wir haben immer noch US-amerikanische Unternehmen in unserem Industriegebiet – da arbeiten Tausende, aber Touristen kommen kaum noch.«

Was tat ich damals an diesen vier Tagen in Nogales? Ich gönnte mir eine Zahnreinigung; komplett mit Bleichen – *limpieza y blanqueamiento* – war die Prozedur viel billiger als hinter dem Zaun. (54 für die Reinigung, 250 fürs Bleichen.) Ich kaufte ein hölzernes Dominospiel. Und ich ging essen.

Das Abendessen im La Roca, es liegt nur ein paar Minuten vom Zaun entfernt, war dadurch besonders schön, dass ich von der Sorte gut ausgebildeter, schwarz gekleideter alter Kellner umsorgt wurde, die aus den meisten Restaurants im Rest der Welt verschwunden sind. Viele haben hier seit der Eröffnung des Lokals gearbeitet; in jenem Jahr feierte das La Boca sein vierzigjähriges Jubiläum. Auch im Restaurant meines Hotels, des Fray Marcos, hielt das Personal der alten Schule die Treue. Im La Boca aß ich eine Tortilla-Suppe und ein mexikanisches Gericht mit Garnelen, die aus Guyamas an der Küste von Sonora kamen. In den kleineren Gaststätten, zum Beispiel im Leo's oder im Zapatas, wurden Fischtacos serviert und Teller mit *mochomos* (»Wüstenameisen«), ein Gericht aus trockenen Rindfleischstreifen mit Limette. Ich fand die Menschen in Nogales höflich und zugänglich, außerdem so froh über einen Besucher, dass man mir als nachbarschaftliche Geste einen Schluck Bacanora anbot, einen Schnaps, der aus der Agave Pacifica hergestellt wird und viel stärker ist als Tequila: Sonoras Beitrag zur Welt des trinkbaren Raketentreibstoffs.

Bei Laser Tech drüben in der Avenida Oberton hatte Dr. Francisco Vazquez kürzlich seine Zahnarztpraxis um eine dermatologische Abteilung erweitert und seine Frau Martha Gonzalez-Vazquez ein Spa mit einem Behandlungsspektrum eröffnet, das außer Massagen und Dampfbädern auch »alte Rituale« anbietet – weshalb sie eigens Dr. Angel Minjares mit seinen Spezialgebieten Theologie und Psychologie »zur Falleinschätzung« anheuerte.

Ihre Gemeinschaftspraxis war eine von etwa sechzig Zahnarztpraxen, die sich hier auf einem Gebiet von drei fußläufig von der Grenze erreichbaren Straßenblocks konzentrierten. Die Mehrzahl der Patienten waren US-amerikanische Pensionäre, die für einen Tag von Tucson oder Green Valley herübergekommen waren.

Gerd Roerig, ein älterer, deutschstämmiger Herr aus Tucson, hatte einen Termin bei Dr. Ernesto Quiroga wegen eines Implantats. Was ihn zu Hause in Tucson 4500 Dollar gekostet hätte, war in Nogales für ein Drittel des Preises zu haben. Dr. Quiroga hatte kürzlich 150 000 Dollar in einen 3D-Scanner für Computertomographie investiert.

»Die Canal Street könnte man doch auch in ›Wurzelkanalstraße‹ umtaufen«, scherzte ich am Ende der Behandlung.

Juan Cordero seufzte: »Die Leute haben Angst. Sie halten Nogales für gefährlich. Kennen Sie den Ausdruck *poner salsa a los tacos*? – zu dick auftragen?«

Um mehr über die Kriminalität zu erfahren, hatte ich um ein Treffen mit dem Chef der Sicherheitsbehörde von Sonora gebeten und wurde Ernesto Munro Palacio vorgestellt, einem eins neunzig großen, ehemaligen Pitcher (Werfer) der Monterrey Sultans und Geschäftsmann, der seit 2009 für die Sicherheit im Bundesstaat verantwortlich war.

»Vor 2009 wurde hier nicht viel für die Sicherheit ausgegeben«, sagte er. Aber in den letzten zwei Jahren habe Sonora einhundert Millionen investiert: in Hubschrauber, gepanzerte Fahrzeuge und Aufklärungsflugzeuge, »mit denen wir die Landebahnen der Kartelle und die Haschischplantagen finden können. Morde sind überall im Land ein Problem.« In Nogales aber, sagte Señor Munro, seien die Fälle von 226 im Jahr 2010 auf 83 im Jahr 2011 zurückgegangen. Die Mordrate sank kontinuierlich weiter; heute sind es etwa 50 Fälle im Jahr.

»Fragen Sie Ihre Leute doch mal, ob sie den Namen von einem US-Amerikaner nennen können, der in Sonora umgebracht wurde«, sagte er. »In Nogales ist noch nie ein Tourist ermordet worden.«

Im Jahr 2016 wurde in Nogales ein US-amerikanischer Expat bei einem bewaffneten Raubüberfall erschossen.

Die Bianchis, ein Rentnerpaar aus Tucson, das ich in einem Wartezimmer kennenlernte, waren zufrieden. »Wir kommen immer hierher. Ich hab mir eine Brücke machen lassen. Und die Leute sind echt nett hier.«

Bei diesem ersten Besuch hatte Nogales auf mich den Eindruck einer Grenzstadt gemacht, die versuchte, sich über Wasser zu halten – erfolgreich wie mir schien. Bei meinen Stadtspaziergängen faszinierte mich immer, wie sich hier das Fremdartige mit einer ansprechenden Normalität mischte – Kinder, die auf Schulhöfen spielten, Leute beim Einkaufen, beim Kirchgang –, mexikanischer Alltag. Weil im Stadtbild deutlich die Gringos fehlten, blieb der Stadt ihre Eigenart erhalten, zu der auch die bunt gestrichenen Hausfassaden beitrugen. Die Bemalung kam auf Initiative von José Angel Hernandez zustande, dessen neugeschaffenes Amt für Stadtentwicklung jedem, der sein Haus verschönern wollte, die nötigen Farben zur Verfügung stellte. Darüber hinaus sorgte er für Schul- und Sportprogramme, die jugendliche Faulenzer aktivieren sollten, Teams von Straßenreinigern und Projekte zur Stadterneuerung.

Die Straßen von Nogales waren so sauber und ordentlich wie die auf US-amerikanischer Seite – und für Überraschungen gut. Auf dem Weg in die Boom Town hinter dem Zentrum und den Zahnarztpraxen kam ich an einer zwei Stockwerke hohen Skulptur vorbei, der Darstellung eines muskulösen, nackten jungen Mannes, der ein vor ihm am Boden liegendes, geflügeltes Reptil aufspießt: halb unter einer Straßenüberführung platziert ein etwas überraschender Anblick. Offiziell heißt die Skulptur, die der spanische Bildhauer Alfredo Just in den späten Sechzigern als Denkmal für den Sieg über die Unwissenheit entworfen hat, *La Derrota de la Ignorancia*, wird aber von den Einheimischen liebevoll mit einem halb spanischen, halb Yaqui-Ausdruck *mono bichi* – als »der nackte Affe« bezeichnet. (Die Bewohner von Nogales garnieren ihre Sätze gern mit eingestreuten Vokabeln aus der Yaqui-Sprache, die man sonst nirgends versteht: *buki* / Kind, *yori blanco* / weißer Mann.)

Auf einer Fahrt mit Juan Cordero sah ich, wie die Stadt in die Landschaft hineinwuchert: Neubaugebiete mit modernen Häusern neben bescheideneren Parzellen – Nuevo Nogales.

»Hier liegt der Motor von Nogales' Wirtschaftskraft«, sagte Juan. Die Mehrzahl der zweiunddreißigtausend Beschäftigten der Stadt arbeitete im Industriegebiet in Unternehmen, die Halbleiter, Komponenten für Mobiltelefone und Lüftungssysteme für Jumbojets herstellen. Es waren vertraute Namen dabei: Otis Aufzüge, Black and Decker, Chamberlain Garagentoröffner, Rain Bird Sprinkleranlagen, General Electric, B / E Aerospace mit der Produktion von Sitzen und Klapptischen für Luxusflugzeuge und so weiter. Unternehmen wie Kimberly-Clark und Motorola sind schon seit den Sechzigern hier.

Hier arbeiteten Fachkräfte. Diejenigen, die keine Ausbildung oder technischen Kenntnisse hatten, die sogenannten Campesinos, suchen sich anderswo Arbeit, die sie oft erst hinter der Grenze finden. Wer sich ohne Papiere in den USA erwischen lässt, wird eine Zeitlang eingesperrt und dann mit Bussen zur Grenze zurückgebracht. Auch das offenbart sich einem erst hinter dem hohen Zaun.

Nogales ist der Ort, an dem sie bis heute stranden. Peg Bowden, eine pensionierte Krankenschwester, begleitete mich zum Comedor, einer Hilfseinrichtung US-amerikanischer Jesuiten in der Nähe des Mariposa-Tors, etwa anderthalb Kilometer außerhalb der Stadtmitte. Peg erzählte, sie sei von dem schrecklichen Attentat, das im Januar 2011 bei Tucson auf die Kongressabgeordnete Gabrielle Cliffords verübt worden war, so entsetzt gewesen, dass sie etwas für die Menschheit tun wollte. »Ich musste mich mit etwas Positivem beschäftigen.« Sie schloss sich einer Gruppe von Freiwilligen an, »einem Haufen von resoluten Senioren, die sich vorgenommen haben, Todesfälle in der Wüste zu verhindern«. Außerdem half sie ehrenamtlich im Comedor. An ein paar Tagen in der Woche kam sie dafür von Arizona aus über die Grenze.

Als ausgebildete Krankenschwester war sie hier besonders gefragt: Schusswunden versorgen und die Auswirkungen von Hunger und Hitze lindern, unter denen die meisten Migranten litten. »Letzte Woche hatten wir ein Mädchen hier, das drei Tage lang in der Wüste herumgeirrt ist. Sie war erst vierzehn.«

Noch ein Tag in Nogales, noch eine Erkenntnis und dazu noch die traurigste. Hundertsechzig arme Seelen, Erwachsene, aber auch vier kleine Kinder, saßen auf Bänken an Gemeinschaftstischen in einem Schutzraum mit offenen Wänden am Straßenrand beim Frühstück.

Einige hatten lange in den USA gelebt. Alejandro war dreizehn Jahre lang Küchenkraft in North Carolina gewesen, Arnulfo elf Jahre lang Schreiner.

»Ich habe zwanzig Jahre lang in Napa Erdbeeren gepflückt«, erzählte Claudia, ein alte, schwarz gekleidete Frau. »Mein Mann und meine Kinder leben da. Ich bin zur Beerdigung meines Vaters nach Mexiko gekommen.« Sie trug noch immer das Kleid vom Tag des Begräbnisses. Sie konnte nicht in die USA zurück, und in Mexiko hatte sie auch niemanden.

Die Leute in der Schutzeinrichtung sprachen leise, wirkten gedemütigt, halb verhungert und hoffnungslos. Rosalba, eine Frau Mitte zwanzig, hatte vier Tage in der Wüste zugebracht. Sie hatte Blasen an den Füßen und eine tiefe, entzündete Wunde von einem Kaktusstachel. Manche hier waren bei ihrem ersten versuchten Grenzübertritt erwischt worden. Andere hatte man nach Jahren, die sie in den USA gelebt hatten, zurückgeschickt.

Die traurigste Gestalt war für mich Maria, eine Frau Ende vierzig aus Oaxaca. Verlassen, ohne Geld, ohne Zukunft und ohne Chance, im Dorf ein Auskommen zu finden, hatte sie ihre drei Kinder bei ihrer Mutter gelassen und war zusammen mit vier anderen Frauen über die Grenze gegangen, um Arbeit zu suchen. Sie war von den drei anderen getrennt worden, war vier Tage lang in der Wüste herumgeirrt, von einer Helikopterbesatzung gesichtet, verhaftet, geschlagen, ins Gefängnis gebracht und schließlich hier an der Grenze abgesetzt worden.

»Es ist wie im Roman *Sophies Entscheidung*«, fand Peg Bowden.

Maria hatte sich in ihr Schicksal ergeben, und als ich einen letzten Blick auf sie warf, saß sie allein am Tisch mit einem Teller mit Essen vor sich, hatte die Augen geschlossen und die gefalteten Hände zum Gebet erhoben.

Vielleicht war es das Gebet der Migranten, »La Oración del Migrante«, das sich auf einem Zettel in der Tasche eines in der Wüste gestorbenen Migranten gefunden hatte. Zitiert wird es in Marc Silvers Dokumentarfilm *Who is Dayana Cristal* über den Tod eines Migranten. Der Anfang des Gebets lautet:

Vivir, hacia Ti Señor, eso es vivir
Partir es un poco morir …

Die Reise zu Dir, o Herr, ist das Leben,
Aufbrechen ist ein wenig Sterben.
Ankommen ist niemals ankommen, bis man bei Dir ruht.
Du, o Herr, hast die Migration erfahren.

Es endet mit den Worten:

Du selbst bist ausgewandert, vom Himmel auf die Erde.

Ich war nichts weiter als ein Tourist. Der Zaun hatte all das verdeckt: die Stadt, die Fabriken, die Restaurants, die Arbeiterwohngebiete, die Geschäftsstraßen und die Migranten, schlimme Geschichten, gute Geschichten.

Jeder hätte die gleichen Entdeckungen machen können, es war so simpel.

Jene vier Tage auf der anderen Seite des Zauns in Nogales blieben unvergesslich. Ich hatte mir damals geschworen wiederzukommen, um an der gesamten Grenze entlang – und dann weiter ins Land hineinzufahren. Die Idee war mir durch die Gespräche mit den Migranten gekommen, die mir erzählt hatten, woher sie gekommen waren und wohin sie wollten. Und jetzt war ich wieder da.

BIENVENIDOS MIGRANTES DEPORTADOS Y EN TRANSITO wurden Schutzsuchende vor dem Haus begrüßt. Dieses Gebäude, bekannt unter dem Namen El Comedor, der Speisesaal, war es gewesen, zu dem Peg Bowden mich damals geführt hatte. Unter der Leitung von Jesuiten-Patres und Freiwilligen bot die KINO-Grenzinitiative humanitäre Hilfe für Migranten und Schutzräume für Frauen und Kinder. Diesmal waren wesentlich mehr verzweifelte und ratlose Menschen hier als bei meinem ersten Besuch.

»Unsere Mission ist es, ein menschliches Gesicht zu zeigen«, erklärte Pater Sean Carroll, während das Frühstück für die Migranten aufgetragen wurde. Pater Carroll, gebürtiger Kalifornier mit einer Gemeinde in East Los Angeles, leitete den Comedor schon seit sieben Jahren. In all dem Wirrwarr und Elend blieb der tatkräftige junge Geistliche bescheiden und zuversichtlich.

Die Mehrzahl der Migranten, es sind 87 Prozent, ist ausgewiesen und zurückgeschickt worden. Die übrigen warten auf die Gelegenheit, über den Zaun zu kommen. Pater Carroll wertet nicht. Seine Organisation bietet Essen und Kleidung (in Nogales kann es im Winter schneien) und einen gewissen Schutz vor den Kartellen und Kojoten.

Im Gespräch mit einigen der Migranten erfuhr ich, dass alle aus dem Süden des Landes kamen – niemand stammte aus dem Grenzgebiet.

»Das Nordamerikanische Freihandelsabkommen wirkt sich aus«, sagte Pater Carroll. »Die neuen großen Agrarkonzerne produzieren und exportieren ihre Erträge so billig, dass die Kleinbauern verarmen. Denken Sie mal an einen kleinen Maisbauern in Chiapas oder Oaxaca. Wie soll er oder sie mit den Erträgen von genmanipuliertem Getreide konkurrieren?«

Die erste Folge des NAFTA-Abkommens, erfuhr ich später, war die Landflucht der Armen aus dem Süden Mexikos, die ihren Lebensunterhalt nicht mehr als Bauern oder kleine Handwerker bestreiten konnten: Das Handelsabkommen hatte sie in den Bankrott getrieben. Etliche endeten als billige Arbeitskräfte in den *maquilas* an der Grenze, andere wurden illegale Auswanderer.

Ich wollte etwas über die Schicksale der Gäste im Comedor erfahren und stellte mich vor.

Abgeschobene und Durchreisende

Letitia: Ein Strafverfahren

Die Muttersprache von Letitia, zweiundzwanzig Jahre alt, winzig wie ein kleines Mädchen, einer mexikanischen Indigena aus dem Bergland von Oaxaca, war Zapotekisch. Ihr Spanisch war nicht viel besser als meins. Sie hatte zwei Jahre zuvor geheiratet und eine Tochter zur Welt gebracht. Ihr Mann, der aus einer verarmten Bauernfamilie stammte, war ausgewandert – ohne Papiere über die Grenze nach Florida. Dort hatte er Arbeit in einer der vielen dortigen Düngemittelfabriken gefunden; wegen seines Status als Illegaler hatte er nicht gewagt, nach Mexiko zurückzugehen. Letitia sollte nachkommen. Sie hatte es schon zweimal versucht.

»Ich hatte mit der Mafia ausgemacht, dass ich insgesamt 7000 Dollar zahle, erst eine Anzahlung und später in Phoenix dann 4500.«

Nach drei Tagen Fußmarsch durch die Wüste hinter Sasabe, westlich von Nogales an der Grenze zu Arizona, einem bekannten Treffpunkt der Menschenschmuggler, war Letitia verhaftet und zu zweieinhalb Monaten Arrest verurteilt worden. Sie war noch benommen von der Haft in der engen Zelle und der plötzlichen Abschiebung hierher und musste sich nun entscheiden zwischen ihrem Ehemann in Florida und ihrer Tochter in Oaxaca. Nach einer kurzen Erholungszeit im Comedor wollte sie zurück nach Oaxaca.

Norma: »Ich probiere es wieder«

Norma, Anfang fünfzig, eine kräftig gebaute Zapotekin aus Tehauntepec, erinnerte mit ihren markanten Tehuana-Gesichtszügen an die Darstellungen auf den Bauernporträts von Diego Rivera. Juan, ihr Mann, hatte fünfzehn Jahre lang ohne Papiere in den Plantagen von Fresno Pfirsiche, Orangen und Weintrauben geerntet. Norma hatte zuerst auch in der Landwirtschaft gearbeitet, bis sie einen Job in einer Hühnerschlachterei fand, in der sie neun Jahre lang blieb. Nach Mexiko zurückgerufen wurde sie von ihrer Familie im südlichen Oaxaca, sechseinhalbtausend Kilometer südlich von Fresno. Ein Familienmitglied sollte beerdigt werden, und Norma wollte dem Toten die letzte Ehre erweisen. Es gab auch noch einen anderen Grund für die Rückkehr:

»Ich habe drei Kinder in Mexiko, sie sind von einem anderen Mann. Sie haben mir so gefehlt. Ich wollte sie sehen. Also bin ich mit dem Bus von Fresno nach Tijuana gefahren. Ich wollte unbedingt zu meinen Kindern und habe gar nicht darüber nachgedacht, dass ich keine Papiere habe. Dann wollte ich in die USA zurück, bin nach Coloso gegangen und durch die Berge zur Grenze gelaufen.«

Sie hatte dem Kartell 500 Dollar für dieses Privileg bezahlt, eine Art Eintrittsgeld, und dem Kojoten weitere 4000 Dollar zusagen müssen. Der Kojote brachte sie zusammen mit drei Männern, die auch hinüberwollten, zur Grenze und dirigierte sie dann per Handy weiter.

»Die Border Patrol hat uns, die drei Männer und mich, neben dem Highway gefunden.«

»Das war vor sechs Wochen«, fuhr sie fort. »Vor fünfzehn Tagen habe ich es von Altare aus« – in der Nähe von Sasabe – »genauso versucht. Ein Kojote hat mich zur Grenze gebracht. Ein anderer hat auf der anderen Seite gewartet. Ich sollte 3550 Dollar zahlen, wenn ich wieder in Fresno bei meinem Mann wäre. Aber diesmal haben sie mich verhaftet und eingesperrt. Mit einem Bus wurde ich dann hierhergeschafft. Mein Mann hat gesagt: ›Geh nicht wieder nach Oaxaca.‹ Verstehen Sie, als ich nach Tehauntepec zurückgekommen bin, wollten sie nichts von mir wissen, weil ich sie verlassen hatte. Ich will nicht, dass meiner Tochter das Gleiche passiert.«

Ihre kleine Tochter war in Fresno.

Norma humpelte von dem Marsch durch die Wüste.

»Ich versuch's wieder«, sagte sie, schlug die Hände vors Gesicht und fing an zu weinen.

Teresa: »Hier hab ich Angst vor der Mafia«

»Vor vier Tagen haben sie mich in Douglas aus der Haft entlassen«, sagte Teresa. Sie war achtundvierzig, sah aber viel älter aus, traurig und unbeholfen. Sie wünschte sich, irgendwo in den USA zu arbeiten. »Betten machen oder Putzen, ein anderes Leben. Ich hab früher als Köchin in einem Lokal in Moreton, Minnesota, gearbeitet.«

In Moreton hatte sie vier Kinder großgezogen, aber die waren nun aus dem Haus, und ihr Mann war mit einer anderen Frau durchgebrannt. Nach Mexiko war sie mit einem Ausweis eingereist, den ihr jemand verkauft hatte – auf dem Rückweg wurde die Fälschung erkannt. Sie wurde verhaftet, ins Gefängnis gebracht und dann abgeschoben.

»Ich habe hier Angst vor der Mafia«, sagte sie. »Und ich weiß nicht, was ich in Mexiko machen soll. Das Problem hier ist doch, dass die Arbeit nicht genug einbringt, nicht mal die Jobs in den Fabriken.«

Arturo: »Meine Füße sind hin«

Zehn Jahre lang hatte Arturo, er war siebenunddreißig, in einer Restaurantküche in Ventura, Kalifornien, gearbeitet. Er wurde abgeschoben, nachdem ein Polizist gesehen hatte, dass er Schlangenlinien fuhr.

»Fünf Biere«, Arturo schüttelte den Kopf. Er war hier hinter der Grenze abgesetzt worden. Beim Versuch zurückzukehren war er vier Tage lang bei Puerto Penasco durch die Wüste gelaufen. »Meine Füße sind hin. Ich musste ins Krankenhaus, um mir Medikamente zu holen. Ich kann nicht mehr laufen.«

Daneris: Rider on the beast

Daneris aus Honduras war sechzehn, sah aber aus wie ein kleiner Schuljunge. Von den Strapazen, die er hinter sich hatte, war er abgemagert. Weil er in Tegucigalpa von Schlägern verfolgt worden war (»*Muchas maras*«, sagte er, viele Jugendgangs), war er weggegangen und hatte Guatemala durchquert. Im Süden von Mexiko war er auf den Zug, im Volksmund »La Bestia«, gesprungen und achtzehn Tage lang auf dem Dach eines Güterwaggons mitgefahren. Er wollte politisches Asyl beantragen und wartete hier im Comedor auf einen Berater, der ihm im Verfahren helfen sollte.

Jaquelina: »Mit Fleisch kenne ich mich aus«

Sie war einunddreißig Jahre alt, trug ein grünes Kopftuch, war schlank, freundlich und schien ganz gelassen. Nach dem, was sie durchgemacht hatte, konnte das aber nur Fatalismus sein. Sie war alleinerziehende Mutter von drei Kindern – vierzehn, zehn und fünf Jahre alt – und sorgte sich vor allem um deren Zukunft.

»Ich bin aus Mexiko-Stadt, aus Ixtapaluca, das ist eine arme, gefährliche Gegend.« Ein Viertel am südlichen Stadtrand, ein berüchtigter Megaslum, Jagdgründe von Kartellen und Dealern. »Da sind wir nicht mehr sicher. Verbrechen, Raub, Entführungen. Ich hatte da eine Eventagentur und hab Kindergeburtstage und Fiestas organisiert. Ich wollte nach Denver und da in einer Fleischfabrik arbeiten. Ich kenne da jemanden. Ist harte Arbeit, aber ich mach das ganz gern, ich hab schon früher in Fleischfabriken gearbeitet. Ich kenne mich aus mit Fleisch.«

»Vor drei Tagen hab ich versucht, über die Grenze zu gehen. Ich hatte den Kojoten schon bezahlt, bin bei Sasabe rüber und ziemlich weit gekommen, zu Fuß durch die Wüste mit vier anderen, aber bei Tucson haben sie uns erwischt und hierhin abgeschoben. Ich habe kein Geld, also geh ich zurück nach Mexiko-Stadt, und jetzt muss ich arbeiten, weil ich mir das Geld für die Reise geliehen habe, 20 000 Pesos (etwa 1000 Dollar).«

Roselia und Leonardo: »In Chiapas kannst du nichts verdienen«

Ein Geschwisterpaar aus San Cristóbal de las Casas. Roselia, sie trug ein dickes schwarzes Kleid, war achtzehn, jung, stämmig, traurig, ernst, verstört und verwirrt. Leonardo, 23, trug einen alten Wollmantel, wirkte zäh, abgeklärt, entschlossen und beschützte seine Schwester.

»Ich hab in Chiapas auf dem Bau gearbeitet, Häuser renoviert«, erzählte Leonardo. »Ich wollte nach Atlanta, da arbeitet mein Cousin in einem Restaurant. In Chiapas verdienst du nichts. Wir sind über die Grenze zu dem Treffpunkt gegangen. Aber die Männer, die uns an der Grenze helfen sollten, sind nicht gekommen. Wir sollten mit einem Auto nach Tucson gebracht werden und dann mit einem anderen

Auto nach Atlanta. Der Kojote sollte das Auto besorgen. Als nichts passierte, sind wir zu Fuß gegangen, zwei Tage lang. Am dritten Tag haben wir einen Hubschrauber gesehen. Wir wollten uns verstecken, aber sie haben uns mit einem Motorrad gefunden. Am Montag haben sie uns nach Tucson gebracht und am Mittwoch abgeschoben. Wir gehen jetzt zurück nach Chiapas. Ich hab dem Kojoten 1500 Dollar zahlen müssen, meine Schwester auch. Und in Atlanta hätten sie dann noch mal 6000 gekriegt.«

Roselia erzählte: »Ich bin nicht verheiratet. Ich hab in der Küche von einem Lokal in San Cristóbal gearbeitet. Ich hab nicht so viel Ausbildung. Ich bin in die Volksschule gegangen, aber hab die nicht zu Ende gemacht. Ich wollte in Atlanta in einem Restaurant arbeiten. Jetzt geh ich mit Leonardo zurück nach Chiapas. Da wohnen unsere Eltern. Wir müssen versuchen, Arbeit zu finden.«

Ernesto: Die tätowierte Träne

Mit seinen siebzig Jahren war Ernesto der älteste der Migranten, die ich im Comedor kennenlernte: Auch er sprach gut Englisch, auch er hatte gesessen. Sein dichtes weißes Haar war zurückgekämmt, er hatte einen weißen Bart und diverse Tattoos, unter denen mir besonders die tätowierte Träne unter seinem linken Auge auffiel. Dieses Motiv kann auf einen Mörder hinweisen, aber auch nur bedeuten, dass jemand harte Zeiten hinter sich hat. Er trat anders auf als die anderen hier, wirkte stolz und schwer gekränkt.

»Mit sieben bin ich in die USA gekommen, erst waren wir in El Paso, dann in Los Angeles. In L. A. hab ich fünfunddreißig Jahre lang gewohnt. Dann war ich in Nebraska. Ich bin in den Staaten zur Schule gegangen, alles ganz amerikanisch. Ich war Anstreicher.

In Lincoln, Nebraska, wo ich gearbeitet habe, haben sie mich wegen illegaler Einreise verknackt. Zehn Jahre habe ich bekommen. Und als ich rauskam, haben sie mich hier rausgeschmissen. Was soll ich in meinem Alter noch machen? Meine Eltern sind tot. Ich habe vier Kinder, aber die sind erwachsen und melden sich nicht mehr, weil ich im Knast war.«

Zehn Jahre Gefängnis für illegale Einreise – das klang unwahrscheinlich. Aber als ich nachhaken wollte, drehte er sich um, warf sich mit diesem seltsamen Stolz den Mantel wie ein Cape über die Schultern und ging.

Marcos: »Ich war traurig und habe viel getrunken«

Seine Zähne wölbten sich über die Lippen, wenn der dreiundvierzigjährige philosophisch wirkende Marcos lächelnd an seiner Baseballkappe zupfte. Er stammte aus dem fernen Apatzingán in Michoacán, war aber schon als Kind mit seinen Eltern in die USA gekommen, als man noch leicht über die Grenze konnte. An die damalige Reise konnte er sich nicht erinnern, aber an seine Arbeit und sein Zuhause in Greeley Hill, Kalifornien.

»Ich hab keine Schule besucht. Uns hat keiner geholfen oder was dazu gesagt. Seit ich zehn oder elf war, hab ich in den Plantagen in Greeley, Tulare und Fresno gearbeitet. Wir haben Orangen, Trauben, Nektarinen gepflückt. Ich hab sieben oder acht Dollar am Tag verdient. Die ganze Familie hat geerntet.

Mit achtzehn bin ich nach L. A. gegangen und hab als Dachdecker gearbeitet – Häuser, große Gebäude, alle möglichen Dächer. Verheiratet bin ich nicht, aber ich habe drei Kinder in Colorado, zwei Jungen und ein Mädchen. Die wohnen bei ihrer Mutter. Sie gehen zur Schule.

Geschnappt haben sie mich so: Vor sechs Jahren ist meine Mutter gestorben. Mein Bruder hat mich nicht angerufen, um mir das zu sagen. Als er's mir dann endlich gesagt hat, wurde ich traurig und habe viel getrunken. Meine Freundin hat versucht, mir zu helfen. Ich war betrunken, ich habe sie geschlagen, sie ist zu Boden gegangen, und ein Polizist hat uns gesehen. Ich bin wegen Körperverletzung verhaftet worden. Weil ich schon ein Trunkenheitsdelikt hinter mir hatte, haben sie mir drei Jahre in Cañon City, Colorado, aufgebrummt. Aber sie haben mich zur Einwanderungsbehörde in Aurora City gebracht. Da haben sie mir ein Papier gegeben und gesagt, ich soll das unterschreiben. ›No sign‹, hab ich gesagt. ›Du bist illegal‹, haben sie geantwortet. Ich hab unterschrieben. Dann haben sie mich mit dem Flugzeug nach San Diego gebracht und dann mit einem Bus hierher. Ich werd wohl versuchen, hier Arbeit zu finden.«

Manuel Quinta: »Ich will Dachdecker werden«

Manuel, klein, drahtig, dunkel, abgehärmt, erzählte mit gesenktem Kopf von seinem gescheiterten Versuch, über die Grenze zu kommen. Er konnte sich gut ausdrücken: Er sei in Los Mochis, nah der Küste, zur Schule gegangen.

»Das war mein erster Versuch. Letzten Montag haben sie mich in der Wüste verhaftet. Ich war vier Tage lang allein zu Fuß gegangen. Ich wollte nach Phoenix, um da als Dachdecker zu arbeiten. Ich will Dachdecker werden. Ich weiß, dass sie welche brauchen. Mein Bruder arbeitet da auf dem Bau, der hat mir das gesagt. Mit dem Kojoten hatte ich ausgemacht, dass er 1500 Dollar kriegt, wenn ich in Phönix ankomme.« Manuel zuckte mit den Achseln. »Jetzt geh ich zurück nach Los Mochis, zu den Äckern und meiner Frau und den drei Kindern. Meine Frau ist da Landarbeiterin.«

Javier: »Wo ich herkomme, ist es sehr gefährlich«

»Ich bin seit gestern hier«, sagte er. »Aus Honduras.« Er war jünger als die meisten anderen hier, siebzehn, achtzehn, vielleicht, und sah anders aus. Er hatte Gesichtszüge, wie sie für die Maya typisch sind, ein Profil wie in einer geschnitzten Darstellung in einem Mayatempel. Er war gerade per Bus und Bahn (mal wieder »The Beast«) aus Tegucigalpa angekommen.

»Ich komme aus einer sehr gefährlichen Gegend. Ich will in die USA. Ich bin der Älteste von vier Geschwistern. Meine Mutter ist gestorben. Ich hab als Maurer gearbeitet. Ich will nach Maryland. Da hab ich ein paar Cousins. Ich weiß aber nicht genau, wo sie wohnen. ›La Bestia‹ hat von der Grenze bis hierher vierzehn Tage gebraucht. Ungefähr zweihundert waren wir, von überallher – aus Chiapas, El Salvador, Guatemala.

In Honduras habe ich keine Arbeit. Aber ich muss meine Brüder unterstützen. Mein Vater ist auch in Honduras, aber er hat eine neue Familie. Ich geh mit einem anderen Typen rüber. Helfer haben wir nicht, aber der Typ kennt sich aus in der Gegend.«

Ubaldo: »Ich werde mit einem Anwalt reden«

»Zwanzig Jahre lang habe ich in Kalifornien gelebt, in den USA insgesamt achtundzwanzig«, erzählte Ubaldo. »In Oregon, Idaho und Washington State.« Er war vierzig Jahre alt, sprach ausgezeichnetes Englisch, wirkte ehrlich, mit geradem Blick: »Mein Bruder und meine Schwester leben da. Ich habe auf dem Bau gearbeitet, als Landschaftsgärtner, als Fliesenleger. Meine Exfrau lebt in Wyoming. Kinder haben wir nicht. Weil ich in der Öffentlichkeit Alkohol getrunken habe, musste ich für ein paar Tage sitzen. Dann hat mich die Einwanderungsbehörde für fünf Monate in ein Abschiebelager in Eliot, Arizona, geschickt, wo ich versucht habe, meinen Fall verhandeln zu lassen. Gestern haben sie mich hierhergebracht. Gleich rede ich mit einem Anwalt und versuche, das Geld für den Bus nach Ensenada zu kriegen. Ein Freund von mir wohnt da. Ich geh arbeiten, verdiene mir was, und dann werd ich versuchen, wieder in die Staaten zu kommen.«

Guillermo: »Ich hab mir in der Wüste den Arm gebrochen«

Guillermo war klein, zurückhaltend, trug den Arm mit einem weißen, neuen Gipsverband in einer Schlinge, die Wollmütze hatte er tief über die Ohren gezogen, seine Kleider, die vielleicht aus einer Spende des Comedors stammten, hinge ihm um den Leib. Er war wohl noch keine zwanzig.

»Ich bin alleine in Oaxaca losgegangen. Ich bin allein bei Sasabe rüber. Ich bin zehn Tage lang gelaufen und war kurz vor einer Stadt. Aber ich bin in eine Schlucht voller Steine geraten und auf einen Felsen gefallen. In der Wüste da hab ich mir den Arm gebrochen. Kurz darauf hat die Polizei mich gefunden und in ein Krankenhaus gebracht. Sie haben meinen Arm geschient, mich in ein Abschiebelager gebracht und mich dann hierhergeschickt. Jetzt will ich nach Hermosillo, Arbeit suchen. Danach ... weiß ich auch nicht.«

Ramón: »Immerhin fünfundzwanzig Jahre«

Ramón, vierzig Jahre alt, war sehr dünn, aber anscheinend gesund. Mit fünfzehn war er aus Zacatecas weggegangen und über Tijuana in die USA eingewandert. »Damals gab es noch keinen Zaun. Da war es einfach.« Er ging in die Gegend der Francisco Bay, dann nach Seattle, wo er auf einem Gestüt Arbeit fand. Nachdem er gelernt hatte, mit Pferden umzugehen, hatte er einen Job als Hufschmied für Rennpferde bekommen. Er war verheiratet gewesen; seine beiden Kinder lebten jetzt bei seiner geschiedenen Frau. »Meine Eltern sind alt und krank, und ich wollte sie sehen, und als es passte, bin ich nach Zacatecas gefahren, um sie zu besuchen. Ich hatte gedacht, ich hätte gute Papiere, aber bei der Rückreise in die USA haben sie mich nicht durchgelassen. Vielleicht fahre ich wieder nach Zacatecas, aber es sind immerhin fünfundzwanzig Jahre.«

So duckten sie sich also im Comedor zusammen, unter den gütigen Augen von Pater Sean Carroll und seinen Helfern. Sie beteten, sie kurierten sich aus, und dann zogen sie weiter, manche nach Süden in die alte Heimat, andere, um noch einen Versuch an der Grenze zu wagen. »Richte nicht, damit du nicht gerichtet werdest«, hätte Pater Sean vielleicht gesagt.

Nachdem ich so viel über die Polizei und Grenzpatrouillen gehört hatte, fuhr ich ein paar Kilometer an der Grenze entlang, um eins ihrer Fahrzeuge zu finden. Am Stadtrand von Nogales, Arizona, stieß ich auf Mike Coruna: ein muskulöser Mann Anfang dreißig in seinem grünweißen Streifenwagen. Er hatte die Spätschicht – von zwei Uhr mittags bis Mitternacht. Während unserer Unterhaltung ließ er die Hand am Halfter seiner Glock und kontrollierte unablässig mit wachsamem Blick den Zaun.

»Wir haben öfter Zaunkletterer hier«, sagte er. Erstaunlich, denn dies hier war ein Wohnviertel, und die Konstruktion aus Eisenpfählen über siebeneinhalb Meter hoch. »Wie die das machen? Sie klemmen die Füße zwischen die Pfähle und schieben sich hoch wie Affen.«

»Gab es in letzter Zeit welche?«

»Vor ein paar Tagen, da hatte ich Schicht, sind vierzig Jungs erwischt worden, mehr als sonst«, erzählte er. »Ich selber hab ungefähr zwanzig abgefangen. Ich schätze, es sind ungefähr hundert pro Woche, die in diesem Sektor rüberkommen«, er meinte den Grenzabschnitt von Nogales, Arizona, »aber es waren mal Tausende.«

»Wie fangen Sie die Leute?«

»Es ist hart. Die zu erwischen ist echt hart. Sie rennen. Sie sind jung; manche haben bündelweise Drogen dabei. Die sehen sich die Grenze genau an, bevor sie springen.« Er deutete zu dem Hügel mit bunten Hütten und Bungalows hinüber, der sich über der mexikanischen Stadt hinzieht: »Die beobachten uns auch jetzt ganz genau von da drüben.«

Die Leute von der Grenzpatrouille haben einen anstrengenden Beruf; Tag und Nacht fahren sie auf dem buckligen Fahrweg am Grenzstreifen hin und her, schieben Wache an den Checkpoints, müssen sich zu Fuß Wettrennen mit verzweifelten Migranten liefern. Vielleicht liegt es ja am Druck durch den Job: Die Beamten gelten als brutal. Sie schießen auf unbewaffnete Zaunkletterer und treffen manchmal tödlich, sie schlagen Verdächtige, trennen Kinder von weinenden Müttern, schikanieren die Hilfsorganisationen, die verletzte Migranten medizinisch versorgen wollen. Sie sollen sogar mutwillig Wasserstationen der Samariter von »No Más Muertes« zerstört haben.

Von Nogales aus fuhr ich nach Osten, vorbei an Tombstone und dem Pferdeland von Bisbee, durch die trockenen, felsigen Berge und anmutigen Pastellfarben baumbestandener Ebenen zur Grenzstadt Douglas – heiß, flach, hingestreckt, Straßen im Gitterraster –, die auf einen rostigen Zaun und die mexikanische Stadt Agua Prieta blickte.

Bei meinem ersten Besuch in Nogales hatte Peg Bowden mir den Namen einer Nonne genannt, die als Aktivistin in Douglas tätig war: Schwester Judy Bourg, tätig für das kirchliche Säkularinstitut

Notre Dame de Vie; ich hatte sie kennenlernen wollen. Schwester Judy und ihre Gruppe aus Nonnen und Laien stellten Wasser- und Essensstationen für die Migranten in der Wüste bereit. Außerdem nahmen sie an der Mahnwache »Healing our Borders« teil, einem Ritual, das seit siebzehn Jahren allwöchentlich stattfindet. Als letzte Ehre für Tausende, die an der Grenze umgekommen sind, tragen die Teilnehmer bei ihrer Versammlung Kreuze mit den Namen der Toten. Auf etlichen Kreuzen ist kein Name verzeichnet, sie tragen die Inschrift DESCONOCIDO – unbekannt. Sister Judy hatte dazu klargestellt: »Dies ist ein Gebet, keine Protestaktion.«

Sister Judy war an dem Tag nicht in Douglas, aber Mark Adams war da, einer ihrer Freunde, der auch an den Mahnwachen teilnahm.

»Gehen wir ein Stück spazieren«, schlug er spontan vor, und so gingen wir an den Grenzpatrouillen vorbei auf die andere Seite zur kleinen Stadt Agua Prieta, mit freundlichem Kopfnicken begrüßt und durchgewinkt von den Zollbeamten beider Staaten.

Der Wohlstand der Stadt Douglas hatte sich aus einer einzigen Quelle gespeist, den Hüttenwerken und der Gießerei von Phelps Dodge. Damit war es vorbei. Die großen Fabriken befanden sich nun gleich hinter der Grenze auf der anderen Seite in Agua Prieta: fünfundzwanzig Firmen, die in dieser kleinen, staubigen Stadt alles, von Klettverschlüssen über Autositzgurte bis zu Rollläden, fertigen ließen.

»Der Zaun grenzt uns nicht ab«, sagte Mark Adams. In den achtzehn Jahren im Grenzland, in denen er die Organisation »Frontera de Christo« mit ihren Hilfsangeboten (Gesundheitswesen, Erziehung und Kultur) geleitet hatte, waren ihm an der Grenze mehr Ähnlichkeiten als Unterschiede aufgefallen. Soziale Dienste boten hier weder die US-amerikanische noch die mexikanische Regierung an, wodurch die Fürsorge gänzlich den Missionaren überlassen blieb.

Für den nächsten Tag war ein Konzert geplant, wie Mark erzählte. Die eine Hälfte des Chors würde auf der mexikanischen, die andere auf der US-amerikanischen Seite singen: eine Veranstaltung für Einheit, Wachstum und Frieden. Vielleicht funktionierte es ja: In ihrer Verbundenheit stachen Douglas (eine Stadt, die ihre Industrie verloren hatte) und Agua Prieta (ein Ort, der neue Unternehmen dazu gewonnen hatte) für mich als die sichersten und freundlichsten Orte heraus, die ich während meiner langen Grenzreise zu Gesicht bekam.

Auf der Landstraße zwischen Douglas und Las Cruces kam ich durch das kleine Viehzüchterdorf Animas (237 Einwohner) mit seinem sprechenden Namen, der in Valeria Luisellis schmalem, aber leidenschaftlichem Sachbuch *Tell Me How it Ends: An Essay in Forty Questions* eine Rolle spielt: »Kurz vor Animas sehen wir flüchtende Herden von Fahrzeugen der Grenzpatrouillen wie unheilbringende weiße Hengste dem Horizont zurasen.«

Luiselli und ihre Familie finden die Präsenz von Staatsgewalt erschreckend, obwohl die Luisellis dem Buch zufolge weder besonders nah an die Grenze heranfahren noch wahrnehmen, dass diese Fahrzeuge zum Bild der gesamten Region gehören. (Ich hatte Wagen der Grenzpolizei bei ihrer Suche nach illegalen Einwanderern noch knapp hundert Kilometer von der Grenze weg beobachtet, zum Beispiel an einem Checkpoint in Falfurias, Texas.)

Animas liegt knapp dreißig Kilometer landeinwärts von Antilope Wells, der nächsten Grenzstadt. Über lange Strecken zieht sich eine unbefestigte, abgesperrte Piste, die ausschließlich den Dienstfahrzeugen vorbehalten ist, die Grenze entlang. Luiselli wundert sich offenbar darüber, dass die Grenze von üblicherweise bewaffneten Staatsbeamten in Spezialfahrzeugen überwacht wird. Tatsächlich werden die meisten Grenzen zwischen Staaten ähnlich kontrolliert, so auch die zwischen Mexiko, dem Heimatland der Autorin, und Guatemala – wobei beide Seiten für ihre brutalen Polizeimethoden bekannt sind.

Sie beschreibt, wie sie mit Mann und zwei Kindern, alle mexikanische Staatsbürger, im Sommer 2014 per Auto von New York City in den Südwesten fuhr. Die drei Jahre davor hatten sie in der Stadt gelebt und auf ihre Green Cards für »nonresident aliens«, Ausländer mit Bleiberecht, gewartet. Diese Reise und Luisellis Arbeit als ehrenamtliche Dolmetscherin bei einem Ausländeramt in New York City, wo sie Immigranten durch die verschlungenen Pfade des Behördendickichts half, finden ihren Niederschlag in *Tell Me How It Ends.*

Die Reise der Familie wird kurz beschrieben: Sie fahren durch New Mexico und Arizona, aber nicht über die Grenze, obwohl sie als Mexikaner mit gültigen Pässen und US-Visa sehr leicht hätten hin und her pendeln können, um das zu sehen, was ich gesehen hatte: die guten Beziehungen, die freundlichen Kontakte und die lebendigen (südlich von ihrem Standort Animas gelegenen) Schwesterstädte Douglas und Agua Prieta. Hin und wieder werden die Luisellis von Grenzschützern aufgehalten, lächeln, zeigen ihre Papiere und fahren weiter. Nach ein paar Seiten ist die Reise zu Ende, und die Familie wieder in New York. Bald haben alle ihre Green Cards, außer Valeria. Das Warten auf den Ausweis und die Unsicherheit wegen des Status als Immigrantin motivieren Valeria zu dem Ehrenamt als Dolmetscherin. Ihre dortigen Erfahrungen mit Immigranten ohne Papiere, die meisten davon waren Kinder, bilden den Hauptteil des schmalen, aber eindrucksvollen Buchs.

Die vierzig im Titel angesprochenen Fragen stammen aus dem Fragebogen, der im Anerkennungsverfahren angewendet wird. Luisellis Aufgabe war es, die Fragen zu stellen und die Antworten zu notieren. Die Mehrzahl der Fragen war einfach und direkt, etwa wie »Warum sind Sie in die Vereinigten Staaten gekommen?« oder »Wann sind Sie in die Vereinigten Staaten eingereist?« oder auch »Haben Sie in Ihrem Heimatland eine Schule besucht?«.

Es sind aber auch Fragen darunter, die äußerst schmerzhafte Erinnerungen wachrufen können, etwa: »Ist Ihnen auf der Reise in die USA etwas zugestoßen, das Sie geängstigt oder verletzt hat?«

Luiselli schreibt, dass sehr viele der Frauen und Mädchen (sie nennt eine Ziffer von 80 Prozent, die sexuelle Übergriffe erleiden) auf dem Weg zur Staatsgrenze vergewaltigt werden und daher schon vor ihrer Abreise mit der Einnahme von Kontrazeptiva beginnen. Die überwiegende Zahl der von ihr Befragten stammte aus Honduras, Guatemala und El Salvador – sie waren geflohen vor Gewalt, erzählten Geschichten von Entbehrungen, von brutalen Banden, vom Herumirren in der Wüste, davon, wie sie im Stich gelassen und betrogen wurden. Die Einwanderer kommen, um ihre Eltern oder Verwandte zu suchen, sie wollen Schutz und Sicherheit, sie möchten ein Auskommen finden und müssen nicht selten feststellen, dass die Straßen von New York City genauso gefährlich sein können wie die von Tegucigalpa.

Auf ihrem Weg durch Mexiko, ob mit Lkw oder der »Bestia«, werden die Migranten brutal behandelt, entführt oder zur Sklavenarbeit auf mexikanischen Farmen gezwungen. Innerhalb der letzten zehn Jahre sind 120 000 Migranten unterwegs verschwunden, entweder wurden sie entführt oder getötet, oder sie wurden Opfer von Hunger und Durst.

Luiselli merkt etwas an, was auch mir in Nogales aufgefallen war, nämlich, dass unbegleitete minderjährige Migranten aus Mexiko eine Sonderstellung einnehmen, sie werden anders behandelt als die asylsuchenden Kinder aus zentralamerikanischen Ländern. Für junge Mexikaner bringt man weniger Sympathie auf und hat weniger Geduld mit ihnen als mit allen anderen. Wenn sie nicht nachweisen können, dass sie Opfer von Menschenhandel oder Verfolgung sind, können sie unmittelbar und ohne Asylverfahren abgeschoben werden (»freiwillige Rückkehr« heißt der offizielle Euphemismus dafür). Mit anderen Worten: Das Zuhause, der Ort, den du verlassen hast, sieht von der hohen Warte der Stadt aller Städte aus wie ein Trümmerfeld, ein Ort, den du nie wiedersehen willst.

»Und wenn du einmal da bist«, schreibt sie, »dann bist du bereit, alles zu geben, oder fast alles, um zu bleiben und eine Rolle im großen Theater des Dazugehörens zu spielen. In den USA ist das Bleiben Selbstzweck und kein Mittel zum Zweck: Die hiesige Gesellschaft gründet sich auf den Mythos vom Dableiben.«

Das ist zwar schön ausgedrückt, zeugt aber von Zaghaftigkeit, Selbsttäuschung und auf Nummer sicher gehen. Sie spricht vom »Bleiben«, geht aber nicht den nächsten Schritt auf das zu, was das Traumziel aller Einwanderer sein sollte: Staatsbürger der USA zu werden. Es spricht für sich, wie sie das Wort »Staatsbürgerschaft« umgeht – und es zeigt, welch verschwommene Vorstellungen viele Einwanderer von ihrem neuen Leben haben. Bei aller Klugheit dieser jungen Frau bleibt ihr Engagement sehr vage. Was sie vom »Bleiben als Selbstzweck« schreibt, stimmt nicht so ganz. Ich habe Migranten –

darunter auch viele Mexikaner – kennengelernt, die nichts weiter als arbeiten, Geld zusammensparen und dann nach Hause zurückkehren wollten. Das Gleiche könnte man auch über all die britischen Autoren, irischen Musiker, nigerianischen Romanschriftsteller, indischen IT-Spezialisten, französischen Intellektuellen, russischen Hockeyspieler und brasilianischen Surfer sagen, die – wie der vielgeschmähte Mexikaner auch – in die USA kommen, weil das Land so weit, offen und komfortabel scheint.

Auf dem Weg nach El Paso machte ich halt in Las Cruces, wo ich mit Molly Molloy sprach, einer Bibliothekarin der Universität von New Mexico. Sie stammte aus dem sumpfigen Südwesten von Louisiana, fühlte sich aber, wie sie sagte, hier im trockenen Hochlandklima wohler. Sie führte schon seit langem eine Liste aller Gewalt- und Mordtaten im Grenzland bei Juárez.

»Rau und gefährlich war es hier schon immer, aber nie so schlimm wie heutzutage«, erzählte sie beim Essen im Städtchen Mesilla, einem Ort, der mit seiner alten Plaza und einer Kirche aus dem 19. Jahrhundert auch mitten in Mexiko hätte liegen können. »Angeblich ging es in Juárez um Konkurrenzkämpfe der Kartelle untereinander. Das stimmt aber nicht.« Aus Mollys akribisch geführter Datenbank ging hervor, dass in Juárez die Mordrate im Jahr 2008 plötzlich stark anstieg, als achttausend mexikanische Soldaten in die Stadt entsandt worden waren. Die Zahl der Fälle von Entführungen, Mordtaten und Lynchjustiz erreichte in den Folgejahren weitere Höhepunkte. »Es war eine Art Terrorregime«, sagte Molly. »Für die meisten Morde waren die Soldaten verantwortlich. Als die Truppen weg waren, gab es auch weniger Mordfälle.«

Wie viele andere hier erinnerte sie sich an Zeiten, in denen der Grenzübertritt eine ziemlich lockere Angelegenheit gewesen war. Damit war im Grenzabschnitt El Paso mit der »Operation Hold the Line« ab 1993 Schluss gewesen.

»Damals wurde eine große Zahl von Grenzschützern in städtischen Gebieten postiert«, berichtete Molly. »Die Grenzübergänge wurden für alle dichtgemacht, die keine Papiere hatten« (also die

Menschen, die zum Einkaufen wollten, die Berufspendler, die Teilzeitkräfte), »und das führte zur illegalen Immigration.«

Präsident Clintons NAFTA-Abkommen bewirkte bloß, dass amerikanische Unternehmen ihre Produktion nach Mexiko verlagerten: dicht hinter die Grenze, aber nicht weit ins Landesinnere hinein. Die Unternehmen siedelten sich in Sichtweite der USA an, um ihre Produkte in kürzester Zeit über die Grenze verfrachten zu können. Das Abkommen trat im Januar 1994 unter den Fanfarenstößen der Clinton-Regierung in Kraft, die damit Arbeitsplätze schaffen wollte. Die Mehrzahl der Arbeitsstellen entstand allerdings in Mexiko.

»Infolge der NAFTA-Vereinbarung wanderten Bauern und Handwerker aus dem Süden von Mexiko, die ihren Lebensunterhalt nicht mehr bestreiten konnten, nach Norden ab«, bestätigte Molly das, was ich schon in Nogales gehört hatte. »Wer nicht in den *maquilas* endete, probierte, irgendwie über die Grenze zu kommen.«

Bedrückt erzählte Molly bei unserem Abendessen in Mesilla mehr von den chaotischen Zuständen an der Grenze, von der schlechten Regierung in Mexiko und dem Leid der Migranten.

»Ich geh nicht mehr hin«, sagte sie. »Ich fahr nicht mehr rüber. Es ist, wie sagt man das, es ist so grausam.«

Auf dem Weg nach El Paso hielt ich am nächsten Tag an einem Kontrollpunkt an, damit ein Grenzschützer mir Fragen stellen und sein an der Leine zerrender Hund mein Auto inspizieren konnte.

»Wie läuft's?«, fragte ich.

»Drinnen haben wir gerade acht sitzen.« Er zupfte an der Leine.

»Haben Sie die aus Autos geholt?«

»Ein paar aus Lastwagen und Autos, ein paar von den Äckern. Jeden Tag kriegen wir zehn oder zwölf.«

»Und was machen Sie mit denen?«

»Wir verarbeiten die Fälle nach verschiedenen Verfahren. Sie können jetzt weiterfahren«, sagte er mit einem Anflug von Ungeduld.

»Eine Frage noch?«

»Sie können jetzt los, Sir«, sagte er. Seine Irritation übertrug sich offenbar auf den Hund, der mich sabbernd beäugte.

Vom Motel an der Interstate am westlichen Stadtrand von El Paso aus war die Werbung einer Autowerkstatt zu sehen: »Ölwechsel, sofort und ohne Termin«. Um mir die Zeit zu vertreiben, bis das Auto fertig wäre, wanderte ich zu einem Gebrauchtwagenhändler hinüber.

»Das ist das Auto für Sie«, hörte ich eine aufmunternde Verkäuferstimme. »Sie brauchen genau diesen Wagen.«

Der Besitzer der Stimme hieß José, ein Mann um die fünfzig. Luis, sein Kollege, gesellte sich zu uns. Nachdem ich beiden erklärt hatte, dass ich kein Auto kaufen wollte, weil ich schon eins hatte, das bloß gerade nebenan beim Ölwechsel war, kamen wir auf die Grenze zu sprechen.

»Juárez war schon immer reicher als El Paso«, sagte José. »Und viel größer. Juárez hat El Paso reich gemacht. Aber jetzt ist alles anders.«

»Vor ein paar Tagen haben sie in Juárez zehn Leute umgebracht«, sagte Luis beiläufig. José gähnte achselzuckend: »Wird immer schlimmer.«

»Drogenkartelle?«, fragte ich.

»Nein, Regierung. Die PRI. Die stecken hinter allem.« Er meinte den Partido Revolucionario Institutional, die Partei, die in der mexikanischen Regierung fest im Sattel saß, bis sie 2018 vom Movimiento Regeneración Nacional (MORENA), der Bewegung der Nationalen Erneuerung von Andrés Manuel López Obrador, abgelöst wurde.

Als sie damit fertig waren, die Schrecken von Ciudad Juárez aufzuzählen, erzählten beide, dass sie jenseits der Grenze wohnten, in verschiedenen *colonias* der Stadt. Juárez mochte gefährlich sein, aber man wohnte billiger als in El Paso, Lebensmittel waren günstig zu haben, und von einer Stadt zur anderen zu pendeln war einfach. Tausende Mexikaner, die Visa oder Pässe hatten, fuhren täglich über die Grenze zum Einkaufen oder zur Arbeit nach El Paso.

Luis, US-amerikanischer Staatsbürger mit gültigem Pass, hatte schon in verschiedenen Staaten des Grenzlandes gearbeitet und gewohnt. Ganz der hartnäckige und distanzlose Vertretertyp, besaß er ein unerschütterliches Selbstvertrauen: »Kann ich nix machen. Ich bin ein Dickkopf. Gott hat mich so gemacht. Ha!«

»Ein Beispiel, bitte.«

»Neulich in Juárez. Ich fahre. Ich gucke auf mein *móvil,* und ›hup‹ winkt mich ein Polizist raus. ›Sie benutzen Ihr Mobiltelefon.‹ Ich sage: ›Nich zum Reden. Nur gucken.‹ Er zu mir: ›Zehn Dollar.‹ Ich: ›Für was?‹ – ›Reden am Telefon! Zehn Dollar! Oder Führerschein weg.‹ Ich sage: ›Ich geb nich zehn Dollar. Nich mal fünf.‹ Er sagt: ›Gib Führerschein.‹ Ich gebe Führerschein. Arizona-Führerschein. Ich sage: ›Jetzt geh ich online und kaufe neuen.‹ «

In der Tat ein Beispiel für einen Dickkopf: Für eine Kopie seines Führerscheins hätte er fünfundzwanzig Dollar zahlen müssen.

»Ich geb doch Polizei keine *mordida*«, kein Schmiergeld.

»Mexikanische Polizei«, sekundierte José. »Immer Probleme.«

»Du hast es gut«, sagte Luis. »Du bist ein Gringo. Du kannst denen alles erzählen.«

»Zum Beispiel was?«

Luis wurde quicklebendig, zog den Kopf zwischen die Schultern und gestikulierte: »Musst du schauspielern für die. Polizist sagt, ›Gib Geld‹. Du sagst, ›Ich Deutscher. Kann kein Englisch.‹ Musst dich doof stellen! Große Schau abziehen! Erzähl denen wer weiß was. Kriegst Golden Globe dafür! Dann kann Polizei nix machen.«

»Sie sind der einzige Gringo, der heute über die Grenze gekommen ist«, sagte Julián Cardona, ein Journalist in Ciudad Juárez.

Julián, inzwischen Mitte fünfzig, schlank und mit einem zynischen Zug um den Mund, ein analytischer Beobachter der Stadt Juárez, hat während seines ganzen Berufslebens über die Exzesse im Ort berichtet.

Mag sein, dass ich der einzige Gringo war, der an diesem Tag über die Brücke nach Juárez ging. Tausende Mexikaner waren jedenfalls in der anderen Richtung unterwegs, um zum Feierabend wieder nach Mexiko zurückzukommen. Viele Kinder aus Nogales, Sonora, Mexiko, gehen in Nogales, Arizona, zur Schule. »Ja, ich kann Englisch«, hörte ich im Grenzland oft. »Ich bin drüben in den USA zur Schule gegangen.«

Juárez kann den zweifelhaften Ruhm für sich beanspruchen, im Jahr 2010 den statistischen Weltrekord in der Anzahl der Angriffe mit

Todesfolge gehalten zu haben: 3622 Schießereien, Messerstechereien, Fälle von Lynchjustiz und Tode durch Folter. »Fahren Sie nicht hin«, sagte man in El Paso. Aber es liegt nebenan, und im Jahr 2016 war die Mordrate geringer als in Chicago mit seinen 486 registrierten Fällen. Wenn der Wind aus Süden kommt, steigt einem in El Paso der Staub aus Juárez in die Nase. Bei Nacht glitzert die Stadtlandschaft von Juárez; am Tag breitet sie sich als gelbbrauner Brei am Südufer des Rio Grande aus. Von der Schwesterstadt am anderen Flussufer aus sieht man sie als Kette von flachen, kahlen Hügeln und dichtbesiedelten *colonias.* Auf der texanischen Seite kann man das Hupen von Autos hören; im Jahr der Massenmorde drang das Rattern von Schusswaffen herüber. Ein paar Querschläger aus Juárez hatten Löcher in die Ziegel- und Stuckfassaden von Häusern in El Paso geschlagen.

Francisco Cantú, ein junger Beamter des US-Grenzschutzes, hatte frustriert seinen Beruf aufgegeben, um sich als Aktivist gegen die Rechtsmissbräuche an der Grenze zu wenden. In seinem 2018 erschienenen Bericht *No Man's Land. Leben an der mexikanischen Grenze* schildert er seine Arbeit in El Paso in den Jahren der größten Gewalt und Anarchie: »In El Paso zu leben hieß damals, in unmittelbarer Nachbarschaft einer bedrückenden Gewalt angstfrei leben zu können. Wenn ich durch die Stadt lief, von der Arbeit nach Hause fuhr, wehte der Horror von Juárez durch die Luft wie die Erinnerung an einen geplatzten Traum. In den Nachrichten, den wissenschaftlichen Untersuchungen, in Literatur und Kunst erschien Juárez durchweg als Terrain von Maquiladores, Narcos, Sicarios, Kriminellen, Soldaten, Polizisten, Armut, Mord, Vergewaltigungen, Entführungen, Massakern, Schießereien, Bandenkriegen, Massengräbern, Korruption und Verfall – als soziales und ökonomisches Schreckenslabor.«

Der Fluss rieselt hier als brackiges Rinnsal durch ein mit wütenden Graffiti markiertes Betonbett. Man denkt unwillkürlich an ein ausgetrocknetes Flussbett im dürregeplagten Syrien, dem auch die Hügellandschaft der Umgebung ähnelt: sonnenverbrannt, sandig und syrisch. Die Ränder der Rinne bilden die *frontera*, die ebenso oft in den Nachrichten vorkommt wie Gewaltverbrechen.

An einem gleißend sonnigen Tag überquerte ich die internationale Brücke und ging in die Stadt der bösen Superlative.

Anders als das friedliche, gesunde El Paso besteht Juárez fast nur aus einstöckigen Behausungen, kleinen Betonbungalows, flachen, kaputten Hütten und zusammengezimmerten Baracken auf einem enormen Raster aus kaputten Betonstraßen. Hier leben 1,5 Millionen Menschen, von denen etwa 275 000 in den *maquilas* arbeiten, die zumeist in US-amerikanischem Besitz sind. Die mexikanischen Mitarbeiter arbeiten im Allgemeinen in Zehn-Stunden-Schichten für Tageslöhne von sechs Dollar. Das ganze Tamtam um das NAFTA-Abkommen kann nicht darüber hinwegtäuschen, dass niemand von solchen Löhnen leben kann. Juárez ist bettelarm, verfallen, trostlos und von jener melancholischen Mischung aus Armut und Gefahr durchdrungen, die man so oft im Grenzland antrifft.

In der aufregenden Kurzgeschichte »Paso del Norte« des mexikanischen Autors Juan Rulfo (der mit *Pedro Páramo* einen der bekanntesten mexikanischen Romane vorgelegt hat) fragt ein Vater seinen Sohn, der nach Ciudad Juárez will: »Und was um Himmels willen willst du in El Norte?«

»Geld verdienen«, antwortet der Sohn. »Hast du doch gesehen, Carmelo ist reich zurückgekommen, er hat sogar einen Plattenspieler gekauft und nimmt jetzt fünf Cent für einen Song … damit verdient er gut, und die Leute stehen sogar Schlange, um zuhören zu können. Da siehst du mal: Man muss nur hingehen und zurückkommen. Also geh ich.«

Diese Geschichte, die in einer langen Tradition von Grenzlandgeschichten und Grenzlandballaden steht, nimmt ein böses Ende. Der Sohn bezahlt einen Kojoten, der ihn und ein paar andere über die Grenze bringen soll. Es wird auf sie geschossen, alle kommen um außer dem Sohn, der bei der Rückkehr in sein Heimatdorf feststellen muss, dass seine Frau ihn verlassen hat.

Mit Julián Cardona traf ich mich im Café El Coyote Invalido, einer ehemals wilden, florierenden, heute schwach besuchten, etwas trübsinnigen Bar neben dem Kentucky Club.

»Vielleicht bist du in dieser Woche der einzige Gringo.« Julián lächelte über seinem Kaffee. »Vielleicht im ganzen Monat!«

Gringos kämen nicht mehr nach Juárez, sagte er. Sie gingen auch nicht nach Nuevo Laredo, Ciudad Acuña, Reynosa, Matamoros oder die anderen Städte an der Grenze.

»Früher sind sie wegen der Frauen und der Drogen rübergekommen, zum Essen oder um billig ihre Autos reparieren zu lassen«, erzählte er. »Und bis 1993 konnten sich Mexikaner für zwei Dollar pro Fahrt im Schlauchboot von der Avenida Juárez aus übersetzen lassen, um drüben zur Arbeit zu kommen: Die Frauen gingen zum Putzen, die Männer auf den Bau.«

In den Neunzigern wurde die einst entspannte, durchlässige Staatsgrenze ernster genommen und stark mit Polizeiposten besetzt. Statt ausschließlich der Sicherheit diente sie jetzt den Folgen des NAFTA-Abkommens: Die mexikanische Seite war zu einem sprudelnden Quell billiger Arbeitskräfte geworden, die man unbedingt hinter dem Zaun belassen wollte.

»Und es kamen immer weniger Gringos«, sagte Julián, »weil die Stadt nicht mehr auf Tourismus, sondern auf Industrie gesetzt hat.«

Tatsächlich sei dies die Grenzstadt mit der größten Zahl von Fabriken für Autoteile, Computer, Elektrogeräte und vieles andere. »Wir haben schon lange vor China Fernseher gebaut.«

»In dieser *colonia* wohnen fünfhunderttausend Menschen«, sagte er.

In seinem Pick-up fuhren wir durch die unbefestigten Straßen einer Arbeitersiedlung mit niedrigen Häuschen aus Gasbetonsteinen. Mehr schlecht als recht selbst zusammengeschustert waren sie alle: schiefes Mauerwerk, verzogene Türrahmen, Stromleitungen, die in klumpigen Strängen von den Dachrinnen hingen. Der Anblick von Frauen mit Wassereimern verriet, dass es in den Häusern keins gab.

»Es gibt eine einzige Oberschule.«

Zur Zeit der großen Massaker, sagte er, habe es an einem Tag einmal fünfundzwanzig Tote gegeben; durchschnittlich waren es zehn pro Tag.

»Man kam hier im Auto lang, und plötzlich lag da einer auf dem

Boden; manchmal waren es auch mehr.« Er bremste ab, um einen dürren dreibeinigen Hund über die Straße zu lassen. »Das Militär hat die meisten Morde und Folterungen begangen. Die und die Polizei steckten hinter der ganzen Gewalt. Das ist bis heute so. Wohin auch immer sie Soldaten schicken, brennen Häuser, da wird gefoltert, gemordet – und von solcher Kriminalität heißt es dann, sie käme von den Kartellen.«

»Aber die Kartelle bringen doch in ihren Revierkämpfen auch viele Leute um«, sagte ich.

»Ohne Frage«, sagte Julián, »aber wenn du zehntausend Soldaten nach Juárez schickst, bekommt du ein Massaker. Juárez hat seinen schlechten Ruf verdient, aber man muss wissen warum.«

Auf seinem Mobiltelefon hatte er ein Video, das in dieser Woche gerade in Mexiko zirkulierte. Gezeigt wird eine Frau im Staat Guerrero, die von Soldaten gefoltert wird. Die Frau ist gefesselt, man hat ihr eine Plastiktüte über den Kopf gezogen.

»Fällt es dir jetzt wieder ein?«, hört man einen uniformierten Peiniger fragen.

Die Frau würgt und hustet halb erstickt; der Mann nimmt ihr die Tüte nur so lange ab, dass sie antworten kann.

»Sag schon«, schreit der Mann, »oder willst du die Tüte wieder?«

Die Frau weint und schüttelt verneinend den Kopf, der Soldat zieht ihr die Tüte so fest über den Kopf, dass sie ihr beim Atmen am Mund klebt, sie würgt stumm und ringt nach Luft.

»Siehst du die Uniform?«, fragte Julián. »Der ist bei der Bundespolizei. So etwas ist auch in Juárez vorgekommen. So etwas passiert in Mexiko jeden Tag.«

Sobald das Video online zu sehen war, gab es eine Erklärung der mexikanischen Regierung, die sich für die Ausschreitungen der Polizeikräfte entschuldigte.

Beim Lunch im El Coyote Invalido kam Julián auf Kultur im Grenzland zu sprechen. Die hiesige Musikszene hat nicht nur die *narcocorridos* hervorgebracht, die Drogenballaden über die großen Heldentaten der mexikanischen Kartelle, sondern auch die *musica norteña*, ein eigenständiges Genre von Popmusik aus dem Grenzland.

Ihre Eigenart bezieht diese Musikrichtung auch aus den Texten im typischen Grenzland-Slang. Die musikalische Mischung aus heiterer *vida mexicana* und grässlicher *narco cultura* ist hüben und drüben verbreitet.

Die von allen Verbrechern dieser Welt geteilte Vorliebe für Euphemismen findet sich auch im hiesigen Slang: *piedra* (Stein) oder *foco* (Scheinwerfer) steht für Crystal Meth, *perico* (Papagei oder Nachttopf) für Kokain, *mota, mostaza* (Senf) oder *café* für Marihuana und *agua de chango* (Affenwasser) für billigen Fusel. *Montado* bedeutet auf Spanisch unter anderem »beritten«, wird aber im Grenzland, vor allem vom mexikanischen Militär, als Bezeichnung für Folter verwendet. *Albergue*, meist das Wort für eine traditionelle Herberge, bezeichnet im Grenzland die selbstgebaute Schutzhütte eines Migranten.

Von Juan Cordero hatte ich das Wort *gabacho* zuerst gehört. Im Grenzland und inzwischen weiter landeinwärts ist das spanische Slangwort für Franzosen zum allgemeinen Schimpfwort für Gringos geworden. Die hiesigen Gringos revanchieren sich bei den Hispanics mit dem wesentlich böseren »Bohnenfresser« oder *frijolero. El Gabacho* kann sich auch generell auf die USA beziehen, etwa in einem Satz wie: *Mi hermano se fue al Gabacho*, »mein Bruder ist in die Staaten gegangen«.

Ein *punto* ist ein Ort, an dem man Drogen kaufen kann. Der *picadero*, das Wort für Reitplatz oder auch Absteige, steht hier für ein Haus, in dem Heroin konsumiert wird. Wenn bei jemandem eingebrochen wird, erzählt er davon mit einer Redewendung, die anderswo in Mexiko so nicht verwendet wird: *Me hicieron* – »sie haben mir was getan«. Zu dem, was sie einem so tun können, gehört das sogenannte *housejacking*, bei dem die Einbrecher hauptsächlich alle Papiere mitgehen lassen, mit denen man ausreisen kann: Pässe, Ausweise, Visa.

»Drüben hast du sicher *halcones* gesehen«, sagte Julián. In der Terminologie des Grenzlandes heißen Spione oder Späher »Falken«, und manche davon treten so flott auf wie Charles Dickens' Meisterdieb Bill Sikes in *Oliver Twist*. Ja, sagte ich, ich habe sie bei Nogales gesehen, wie sie auf den Bergen herumstanden und die Gegend nach

Migranten absuchten, die vielleicht für die Schleuserdienste eines Kojoten oder *pollero* bezahlen würden.

»Alle Städte an der Grenze sind Einwandererstädte«, sagte Julián. »Die Bewohner kommen von überallher; du musst dich nur mal umhören.« Zwischen San Ysidro im Westen (gegenüber von Tijuana) und Brownsville im Osten (gegenüber von Matamoros) ist so viel Mexikanisches in die USA gesickert, dass ein US-Bürger im Nachteil sein kann, wenn er kein Spanisch spricht und hier tanken, einkaufen, etwas im Restaurant bestellen oder sich mit den hiesigen Arbeitern verbrüdern will. »Hier ist es anders als in Mexiko-Stadt oder Chihuahua; da gibt es Hierarchien, aber wir hier haben kein starres Klassensystem.« Deswegen bleibe er in Juárez, sagte er. Er hatte hier ein Haus, und als einer der wenigen Fotografen und Journalisten, die geblieben waren, konnte er sofort zur Stelle sein, wann immer sich in dieser verzweifelten Stadt etwas ereignete.

Das bewies Standhaftigkeit, da er ein gültiges Visum hatte und zu jeder Tages- und Nachtzeit über den Kanal mit den grünlichen Resten des Rio Grande hinweg ins boomende El Paso hinüberschauen konnte: in eine Stadt, die ihren wirtschaftlichen Aufschwung ironischerweise den Einwanderern und den Profiten der Sweatshops drüben in Juárez verdankt.

Am Tag meiner Abreise aus El Paso kam ich in einem Lokal mit einem Texaner ins Gespräch. Weil er ein Buch in der Hand hielt, tippte ich auf Gemeinsamkeiten, und die hatten wir auch. Er las viel, das Buch war eine Gedichtsammlung, er schrieb selber Gedichte, und er freute sich, sich hier im Good Luck Café, das hausgemachtes mexikanisches Essen feilbot, mit mir unterhalten zu können. Von unserem Tisch aus konnte man Juárez sehen. Ob er mit seiner offensichtlichen Vorliebe für *comida mexicana* nicht drüben besseres mexikanisches Essen bekommen könne, wollte ich wissen.

»Kann sein«, er deutete mit dem Kopf zur Grenze hin, die hier nur achthundert Meter weit weg liegt. »Meine Güte, ich bin seit Jahren nicht drüben gewesen.«

Auf der texanischen Seite ist das Tal des Rio Grande bewässertes Ackerland; auf der Seite von Chihuahua erstreckt sich steinige Wüste.

Und dann war ich wieder inmitten der Schönheit von Big Bend und im trockenen Hochland, fuhr talwärts zum Box Canyon und nach Del Rio, Texas, dessen Bevölkerung zur Hälfte auf der anderen Seite der Grenze wohnt und tagtäglich die Brücke überquert, um Fußböden zu wischen, Gärten zu pflegen oder zum Einkaufen zu gehen. Meinen Lunch in Del Rio servierte mir Myrta, die jeden Tag von Mexiko herüberkam, um hier im Lokal mexikanisches Essen zu kochen.

»Drüben machen sie jetzt Autoteile und Sicherheitsgurte«, sagte Myrta. »Dafür kriegen die Arbeiter fünfundsiebzig Pesos (etwa vier Dollar) am Tag. Da fahr ich doch lieber hierher nach Del Rio und mache Tacos.«

Wie sie lebten viele, oft waren es amerikanische Staatsbürger, die auf der anderen Seite des Flusses in der ehemals verruchten, lärmigen, aber jetzt hohläugigen mexikanischen Stadt Ciudad Acuña wohnten. Ein Automechaniker, den ich in Del Rio kennenlernte, erzählte mir von seinem Leben als Pendler aus Ciudad Acuña: »Drüben zahle ich für mein Haus hundert Dollar Miete im Monat. Für so eins müsstest du hier zwischen fünfhundert und achthundert hinlegen.«

»Für weniger als zwanzig Riesen hab ich mir da drüben ein Haus gekauft«, sagte Roy, ein anderer Automechaniker in Del Rio. Immer die gleiche Geschichte: »Ich fahr jeden Tag rüber.«

Del Rio lebt hauptsächlich von der nur zwölf Kilometer entfernten Laughlin Air Force Base mit ihrem Bedarf an zivilen Arbeitskräften. Ciudad Acuña hat sein Überleben durch fünf Gewerbegebiete und sechsunddreißig Fabriken gesichert, in denen Autoteile, Airbags und elektrische Haushaltsgeräte wie Mixer, Toaster, Kaffeemaschinen und Mikrowellen für die Firma Oster gefertigt werden; über die Ansiedlung eines Automobilbauers wurde gerade verhandelt. Die mexikanischen Arbeiter, mit denen ich sprach, wollten keine Einzelheiten nennen, bestätigten aber, dass die Löhne hier auf der untersten Stufe der Skala bei vier Dollar täglich liegen; der Höchstsatz ist 7,50 Dollar. Die meisten Fabriken arbeiten mit zwei Schichten, die erste von sieben bis 16 Uhr, die zweite von 16 bis drei Uhr. Etwa fünfzigtausend Mitarbeiter sind hier beschäftigt, mehr Menschen als die gesamte Bevölkerung von Del Rio. Weil Acuña sich besonders gewerkschaftsfeindlich gibt, siedeln sich hier auch weiterhin US-amerikanische Firmen an, angelockt von der Chance, zu Tageslöhnen unter acht Dollar für sich arbeiten zu lassen.

»Die sind doch froh, wenn sie solche Arbeitsstellen kriegen«, hatte ein US-amerikanischer Konsulatsbeamter in Nogales meine Zweifel zu zerstreuen versucht.

Das kann ja sein, aber Verzweiflung ist allzu oft eine Einladung zur Ausbeutung; auf meinem kurzen Gang über die Grenze konnte ich selber die miesen, erbärmlichen Wohnviertel von Acuña sehen, wo Menschen wie einst die Plantagensklaven in elenden Hütten hausen und ganz sicher keins der Elektrogeräte besitzen, die sie im Schweiß ihres Angesichts für die Firma Oster herstellen.

Zu Zeiten des Touristenbooms hatten im Ort noch Konzerte, Tanzveranstaltungen und Stierkämpfe stattgefunden.

»Die Toreros kamen aus Spanien oder Mexiko-Stadt«, erzählte Jesús Rubén in seinem Andenkenladen. »Und die Gringos sind gekommen, um zuzuschauen. Die Stiere kamen von hier, von Señor Ramón. Hier war richtig Leben!« Er wies mit dem Finger auf die leere Hauptstraße, die Calle Hidalgo, deren Läden für Lederstiefel, Andenken, Hüte und verblasste Ansichtskarten niemand mehr betrat. »Überall waren Leute!«

Früher waren die Gringos aus Houston zum Essen heruntergekommen und die Jungs von der Air Force Base in Laughlin zum Trinken und wegen der Frauen in der Boys' Town am Stadtrand. Heute ist das nicht mehr so. Früher gab es Bars mit der Aufschrift: LADIES BAR – »wo man Frauen abschleppen konnte«, sagte Jesús. Die Bars waren verrammelt. Und die Plaza de Toros dient heute als Marktplatz.

Zwischen Del Rio und dem Eagle Pass folgt die Route 277 der Grenze und den Fußmäandern des Rio Grande. Er glitzerte in der Morgensonne, floss träge dahin und schien leicht zu durchschwimmen. Dieser Teil von Texas verdankt das üppige Grün seiner sanft hügeligen Wiesen, seiner Pecannuss-Farmen und Obstgärten dem Fluss und künstlicher Bewässerung. Seine Ernteerträge verdankt er den Immigranten.

Die Kleinstadt Eagle Pass befand sich ganz klar im Niedergang.

Säulenverzierte, stattliche Bürgerhäuser zeugten von einer wohlhabenden Vergangenheit, ausgeblichene Farbe an den neueren Bungalows von einer düsteren Zukunft. Immerhin gab es einen großen Golfplatz. Ich ging über die niedrige Brücke nach Piedras Negras hinüber, spazierte weiter bis zur großzügigen, recht modernen Plaza de las Culturas und staunte, wie schon so oft in anderen Grenzstädten Mexikos, über die große Zahl von Familien mit Kindern, die sich hier in den Parks, beim Eisessen und Fußballspielen tummelten. Der Anblick dieser fröhlichen Familien gab den Orten Farbe und Heiterkeit; außerdem hatte Piedras Negras mit einem großen Museum und einer bedeutenden öffentlichen Bibliothek Einrichtungen aufzuweisen, die man auf der US-amerikanischen Seite vergeblich sucht.

Das Museo de la Frontera in Piedras Negras sei dazu errichtet, »die Identität der Bewohner des Bundesstaats Coahuila zu erhalten und zu stärken«. Zu diesem Zweck wird die Geschichte von Stadt und Land anhand von Landkarten, Dokumenten, Werkzeugen und Gemälden gezeigt. (Unerwähnt bleibt allerdings die Erfindung des Nachos durch Ignacio »Nacho« Anaya, einen Sohn der Stadt, der in den Vierzigern im Victory Club für die Gringos aus Eagle Pass ein Gericht aus Tortilla-Chips, Jalapeño-Schoten und Schmelzkäse kreierte.) In der Bibliothek im Erdgeschoss wurde eifrig geblättert, ausgeliehen, gelesen und dem Motto über dem nach Gabriel García Márquez benannten Lesesaal alle Ehre gemacht: *Leer para vivir mejor*, »Lesen für ein besseres Leben«.

Der Hochbetrieb in der Bibliothek lässt sich vielleicht einfach damit erklären, dass auch die Arbeiter in Piedras Negras dauerhaft unterbezahlt sind. Eine arme Bevölkerung, die sich keine Autos leisten kann und ohne Fernseher oder Videospiele auskommen muss, verbringt ihre Freizeit eben in Grünanlagen und Museen und leiht sich Bücher in der Bibliothek.

Von Eagle Pass aus fuhr ich eine halbe Stunde durch Farmland nach Laredo und unterhielt mich mit Mike Smith, der sich im Holding Institute um die Alphabetisierung und Sozialisierung der unterprivilegierten Erwachsenen von Laredo kümmert. »In den Staaten spielen die Kinder mit ihren Playstations«, sagte er. »Drüben in Mexiko machen sie Ausflüge und picknicken. Die Familien halten zusammen und gestalten ihre Freizeit selber.«

Angesichts der breiten Straßen, der Modernität und Effizienz von Laredo, wo ich im angenehmen Hotel Posada an der alten Plaza übernachtete, war der Gedanke an Nuevo Laredo auf der anderen Seite des Zauns alles andere als anziehend – die Schlachten von Kartell gegen Kartell und Militär gegen Banden trugen hier wie in Juárez das Ihrige dazu bei. Laredo, Texas, ist die Stadt der Museen, Colleges – unter anderem das Texas A&M International –, Sportstadien und Schulen. Die Läden waren gerammelt voll von Kunden aus Mexiko, die sich immer in solchen Massen über die Brücke bis zum Nadelöhr vor der US-Zollstation quetschen, dass ein Grenzübertritt von Süd nach Nord bis zu zwei Stunden dauert anstatt der zehn Minuten, die der Fußweg von den USA nach Mexiko in Anspruch nimmt.

Ich kann mich an ganz andere Zeiten erinnern. Vor vierzig Jahren, als ich noch ein unruhiger junger Geist war, der seine Batterien durch lange Reisen in exotische Landstriche auflud, hatte ich mich zu einer Reise von Boston nach Patagonien aufgemacht, eine Fahrt von knapp einundzwanzigtausend Kilometern, für die ich viele Monate brauchte. Nach Laredo war ich im Zug aus Fort Worth gekommen und wollte weiter nach Süden – die Reise habe ich in *Der alte Patagonien-Express* geschildert. Die Nacht hatte ich in Laredo verbracht, einem Ort, den ich öde, aber extrem gut beleuchtet fand. »Statt ein Gefühl von Wärme und Betriebsamkeit zu vermitteln, entblößte das grelle Licht mit seinen nervtötenden Strahlen nur die gähnende Leere.« Damals hatte die Stadt etwa achtzigtausend Einwohner (heute sind es etwa dreimal so viele) und war ein kleiner, ehrbarer Ort der Kirchen und Läden, in dem sich nach Anbruch der Dunkelheit nichts mehr rührte. Kein Verkehr, keine Fußgänger. Eine kleine Grenzstadt mit ein paar kleineren Betrieben, für nichts bekannt außer für ihr College.

Das aufdringlich vulgäre Nuevo Laredo hingegen, berühmt für Hurerei und Torheiten, wimmelte von Touristen auf der Suche nach Nervenkitzel und Alkohol.

Vor vierzig Jahren glühte der Himmel über Nuevo Laredo von den

Lichtern der Kneipen und Lokale, und selbst am anderen Flussufer konnte ich die Autohupen und die verlockende Fiesta-Musik hören. »Laredo hatte den Flughafen und die Kirchen«, schrieb ich, »Nuevo Laredo die Bordelle und Korbfabriken. So hatte sich offenbar jede der beiden Nationen ihrem eigenen Kompetenzbereich zugeneigt.« Ich war über die Brücke in eine Stadt gegangen, die gesetzlos und verräuchert, überfüllt und laut war und nach Chili und billigem Parfum roch. »Die kleinen Bengel, die alten Damen, die Krüppel, die Losverkäufer, die wilden, schmutzigen Jugendlichen, die Männer mit ihren Bauchläden voller Klappmesser, die Tequila-Bars und das unaufhörliche Gedudel, die Hotels mit ihrem Wanzengestank …«

Die Schilderung von Lärm und Laster liest sich wie Kritik, aber ich war selig. Für mich war dies das wahre Leben, und ich spazierte in bester Stimmung durch die schmuddeligen Straßen, wo hübsche Mädchen in Hauseingängen nach mir griffen. Ich war für den Nervenkitzel unterwegs gewesen, auf der Suche nach etwas Sensationellem, über das ich schreiben konnte, aber ich hatte nicht besonders genau hingesehen.

Unter dem Einfluss von Graham Greene war ich seinerzeit bereit gewesen, den Unterschied der beiden Welten an den Ufern des Flusses dramatisch zu finden: Hier spielt seine Geschichte *Über die Brücke*, in der zwei US-amerikanische Polizisten einen englischen Verbrecher jagen und schließlich in Nuevo Laredo aufspüren.

> Herr Calloway sagte: »Das ist ein fürchterliches Nest, nicht wahr?«
> »Jawohl«, pflichtete ihm der Detektiv bei.
> »Ich kann mir nicht vorstellen, was einen über die Brücke locken könnte.«
> »Die Pflicht«, antwortete in düsterem Ton der Kriminalbeamte. »Sie sind wohl auf der Durchreise?«
> »Ja«, antwortete der Engländer.
> »Ich hätte erwartet, daß es hier herüben etwas Leben geben würde – Sie wissen schon, was ich meine. Man liest so Sachen über Mexiko.«

»Ach das Leben«, erwiderte Herr Calloway. Er sprach in einem festen und präzisen Ton, als wende er sich an einen Ausschuß von Aktionären, »das Leben beginnt auf der anderen Seite.«

Nachdem ich mich damals ein wenig in Nuevo Laredo umgesehen hatte, stieg ich schließlich in den Aztec Eagle, den Zug nach San Luis Potosí und Mexiko-Stadt.

Die Jahre waren nicht gut mit Nuevo Laredo umgegangen. Jahrzehnte der Kleinkriminalität, des Vandalismus und der Bandenkriege hatten Narben hinterlassen, Zeichen von Terror: platt gewalzte Häuser, zerbrochene Fensterscheiben und graffittiübersäte Wände voller Drohbotschaften. Die üblichen Fabriken gab es zwar, in den üblichen, eingezäunten Industriegebieten, aber die herrschende Note war die der Angst. Die Stadt war aus dem gleichen Grund so kaputt und vom Tourismus verlassen wie Juárez: Die Kartelle hatten in Straßen und zerstörten Stadtvierteln ihre nach Gewalt stinkenden Marken gesetzt.

Die kleineren Grenzstädte hatten mir gefallen können, weil sie an Nebenstraßen liegen, die zum Teil zu eng für die großen Trucks mit ihrer Fracht aus den Fabriken im Landesinneren oder den Sweatshops an den Grenzen sind. Laredo allerdings ist neben Tijuana und Juárez ein wichtiger Grenzübergang, ein Korridor, durch den auf Tausenden Lkw riesige Mengen von Fracht strömen, unter der Kokain leicht zu verstecken ist.

In den letzten zehn Jahren stritten sich alle drei – das Golfkartell, die Sinaloa-Gang (noch unter El Chapo) und die Zetas – um die Vorherrschaft im Drogenschmuggel, während Polizisten und Soldaten sie alle drei bekämpften und sich gelegentlich auf ihre Seite schlugen. Bekanntermaßen rekrutierten die Kartelle ihre Mitglieder bevorzugt aus den Reihen der schlechtbezahlten, aber bestens ausgebildeten und bewaffneten Killer in den Spezialeinheiten der mexikanischen Armee. Neben *Amexica* von Ed Vulliamy gibt es noch einige Bücher über den blutigen ewigen Drogenkrieg: *War Along the Borderline Bloodlines* von Melissa del Bosque, *Bones: Brothers, Horses, Cartels, and the Borderland Dream* von Joe Tone und von Guadalupe Correa-Cabrera das

Buch *Los Zetas Inc.: Criminal Corporations, Energy, and Civil War in Mexico.* Wenn man nur von Büchern und Zeitschriften ausgeht, die jenseits der Grenze zwar wenig bekannt, aber zu bekommen sind, scheint sich dieses Land in einem Rauschzustand von Selbstkritik und Selbstzerfleischung zu befinden. Die Serie von Verbrechen, die Laredo in den letzten zehn Jahren einer Zerreißprobe aussetzte – die Geschichten von Leichen, die von Brückengeländern baumelten oder auf den Straßen lagen, von Bombenangriffen und Massakern –, ist hinreichend dokumentiert, um wirklich jeden davon abzuhalten, die Grenze zu überqueren.

Weil keine Touristen da waren, gab es jede Menge freie Taxis; schnell war ich von Fahrern umringt. Schließlich fuhr mich Diego. Er hielt mich für einen Journalisten und fand meine Wissbegierde beunruhigend. Ich holte mein Notizbuch heraus. »Nicht schreiben«, sagte er. »*Periodista?*«

»*No, Pensionista*«, antwortete ich wahrheitsgemäß.

Er würde mich durch den Sperrbezirk fahren, ich müsste aber mein Notizbuch auf den Boden legen und den Stift in die Tasche stecken. Außerdem sollte ich mich zurücklehnen und nicht aus dem Fenster sehen. Während der Fahrt wurde er zusehends nervös, bog falsch ab, erklärte, er käme nicht oft hierher und dass er (dabei flüsterte er das Wort »Mafia«) mir diesen Gefallen nur täte, weil es erst drei Uhr nachmittags sei. Die »Boys' Town« sei abends nicht sicher.

»Es ist weit weg«, sagte Diego, als könne er mich damit noch umstimmen. »Und gefährlich«, fügte er hinzu.

»Wieso?«

»Drogen, Verbrechen.« Er senkte die Stimme. »*Gente mala.*«

»Wie schlimm? Sehr schlimm?«

»Mafia«, hauchte er.

»Ich überlege noch«, sagte ich. *Estoy pensando.*

»Okay, aber reden Sie mit keinem. Nicht schreiben. Keine Fotos. Die Leute wollen nicht, dass man ihre Gesichter kennt.«

Mit einem immer wieder gemurmelten »Gefährlich« fuhr er mich ein paar Kilometer lang von einer ärmlichen Straße zur anderen und dann um den Rangierbahnhof herum, von dem aus ich vor all den

Jahren abgereist war, aus einer wilden, sündigen Stadt, damals noch ein Traum für kleine College-Boys. Ich konnte mich kaum an das erinnern, was ich damals gesehen haben musste, und wenn ich jetzt in meinem Buch lese, sehe ich einen fröhlichen jungen Spund durch die Stadt flitzen und sich freuen, wenn ihm jemand sagt, in »Boys' Town« gebe es »eintausend Nutten«.

»Wie heißt die Straße hier?«

»Calle Monterrey.«

Das Wort »Rotlichtbezirk«, eine *Zona Rosa* in der *Zona de Tolerancia* des gesamten mexikanischen *way of life*, evoziert Bilder von neonbunten Verlockungen und funkelnden Lichtern, von augenzwinkernden Dirnen und Knaben, Stripshows und bloßer Haut, von Laster und Unzucht, mit einer hispanischen Mistress Overdone, die über all jene wacht, die »fromme, heilige Gelübde heucheln, um besser zu berücken«. Der kokette Name »Boys' Town« scheint passend.

Diego und ich fuhren jetzt an einer zehn, zwölf Meter hohen Wand entlang, die parallel zur Straße verlief: eine seriöse, verputzte Mauer, die auch ein Schulgelände hätte umgeben können. Diego hielt seufzend und mit vor Angst aufgeblähten Wangen das Taxi an einem Einfahrtstor, das eher der Pforte zu einem degenerierten Klosterbezirk als einem Schultor glich: Es ließ diskrete Exklusivität vermuten. Eine Ausfahrt und eine Einfahrt, beide so eng, dass jeweils nur ein einziges Auto zentimetergenau hindurchpasste. Zwischen den beiden Fahrspuren ein Wächterhäuschen aus Betonplatten, hinter vergitterten Fenstern zwei Burschen mit zerlöcherten Hemden und verfilzten Haaren. Einer ergriff mit schmutzigen Händen die rostigen Stäbe des Fenstergitters und schwang sich heraus.

»Gringo«, grüßte er spöttisch.

Als wir uns durch diesen Schlitz in der Wand schoben, fiel mein Blick auf ein Eisenrohr, das man wie bei einer Straßensperre als simples festes Hindernis an Drähten hochziehen konnte.

»Wohin?«

»Egal, fahren Sie einfach«, sagte ich und sah mich zu den Typen am Tor um.

Drinnen in dem ummauerten Hofgelände sah es aus, als führen

wir in einer kleinen Festung herum, die nach einer schweren Niederlage leer geräumt worden war: ein, zwei geparkte Autos, keine Leuchtreklamen, keine Schilder außer denen mit Straßennamen. Das Gelände war etwa so groß wie ein großstädtischer Häuserblock. Um die Innenseite der Mauer lief eine Ringstraße mit dem Namen Casanova, zwei Querstraßen namens »Cleopatra« und »Lucrezia Borgia« zeugten immerhin davon, dass ein Stadtplaner in Nuevo Laredo Sinn für Humor gehabt haben musste.

Flache, einstöckige Hütten aus graufleckigem, pockennarbigem Beton säumten diese Straßen, manche hatten noch die alten gemalten Reklametafeln, fast alle waren mit Schablonenschrift nummeriert, alle waren finster und trostlos, alle hatten zerbrochene Fensterscheiben. Auf der langsamen Fahrt durch die Schlaglöcher der Straße mit dem Namen Cleopatra waren keine anderen Autos oder Kunden zu sehen. Nur ein paar junge Kerle wie die Spötter am Wächterhaus strichen herum, widmeten sich uns mit übertriebenem Interesse und brüllten etwas hinter uns her, als wir im einzigen Auto weit und breit an ihnen vorbeikamen.

Erstaunlicherweise waren manche der Hütten fürs Geschäft geöffnet. Vor zweien oder dreien saßen Frauen einzeln oder in Grüppchen auf Campingstühlen. Sie waren weder jung noch kokett, sondern feist wie die Weiber auf den hiesigen Märkten. Mit dem ungeduldigen Gekreisch von Müttern, die am abendlichen Esstisch ihre ungezogene Brut maßregeln, versuchten sie, unser Taxi in ihre Richtung zu dirigieren.

Vor den Fenstern der Clubs, dem Martha's und dem La Zona de Antros (die Lasterhöhle), am hinteren Ende der Boys' Zone waren die Rollläden herabgelassen. Während ich noch im langsam an den Hütten vorbeirumpelnden Auto über die Ödnis und den elenden Schmutz hier nachdachte, fiel mir wieder ein, dass unser Taxi das einzige bewegliche Ding in diesem ummauerten Gelände und die Ausfahrt so ungeheuer eng war, so eng, dass es für die zerlumpten Jungs ein Leichtes gewesen wäre, das Eisenrohr hochzuziehen, uns in einer Falle festzuhalten und auszurauben.

Diego musste auf den gleichen Gedanken gekommen sein, weil er, ohne dass ich etwas gesagt hätte, auf die Ausfahrt zuhielt. Das Auto schaukelte in den Straßenfurchen, die alten Frauen kreischten noch immer hinter uns her, zwei andere, schwarz gekleidete, tauchten in der Tür eines Schuppens auf und riefen etwas. »Disco Amazona« stand über der Tür.

Unter dem Gejohle der Zerlumpten hielt Diego hörbar die Luft an, gab Gas und schoss über die Ausfahrt. Draußen auf der Calle Monterrey sagte er: »Vor zehn Jahren war es noch okay hier. Aber die Stadt hat sich wegen der Kriminellen total verändert.«

An einer Ampel schob sich ein anderer Wagen seitlich dicht an uns heran. Diego kurbelte seine Fensterscheibe hoch und sah wieder sehr beunruhigt aus. Als ich fragte, was los sei, ob mit ihm alles in Ordnung sei und wie die Gegend hier hieße, bekam ich keine Antwort mehr.

Er setzte mich an der San Dario Avenue ab, die auf die internationale Brücke zuführt: »Sie sollten wieder rübergehen.«

»Danke.«

Einfach war es nicht. Der gesamte Fußweg von der Brücke bis hin zur Tür mit der Aufschrift US IMMIGRATION war voller Mexikaner, offensichtlich alle mit Papieren. Sie drängelten nicht, sie bewegten sich nicht, sie warteten. Und ich wartete mit. Nach einer Stunde war ich dran, zeigte meinen Pass und wurde durchgewinkt.

Bei einem Mittagessen in Laredo konnte ich mit zwei leitenden Herren des Holding Institute sprechen, der Hilfsorganisation, die von beiden Grenzstädten genutzt wird. Das Institut bietet Kurse für Englisch, Alphabetisierung und außerschulische College-Abschlüsse, kümmert sich um Krankenfürsorge, humanitäre Flüchtlingshilfen und vieles mehr. Das Holding Institute, im Jahr 1880 von Methodistinnen als Bildungseinrichtung gegründet, war nach seiner Schließung im Jahr 2011 als Community Center wieder eingerichtet worden. Das heutige Center ist zwar noch vom Geist des Christentums geprägt, aber meine beiden Gesprächspartner waren durchaus keine Frömmler, sondern wirkten sehr weltlich und direkt.

Ich erzählte von meiner Tour durch die Boys' Town.

»Das ist ziemlich riskant«, sagte Jaime Arizpe. »Da drin hat man keine Rechte, weil es eine Zona de Tolerancia ist. Die haben ihre eigene Polizeistation.«

Michael Smith ergänzte: »Wenn du da festgenommen wirst, kannst du damit rechnen, dass du dich freikaufen musst.«

Jaime war 1953 in Ciudad Acuña zur Welt gekommen. Sein Vater, ein ziviler Angestellter an der Laughlin Air Force Base in Del Rio, sei immer sehr früh zur Arbeit angetreten, erzählte er, damit er zum Mittagessen und zu seiner Siesta rüber nach Acuña konnte und danach wieder zurück zur Air Force Base, wo er bis zum Ende seiner Schicht seine Arbeit fortsetzte. Mike, etwa so alt wie Jaime, hatte eine mexikanische Mutter, war aber in Laredo geboren.

»Kein Mensch fährt noch zum Vergnügen nach Nuevo Laredo«, sagte Mike. »Heute ist das eine Industriestadt. Sony hat da eine Fabrik. Hier haben sie auch eine. Hergestellt wird das Gleiche – Elektronik- und Elektrogeräte, Komponenten. Drüben ist das ein riesiges Unternehmen, in dem in Zehn-Stunden-Schichten gearbeitet wird. Für Bustransfer und Verpflegung wird gesorgt. Der Unterschied ist bloß, dass sie in Laredo vierzehn Dollar pro Stunde zahlen und drüben in Mexiko einen.«

Laredo käme mir wohlhabend vor, sagte ich. »Laredo ist der größte Binnenhafen der USA. Es gibt insgesamt drei Brücken – die World Trade Bridge ist nur für Lkw«, erklärte Jaime.

»Wenn die Wirtschaft gut läuft, ist auch die Stimmung gut«, sagte Mike. »An der ganzen Grenze sind die Leute sehr stolz auf ihre Städte. Sie wollen nicht mit den anderen in einen Topf geworfen werden.«

»Wir sind hier nicht in McAllen«, sagte Jaime. »Statistisch gesehen ist Reynosa heute die gefährlichste Grenzstadt.«

Ob sie Migranten mal bei illegalen Grenzübertritten beobachtet hätten?

»Am Riverview Park«, sagte Jaime. »Der liegt mitten in der Stadt, gleich bei der Grenze. Ich war da mal mit meinen Kindern, da kamen welche zu mir und haben gefragt, ob ich Ihnen helfen könnte.«

»Sie schwimmen rüber«, ergänzte Mike. »Wenn sie es schaffen, können sie sich hier gut integrieren. Die meisten Leute, die ich in Nuevo Laredo kenne – und ich kenne viele –, wollen lieber hier leben, aus wirtschaftlichen Gründen. Sie wissen ja, dass sie in den Firmen zu wenig Lohn bekommen.«

Ich erwähnte die hohen Zahlungen an die Schlepperbanden.

»Da gibt es«, sagte Jaime, »eine aufsteigende Preisskala. Einfaches Rüberbringen kostet am wenigsten. In der höheren Preisklasse kommst du rüber und wirst in ein Safe House gebracht. Für noch mehr Geld bekommst du neue Kleider, einen Haarschnitt, ein Safe House und Englischunterricht. Das Risiko für die Kartelle? Ist wesentlich geringer als beim Drogenhandel.«

»Du hast das sicher schon gehört, aber es ist wirklich so«, sagte Mike. »Die Grenze gehört den Kartellen. Hier sind es die Zetas, die haben das Golfkartell aus der Stadt vertrieben.«

Jaime schlug mir vor, auf meinem Weg nach Osten die Stadt Rio Bravo zu umfahren und eine Nebenstraße nach El Cenizo zu nehmen. Am dortigen Flussufer kämen sehr viele Migranten an. Er zeichnete mir eine Karte mit den Straßennamen.

Ich verließ Laredo und bog, wie Jaime vorgeschlagen hatte, bei Rio Bravo nach Süden ab, erreichte das winzige Dorf El Cenizo und ging zum Flussufer. Ein idyllischer Platz war das hier: eine Wiese am Ufer, hängende Zweige von Trauerweiden und dichtes Schilfdickicht, keine Gebäude oder Zäune in Sicht und ein träge dahinfließender Strom, der hier, kaum fünfzig Meter breit, vermutlich leicht zu durchschwimmen war.

Den hübschesten Anblick auf diesem Fleck boten die gelben Tagfalter, die wie Konfetti über dem Uferschlamm schwebten; manche posierten mit zusammengelegten Flügeln, andere segelten, kreisten, taumelten in der Luft. In scharfem Kontrast zu den schönen Faltern das, was die Migranten nach ihrer Flucht durchs Wasser an dieser Bucht hinterlassen hatten: nasse Kleidungsstücke, abgestreifte Schuhe, Wasserflaschen, alte Socken und, was besonders kläglich aussah: die entsorgte Zahnbürste. Eine blaue, rissige, mit Klebeband geflickte, im Schilf vertäute Plastikplane bildete das Dach für das, was im Grenzland-Slang so euphemistisch *albergue* heißt; zertretene Zweige und flach gedrückte Grashalme deuteten darauf hin, dass hier kürzlich jemand Schutz gesucht hatte.

Die Stelle am Ufer liegt etwa drei Kilometer von der Route 83 entfernt, die sich geradeaus durch malerisches, bukolisches Farmland dahinzieht. Nun ja, ganz so malerisch auch wieder nicht. Auf einer solchen Landstraße an der Grenze erinnert immer etwas an die Hatz auf Migranten. Bald kam ich an einen Kontrollpunkt, respekteinflößend wie eine Zolleinrichtung an einer internationalen Staatsgrenze, komplett mit bewaffneten Grenzschützern, Spürhunden und einer Armada von Fahrzeugen. Und hoch oben über der Stadt Zapata hing an seinen Hunderte von Metern langen, in einem Maisfeld verankerten Fesseln ein riesiges weißes Luftschiff: ein Überwachungsballon.

Gegen Abend, ich hatte die Grenzausbuchtungen des Falcon Lake hinter mir, erreichte ich das in seinem Verfall einzigartige Roma. Der Ort ist die versteinerte Erinnerung an eine Handelsstadt aus der Gründerzeit, ein Fossil, das noch immer einige hübsche, jetzt verlassene, stuckverzierte Ziegelbauten aufzuweisen hat. Wie so manche andere einst elegante kleine Stadt an der Grenze (Del Rio, Eagle Pass und Douglas gehören dazu) beanspruchte das vernachlässigte, vergessene und unterfinanzierte Roma kaum noch einen Platz auf der Landkarte.

Das ursprünglich mexikanische Städtchen wurde 1756 zunächst aus traditionellen Adobe-Lehmziegeln erbaut und 120 Jahre später von dem deutschen Handelskaufmann Heinrich Portscheller in einen Traum aus Klinker und Sandstein verwandelt. An der menschenleeren Plaza steht eine Bronzetafel mit einer Kurzfassung der Geschichte. Der Text lässt einige farbige Details aus: Als etwa Zwanzigjähriger war Portscheller aus Deutschland eingewandert, kämpfte in der Armee des nur zu bald exekutierten österreichischen Kaisers Maximilian von Mexiko, desertierte und versteckte sich in Texas, wechselte dann die Seiten und kämpfte in verschiedenen Schlachten für die Mexikaner. Schließlich ließ er sich in Texas nieder, wurde US-amerikanischer Staatsbürger, Ziegeleibesitzer und Architekt. Um 1880 wurden unter seiner Leitung – und Verwendung handgestrichener Ziegel aus eigener Herstellung – an der rechteckigen Plaza elegante Wohn- und Geschäftshäuser mit verzierten Lisenen, Stuckgesimsen und schmiedeeisernen Balkons und eine Kirche errichtet. Im Jahr 1952 erstrahlte die schöne Plaza für einen kurzen Moment in altem Glanz, als Elia Kazan hier einige Szenen seines Films *Viva Zapata!* mit Marlon Brando in der Rolle des Zapata drehte. Heute vergnügten sich am südlichen Flussufer Freizeitangler und Familien beim Picknick, spielende Kinder winkten zum Gringo am Steilufer von Roma herüber.

In Romas Altstadt mit Plaza, Kirche und Geschäften war keine Seele zu sehen; der moderne Teil hat immerhin einen Billigladen von Dollar Tree, ein Fast-Food-Restaurant von Dairy Queen, eine Tankstelle und eine Schule aufzuweisen. Ich wanderte über die Roma-Ciudad Miguel Alėman International Bridge – was nicht komplizierter war, als mal eben über die Straße zu gehen (ein Lächeln, ein Gruß, keine Fragen) – nach Mexiko.

Drüben am anderen Ufer ging ein Mann neben mir, der nach Monterrey wollte: drei Stunden Busfahrt für dreizehn Dollar. Man könnte hier wohl leicht durch den Fluss schwimmen, meinte ich.

»Nicht so leicht«, sagte er. »Die Strömung ist hier schnell.«

Ciudad Alemán sei ein friedlicher Ort: »Nicht wie die anderen.«

Omar allerdings, ein junger Mann, der in seinem Laden an der Plaza Principal mit Zuckerzeug gefüllte *piñatas* feilbot, sah das etwas anders: »Ja, schon nett hier, aber gehen Sie bloß nicht aus der Stadt raus. Dreißig Kilometer weiter draußen sind die *ranchitos* der Mafia.« Er flüsterte jetzt: »Hier haben wir die vom Golfkartell; die schlagen sich mit den Zetas ums Geschäft. Drogen, Menschenschmuggel, Erpressung – die machen alles.«

Während er sprach, ging eine physische Veränderung mit ihm vor: Es schien ihm die Kehle zuzuschnüren und die Sprache zu verschlagen – wie allen Mexikanern im Grenzland, wenn nach den Kartellen gefragt wird. Die Furcht ließ ihn schwer und stoßweise atmen, er wurde zögerlich und ausweichend, suchte nach Worten, gab den Versuch schließlich ganz auf und wandte sich ab. Die nackte Angst.

Das Thema war schrecklich und jede Erwähnung der Kartelle hochgefährlich. Die Gangs waren brutal, gnadenlos, unerbittlich und schwerbewaffnet, was sie auch überall deutlich machten. Wo hätte man Hilfe finden und Schutz suchen sollen? Polizei und Militär weckten nur die gleiche Angst.

Geradezu surreal wirkte diese Angst vor dem Hintergrund von

Omars Warenangebot: Von den Balken der Veranda baumelten fröhlich bemalte Piñatas, die Mickymaus, El Chapo, Bernie Sanders, vollbusige Frauen oder Bierflaschen darstellten; eine Piñata hatte die Gestalt eines fetten orangefarbenen Donald Trump.

Omar war drüben in Roma zur Schule gegangen. Hoffnungen, jemals wieder dorthin gehen zu können, machte er sich nicht. Sein Familienunternehmen mit Partyartikeln und Kostümen würde er weiterführen: Mexikaner geben gern und viel Geld für Partys und Fiestas aus. Und trotz der Kartelle war Ciudad Alemán eine gut geordnete Stadt. Die Produktion in den Fabriken lief rund um die Uhr, die Straßen waren sauber, die Häuser ordentlich gestrichen und ansehnlich – auch wenn das Geschäft in den Läden nicht sehr gut lief.

Eine Gemeinsamkeit, die mir in allen mexikanischen Städten auffiel, war ihr Bürgerstolz. Der Straßenfeger mit seiner Handkarre gehörte zum Bild jeder Stadt, die ich besuchte, und in jeder brüstete man sich in festem lokalpatriotischem Glauben damit, dass es genau in dieser jeweiligen Stadt viel schöner sei als in allen anderen an der Grenze – ganz gleich, ob überall, wohin man auch kam, eine gewalttätige Drogengang den Ort beherrschte. Dieses Heimatgefühl, diese stolze Versicherung: »Ich bin in Ciudad Alemán geboren, ich bin hier aufgewachsen, hier bin ich zu Hause«, hatte etwas Hoffnungsvolles – immerhin lebte der Sprecher des Satzes nur zehn Minuten von Roma, Texas, entfernt.

Ich aß in einer Taqueria zu Mittag, gönnte mir ein Eis und setzte mich dann an die Plaza, wo ich mit einem Mann auf das Thema *maquilas* (in diesem Fall Autoteile) kam. Er lachte und nannte mich *gabacho.* Auf dem Rückweg in die USA erzählte ich dem Beamten an der Passkontrolle von den Piñatas.

»So eine Bernie-Sanders-Figur würd ich mir gern mal holen und ihr eine reinhauen«, sagte er.

»Und Trump?«

»Der macht seine Sache gut. Den brauchen wir.«

»Um eine Mauer zu bauen?«

»Für alles, für alles, was in diesem Land schiefläuft. Es gibt eine Menge zu regeln.«

»Waren Sie mal drüben?« Ich deutete mit dem Daumen zur Brücke.

»Schon ewig nicht mehr. Soll ja zugehen wie im Wilden Westen.«

Ich näherte mich Rio Grande City, Mission und McAllen, den Orten, in denen ich Wochen zuvor gewesen war, hielt aber nicht an, sondern fuhr noch knapp siebzig Kilometer weiter nach Brownsville, zur letzten Brücke, die nach Mexiko führt – in diesem Fall nach Matamoros.

Auch Brownsville ist ein gutes Beispiel für diese verwischte Grenze, an der Mexiko überschwappt und am Nordufer einen mexikanischen Rand hinterlässt. Die Straßen und Geschäfte von Brownsville sahen unterschiedslos genauso aus wie ihre Gegenstücke in Matamoros, allerdings fehlten im Letzteren, das als gefährlich gilt, die Gringos.

Auch hier ist es nur ein kurzer Fußweg bis nach drüben. Auf den ersten Blick sah Matamoros hauptsächlich heruntergekommen und verfallen aus, es stank in der Hitze. Germán, mein Taxifahrer, versprach, mir das Wohnviertel der Reichen zu zeigen. Jardín ist eine vom Rio Grande umflossene Halbinsel (hinter bombensicheren Mauern, bewacht von Scharfschützen, residiert dort auch das Generalkonsulat der USA), eine Exklave mit großen schattenspendenden Bäumen, immergrünem Geäst und stattlichen Villen. Neben ein paar verfallenden Geisterhäusern liegen hier zweistöckige Prachtbauten; manche ihrer gepflegten Gartenanlagen sind größer und manche Einfassungsmauern höher als die des Konsulats.

»Narcos«, sagte Germán.

»In diesen großen Kästen?«

»Ja. Die kontrollieren Matamoros. Die Narcos haben große Häuser.«

»Menschenschmuggler?«

»Menschen und *choncha*, Gras. Und Koks. Aber das meiste ist *piedra*, Meth, weil das am billigsten ist. Die User in eurem Land haben nicht viel Geld.«

Die Schmuggler waren hier die Zetas, sie kontrollierten Matamoros und Reynosa. Das Golfkartell hatte Ciudad Alemán im Griff, in Juárez saß das Juárez-Kartell, in Nogales die Sonoras: Alle miteinander stritten sich im Verein mit dem Sinaloa-Kartell um Nuevo Laredo.

Ich hatte Germán für meinen ganzen Tag in Matamoros angeheuert. Mir gefiel seine Art: Er war locker, gefällig, nahm sein Schicksal mit Heiterkeit, war dankbar für die Arbeit als Fremdenführer und erzählte sehr offen von seinem Leben. Er stammte aus San Luis Potosí, da sei es ganz anders als in Matamoros: ruhig und altmodisch, aber Arbeit sei schwer zu finden. Das Leben spiele sich im Grenzland ab. Er war viel herumgekommen.

»Ich hab in den Staaten gelebt«, sagte er. »Ich habe da eine Freundin, die hat einen US-amerikanischen Pass. Wir haben drei Kinder.« Er sah mich an. »Vielleicht heirate ich sie!«

»Wie sind Sie in die Staaten gekommen?«

»Ich bin mit zwanzig Kumpeln nach Miguel Alemán«, sagte er.

»Über die Brücke oder durch den Fluß?«

»Wir sind geschwommen. War ganz einfach, und Jobs haben wir fast alle gekriegt, in Rio Grande City. Wenn wir weiter rauf nach Norden gegangen wären, hätte die Border Patrol uns an irgendeinem Checkpoint erwischt. Wir sind einfach nah an der Grenze geblieben. Ich hab da als Elektriker gearbeitet und gutes Geld verdient. Nach drei Jahren bin ich dann zurückgeschwommen.«

Von einem ähnlichen Schicksal erzählt Yuri Herrera in seinem Grenzlandroman *Zeichen, die vom Weltende künden.* In etwas verblümter, beschönigender Manier wird in diesem hochgelobten Buch die Geschichte der selbstbewussten Makina erzählt, die ihren in die USA ausgewanderten Bruder sucht. Zunächst fährt sie von ihrem Dorf aus nach Mexiko-Stadt, reist mit dem Bus zur Grenze und wagt dann die kurze, aber turbulente Überfahrt im Schlauchboot ans andere Ufer des Rio Grande. Das Boot kentert, sie wird gerettet und erlebt am anderen Ufer Abenteuer. Die Heldin ist eine Mexikanerin von heute: ständig in Bewegung, in Raum, Zeit und Kulturen. Der nationenübergreifende Aspekt macht für mich den Wert des Buches aus.

Der Roman kommt sehr bedeutungsschwanger daher und verknüpft die Reisestationen der unbeirrbaren Makita nur lose, bildet aber gerade mit diesen Unschärfen die Ratlosigkeit eines mexikanischen Einwanderers in den USA ab. Der Bruder, der nicht nach

Mexiko zurückwill, fasst diese Verwirrung in Worte: »Wir vergessen, weshalb wir gekommen sind.«

Polizei und Obrigkeit bestimmen als ständige Bedrohung die Handlung. Als Makita im fremden Land auf Hilfe angewiesen ist, offenbart sich der ganze Widersinn: »Und wozu die Polizei holen, wenn dein Glück davon abhing, dass sie nichts von deiner Existenz wussten?«

Der Widersinn hatte auch das Leben von Germán geprägt. Wir waren inzwischen aus Jardín herausgefahren; er wollte mir das Kulturzentrum zeigen, den ganzen Stolz von Matamoros. Er redete immer noch.

»Beim zweiten Mal bin ich wieder geschwommen, bei Brownsville, und bin gut um die Kontrollstellen herumgekommen.«

»Und wie haben Sie das geschafft?«

»Drumherum gegangen, durch den Wald.«

Er zeigte mir die Grünanlagen beim Fluss und den Parque Cultural Olimpico mit seinen Kultureinrichtungen, zu denen auch – und das in einer Stadt mit einem Ruf, der inzwischen schlimmer ist als der von Ciudad Juárez oder Tijuana – ein Museum und eine Konzerthalle für Tanz und Musikdarbietungen gehören; ein Hinweis darauf, dass das Leben weitergeht. Unten am Fluss ging ich ein Stück am Ufer entlang: Es war genau so üppig bewachsen wie sein Zwilling auf der anderen Seite. Kaum vorstellbar, dass hier mitten im schmalen grünen Fluss eine Grenze zwischen zwei Staaten verlief.

»Und was ist mit der Zona de Tolerancia?«

»Fahren wir hin!«

Wir fuhren durch die glühenden Straßen nach Westen zum Viertel Las Américas mit den durchnummerierten Straßen: Flachbauten, kleine Läden, eingezäunte Bungalows, bellende Hunde, keine Bäume.

»Calle Ocho«, sagte Germán.

»*Putas.*«

»Jede Menge.«

Niedrige Betonhäuschen säumten die Straße Nummer Acht, die Eingänge waren ebenerdig, fast alle Haustüren standen offen. Als Germán langsamer fuhr, trat eine junge Frau aus einem Häuschen und winkte. Germán hielt an. Ob ich hineingehen wolle.

»Ja, aber warten Sie hier.«

Sie mochte um die zwanzig sein, vielleicht war sie auch jünger, hatte ein frisches Gesicht und trug Shorts und ein T-Shirt. Hätte man sie vor einer der zwanzig Schulen und Unis in Matamoros – wie dem Instituto de Ciencias Superiores, an dem wir eine Stunde zuvor vorbeigekommen waren – gesehen, hätte man sie für eine Studentin halten können. Sie kniff im grellen Sonnenlicht die Augen zusammen und verzog das Gesicht; sie trug, was man bei einer Prostituierten nicht erwarten würde, eine Zahnspange, die ihrem Lächeln etwas Backfischhaftes gab.

»Komm mit.« Sie ging durch die offene Tür. Am Eingang stand ROOMS FOR RENT. Den Raum dahinter beherrschte ein zweideutiges süßliches Geruchsgemisch aus billigem Parfum und Desinfektionsmittel. Das war die Lobby. Rechts und links davon die Zimmer mit je einem Bett darin, vor mir an der Wand ein Poster mit dem lebensgroßen Konterfei von Santa Muerte, dem Skelett des weiblichen heiligen Todes im schwarzen Kapuzenumhang, komplett mit grinsendem Schädel und knochiger Hand am Griff der Sichel. Die Heilige der Verzweifelten, der Kriminellen, der Drogengangs und Huren; die Heilige, die Hoffnung bringt, nicht anklagt und keine Buße fordert. Alles, was sie verlangt, ist Ehrfurcht.

Zwei Frauen saßen mit übereinandergeschlagenen Beinen auf Polstersesseln in der Lobby, in der ein Ventilator sich hin und her neigte. Beide trugen Schwarz, waren plump, nicht mehr jung und zeigten fleischige Arme. Beide hatten Taschenspiegel in der Hand und waren damit beschäftigt, sich zu schminken – bemalten sich die Gesichter mit Glätte, rosigen Wangen und roten Lippen, um sich zu einem kaum glaubhaften Anstrich von Jugend zu verhelfen.

»Womit können wir dienen, Señor?«

Der süßliche Geruch war schwächer geworden, hatte seine Zweideutigkeit verloren und war einer stärkeren Note von Moder, Feuchtigkeit und ungewaschenen Laken gewichen: Ich konnte die zerwühlten Decken in den Zimmern sehen. Und Santa Muerte grinste mich voller Verachtung an.

»Wie viel für eine Stunde?«

Die Junge wollte etwas sagen, als die dickere der beiden Sitzenden ihr ins Wort fiel: »Fünfzig Dollar.«

Die Ältere deutete mit dem Kopf zu dem jungen Mädchen hinüber: »Gehen Sie mit ihr.« Sie zwinkerte: »Sagen Sie ihr, was Sie glücklich macht.« *Las cosas que te ponen feliz.*

Schnelle Wonne für ein paar Scheine. Was mich allerdings, außer allen anderen Überlegungen, irritierte, war der glasige Blick bei allen dreien, ein Hinweis darauf, dass sie zugedröhnt waren.

»Tut mir leid, mein Freund wartet draußen.« Ich floh in die Sonne.

Germán lachte mich aus, als ich zitierte, was die Frau gesagt hatte: »Gringo, die hätte dich so glücklich machen können!«

»Und meine Frau sehr unglücklich.«

Germán sah auf die Uhr: »Ich bring dich zur Brücke. Bei Dunkelheit willst du bestimmt nicht in Matamoros herumlaufen.«

Ich übernachtete in Brownsville, das im Vergleich zu Matamoros klein und brav wirkt, ansonsten aber aussieht wie eine ordentlichere Version der Nachbarstadt, die zwar wesentlich mehr Colleges, aber nicht den großen, artenreichen Tierpark des Gladys Porter Zoo aufzuweisen hat. Ein Jahr später standen die Zuwanderer aus den von Bandenkriegen erschütterten Städten in Honduras und El Salvador an der Brücke, wo man den weinenden Müttern ihre schreienden Kinder und Säuglinge entriss. Die Kinder wurden in Brownsville in Maschendrahtkäfige (den Gorillakäfigen im Gladys Porter Zoo nicht unähnlich) gesteckt, die Mütter in Arrestzellen gepfercht. Zweieinhalbtausend eingesperrte Kinder. Mütter und Väter, denen man sie genommen hatte.

Zur Rechtfertigung für diese barbarische und unmenschliche Gewalt der US-amerikanischen Regierung gegenüber den Familien bemühte Generalstaatsanwalt Jeff Sessions ausgerechnet die Bibel. Mit einem Lächeln blickte er von seinen Notizen auf: »Personen, die unsere Gesetze nicht achten, werden verfolgt. Ich möchte Sie an den Römerbrief 13 des Apostels Paulus und seine klaren und weisen Worte erinnern, dass die Gesetze der Regierung befolgt werden müssen, weil Gott sie zum Zweck der Ordnung eingesetzt hat.« Wörtlich heißt es an der Bibelstelle: »Wer sich nun der Obrigkeit widersetzt, der widerstrebt Gottes Ordnung; die aber widerstreben, werden über sich ein Urteil empfangen.«

Ein weltweiter Aufschrei über den Kinderraub brachte die US-Regierung zum Einlenken; das Verfahren wurde geändert. Weder wurden aber Eltern und Kinder wieder zusammengeführt, noch kümmerte man sich um eine Lösung für die anderen elftausend Kinder, die in zwanzig Bundesstaaten in Haftanstalten, in Zeltstädten in Texas oder in weit entfernten Lagern in Oregon oder New York eingesperrt sind.

Zum Abschluss meiner Reise an der Grenze verließ ich Brownsville und fuhr auf der engen, sandigen Route 4 durch flaches Salzmarschgebiet. Es waren keine Gebäude zu sehen, nur in der Ferne eine Werft für Bohrinseln, deren aufrechte Stahlträger als seltsame Skulpturen in die Höhe ragten. Vor mir im Gras des Marschlandes bewegten sich Wasservögel: Schmuckreiher, Rinderreiher, Kraniche, darüber die flatternden Zugvögel, die von Padre Island aus an der Küste entlang nach Süden flogen und sich über die menschlichen Grenzschützer da unten lustig machten.

Am Ende der Straße, die immer sandiger wurde, um schließlich ganz unter einer Schicht von geripptem Weiß zu verschwinden, breitete sich der Strand unter einer Flut von anbrandenden Wellen und Vögeln vor mir aus. Regenpfeifer, Strandläufer und Steinwälzer trippelten im Wasser, oben segelte eine Formation aus acht braunen Pelikanen über ein Schild hinweg, das zur Achtung vor den Nestern von Schildkröten aufrief. Ich ließ das Auto an der Straße stehen und ging zu Fuß durch den Boca Chica State Park bis dahin, wo sich der grüne Fluss in den Golf von Mexiko ergießt.

Kein Zaun, keine Gebäude, nichts als Seegras, niedrige Dünen, Vögel und nistende braune Schildkröten.

Auf der schmalen Straße, die zurück nach Brownsville führt, kam ich an einen Checkpoint, und obwohl der Grenzschutzbeamte mich durchwinken wollte, hielt ich an und fragte ihn, was er suchte.

»Wir suchen nach Leuten.«

»Finden Sie welche?«

»Ab und zu. Meistens in Autos. Sie gehen über den Fluss und kommen dann hier die Straße entlang. Kommt vor, dass Schleuser sie in Transportern sitzen haben.«

Ich hatte noch mehr Fragen, aber der Beamte unterbrach mich barsch: »Sie können jetzt weiterfahren, Sir.«

Meine Reise von Tijuana bis hierher endete mit der Vorstellung von der Grenze als einer Front in einem Schlachtfeld: unsere hohen Zäune, ihre langen Tunnel. Wir wollen Drogen, wir brauchen billige Arbeitskräfte, und weil sie unsere Schwächen kennen, kämpfen die Kartelle um den Besitz der Grenze. Die Illegalen sind ruhelose junge Männer, harte Burschen und Desperados, ehrgeizige Möchtegernstudenten, Tagelöhner und Frauen, die nichts weiter wollen als einen Job in einer Fleischfabrik oder einer Hühnerschlachterei. Und weinende Mütter, getrennt von ihren Kindern, die die Grenze und die Wüste überwinden wollen, um ihre Familien zu retten.

Eine Begegnung blieb mir immer wie eine überirdische Erscheinung im Gedächtnis: Maria im Comedor in Nogales, die mir erzählt hatte, wie sie ihre drei kleinen Kinder in Oaxaca zurückgelassen hatte. Vom Ehemann verlassen, bettelarm, ohne Chance, ihre Familie ernähren zu können, hatte sie die Kinder bei ihrer Mutter gelassen und war zusammen mit drei anderen verzweifelten Frauen über die Grenze gegangen.

»Ich wollte mir Arbeit als Putzfrau in einem Hotel suchen«, hatte sie leise gesagt.

In der Wüste von Arizona war sie von den drei anderen Frauen getrennt worden, hatte sich verirrt, wurde festgenommen, zusammengeschlagen, inhaftiert und dann abgeschoben. Als sie über ihre Kinder sprach, füllten sich ihre Augen mit Tränen. Später hatte ich gesehen, wie sie allein dasaß und vor dem Essen ein Gebet sprach, ein ikonenhaftes Bild von Frömmigkeit und Hoffnung. Getrennt von ihren Kindern saß sie da wie die tragische Mutter aus der mexikanischen Sage vom Geist der Llorona, der Frau, die ihren Verlust beweint.

Manchmal kann ein geflüstertes Wort, ein einziges Bild oder ein Hauch von Menschlichkeit ein kraftvolles Motiv dafür sein, sich die Welt genauer anzusehen.

Zweiter Teil

MEXICO MUNDO

Über die Grenze

Ich hatte das Auto auf der US-amerikanischen Seite gelassen und war zu Fuß von McAllen nach Reynosa hinübergegangen, um mich nach Einfuhrpapieren für Kraftfahrzeuge zu erkundigen. Ich solle am nächsten Tag mit dem Auto und den Papieren wiederkommen, man werde sich dann darum kümmern, hieß es.

»Die Geschäfte laufen nicht so toll, aber es ist wenigstens ruhig hier.« Ignacio, ein Schuhputzer auf der Plaza in Reynosa, verteilte braune Paste auf meinen Schuhen. »Was denken Sie, wie alt ich bin? Ich bin achtundfünfzig, schon Opa. Meine Haare sind bloß noch nicht grau, weil ich Indio bin. Da: Sehen Sie? Indioaugen, grün. Reinrassig Indio.«

Ich wolle mit dem Auto nach Monterrey, erzählte ich ihm.

»Die Straßen sind gefährlich«, sagte er. »Aber vielleicht haben Sie ja Glück. Haben Sie einen Pick-up?«

»Nein, nur ein normales Auto.«

»Das ist gut, denn wenn Sie eine *camioneta* hätten, würde die geklaut. Haben Sie bemerkt, dass hier keine Gringos mehr sind? Die kommen nicht mehr.«

Reynosa hat wegen seiner Bandenkriminalität einen schrecklichen Ruf. Aber die beiden großen Hotels an der Plaza waren preiswert und angenehm, und im Restaurant La Estrella hatte ich gut gegessen.

»Und auf der Calle Dama waren früher viele Mädchen«, erklärte mir ein Mann namens Ponciano. »Früher sind wegen der Mädchen viele Gringos hergekommen. Heute sind's nicht mehr viele. Jetzt machen wir Sitzgurte für Autos.«

Schulkinder mit Büchern unter dem Arm liefen vorbei, alte Männer an Marktständen prüften Pfefferschoten, Frauen kauften Mehl für Tortillas; ein paar Jugendliche trugen die gleichen Werbe-T-Shirts mit dem Konterfei ihres Kandidaten in einer bevorstehenden Wahl, Gläubige besuchten die Kathedrale auf der Plaza; auf den kleineren Straßen und in der Fußgängerzone wurde eingekauft, an den Taco-Ständen ein Schwätzchen gehalten. Ein friedliches Bild.

Andenkenläden, Schaufenster mit Hüten und Stiefeln, aber die US-amerikanischen Käufer fehlten: Die Gringos aus McAllen blieben zu Hause, weil sie wussten, dass Reynosa vom Zeta-Kartell beherrscht wurde. Das Verbrechen spielte sich aber nur bei Nacht ab, und zwar grenzübergreifend: Hier wurden Drogen verschoben und Menschen geschmuggelt, verzweifelte Migranten ebenso wie Frauen und Mädchen für die Bordelle in Texas und weiter im Norden.

Am nächsten Tag passierte ich um neun Uhr früh den Grenzübergang über den Rio Grande, der sich hier als grünes Rinnsal in Richtung Golf schlängelt. Ein bisschen beunruhigt war ich schon darüber, wie sehr ich jetzt auffiel. Es stimmte, was Ignacio gesagt hatte: keine Gringos zu sehen, weder in Autos noch auf den Bürgersteigen. Ich hinterlegte eine Kaution von 450 Dollar und beglich die Gebühren für meine Einfuhrpapiere; die Abwicklung dauerte etwa eine Stunde und lief freundlich ab. Es gab keine Warteschlange, ich war der einzige Klient zwischen all den Beamten und Polizisten in diesem Gebäude.

»Sie reisen nach Monterrey, ins schöne Monterrey«, flötete der Parkwächter, der sich betont umständlich damit beschäftigte, die Zollvignette an der Windschutzscheibe meines Autos anzubringen. Er hatte schon das Trinkgeld erspäht, das ich in den Fingern hielt. »Ein wunderbarer Tag zum Reisen, Sir!«

Zehn Minuten später war ich weit weg von der gemächlichen Plaza Principal mitten in der schäbigen Wirklichkeit der Schreckensstadt Reynosa: kaputte, finstere Seitenstraßen, elende Hütten zu beiden Seiten eines brackigen Kanals.

Ich bog falsch ab und fand mich auf einer schlechten, immer enger werdenden Straße zwischen zersplitterten Bretterzäunen und finsteren Baracken wieder. Ein Mann schob sich unter einem verbeulten alten Auto heraus, um mir den Weg zur Brücke über den Kanal und den Abzweig nach Monterrey zu erklären.

Diese Fahrt durch das eigentliche Reynosa machte mir noch einmal klar, wie irreführend die adrette, ehrbare Plaza mit ihrer Kirche, den Läden und Taco-Ständen doch war. Den Fußgängern, die schnell mal herüberkamen, um sich mit billigem Viagra einzudecken, blieb die ganze Misere dieser Stadt verborgen; hier, tiefer drin, waren das Chaos, die verfallenden Häuser, der Müll und die grasenden Esel am Straßenrand. Reynosa war nicht die Plaza, sondern eine von vielen heißen, engen Grenzstädten voller unterbezahlter Mexikaner, die ein Leben lang über den Fluss nach Norden blicken, wo man zwischen Pfosten des Zauns hindurch etwas anderes sehen kann: bessere Häuser, hellere Läden, neuere Autos, schönere Straßen, keine Esel.

Als die erste Ampel über einer Straßenkreuzung auf Rot schaltete, begann ein fetter, nicht mehr ganz junger Mann mit Clownsschminke (weißes Gesicht, rote Knollennase, rote Lippen), mit drei blauen Bällen zu jonglieren, und ein kleines Mädchen im zerlumpten Kleid, offensichtlich seine Tochter, reichte ihm eine Teekanne, die er auf seinem Kinn balancierte, dann flitzte das Kind zwischen den Autos herum und bat um Pesos.

An der nächsten Ampel jonglierte ein Mann mit Sandalen an den Füßen und Lumpen am Leib mit drei Bananen, ließ seine Muskeln spielen und zog wilde Grimassen. Eine Frau ging mit einem Korb von einem Auto zum anderen und bot Tamales an. Ein paar Meter weiter hielt sich ein dürrer Mensch im Schlafanzug als Feuerschlucker die qualmenden Flammen einer Fackel vor den Mund. Die seltsam altertümlichen Strategien der ganz Armen: Sie geben den Clown, sie führen etwas vor, sie verkaufen selbstgemachtes Essen, aber sie betteln nicht.

Maskierte Polizisten und Soldaten bewachten den Checkpoint am Boulevard Miguel Hidalgo, musterten mich kurz und winkten mich durch. Ein paar Minuten später hatte ich Reynosa hinter mir gelassen und fuhr über die Grenze zwischen den Bundesstaaten Tamaulipas und Nuevo León ins offene Land hinein.

Es war die gleiche Landschaft wie in Texas: Johannisbrotbäume, Kakteen und grasendes Vieh hier am anderen Ufer eines Flusses, der wegen eines Vertrags von 1836 und eines Krieges im Jahr 1846 einen Landstrich zweiteilte, der in letzter Zeit wieder zum Kriegsschauplatz mutiert war, zum Schlachtfeld der rivalisierenden Drogen- und Schlepperbanden.

All die warnenden Worte schwirrten mir noch im Kopf herum, bis mich etwas Erfreulicheres ablenkte: die gleichen Falter wie am Flussufer in Ceniza. Was dort nur ein kleiner Schwarm gewesen war, war hier eine merkwürdige Masseninvasion. Erst wirbelten einzelne kleine, zögerliche Grüppchen von flatterndem Gelborange über die Straße, dann kamen ganze Klumpen, eine wuchernde Masse schlagender Flügel, und schließlich dicke Wolken, die mir die Sicht nahmen, die Windschutzscheibe bedeckten und pudrige Streifen winziger Schuppen auf der Motorhaube hinterließen, als ich in sie hineinfuhr. Über viele Kilometer begleitete dieser flirrende, tanzende Mob die Strecke nach Monterrey, eine Massenwanderung, in die Trichter der Pässe im Tal getragen von sanfter Luft und Sonnenlicht. Dieses bizarre Konfetti taumelte unablässig, hielt sich nah am Boden, ohne ihn zu berühren, flog nie direkt geradeaus und kam doch in einem stockenden, mühsamen Flug voran.

Vor langer Zeit hatte ich etwas über diese jährliche Reise der Monarchfalter gelesen, es aber vergessen. Erst jetzt, als ich sie hier überall sah, wie sie sich durch die Johannisbrotbäume arbeiteten, fiel mir wieder ein, dass sie aus dem Norden der USA kamen, sich in Texas sammelten und durch diesen Teil von Mexiko flogen. Mein Glück, dass ich gerade zur rechten Zeit ihren Weg kreuzte; ein heiterer Anblick. »In vielen Kulturen gilt der Schmetterling als Symbol für die Seelen«, las ich später. In manchen Religionen sei er Sinnbild für die Auferstehung, und manchmal »steht er für Ausdauer, Umbruch, Hoffnung und das Leben«. Der Vergleich mit den menschlichen Migranten, die sich zur Grenze und in ferne Länder aufmachen, lag auf der Hand.

Die Wogen von flatternden, taumelnden Faltern begleiteten mich auf dem ganzen Weg nach Monterrey – eine Stadt, die mich ebenso überraschen sollte. Bevor ich sie allerdings erreichte, freute ich mich an dem Gedanken, dass ich schon den ganzen Vormittag hier unterwegs und mir nichts passiert war, weder in den kleinen Dörfern wie La Vaquita oder General Bravo noch am Abzweig zur Viehzüchterstadt China am Ufer des Stausees Presa del Cuchillo – eine Gegend, die für ihre Gerichte aus Ziegenfleisch bekannt ist. Keine Straßenbarrikaden, keine Banditen, nur Sonne, Bäume und Falter, vor mir die ferne blaugraue Silhouette der Sierra Madre und die riesige, nagelneue Stadt Monterrey, die vor der Kulisse des glitzernden Cerro de la Silla aussah wie mit dem Vorschlaghammer aus einem Steinbruch gemeißelt. *Cerro* bedeutet eigentlich Hügel, aber der höchste Gipfel des Cerro de la Silla ist eineinhalbtausend Meter hoch.

Die Schmetterlinge verhüllten den Anblick der Ölraffinerien und verschönerten farbenfroh den Himmel zwischen den Stahlwerken und dem Campus der Technischen Universität. Die Tec de Monterrey, Mexikos bedeutendste TU, hat dazu beigetragen, dass die Stadt sich von der Schwerindustrie weg zu einem führenden Technologiestandort mit über vierhundert IT-Unternehmen entwickelt hat. Die Uni ist mit ihrem Ausstoß an Absolventen, die bei Software-Entwicklern Arbeit finden, so erfolgreich, dass sie Zweigstellen in fünfundzwanzig anderen mexikanischen Städten unterhält.

Noch ein Grund, aus dem Mexikaner sich herabgesetzt und missverstanden fühlen: Monterrey, die drittgrößte Stadt des Landes, liegt nur eine Autostunde vom nächsten Ort in den USA entfernt, vom traurigen kleinen Roma zum Beispiel oder seinem größeren Nachbarn Rio Grande City, wo die Schulen ums Überleben kämpfen, wo es keine Technischen Hochschulen und nichts gibt, was sich mit dem prosperierenden, hinter seinem Berg versteckten Monterrey vergleichen ließe.

Eine kleine Rundfahrt in dieser erstaunlichen Stadt – sie überraschte mich mit dem offensichtlichen Reichtum einer Boomtown und heftiger Bautätigkeit – brachte mich zum Campus der Tec de Monterrey. Es war Mittagszeit, und ich war inzwischen, nach ein paar Stunden im Auto, weniger nervös beim Fahren, war ruhiger, weil ich es von der Grenze bis hierher geschafft hatte und mich jetzt im tosenden Verkehr, umflogen von Faltern, nicht mehr so auffällig fand.

Noch etwas Unerwartetes sah ich gleich bei der Taqueria, die ich mir fürs Mittagessen ausgesucht hatte: den Félix-U.-Gómez-Bahnhof der U-Bahn. Das Schienennetz der Metrorrey hat über dreißig Kilometer Länge, dreißig Bahnhöfe und wird noch ausgebaut. Wer hätte gedacht, dass Monterrey eine Metro hat?

Vor der Taqueria kam ich mit Manuel Rojas ins Gespräch: ein Motorradfahrer, der als Software-Spezialist in einer nahen Firma (»Der Hauptsitz ist in Massachusetts«) angestellt war. Manuel und seine Biker-Freunde wollten ein Gruppenbild; ich bot mich als Fotograf an und stellte mich vor.

»Tec de Monterrey ist die beste technische Hochschule in ganz Mexiko, und wegen dieser TU ist die Stadt so lebendig. Ich hab da studiert, wie die meisten anderen Jungs hier.« Manuel wies auf seine Freunde. »Es gibt auch eine medizinische Fakultät. Über kurz oder lang werden wir hier mehr Software-Unternehmen als Herstellungsbetriebe oder Schwerindustrie haben.«

»Und was verdient jemand wie Sie in einem solchen Unternehmen?«

»Die Gehälter staffeln sich nach der Berufserfahrung«, sagte er. »Du fängst mit vielleicht 15000 Pesos (833 US-Dollar) im Monat an, und wenn du gut und erfahren bist, kannst du auch 100000 verdienen.« Dieses nach unserer Auffassung bescheidene Jahresgehalt von 67000 US-Dollar war für mexikanische Verhältnisse gut; genug für Manuel und seine Freunde, sich eine halbwegs neue Harley Davidson, eine preiswerte Wohnung in der Stadt oder ein Häuschen in einer der vielen *colonias* leisten zu können.

Der Bedarf an Arbeitskräften hatte Monterrey einen Bauboom beschert, und so war sein Tal vom einen Ende zum anderen mit kubischen zweistöckigen, weiß verputzten Häuschen vollgestellt, die aus der Ferne wie ein Haufen staubiger Zuckerwürfel und aus der Nähe matt und schmucklos wie Mausoleen auf Friedhofsparzellen aussahen. In besonders dicken Streifen zogen sie sich die Hänge des Cerro de la Silla auf der einen Seite und das Bergpaar im Norden, die

Sierra El Fraile y San Miguel hinauf. Die beiden Letzteren sahen gar nicht nach Mönch oder Heiligem aus, sondern eher wie zwei überdimensionierte Schlackehalden: baumlos, steinig, schroff. Die Mieten seien unterschiedlich, sagte Manuel. Ein Haus in der Vorstadt sei für 300 Dollar im Monat zu haben; eine Wohnung in der Stadt würde das Zehnfache kosten.

Manuel war Anfang dreißig, drückte sich gewählt aus, sah in seiner Motorradkluft gut aus, beantwortete geduldig meine Fragen, lehnte aber die Einladung zu einem Getränk oder Essen höflich ab: Er wollte mit seinen Freunden zu einem Motorradrennen ins über fünfhundert Kilometer entfernte León de los Aldama; sie hatten es eilig, Asphalt unter die Räder zu bekommen.

»Wie weit ist es bis Saltillo?«

»Das schaffen Sie leicht in anderthalb Stunden.«

So fuhr ich denn auf einer gut ausgebauten Straße in der Nachmittagshitze dahin, durch die steilen braunen Berge im Hochland von Chihuahua. Nach Süden kaum Verkehr, aber in Gegenrichtung lange Konvois von Sattelschleppern, meist Autotransporter voller Chevrolets und Mercedes auf dem Weg zur Grenze: Dies hier war schließlich die Panamericana, auch bekannt als NAFTA-Highway.

Saltillo nennt man wegen seiner Automobilwerke (fünf der insgesamt fünfundzwanzig mexikanischen Autowerke befinden sich hier) auch das mexikanische Detroit. Und wie Detroit ist auch diese Stadt von wild wuchernden Arbeitersiedlungen mit ärmlichen Häusern und Ramschläden umgeben, sieht aber im Zentrum ganz anders aus. Gute Museen, eine überreich dekorierte barocke Kathedrale im spanischen Kolonialstil und ehrwürdige Verwaltungsgebäude machen Saltillo als Hauptstadt alle Ehre. Ich fuhr durch die Stadtmitte, wollte mir ein Hotel suchen, wurde aber vom hupenden Verkehr vorwärtsgetrieben und fand mich plötzlich auf einer Ausfallstraße.

Um möglichst frei zu sein, hatte ich mir keine genauen Pläne gemacht und keine Hotelzimmer reserviert. Auf dieser Reise suchte ich mir immer um vier oder fünf Uhr nachmittags einen Ort zum Übernachten, und wenn ich an der Straße ein halbwegs passables Hotel sah, fuhr ich einfach vor und fragte, ob sie ein Zimmer und einen sicheren Parkplatz für mich hätten. Hatten sie immer.

Bei meinen Recherchen an der Grenze hatte man mir den Namen eines Mannes in Saltillo genannt, Lopez, Bekannter eines Bekannten. Er hatte lange in den USA gelebt und gearbeitet, war irgendwann in eine Verkehrskontrolle geraten, hatte nicht die richtigen Papiere vorweisen können, war festgenommen und ausgewiesen worden. Mit seiner zehnjährigen Berufserfahrung in einem texanischen Unternehmen hatte er in Saltillo leicht einen Job gefunden, der seiner Expertise entsprach. Er kam zu mir ins Hotel La Fuente: ein höflicher, etwas melancholischer und ernsthafter Herr. Sein Alter war schwer einzuschätzen; in einem Land, in dem die Menschen früh erwachsen werden und hart arbeiten, sehen sie in mittleren Jahren oft viel älter aus, als sie sind. Ich schätzte ihn auf Mitte fünfzig, vielleicht war er auch viel jünger. Er hatte feiste Wangen, war breit gebaut und trug ein kurzärmliges Hemd – es war warm in Saltillo. Er schüttelte mir mit weichem Druck die Hand.

Er sei hier noch nie gewesen, sagte Lopez. Er erklärte mir die regionalen Spezialitäten auf der Speisekarte im Restaurant: Pulque-Brot, gebratenes Zicklein und *machaca con huevos*, ein Gericht aus Eiern, Gemüse und Trockenfleisch. Lopez bestellte das Zicklein, ich eine Tortilla-Suppe und Enchiladas. Ich hatte das Gefühl, an diesem einen Tag sehr weit gekommen zu sein.

»Bis zur Grenze ist es nicht weit«, sagte Lopez. »Aber bis hinter die Grenze – sehr weit.«

»Was genau haben Sie in den USA gearbeitet?«

»Das Unternehmen stellt Kunststoffteile im Spritzgussverfahren her.« Er widmete sich seinem Ziegenbraten. »Da arbeite ich.«

Ich stellte mir etwas ziemlich Langweiliges darunter vor. Die Kunststoffteile würden in Autos verbaut, erklärte Lopez. Er arbeitete in der Qualitätskontrolle; mir gefielen seine Fachausdrücke für Produktionsmängel: »Blasen«, »Schichtablösung«, »Brandspuren«.

»Wären Sie gern wieder in den USA?«

»Mir fehlen meine Kinder. Meine Freundin und ich haben uns getrennt, und sie zieht die Kinder drüben groß. Ich kann sie auf keinen

Fall besuchen, also bringt meine Ex sie manchmal rüber nach Nuevo Laredo. Dann gehen wir zusammen zum Essen.« Er sah traurig aus. »Zwei Jungs, acht und zwölf. Die werden allmählich groß.«

»Erzählen Sie noch etwas von Ihrem Beruf.«

»Thermoplastische Kunststoffe. Ist nicht aufregend. Man verdient hier ungefähr ein Viertel von dem, was man in Texas bekommen kann – dabei haben wir gut ausgebildete Leute. Saltillo hat sechzehn Fakultäten und jede Menge Colleges.« Er kaute. »Na ja, ich komm zurecht. Es ist bloß, dass alles jetzt so anders ist. Vor zwanzig Jahren hatte ich überhaupt keine Probleme, über die Grenze zu gehen; wir sind doch alle zum Einkaufen rübergefahren. Aber es ist immer schlimmer geworden.« Er seufzte. »Politik!«

»Ihre oder unsere?«

»Alle beide! Unsere Regierung ist schlecht, und Ihre – na, Sie kennen ja sicher den Unsinn von ›Mexikaner sind Verbrecher und Vergewaltiger‹. In Wahrheit hab ich bloß hart gearbeitet, und alle anderen Mexikaner, die ich drüben kennengelernt habe, waren sehr tüchtige Leute.«

Er sprach über all die Unsicherheiten: dass das NAFTA-Abkommen zum Nachteil von Mexiko aufgekündigt werden könnte, dass die strengen Einreisebestimmungen für ihn bedeuteten, dass er nie wieder in die USA dürfte, dass der seinerzeitige Präsident Enrique Peña Nieto ein genauso mieser Redner und großer Lügner sei wie unser Präsident. Aber dann lachte er: »Ich kann's ja nicht ändern!« Und so wandten wir uns anderen Themen zu – seiner neuen Freundin, ihrem Job bei General Motors, ihren gemeinsamen Ausflügen nach Monterrey, wo sie Familie, und nach San Luis Potosí, wo er Freunde hatte. Das sei eine wunderbare Stadt; ich solle unbedingt hinfahren.

Lopez' Haltung zeigte es wieder: Bürger, die in einem korrupten Staat versuchen, ein ehrbares Dasein zu führen, verlieren jeden Glauben an die Obrigkeit und verlassen sich auf sich selbst, auf Freunde und Familie.

»Haben Sie Ratschläge für mich? Ich fahre nach Süden.«

»Fahren Sie nicht nachts, dann ist alles okay. Sie werden viel erfahren. Und Mexiko-Stadt ist viel sicherer geworden.«

Er verabschiedete sich. Bei Nacht wollte auch er nicht unterwegs sein.

Im Süden von Saltillo zieht sich die Straße durch die bräunlichen, trockenen Täler der Sierra Madre bergauf. Die dunklen Yucca-Palmen, die *palma china*, prägen hier zu Tausenden die Landschaft wie eine Armee von gebeugten alten Männern mit wilden Haarschöpfen. Auf meiner Seite der Autobahn war kein Verkehr, auf der Gegenseite stauten sich über zwanzig Kilometer die Lastwagen hinter einem liegengebliebenen Auto.

Ungefähr dreißig Kilometer südlich von der kleinen Stadt Matehuala sah ich zwischen ein paar Häusern am Straßenrand ein Schild. CAPILLA DE SANTA MUERTE stand in blutroten Lettern darauf. Laut Karte hieß die Gegend El Llano del Lobo, Wolfssteppe. Das Bild im Bordell in Matamoros fiel mir wieder ein. Der Name und das Schild reizten mich, also fuhr ich von der Autobahn ab, um hier einen Besuch zu machen.

»Guten Tag, Sir.« Eine Frau saß vor dem Eingang auf einem Plastiksessel und fächelte sich Luft zu. Mit ihrem verschossenen Kleid und der weißen Schürze sah sie nicht sonderlich sakral aus, sie sagte aber, die Kapelle sei ihre und sie die Priesterin, fächelte weiter und lud mich ein: »Kommen Sie, seien Sie willkommen.«

Die Kapelle, vielleicht eine ehemalige Werkstatt, war ein einstöckiges Betongebäude in einer ganzen Reihe ähnlicher, leerer, von grauem Staub bedeckter Läden, die kalte Getränke, Tamales und landwirtschaftliches Zubehör anboten, dazu eine der im ländlichen Mexiko häufig anzutreffenden Reifenwerkstätten: »Runderneuerung«.

Weihrauch waberte aus der Kapelle, die Wände drinnen waren mit weißem Fahnentuch und Gestecken aus Plastikblumen dekoriert. Neben dem Altar am Kopfende stand eine lebensgroße Figur der Santa Muerte mit ihrem Zubehör. Abbildungen dieses Skeletts hatte ich schon auf Postern und Gemälden gesehen, doch hier stand ich zum ersten Mal der furchterregenden Gestalt der Santísima Muerte gegenüber. Sie trug einen weißen Satinumhang über einem jungfräulich weißen Brautkleid und starrte mich aus leeren Augenhöhlen mit lippenlosem Grinsen an. Sie hielt eine Sichel wie der Schnitter Tod, trug aber mit Skapulier, Brautkleid und Kugel die ikonographischen Attribute der vertrauten Figur der Jungfrau Maria, der gnadenreichen, die allen Trost und Hoffnung spendet, den Armen, den Kriminellen und den Narcos.

»Ich habe Bilder, ich habe Rosenkränze«, flüsterte die Frau mit dem Fächer hinter mir. In ihrem Sessel vor der Tür hatte sie noch Autorität ausgestrahlt, jetzt aber, wie sie da so in den Schatten der Kapelle zwischen Schädeln und Knochen an ihrer Schürze nestelte, sah sie klein und etwas bucklig aus.

»Ich möchte ein Bild kaufen.«

Die Frau ging zu einem Tisch an der Wand und suchte ein gruseliges Bild im Format einer Spielkarte aus.

»Wie viel?«

»Was Sie geben wollen.«

Ich gab ihr ein paar Pesos: »Ich komme wieder.«

»Dies hier«, sie tippte auf das Bild, »wird Sie beschützen.«

Draußen dachte ich darüber nach, wie sehr das ewige Mexiko unter der Tünche aller hypermodernen Errungenschaften des NAFTA-Abkommens überdauert hat. Wie modern die mexikanischen Autobahnen mit ihren Mautstationen, Raststätten und den beim Wort *lleno* an der Zapfsäule salutierenden, blau uniformierten Tankwarten auch sein mochten – in der Landschaft, die sie durchschneiden, war es noch da, das Mexiko der archaischen Erscheinungen.

Das Panorama der mexikanischen Archetypen entfaltet sich gleich neben der *autopista* und erfreut Augen und Herz: der berittene Vaquero, der mit der Gerte das grasende Vieh zusammentreibt, der Ziegenhirt mit Strohhut, der ein stolperndes, krummbeiniges Kitz verfolgt, der Junge mit Sandalen, der am Gatter lehnt und seine Schafherde bewacht, der Caballero, der seinem mageren Pferd die Zügel gibt, die alte Frau, die sich mit einem Bündel auf dem Rücken ihren Weg durchs hohe Gras bahnt, der Maultierkarren mit seiner Last von Melonen oder Bohnensäcken, der bucklige Mann, der die Flanken seines Muli mit der Peitsche antippt, die Frau mit der weißen Schürze, die unter einem Schild TAMALES Y CARNE SECA Speisen anbietet, ein dürres Kind, das einen dürren Hund verfolgt, der ein dürres Huhn jagt – und in der Ferne eine alte Stadt mit einem Kirchturm in der Farbe von reifem Käse. Ich dachte an Ray Midge in *The Dog of the South* von Charles Portis: »Ich winkte Kindern mit Wassereimern und alten Frauen mit Kopftüchern zu. Es war ein kühler Morgen. *Ich bin ein gutartiger Gringo in einem kleinen Buick. Ich werde mich an eure Sitten halten!* Das hatte ich mir auf die Fahnen geschrieben.«

Und so fuhr ich durch das Hochland dieser wehmütigen Mahnmale für das bis in heutige Zeiten überdauernde Alte, das der Dichter Manuel José Othón (1858–1906) aus Potosí so beschreibt: »Die Unermesslichkeit oben, die Unermesslichkeit unten … im scharf geschnittenen Profil der stolzen Sierra und in den scheußlich klaffenden Wunden der Bergwerke«, und erreichte San Luis Potosí. Nach all den kurzen Übernachtungen und langen Fahrten beschloss ich, ein paar Tage dazubleiben.

Auch San Luis Potosí folgt dem üblichen mexikanischen Muster, nach dem alte, harmonische Städte aus der Kolonialzeit für die Sache der Moderne einem brutalen Martyrium ausgesetzt werden: Die Politik sichert ihr Überleben durch Zerstörung. Die Altstadt von Potosí mit edlen Kirchen, Tempeln und Kathedralen, einer Stierkampfarena, der Plaza de Toros Fermín Rivera, mit gepflasterten, von Arkaden voller Geschäfte und Restaurants gesäumten Plazas ist umgeben von Bauwerken, die immer hässlicher werden, je weiter die Vororte ins Land und in die Industriegebiete hineinwuchern, dorthin, wo hinter flachbrüstigen Fabrikfassaden Jobs und Gehälter produziert werden. Hier stehen die Produktionsstätten für Autos, Flugzeugteile, Roboter, Glastüren, Medizintechnik und vieles mehr, hier arbeiten einfache Fließbandarbeiter und hochqualifizierte Absolventen der sechzehn Universitäten und technischen Ausbildungsstätten.

Ich fuhr in die Altstadt hinein, sah auf dem Dach eines hohen Gebäudes das Schild HOTEL MARÍA CRISTINA und fuhr vor. Trotz des hochtrabenden Namens war das Hotel brauchbar, kostete 40 Dollar für die Nacht, lag fußläufig zu allen historischen Stätten und hatte eine Tiefgarage.

In einer Millionenstadt wie dieser, die so vieler Unbill durch Industrie und Verkehr ausgesetzt war, hätte man erwartet, dass das Unterste zuoberst gekehrt und alles bis zur Unkenntlichkeit modernisiert worden wäre. Aber Potosí ist arm, und die Potosínos leiden unter dem fallenden Peso und den gestiegenen Lebenshaltungskosten. In einer schlechten wirtschaftlichen Lage – das hatte ich auch auf meinem letzten Road Trip durch den Süden der USA bemerkt – bewahren die Menschen ihre Tradition. Reiche und Neureiche, Aufsteiger und Angeber betonen ihren besseren Status, indem sie die althergebrachten Werte über Bord werfen, an denen die Armen, die sich an wenig anderes klammern können, noch festhalten. Der britische Schriftsteller V.S. Pritchett stellte auf seinen Reisen in Spanien und anderen Ländern fest: »Die Vergangenheit eines Ortes überlebt bei seinen Armen.«

Dies erklärt Mexikos Dichte und Vielfalt, seine Fiestas, die ihren Ursprung in den Zeremonien der Azteken haben, seine im Todeskult wurzelnden Religionen und seine Masken, mit denen Schulkinder und Feiernde auf den Plazas noch heute paradieren.

Auch Kochen ist Kultur – die traditionelle Küche erhält sich gerade an Orten fernab von Sterneköchen und Edellokalen. Das immer gute regionale Essen aus Mexikos Garküchen, den *antojitos*, ist eine beliebte Alternative für alle, die lieber im Freien auf Campingstühlen oder Hockern essen, als in einem Restaurant vor einem dreigängigen Menü zu sitzen. Meine Mahlzeiten in Potosí gehörten zu den besten, die ich in ganz Mexiko bekommen habe. Dass ich hier einfach so herumspazieren konnte, ohne nach einem Parkplatz suchen zu müssen, trug zur Freude am Ausgehen bei.

»Sie sind mein *tocayo*, mein Namensvetter«, freute sich ein Restaurantbesitzer, dem ich mich vorgestellt hatte. Er hieß Pablo, und ein *tocayo* ist ein Verbündeter und potenzieller Freund. Er weihte mich in den Genuss von Enchiladas nach Art von Potosí und seine persönliche Interpretation von Enchiladas Suizas ein, die so heißen, weil sie mit Käse überbacken sind.

Pablo, mein *tocayo*, war ein hilfreicher Informant.

»Was ist da auf der Plaza los?«, fragte ich am nächsten Abend.

(Es gab *pozole verde* aus Mote-Mais, dazu Huhn, grüne Tomatillos, Avocadoscheiben und anderes.)

Auf der Plaza de Armas mit ihrer spektakulären Kathedrale und ihrem reichgeschmückten Gouverneurspalast aus dem 18. Jahrhundert hatte ich eine Frau gehört, die unter einem flatternden Spruchband vor einer stummen Zuhörermenge stand und eine Protestansprache hielt.

»Das ist die von der Gruppe Caravan.«

Er erklärte: Der Caravan war eine Bewegung von engagierten Mexikanern, die das Andenken an die dreiundvierzig Studenten wachhalten wollten, welche drei Jahre zuvor im Bundesstaat Guerrero entführt und ermordet worden waren. Die Morde waren noch immer nicht aufgeklärt, Trauer und Zorn der Eltern noch nicht vergangen.

Nach dem Abendessen blieb ich auf dem Weg zum Hotel, der über die Plaza Fundadores (der Name erinnert an die Ursprünge der im Jahr 1592 gegründeten Stadt) führt, an der Plaza de Armas stehen, um zuzuhören. Der Wind hatte nachgelassen, die Buchstaben auf dem Transparent waren jetzt gut lesbar: AYOTZINAPA! LOS ASESINOS ESTÁN EN LOS PINOS! (»Die Mörder sitzen in Los Pinos.« Los Pinos ist die ehemalige Luxusresidenz mexikanischer Präsidenten. Anm. E. R.)

Ayotzinapa ist der Ort, in dem im September 2014 die dreiundvierzig Studenten entführt wurden.

Auf dem Pflaster unter dem Transparent lagen große Plakate mit Porträts von jungen Männern; auf jedem stand: »Wir werden vermisst«, dazu die Namen Marco Antonio Gómez Molina, Jorge Álvarez Nava, José Luis Luna Torres und andere.

Wie der Ziegenhirt am Rand der Autobahn war auch dies ein Beispiel für die Bipolarität Mexikos: An einem fröhlichen Feierabend auf der wunderschönen alten Plaza, zwischen Familien, die sich an der Abendbrise erfreuten, Jugendlichen in Hexen- und Geisterkostümen, an ihre Maschinen gelehnten Motorradfahrern, deren Lederjacken die Aufschrift *Rebeldes* trugen, Kindern, die mit blinkenden Plastikspielsachen hantierten, zwischen Ballonverkäufern und mäßig interessierten Müßiggängern, zu denen auch ich gehörte, schrie eine aufgeregte Frau ihren Zorn über Morde und Drogengangs in die Welt.

»Wann sagt man uns endlich die Wahrheit? Wie lange sollen wir noch warten?« Sie deutete mit dem Mikrophon auf den Palacio de Gobierno. Das riesige braune Gebäude sah abweisend aus. »Hören Sie sich diese Ungerechtigkeit an! Ich sage es Ihnen, die Politiker wissen mehr, als sie zugeben. Sie schweigen und machen sich damit zu Komplizen der Verbrecher.«

Die Kinder ließen sich in ihrem Spiel nicht unterbrechen und schienen sich in ihrer Ausgelassenheit eher noch bestätigt zu sehen, die Ballonverkäufer priesen weiter ihre Ballons und Spielsachen an, nur die Älteren auf der Plaza hörten beunruhigt zu.

»Denkt an die Mütter! Denkt an die Familien dieser ermordeten Studenten! Es gibt nicht einmal Gräber, an denen sie trauern können. Die Seelen der Toten wollen Gerechtigkeit!«

Als sie geendet hatte, sprach ich sie an – ich war der Einzige, der das tat.

Die Familien und die Nachtschwärmer hielten sich zurück, vielleicht weil ihnen die Vorwürfe peinlich waren, vielleicht weil sie nicht mit den Demonstranten in Verbindung gebracht werden wollten. Die Empörung über die Morde war im ganzen Land groß, aber das hier war öffentlicher Protest. Vielleicht fürchteten die Zuschauer Konsequenzen für sich selbst.

Diese Frau fürchtete sich nicht.

»Ich bin hier fremd«, sagte ich, »nur ein reisender Gringo. Ich habe Ihnen zugehört und möchte gern mehr wissen.«

Sie heiße María. »Woher kommen Sie?«

Ich sagte es ihr.

»Vor zwei Jahren waren wir mit dem Caravan in den USA, um die Leute da zu informieren, und viele haben zugehört und sich mit uns solidarisiert.«

»Sind Sie denn mit Ihren Nachforschungen weitergekommen?«

»Die Morde sind jetzt drei Jahre her, und wir wissen immer noch nicht, was wirklich passiert ist. Wir wissen nur, dass die Jungs tot sind. Dreiundvierzig tote Menschen.«

»Gibt es denn keine Verdächtigen?«

»Doch, den Bürgermeister, der damit zu tun gehabt haben soll, aber er schweigt. Irgendwer weiß Bescheid, irgendjemand in der Regierung, in der Armee oder bei der Polizei. Unser Staatsapparat vertuscht alles. Wenn nichts aufgeklärt wird, wird auch keiner zur Rechenschaft gezogen.«

Warum sie sich heute an diesem Ort mit ihrem Protest so einsetze, fragte ich.

»Weil wir bis heute keine Klarheit haben. Die Familien trauern um ihre Kinder. Ich bin hier, um die Erinnerung wachzuhalten. Und ich bin nicht die Einzige. Wenn Sie nach Mexiko-Stadt kommen, werden Sie das große Lager von Demonstranten vor dem Justizpalast sehen.«

»Wie steht es mit den Schriftstellern? Protestieren die auch?«

»Viele von ihnen.«

»Ist Juan Villoro dabei?«

»Villoro hat viel geschrieben. Er unterstützt unsere Bewegung.«

In den Schatten des späten Abends nahmen María und ihre kleine Gruppe von Wahrheitssuchenden das Spruchband ab und rollten die Porträts der toten Studenten zusammen – das schlaffe Fahnentuch war vom vielen Gebrauch schon ausgefranst, die Plakate mit den Porträts verblasst und eingerissen. Die Zuschauer zerstreuten sich allmählich, die Plaza hatte ihren Frieden wieder.

Dass sie Juan Villoro genannt hatte, war ein glücklicher Zufall. Er gehört zu Mexikos bedeutendsten Autoren von Romanen und Kurzgeschichten, schreibt aber auch gesellschaftskritische Texte. Ich war schon seit einiger Zeit mit ihm in Kontakt gewesen und notierte mir jetzt, dass ich ihn fragen wollte, was er über den Mord an den Studenten wusste. Wie María ist auch Juan ein Mahner, einer, der jene dunklen, nur im Flüsterton erwähnten Seiten Mexikos ans Licht bringt. Man muss nicht lange hier gewesen sein, um die Kultur der Probleme und Hindernisse zu erkennen, die für Mexiko so typisch ist.

Die Schwierigkeiten im hiesigen Dasein reichen vom Massenmord über soziale Härten bis hin zu alltäglichen Ärgernissen. Warum sonst würde eine Mutter von kleinen Kindern – ich hatte ja einige an der

Grenze getroffen – das Risiko auf sich nehmen, über den Zaun zu klettern und elende Fußmärsche in der Wüste auszuhalten, nur um dann für einen Hungerlohn in einem Hotel oder in einer Fleischfabrik zu arbeiten? Vermutlich doch, weil Gefahr und Elend in der mexikanischen Heimat noch viel größer sind.

Mit den großen Härten und den kleinen Ärgernissen müssen sich alle herumschlagen, außer natürlich den Bonzen, die in schweren Limousinen herumkutschiert werden oder gleich mit privaten Helikoptern über das ganze Chaos hinwegfliegen.

Weil Bonzen – hier nennt man sie *fresas* und ihre herausgeputzten, geradezu unanständig privilegierten Sprösslinge *niños bien* – natürlich wissen, wie ungerecht die Einkommen verteilt sind, leiden sie unter Verfolgungswahn. Die Schickeria lebt in einer Atmosphäre von Angst und Misstrauen; zum Schutz umgibt man sich mit muskelbepackten Bodyguards.

Einen kleinen Eindruck davon bekam ich auf etwas seltsame Art in San Luis Potosí. Die Waschmaschinen im Hotel María Cristina funktionierten gerade nicht, sagte mir ein Angestellter, aber sechs Straßen weiter würde ich eine Wäscherei finden. Auf meinem Weg die enge Calle Juan Sarabia hinunter zur Ecke Calle de Los Bravos sah ich einen für die Gasse zu großen SUV herankommen, der im Halteverbot vor dem schmucklosen Hotel Nápoles geparkt wurde. Zwei schwarzgekleidete Typen mit verspiegelten Sonnenbrillen stiegen aus und öffneten den Schlag für einen etwa Vierzigjährigen mit elegantem Filzhut und lässig über die Schulter geworfenem rehbraunem Jackett. Diese gepflegte, gut bewachte Gestalt, die aus jeder Pore Macht und Geld auszudünsten schien – ein *cabrón*, ein *padrino* vermutlich –, ging mit drei raschen Schritten zur Tür des Cafés La Colomba im Hotel Nápoles und wurde dort von einem düster lächelnden Schnurrbärtigen zur Begrüßung umarmt. Dann verschwanden beide im dunklen, nicht öffentlich zugänglichen Café.

Ich überlegte, wer dieser *cabrón* wohl sein könnte, der hier so großartig herangefahren worden war, blieb stehen und starrte hinüber. Prompt richteten die zwei Schwergewichte aus dem SUV ihre Brillengläser auf mich und kamen, wobei sie sichtlich an Größe und

Gewicht zulegten, auf mich zu. Mir wurde plötzlich klar, dass ein wachsamer Bodyguard ja auch auf den Gedanken kommen könnte, ich hätte unter meinem dummen Packen von Schmutzwäsche eine Waffe versteckt.

»*Hola?*« Der größere der beiden bohrte seinen Finger in mein Wäschebündel.

»Wäsche.« Ich machte mich davon.

Die Wäscherei hatte geschlossen. Also musste ich mit meiner Kleiderfracht wieder retour zur Ecke Juan Sarabia und Calle de Los Bravos. Jetzt wurden die beiden Muskelprotze richtig wach, kniffen die Lippen zusammen, strafften die Schultern und musterten mich, als sei ich ein Auftragskiller, der, die Hand mit der Waffe in einem Wäschebündel versteckt, seine Beute observierte. Sie schienen jederzeit bereit, mich umzulegen.

»Wäsche«, sagte ich diesmal viel lauter und drückte mich schnell an ihnen vorbei.

Mexikos Reiche werden beschützt, ihnen wird im Leben jeder Weg geebnet, sie können sich Allüren leisten. Die Armen müssen um ihre Würde kämpfen.

Tatsächlich lebt die Hälfte der Bevölkerung unter der Armutsgrenze. Nach einer jüngeren Statistik gelten 55,3 Millionen Mexikaner als mittellos oder arm, bei einer Gesamtbevölkerung von 127 Millionen. Ein Arbeiter verdient im Durchschnitt etwas mehr als 15 000 Dollar im Jahr. Für ihn, der unter politischer Inkompetenz ebenso leidet wie unter der Bedrohung durch Verbrecher, ist das Leben hart und wird zusätzlich noch durch die lähmende Bürokratie erschwert; für ihn ist gar nichts einfach. Der gesamte Alltag – die Suche nach einer Arbeit, einer Wohnung, einem Arzt, einer Schule, sogar nach einem Parkplatz – wird zur Herausforderung.

Man sollte meinen, dass Ungerechtigkeit und das ewige Gerangel um einen Platz im Leben zu Konflikten führen. Meine Erfahrung in Mexiko zeigte bis auf wenige Ausnahmen das Gegenteil: Man mied jede Konfrontation und suchte sein Auskommen durch Flucht ins tröstliche Familienleben. Unter einer solch grauenhaften Legislative – das Wort *malgobierno* ist der tägliche Stoßseufzer – sitzen alle einträchtig im gleichen Boot und helfen einander. Dass die Familien intakt sind, Kinder geschätzt und die Alten respektiert werden, ergibt den gesellschaftlichen Kitt, der nötig ist, damit das Leben in Mexiko auch in bösen Zeiten weitergeht. Keine der Mütter, die ich an der Grenze gesprochen hatte, wollte in die USA, um zu bleiben; sie wollten alle nur genug Geld verdienen, um ihre Familien in Mexiko zusammenzuhalten.

Hoffnung, Tatkraft und Risikobereitschaft reichen nicht aus, um den Übeln einer miserablen Politik zu entgehen, den feindlichen Alltag zu bewältigen und das Böse fernzuhalten. Zum Ausgleich und Schutz nehmen viele Mexikaner Zuflucht zu Riten. Außer dem christlichen Gebet sind das die Fiestas mit Tanz und Musik; man putzt sich heraus, bringt Opfergaben dar, errichtet blumengeschmückte Reliquienschreine und huldigt Götzen wie der sanften Cowboygestalt des obersten *cabrón* oder dem furchterregenden Skelett der Santa Muerte, deren zentrale Kirche ich in Mexiko-Stadt noch zu sehen hoffte. All das ist ebenso tröstlicher Zauber wie das alte Vehikel für die Verbesserung des eigenen Auftretens: Man verbirgt sich hinter Masken, um sich ein neues Selbst zu erschaffen.

Im reichbestückten Museo Nacional de la Máscara in San Luis Potosí ist zu sehen, dass sich dieses Land seit Jahrtausenden der Maskerade bedient: Die hier ausgestellten, mit größter Handwerkskunst aus Jade und Türkisen gefertigten Masken der Zapoteken sind über zweitausend Jahre alt und werden noch heute in ähnlicher Form auf Fiestas getragen.

Darstellungen von Totenschädeln sieht man auf allen mexikanischen Fiestas, was aber die ebenso häufig vorkommenden Fledermausmasken bedeuteten, erklärte das Museum. Vor Tausenden von Jahren wurde in Monte Albán die Fledermaus aus Xibalba, dem Königreich der Nacht und Dunkelheit, als wichtige, gütige Fruchtbarkeitsgöttin verehrt. In der Sprache der Zapoteken hieß das Tier *bigidiri zinnia*, der Schmetterling aus Fleisch. Es gibt dreiundsechzig Fledermausarten in Mexiko, von der käferfressenden, siebeneinhalb Zentimeter kurzen Bulldogfledermaus bis hin zur Spezies der *vampyrum spectrum*, der Großen Spießblattnase mit fast einem Meter Flügelspannweite, die sich von Reptilien, kleinen Säugetieren und anderen Fledermäusen ernährt.

Nach all den Stadtspaziergängen im *centro histórico* von Potosí entschloss ich mich zu einem Aufstieg auf den Cerro Potosí, der hinter dem Tangamanga Park über der Stadt aufragt. Der Reiseführer empfahl festes Schuhwerk, Trinkwasser und lange Hosen zum Schutz vor den Stacheln der *agave lechuguilla*. Ich brach an einem kühlen Morgen auf und stapfte vom Anfang des Wanderpfades, der auf 2072 Metern Höhe beginnt, ungefähr sechseinhalb Kilometer weit bis auf 2438 Meter Höhe hinauf, bis ich immer langsamer wurde und mir die Luft wegblieb. Unterwegs hatte ich feststellen können, dass der Name *lechuguilla* (kleiner Salat) diese Agave nicht ganz richtig beschreibt: Die umgangssprachliche Bezeichnung »Mexikanischer Dolch« passt wesentlich besser. Ich legte mich zum Atemholen auf einen flachen, sonnendurchglühten Felsen, ruhte mich aus und gab die Idee auf, bis zum Gipfel weiterzugehen. Was ich von hier aus unter mir und in der Ferne sehen konnte, war faszinierend genug: eine endlose, steinerne Bergkette, felsige Gipfel von rauer Schönheit.

Ich war nun schon eine Woche lang in dieser Berggegend herumgefahren und hatte sie eigentlich immer nur als irgendeinen Teil der Sierra Madre Oriental betrachtet. Der Name ist eigentlich zu hübsch. Weite Gebiete der Sierra, die ich auf der Strecke im Süden der Grenze gesehen hatte, sind nichts als gigantische, schroffe, unwirtliche Steppe. Manuel José Othón, der Dichter aus Potosí, spricht von »wilder Wüste«, »karg und unendlich trostlos«, von einem Ort der »grausamen Schluchten«, von »gigantischem Brocken auf gigantischem Brocken«, ausgedörrt von »trostloser, brennender Luft« über einer »bitteren, unfruchtbaren Ebene«, einem »trockenen, toten Meeresboden«.

Im Gedicht »Una Estepa de Nazas« beschreibt Othón die Landschaft um das etwas weiter im Nordwesten bei Durango gelegene Nazas:

In the gloomy bowl the monotonous river
rolls, with never a rapid, never a gorge,
and, low on the horizon, the setting sun
reverberates, like a furnace mouth.

And here in this grisaille that never is
lit up by any color, here where the air
scourges the scorched plant with fiery breath …
//
In der dunklen Schale fließt träge der Strom,
nie eine Schnelle, nie eine Schlucht,
und tief am Horizont strahlt sinkend die Sonne
ihre Glut zurück wie eine Ofengicht.

Und hier im Grau in Grau, das nie
vom Pinselstrich mit Bunt gehöht, hier, wo die Luft
versengtes Grün mit Feueratem straft …

Es war wohl nicht nur einer Anwandlung von romantischem Masochismus geschuldet, dass Othón sich in die ausgedörrten Dörfer dieser Gegend zurückzog: Er wurde in seiner Position als Staatsbeamter auf solch einsame Vorposten geschickt und machte das Beste aus seinen diversen Exilstationen, indem er seine raue Umgebung in schwermütige Verse fasste.

Ich hatte noch nie von diesem Dichter gehört, bis ich ein paar Tage nach meiner Bergwanderung sein Geburtshaus in der engen Madero-Gasse hinter der Kathedrale besuchte. In dem staubigen Gebäude ist nicht viel zu sehen: ein paar zerfallende Bücher, sein winziger Schreibtisch, sein Tintenfass, sein eisernes Bett, ein Foto, das ihn mit buschigem Schnauzer und sanftem Blick zeigt, und ein paar gerahmte, vergilbte Briefe. Im kleinen Heftchen zur Ausstellung ist die Geschichte des Lyrikers nachzulesen, der als Richter aus der eleganten, kultivierten Provinzhauptstadt San Luis Potosí ins Hinterland des späten 19. Jahrhunderts versetzt wurde; erst musste er in die Kleinstadt Cerritos im Nordosten, dann in die Gegend von Santa María del

Río mit ihren steilen, zackigen Graten, trockenen Gebirgstälern und felsigen Schluchten. Ein leidender, verzweifelter, schicksalsergebener Ton durchzieht seine Poesie, mit der er die Kraft der heulenden Ödnis dieser abgelegenen Erdenwinkel feiert, so als sitze er selbst, in Fetzen gekleidet, zwischen all diesen Felsen unter einem kahlen Baum und warte auf Godot.

Tatsächlich war es Samuel Beckett, der Othóns Gedichte ins Englische übertragen hat. Allerdings war es weniger die Melancholie des Ödlandes, die Beckett anzog, als das Honorar, mit dem er seinem notorischen Geldmangel abzuhelfen hoffte. Othón war zwar in seiner Heimat für Werke wie *Poemas rústicas* und *Idilio Salvaje* berühmt und der Nationalheld vieler mexikanischer Kollegen, doch blieb sein Werk der weiteren Welt unbekannt.

Diese Blüte im Verborgenen ähnelte dem Schicksal Becketts, der, im Jahr 1950 vierundvierzig Jahre alt, außerhalb eines kleinen Kreises von Eingeweihten ein Niemand, deprimiert und von all den Ablehnungsschreiben aus Verlagen frustriert war, in bitterer Armut in Paris lebte und über Abschied, Trauer und Tod schrieb. Einige seiner Gedichte waren zwar schon in kleinen Zeitschriften abgedruckt worden, er hatte aber noch keinen Roman und keines seiner späteren Stücke veröffentlicht. *Warten auf Godot* war vollendet, aber noch auf keiner Bühne gespielt worden. Er war offen für jeden anständigen Arbeitsauftrag.

Ein junger mexikanischer Student – der damals noch völlig unbekannte Octavio Paz – unterbreitete Beckett in Paris das Angebot, einhundert Gedichte von fünfunddreißig mexikanischen Lyrikern zu übersetzen. Das Geld für ein solch wichtiges kulturelles Projekt würde von der UNESCO kommen. Beckett sagte zu.

»Das Geld war ein Gottesgeschenk«, schreibt Becketts Biographin Deirdre Bair, »aber die Aufgabe war kaum zu bewältigen.« Schwierig wurde sie dadurch, dass Beckett kaum Spanisch konnte, was für einen potenziellen Übersetzer einigermaßen hinderlich ist. Mit Hilfe eines guten Wörterbuchs und eines Freundes, der fließend Spanisch sprach, übertrug er alle Gedichte ins Englische und machte sie mit größter Beharrlichkeit zu seinen eigenen. Ein Jahr später kam *Godot* auf die

Bühne, und Beckett war berühmt. Erst 1958, als der zweiundfünfzigjährige Autor auch international anerkannt war, brachte ein Universitätsverlag unter seinem Namen die *Anthology of Mexican Poetry* auf den Markt.

Zwischen Samuel Beckett, dem »Grammatiker der Einsamkeit«, der sich mit seinem komischen irischen Trübsinn in einem winzigen Studio in Paris versteckte, und Manuel Othón, dem mexikanischen Eremiten des späten 19. Jahrhunderts, der in der trockenen Einöde inmitten von Mexiko Gedichte schrieb, gibt es eine einzigartige Verbindung. Als Othón um 1900 in einer Schreibblockade offensichtlich um Worte rang, schrieb er in einem verzweifelten Gedicht die Beckett'sche Zeile: »Die Wüste, die Wüste und die Wüste.«

Die Monotonie dieser Steppe aus zerborstenem Fels und stechendem Staub, die sich vom Bundesstaat Potosí bis nach Guanajuato hinein erstreckt, wird in manchen Partien von den dramatischen Höhenzügen der Sierra Madre unterbrochen, die das Ödland mit erhabenen Bergen und scharfkantigen, glänzenden Granitgipfeln einrahmen. Mal sehen diese Gipfel aus wie zerbrochene Messer, mal wie zersplitterte schwarze Knochen, und hie und da leuchten eigenartige tintige Flecken von Obsidian. Ich hatte mein Auto aus der Hotelgarage geholt, am Morgen San Luis Potosí verlassen, wandte mich in Santa María del Río, wo die ausgebaute Straße endete, nach Süden und fuhr in bester Stimmung durchs sonnige Land.

San Miguel de Allende: Licht, Schatten und Gringos

Eine glatte Fahrt, sonnige Tage und schöne Straßen in Guanajuato: grüne Weiden mit grasenden Kühen, hölzerne Heuschober, *ranchitos* mit Ziegeldächern, Wildblumen, Schmetterlinge und Habichte am wolkenlosen Himmel.

Das ist Mexiko bei Tag. Das ist aber nicht alles. Denn auch in Mexikos blühenden Landschaften, vielleicht gerade dort, gibt es einen

Bodensatz von Kriminalität, der ganz unerwartete Formen annehmen kann.

San Miguel de Allende, überaus pittoresk, in einigen Vierteln geschmackvoll restauriert, in anderen gut erhalten und besonders eifrig bedacht auf den Erhalt seiner Traditionen, ist das Traumziel von Künstlern, Wochenendbesuchern aus Mexiko-Stadt und Massen von Touristen aus dem In- und Ausland. In vielerlei Hinsicht ist die Stadt die Apotheose des farbenfrohen *Mexican way of life*: eine hübsche Plaza mit Bäumen, eine barocke Kathedrale, Kunstgalerien, Souvenirläden, Musikleben, hervorragende Restaurants, nette Bars, ein botanischer Garten und ein paar Luxushotels. All das, dazu ein anmutiges Stadtzentrum: eine Stadt für Flaneure, Hedonisten und Konsumenten ebenso wie für Tausende von Ruheständlern, in der Mehrzahl Gringos.

Beliebter Wohnort für Ausländer ist San Miguel de Allende schon seit den späten dreißiger Jahren, seit der US-amerikanische Künstler Stirling Dickinson im Ort eine Kunstschule gründete und dadurch andere Auswanderer anzog. Später eröffnete hier der peruanische Künstler Felipe Cossío del Pomar, den man wegen seiner linken Gesinnung seines Landes verwiesen hatte, mit Erlaubnis der Behörden in einem ehemaligen Kloster die Escuela de Bellas Artes. Der Maler und Revolutionär David Alfaro Siqueiros (neben Orozco und Rivera einer der drei Großen im Lande) leitete im Jahr 1948 in dieser Schule die Klasse für Wandmalerei. Sein Wandgemälde im Refektorium der Ordensschwestern, ein leuchtender abstrakter Flickenteppich, blieb unvollendet: Angeblich hat der aufbrausende Meister sein Werk und die Stadt in einem Wutanfall verlassen. Diese und andere Künstler jedenfalls haben der künstlerischen Kongenialität der Stadt den Boden bereitet.

Bis heute ist sie ein Tummelplatz für Töpfer, Maler und Rentner. Die dreizehntausend hier dauerhaft niedergelassenen Ausländer, das sind etwa zehn Prozent der Bevölkerung, wollen sich einbringen und engagieren sich eifrig in allen möglichen wohltätigen Organisationen. Das philanthropische Treiben wird von den Einheimischen auch gewürdigt, und doch bleibt es durch und durch Sache der Gringos. Wie in allen anderen Expatgemeinschaften auf diesem Planeten auch bleiben die wohlhabenden Ausländer in ihrem Kokon mit Gleichgestellten unter sich und führen eine letztlich elitäre und parasitäre Existenz. Wie an solchen Orten üblich, tauschen die Ausländer sich mit Vorliebe über ihre Dienerschaft aus; Expatgemeinschaften wie diese sind immer Brutstätten des repetitiven Klatschs.

In der Altstadt bleibt das Weltkulturerbe der spanischen Kolonialzeit unangetastet, aber der wuchernde Vorstadtring, bebaut mit Villen im Pseudokolonialstil, mit kitschigen Protzbauten, schicken Apartmenthäusern und Walled Communities für Reiche, der die Stadt einschnürt, sorgt in ihrer Mitte für drangvolle Enge und massive Parkplatzprobleme.

Und es wird wild weitergebaut. Meine Frage nach Bauordnung und Stadtplanung wurde stets mit einem Lächeln und der spezifisch mexikanischen Geste für Geld – die Hand wird nach oben gehalten und aus Daumen und Zeigefinger eine Klaue geformt – beantwortet.

San Miguel de Allende scheint weltweit einer der attraktivsten Wohnorte für den Ruhestand zu sein. Häuser in den Neubauvierteln auf der grünen Wiese, in Rancho de Los Labradores, zum Beispiel, erzielen inzwischen, wie auch die gut gesicherten Stadtvillen hinter ihren großen Toren, Preise in Millionenhöhe. Wie jeder andere Ort in Mexiko, der Reiche und gut Vernetzte anzieht, hat auch diese Stadt ihren Anteil an Kriminalität und Gewalt.

Dreimal detonierten im Jahr 2016 Bomben in hiesigen Bars; es gab Verletzte. Die Motive blieben unklar; vielleicht Erpressung, Einschüchterung, Rache – niemand wusste etwas. Es gab keine Untersuchungskommission, keine Verhaftungen, keine Polizeiberichte. Wo die Fakten fehlen, entstehen Gerüchte; in San Miguel nahm man an, dass die Taten etwas mit Drogengangs zu tun hatten. Ich fragte den Besitzer eines Ladens in der Nähe der Tatorte. »Wahrscheinlich Territoriumskämpfe konkurrierender Narcos. So etwas ist seitdem nicht mehr vorgekommen.«

Geschichten von nächtlichen Überfällen gab es zuhauf; hier waren mehr Streifenpolizisten unterwegs als in jeder anderen mexikanischen Stadt, die ich bisher besucht hatte.

Und dennoch finden viele, dass es sich in San Miguel de Allende wunderbar leben lässt. Die Pensionäre, die in Scharen hergekommen sind und besonders an Wochenenden die Stadt überfluten, haben sie mexikanischer gemacht, aus sentimentalen und praktischen Gründen zum Erhalt ihres Charakters beigetragen und ihr mit Konzerten, Festivals und literarischen Lesungen neues Leben eingehaucht.

Kulturelle Veranstaltungen würden doch auch anderswo in Pensionärskolonien angeboten, sagte ich zu einem Herrn aus Kalifornien, der seinen Lebensabend in San Miguel de Allende verbrachte.

»Mexiko ist ein großartiges Land für Senioren«, sagte er.

»Wegen der Kultur? Des guten Wetters? Der niedrigen Lebenshaltungskosten?«

»Alles das. Außerdem kann man Mexiko immer jemanden finden, der einen pflegt.«

Und das für wenig Geld. Für einen Wochenlohn von 1000 Pesos, also 50 Dollar, kann man sich ein Hausmädchen leisten, das an sechs Tagen in der Woche täglich acht Stunden für einen da ist, putzt und einfache Mahlzeiten zubereitet. Etwa doppelt so viel muss man ausgeben, wenn sie mit im Haus wohnt. Eine Nachtschwester kostet etwa 25 Dollar die Woche. Gärtner und andere Helfer bekommen nicht mehr als ein Taschengeld.

Nötigung: »Wie können wir das regeln?«

An einem frühen, wolkenlos blauen Montagmorgen verließ ich das schöne San Miguel de Allende in Richtung Mexiko-Stadt. Um nicht durch Querétaro hindurchfahren zu müssen, hielt ich mich an Landstraßen, fand mich aber schon nach achtzig Kilometern auf einer schnellen Mautstraße wieder und rollte durch die Vororte der 23-Millionen-Metropole. Die Hälfte der *chilangos*, wie die Stadtbewohner sich selbst nennen, gilt als arm, viele als extrem reich, und etwa fünfzehntausend Kinder leben auf der Straße. Auf meiner Fahrt von der Periférico in den Ballungsraum – niedrige Hügel voller Häuschen, staubige

Luft, das verschwommene Bild von fernen Wolkenkratzern – sah die Stadt riesig und abschreckend aus, marode und überfüllt, ein unglaublicher Siedlungsbrei: die gemeinste Version städtischen Daseins.

Das Schild BUENA VISTA werde ich so schnell nicht vergessen, und das nicht nur wegen der hässlichen Siedlungen und Fabriken, auf die es hinwies. Hier geschah es nämlich, dass ein Polizist auf einem Motorrad herankam und mir mit einem dicken behandschuhten Finger anzeigte, dass ich ihm folgen sollte. Im dichten Verkehr – Lastwagen, Busse, drängelnde, überholende Pkw – keine leichte Aufgabe. Sie wurde nicht leichter, als er mich über eine Abfahrt an einem Stau vorbei erst in eine Seitenstraße und schließlich, über eine Reihe schlechter Wege vor mir herrumpelnd, in ein Elendsviertel leitete, um in einer Sackgasse anzuhalten.

Ein paar schäbig gekleidete, schmuddelige Gestalten sahen erst mich, dann den Polizisten und verzogen sich schnell hinter Zäune oder in Einfahrten: Von dem, was gleich passieren würde, hatten sie offenbar klarere Vorstellungen als ich.

Als der Polizist abstieg, fiel mir auf, dass er sehr klein war – im Stehen sicher nicht größer als ich, der ich im Auto saß – und einen Bierbauch hatte. Seine Stiefel schienen ihm zu groß zu sein; er lief über den großen Zeh, als er er unter lautem Gebrüll herankam.

Durch den Motorradhelm wurde sein fettes Gesicht so zusammengequetscht, dass sein Geschrei gewissermaßen als Konzentrat herauskam. In seinen schwarzen Augen lag ein grausames Glitzern.

Ich ließ das Fenster herunter: »Guten Tag, Sir.«

Er brüllte etwas.

Zuerst verstand ich überhaupt nichts. »Mein Spanisch ist nicht besonders. Bitte sprechen Sie etwas langsamer.«

»Die Nummernschilder. Sind keine mexikanischen Schilder. Und Sie benutzen unsere Straßen!«

»Ich habe alle Papiere. Einfuhrerlaubnis, Versicherung, Visum. Wollen Sie sie sehen?«

Die Papiere waren im Kofferraum in meiner Aktentasche; aussteigen wollte ich aber nicht unbedingt. Ich war so viel größer als dieser Polizist: Er hätte sich von meiner Körperlänge provoziert fühlen können. Außerdem fürchtete ich seine physische Nähe und fühlte mich sicherer, wenn wir diese Unterhaltung nur durchs Fenster führten.

»Was ich sage? Sie haben unerlaubte Nummernschilder! Verstehen Sie? Sie verstoßen gegen das Gesetz.«

»Ich habe eine Genehmigung.«

Während er sich in schäumende, spuckende Rage redete, konnte ich ihn genauer ansehen: Er war mit Gürteln umwickelt; in einem steckte ein Pistolenhalfter, in den anderen Handschellen, ein Knüppel, ein Mobiltelefon und verchromte Ketten. Die Uniform schien sich zusehends enger um seinen feisten Leib zu spannen, als würde sein Körper – wie bei manchen Tierarten – anschwellen, um seinen Drohgebärden mehr Nachdruck zu verleihen.

»Wollen Sie die Papiere sehen?«

Der heiße Gestank dieses Elendsviertels stieg mir beißend in die Nase, als er sich mit knallrotem Gesicht in mein Auto beugte und schrie: »Wissen Sie, was ich mit Ihnen machen kann?« Solche Worte aus dem Mund eines wütenden mexikanischen Polizisten geben zu denken. Immerhin ist dies ein Land, in dem die Polizei in Verbrechen wie willkürliche Morde und Entführungen verwickelt und für grausame Foltermethoden wie Ersticken, Elektroschocks und Strappado berüchtigt ist. In meiner Angst fielen mir die Fahrverbote wieder ein, die hier als Maßnahme gegen die giftige, als braune Schleier sichtbare Luftverschmutzung der Stadt an bestimmten Tagen für bestimmte Autokennzeichen erlassen werden.

»Darf ich nicht fahren, weil heute meine Nummer dran ist?«

Er hatte sich viel zu sehr in seine Rage gesteigert, um mir zuzuhören: Seine behandschuhten Hände waren zu schwarzen Lederfäusten geballt. Möglich, dass das Ganze nur Theater war und mich bloß einschüchtern sollte. Es wirkte jedenfalls. Ich hatte Angst.

Angst äußert sich in der körperlichen Schwäche, die einen befällt, wenn man angesichts drohender Gefahr hilflos in der Falle sitzt. Der Eindruck der Hilflosigkeit verstärkte sich noch dadurch, dass die meisten Bewohner dieses Slums – barfüßige Kinder, Frauen mit Bündeln – mich kurz ansahen und schnell weitergingen, während der Polizist herumbrüllte: Sie wussten, was los war.

»Ich kann Ihr Auto in den *corralón* bringen.« Dieses Wort, er wiederholte es mehrmals, bedeutet eigentlich Viehhof oder Holzlager, bezeichnet hier aber, wie ich später erfuhr, einen Platz für abgeschleppte Autos. Um auf solchen Plätzen ein Auto auszulösen, genügt es nicht, einfach eine Strafe zu bezahlen. Zunächst muss man beweisen, dass einem das Auto gehört, wozu beglaubigte Dokumente, Anwälte und diverse Behördengänge nötig sind, dann sind bis zu 500 Dollar fällig für die »Parkplatzbenutzung« und die Umstände, die man den Beamten gemacht hat. Wie ernst die Drohung mit dem *corralón* war, wusste ich in dem Moment, als mich in dieser finsteren Gegend ein wütender Polizist anschrie, noch nicht.

Und doch war ich beunruhigt. Der übliche Satz, mit dem man in Mexiko ein Schmiergeldangebot macht, wäre: »Wie können wir das regeln?«, aber ich, viel zu benommen, um mich an diese elegante Wendung zu erinnern, fragte platt: »Wie viel?«

»Geben Sie mir fünfzig.«

»Fünfzig Pesos?«

»Dollar.«

»Ich habe keine fünfzig Dollar.« Ich nahm meine Brieftasche heraus. Ich hatte einen Zwanziger, ein paar kleinere Scheine und ein dickes Bündel Pesos. »Hier.« Ich bot ihm den Zwanziger an.

Er befingerte den Schein, nahm ihn aber nicht: »Ich will dreihundert.«

»Sie haben doch fünfzig gesagt.«

»Jetzt sind es dreihundert.« Er hatte große, kantige Zähne mit dunklen Flecken, sein fettes Gesicht war von schlecht verheilter Akne zerfurcht.

»Wie heißen Sie?« Manchmal kann eine so schlichte Frage in der Hitze des Gefechts Abkühlung bringen.

»Antonio«, schrie er. »Dreihundert Dollar!«

»Danke, Antonio. Ich heiße Paul.« Meinen Führerschein oder andere Papiere hatte er noch immer nicht sehen wollen. »Ich bin Tourist. Ich habe ein Visum und eine Einfuhrerlaubnis für das Auto. Ich bin Rentner. Ich habe keine Arbeit. Ich bin bloß ein alter Gringo. Ich bin nicht reich und habe keine dreihundert Dollar für Sie.«

»Sie haben Kreditkarten.« Dumm von mir, ihn die Brieftasche sehen zu lassen. »Gehen Sie zum Geldautomaten.«

»Unmöglich.«

Er keuchte. »Gehen Sie zur Bank!«

»Kann ich nicht.« In dieser Schmuddelecke von Mexiko-Stadt eine Bank finden zu sollen schien mir absurd.

Die Weigerung provozierte weiteres unübersetzbares Wutgeschrei. Ich überlegte: Er hat die Waffe, die Handschellen und den Knüppel. Er ist das Gesetz. Er kann jedes Vergehen erfinden, für das er mich festnehmen kann. Er kann Drogen bei mir verstecken. Ich kann eingesperrt werden und mein Auto verlieren.

»Entschuldigung.« Ich stieg aus. Er wich mir nicht von der Seite. Die wenigen Gaffer, die noch da waren, zogen sich weiter hinter Müllhaufen und Zäune zurück, um von da zu lauschen.

Ich ging zum Kofferraum, stellte mich so hin, dass er nicht sehen konnte, was ich tat, nahm eine Fünfzig-Dollar-Note aus einem Umschlag in meiner Aktentasche, schloss den Kofferraum wieder ab und hielt ihm den Fünfziger, den Zwanziger und ein paar kleinere Scheine hin.

»Dreihundert, hab ich gesagt.«

»Hab ich nicht.«

»Los, gehen Sie zu einer Bank!«

Es war vier Uhr nachmittags, es war heiß, dies hier war ein Slum in Mexiko-Stadt, ich wurde in einer Seitenstraße von einem Bullen tyrannisiert, und der Verkehrslärm von der nahen Autobahnbrücke raubte mir mit seinem Gehupe und Gedonnere den letzten Nerv. Und die armen Teufel hier auf der Straße konnten zusehen, wie ein Gringo einem Bullen so viel Geld anbot, wie sie in dieser Stadt in vielleicht drei Monaten verdienten – einem korrupten Bullen, dem das noch nicht reichte.

Warum gab ich ihm nicht einfach die dreihundert? Ich war schon oft in meinem Leben zum Zahlen von Schmiergeldern gezwungen worden und war dabei ganz ruhig geblieben. Hier und jetzt aber hatte ich Herzrasen und war ziemlich durcheinander. Außerdem wollte ich meine Behauptung, dass ich das Geld nicht hätte, jetzt auch nicht mehr zurücknehmen – und ich traute ihm nicht. Wenn ich ihm gleich dreihundert gegeben hätte, hätte er mehr gewollt. In diesem Moment jedenfalls, in dem die Furcht mir den Verstand vernebelte, reagierte ich zu langsam. Für den Polizisten sah das vielleicht aus wie Widerstand.

Qualvolle fünfzehn oder zwanzig Minuten waren nun schon mit diesem einschüchternden Hin und Her in einem Slum von Mexiko-Stadt vergangen.

Schließlich schrie er: »*Su billetera!*«

Ich zog die Brieftasche heraus.

»Aufmachen!«

Ich klappte sie auf, er steckte seine Wurstfinger hinein, nahm alles: sämtliche Dollarnoten und das dicke Bündel Pesoscheine; alles zusammen vielleicht zweihundert Dollar, und stopfte es in die Tasche.

»Ich hätte gern eine Quittung«, sagte ich.

Er gehorchte, denn das hier war offenbar Routine, und schließlich hat die Polizei auch ihre Regeln – so konnte mich wenigstens nicht noch ein anderer Bulle filzen. Auf einen Zettel malte er die Buchstaben: XL-TOTAL.DF-OMEGA, darunter Uhrzeit und Datum, reichte ihn mir und fuhr von dannen.

Zitternd blieb ich eine Weile im Auto sitzen, schwer atmend fuhr ich schließlich weiter. In meinem Stupor verfuhr ich mich, fuhr einfach irgendwie weiter, um mich zu beruhigen, und geriet zwei Stunden später westlich von Mexiko-Stadt auf die Straße nach Toluca. Weil der Bulle jetzt meine sämtlichen Pesos hatte, konnte ich die Mautstraße nicht nehmen, auf der ich schnell in die Stadt hätte zurückfahren können, also quälte ich mich durch die Staus in Richtung Roma zum Hotel La Casona, wo ich sechs Stunden später als geplant ankam.

»Eine Schande.« Der Hotelbesitzer, dem ich meine Geschichte erzählte, schnalzte mit der Zunge. Er hieß Rudi Roth, war schweizerischer Abstammung und in Mexiko aufgewachsen. Rudi, der meine Bücher kannte und mochte, war ein Abenteurer gewesen, ein viel mutigerer als ich: Als Segler hatte er einhändig den Atlantik überquert, als Pilot war er mit einer kleinen Maschine allein über ganz Mexiko geflogen, aber vor wenigen Monaten hatte ein Schlaganfall ihn in den Rollstuhl gezwungen. Dieser sympathische, hochintelligente und mutige Mann sollte ein guter Freund werden. »Aber so etwas kommt nicht oft vor.«

Und doch passierte es noch einmal, gar nicht weit vom Hotel. Auf dem Weg zu dem Apartmenthaus, in dem im Jahr 1950 William S. Burroughs gewohnt und den achtundzwanzigjährigen kiffenden Jack Kerouac (beschäftigt mit einer frühen Fassung von *Unterwegs*) als Gast beherbergt hatte, übersah ich beim Abbiegen in die Calle Medellín das DIRECCIÓN-UNICA-Schild, fuhr ein paar Meter in den entgegenkommenden Verkehr hinein, begriff meinen Irrtum und wollte wenden. Ein junger Polizeibeamter sah mich und winkte einem anderen, älteren, offensichtlich seinem Vorgesetzten. Der ältere, kräftig und bewaffnet, sprach mich ganz vernünftig an.

»Sie haben sich nicht an die Straßenverkehrsordnung gehalten. Das hier ist eine Einbahnstraße. Ich könnte Ihren Wagen jetzt abschleppen und in einen *corralón* bringen lassen. Sie wissen ja, dass das teuer werden kann. Außerdem brauchen Sie dann Papiere und einen Anwalt. Ich könnte auch eine Haftstrafe gegen Sie beantragen. Da wäre dann ein Bußgeld fällig. Das ist keine Kleinigkeit, wissen Sie.«

Ich widersprach nicht. Dies war bestimmt nur ein schwacher Abklatsch der polizeilichen Drohgebärden, wie sie farbige US-Amerikaner immer wieder erleben. Ich sagte meinen Spruch vom alten, mittellosen Gringo auf der Durchreise diesmal gar nicht mehr auf: »*Como podemos resolver esto?*«

»Zweihundertfünfzig.«

»Pesos?«

»Dollar.«

Ich ging zum Kofferraum und zählte ihm Zwanziger in die Hand. Bei 240 Dollar sagte er: »Zwei vierzig, okay«, hielt den Verkehr an und ließ mich wenden. Meine Liste von Unannehmlichkeiten, mit denen Mexikaner im Alltag zu kämpfen hatten, verlängerte ich um das Wort: Polizei.

Diese kleinen Zusammenstöße mit der Obrigkeit waren nur winzige Beispiele für korruptes Verhalten, aber sie waren mir eine Lehre.

In Mexiko heißt es oft, die Polizei sei mancherorts von Drogenkartellen unterwandert, die daher ungestraft ihre Mordtaten begehen können. Der Historiker und Anthropologe Claudio Lomnitz nennt in einem knappen, einleuchtenden Essay die drei Gründe dafür, dass im mexikanischen Staat Bestechung und Nötigung gang und gäbe sind. Im 19. Jahrhundert wurde Mexiko durch kostspielige Kriege gegen Spanien, Frankreich, die Vereinigten Staaten und seine eigenen Eingeborenenvölker ausgeblutet. Die Löcher in den Staatskassen konnten bis ins 20. Jahrhundert hinein, auch bis nach der Revolution von 1910, nicht gestopft werden.

Wie also überlebt das Land? Mit Schwarzarbeit, die zwei Drittel der mexikanischen Wirtschaftsleistung ausmacht, und mit einer improvisierten Infrastruktur. Beides basiert auf millionenfach verübten kleinen Rechtsbeugungen. »Nichtoffizielle Wirtschaftssysteme regulieren sich nur über niedrigschwellige Korruption: über eine Polizei, die fürs Wegschauen bezahlt wird.« Bestechung ist Teil des Systems geworden, zum gängigen Geschäftsmodell.

Die zweite Ursache für die Korruption ist das geringe Steueraufkommen. Wie Saudi-Arabien ist Mexiko im Wesentlichen eine Petrokratie. Dreißig Prozent seiner Steuereinnahmen stammen aus einer einzigen Quelle, von Pemex, der staatlichen Ölindustrie. Die Bürger zahlen entweder keine Steuern, weil sie zu arm sind oder weil sie sowieso außerhalb des Systems existieren. »Ein solch geringes Steueraufkommen unterhöhlt die Moral.«

»Der mexikanische Morast der Gesetzlosigkeit hängt durchaus mit der US-amerikanischen Drogen- und Waffenpolitik zusammen.« Das Grenzland sei, nennt Lomnitz den dritten Grund, in seiner gesamten Historie ungleichgewichtig gewesen. Die USA haben das Geschäft kriminalisiert, das die eigene Gier nach Drogen bedient. Und da die mexikanische Exekutive schwach und korrupt ist, liege »die Versuchung zum Auslagern illegaler Aktivitäten nah und scheint nur konsequent«. Selbst der Schmuggel wird gefördert. In Mexiko sind Waffen verboten, in den USA aber frei verkäuflich. Also trägt Mexiko »einen überproportional hohen Anteil der Kosten für den US-amerikanischen Umgang mit Waffen und Drogen«, was den Staat noch mehr schwächt und all die Absurditäten erst schafft, die sich im Grenzland offenbaren.

Um nur ein Beispiel zu nennen: In jenem Jahr, als Ciudad Juárez eine größere Zahl von Tötungsdelikten zu verzeichnen hatte als Bagdad, belegte El Paso, gleich drüben am anderen Ufer, auf der Liste der sichersten Städte der USA den zweiten Platz. »Und wo haben die Gangs aus Juárez ihre Waffen gekauft? In El Paso. Und wohin gingen die Drogen, die durch Juárez geschleust wurden? Nach El Paso.«

»Seien Sie vorsichtig, Don Pablo«, sagte Rudi Roth im Hotel. »Mexiko ist surrealistisch.«

Gabriel García Márquez, der nicht weit von Rudis Hotel gewohnt hatte, nennt Mexiko-Stadt »luziferisch« und »so hässlich wie Bangkok«. Die englische Schriftstellerin und surrealistische Malerin Leonora Carrington hatte ihr Atelier hier in Roma nur vier Straßen weiter südlich auf der Calle Chihuahua. Sie sagte einst: »Ich fühlte mich in Mexiko zu Hause, allerdings so, wie man sich fühlt, wenn im heimischen Swimmingpool Haifische herumschwimmen.«

Juan Villoro: Das Massaker

Die mutige Frau auf der Plaza in San Luis Potosí, die so lautstark ihre Anschuldigungen gegen das Verhalten der Behörden im Fall der dreiundvierzig in Ayotzinapa ermordeten Studenten vorgetragen hatte, hatte auch Juan Villoros Texte über das Massaker erwähnt. Ich kenne Villoro gut. Gleich nach meiner Ankunft in Mexiko-Stadt wollten wir uns zum Abendessen treffen und den literarischen Workshop besprechen, den ich leiten sollte.

Villoro, ein groß gewachsener, durchtrainierter Mann von einundsechzig Jahren, einer der bekanntesten und anerkanntesten Autoren des Landes, hat sich mit Romanen, Kurzgeschichten, Theaterstücken und journalistischen Arbeiten einen Namen gemacht und schreibt, unter anderem in einer wöchentlichen Kolumne in *Reforma*, Mexikos größter Tageszeitung, und in einem monatlich erscheinenden Essay im spanischen *El País*, über eine Fülle von Themen wie Literatur, Sport, Politik und Rockmusik. Fleiß und Produktivität seien für einen freien Autor in Mexiko unverzichtbar: »Wir müssen schreiben, um zu überleben.«

Über sich selbst wollte er ungern sprechen; dass er sehr belesen und viel herumgekommen war, wusste ich aus seinen Texten. Weil er über längere Zeit in den USA gelebt und dort studiert hatte, sprach er ein ungezwungenes, fließendes, mit umgangssprachlichen Wendungen aus der Rockmusik gespicktes Englisch. Sein Werk umfasst über dreißig Bücher, für die er diverse Literaturpreise gewonnen hat, so etwa den renommierten Premio Herralde für seinen Roman *El Testigo.* Etliche seiner Bücher sind in verschiedene Sprachen übersetzt worden.

»Herzlich willkommen«, schrieb er in einer E-Mail, als ich ihm meine Ankunft mitgeteilt und von meinem Polizeiabenteuer berichtet hatte: »Die mexikanische Polizei ist immer für einen netten kleinen Rechtsbruch gut!«

Wir hatten uns im Hotel La Casona – Villoro und Rudi Roth sind seit ihrer gemeinsamen Schulzeit befreundet – getroffen; im Mero Toro, einem Lokal in der Nähe, erläuterte er mir bei geschmorten Schweinebäckchen und Fettucini mit Kaninchen das Schicksal der Studenten aus Ayotzinapa.

»Dazu muss ich ein bisschen ausholen und etwas zu den Schulen erklären«, sagte Juan. »In den späten dreißiger Jahren hatten wir einen sehr guten Präsidenten, Lázaro Cárdenas. Er fokussierte sich besonders auf das Bildungssystem und förderte Schulen auf dem Land. Viele Jahre lang hatten wir daher die *escuelas normales*, an denen Lehrer für den Einsatz in diesen ländlichen Schulen ausgebildet wurden. Anfangs hatten wir über dreißig solcher Einrichtungen, heute sind es gerade noch dreizehn.«

Er lächelte bitter und schüttelte den Kopf. Ich wollte wissen, warum das so war.

»Für die Schließungen wurden verschiedene Gründe genannt – auf jeden Fall haben Schulen auf dem Land in Mexiko keine Priorität. Die Lehrer in den *escuelas normales* protestierten gegen die Schließungen und die fadenscheinigen Argumente, die dafür angeführt wurden.« Er sah mich ernst an: »Dieser Staat ist durch und durch korrupt.«

Schon in der Vergangenheit hatte Juan mir mit der Schonungslosigkeit Eindruck gemacht, mit der er in seinen Artikeln die Bestechlichkeit des mexikanischen Staatsapparats öffentlich machte. Allein diese Geradlinigkeit, die sich durch sein gesamtes Werk zieht, verdient den größten Respekt.

»Durch diese Politik haben sich viele Lehrer auf dem Land radikalisiert; manche, wie eben auch die Lehrer und Studenten aus Ayotzinapa, wurden *guerrilleros.* Das begann schon ziemlich früh, in den Siebzigern. Zwei Lehrer, Lucio Cabañas und Cenaro Vázquez Rojas, hat man damals entführt und umgebracht.«

»Und weswegen?«

»Sie wollten, wie die anderen Lehrer auch, die Schulen reformieren und das Bildungssystem liberalisieren.« Er lächelte wieder; ein Lächeln von Juan Villoro stand immer im Widerspruch zu dem, was folgte. »Denk nur daran, was nach 1968 passiert ist: Die staatlichen Stellen ergingen sich in Sprüchen über eine offene Gesellschaft, und gleichzeitig wurden die Aktivisten im Staat Guerrero drangsaliert.«

»Warum eigentlich genau dort?«

»Wegen der Landschulen. Bildung macht die Menschen in Mexiko zu Sozialaktivisten. Wer Zugang zu Wissen hat, begreift, was los ist. Aber in Mexiko ist es sehr schwierig, Probleme unmittelbar anzugehen. Die Attitüde ist doch meistens: ›Überlasst die Leute einfach sich selbst. Wartet ab. Beachtet sie einfach nicht.‹ Sieh dir doch mal die Zapatisten an. Über all die Jahre«, er bezog sich auf den Aufstand der indigenen Partei der Zapatisten in Chiapas im Jahr 1994, »haben sie ihr verbessertes Gesundheits- und Sozialsystem und ihren Staat im Staat erhalten können.«

Ich hakte zum Thema der geschlossenen *escuelas normales* nach.

»Also gut: Nach einem ungeschriebenen Gesetz wird eine Bildungseinrichtung geschlossen, wenn sich nicht genügend neue Studenten anmelden.«

»Das ist doch ganz logisch. Warum sollte man eine Schule betreiben, wenn es keine Studenten gibt?«

Juan hob warnend die Hand: »Und warum gibt es die nicht? Weil man dafür sorgt. Zum Beispiel wird im zuständigen Amt ›vergessen‹, die Anmeldeunterlagen zu verschicken, oder es ›versäumt leider‹, sie zu bearbeiten, sie ›sind verlorengegangen‹ oder werden schlicht überhaupt nicht beachtet.«

»Die Anmeldungen wurden also aktiv torpediert.«

»Genau. Die Studenten mussten um ihre Ausbildung kämpfen, und wenn das passiert, entsteht Widerstand; der Protest gegen soziale Ungerechtigkeit und der Kampf gegen die Armut gehören gewissermaßen zum Lehrstoff. Sie werden zu Sozialaktivisten, weil sie Studenten sind. Ihre Feinde sind die korrupten Politiker und die Drogenbarone«, er lächelte wieder, »die oft genug beides zugleich sind. Das sind die wahren Eigentümer des Staates Guerrero.«

»Also«, sagte ich, »kann man davon ausgehen, dass für den mexikanischen Staat jeder Protest sofort als subversiv gilt. Die Armen, die etwas dagegen haben, arm zu sein, sind also gleich Aufrührer.«

»Besonders in Guerrero.«

Der Name des Bundesstaates sagt im Ausland nicht unbedingt jedem etwas; vielleicht kennt man gerade noch die dortigen Ferienorte wie Acapulco, Ixtapa und Zihuatenejo mit ihren Stränden und Luxushotels. Die Kleinstadt Ayotzinapa liegt im Hinterland, in der bettelarmen gebirgigen, toten Mitte des Staates.

»Ich bin der Großvater dieser Generation«, sagte Juan. »Ich versuche, bei den Aktionen zu beraten. Zum Beispiel haben sie im Jahr 2002 einmal die Autopista del Sol, die Autobahn nach Acapulco, besetzt. Dabei sind zwei Studenten von der Bundespolizei erschossen worden. Man versteht das nur vor dem Hintergrund der Notlage der Landschulen auf der einen und den Repressalien des Staatsapparats auf der anderen Seite. Die ganze Situation war von Anfang an verfahren.«

Er brachte ein anderes Massaker in Erinnerung: Scharfschützen der mexikanischen Armee hatten im Jahr 1968 auf der Plaza de las Tres Culturas im Stadtteil Tlatelolco über vierhundert Studenten getötet. Das nach 1968 in der mexikanischen Regierung herrschende Misstrauen richtete sich gegen sämtliche Versammlungen von jungen

Leuten. Konzerte wurden verboten. Rockmusik durfte nicht mehr im staatlichen Rundfunk gespielt werden. Diese Verbote wurden erst zehn Jahre später gelockert; erst dann konnte Juan selber eine Radiosendung moderieren, in der er die Musik von Led Zeppelin, Pink Floyd und David Bowie vorstellte. Die Bluttat von 1968 geriet dennoch nicht in Vergessenheit.

»Im September 2014 haben die Studenten in Ayotzinapa eine Veranstaltung vorbereitet, auf der sie an die Morde von 1968 erinnern wollten. Eine Reise in die Hauptstadt von Guerrero kostete Geld. Weil sie keins hatten, haben sie fünf Busse genommen.«

»Gekapert?«

»Ja, wie gesagt, das war eine übliche Taktik. Man suchte sich irgendwelche Busse. Anfangs war das relativ unproblematisch. Eine große Gruppe Studenten stieg in Iguala in die Autobusse. Kräfte aus der Bundes- und Landespolizei und Armeeangehörige begleiteten den Konvoi. Plötzlich ließ der Oberbefehlshaber der Armee, der das Kommando hatte, die Busse anhalten. Der Bürgermeister war die ganze Zeit über mit allen Einheiten in Kontakt. Und warum mussten die Fahrzeuge genau in diesem Augenblick stehen bleiben? Auf Befehl des Bürgermeisters. Wegen eines bestimmten Busses, der mit Verstecken für den Drogentransport ausgestattet war. Vor ein paar Jahren ist ein ähnliches Fahrzeug in Chicago aufgehalten worden; ein ganz normal aussehender Reisebus mit Drogenpäckchen hinter den Wandverkleidungen.«

»Und dieser Bürgermeister war in die Sache verwickelt?«

»José Luis Abarca, ein bekannter Drogenbaron. Er sitzt jetzt. Seine Frau steckte mit drin. Er hatte Leute umgebracht. Er ist kriminell. Das ist erwiesen.«

»Und die Studenten?«

»Entführt«, sagte Juan. »Verschwunden. Offensichtlich getötet. Experten aus aller Welt haben den größten Teil dieser Geschichte recherchiert. Es wurde ihnen aber nicht gestattet, Angehörige der Armee zu befragen. Also bleibt vieles im Dunklen. Wegen der teuren Fracht wurde der Bus auf die Seite geschafft und die Studenten, die drin gesessen hatten, entführt, getötet und verbrannt.«

»Und warum mussten sie sterben?«

»Wenn sie wirklich etwas von den Drogen im Bus und den Absprachen zwischen Polizei und Narcos mitbekommen hatten, waren sie unliebsame Zeugen, die man beseitigen wollte. Dieses Land ist so gewalttätig; hier wird nicht lange darüber nachgedacht, ob man dreiundvierzig Studenten umbringen soll oder nicht.«

»Und in dieser ganzen Zeit hat niemand die Sache komplett aufgeklärt?«

»Man weiß, dass die Studenten umgebracht worden sind. Aber wo sind die Leichen? Man hat nur eine gefunden. Die Politiker haben alles Mögliche getan, um Recht und Gesetz zu umgehen. Sie verlassen sich darauf, dass die Sache in Vergessenheit gerät.«

In einem armen Land halten die Bürger das wenige in Ehren, was sie besitzen: ihre Würde, ihr Leben, vor allem ihre Kinder – und ihre Erinnerungen. Ihr Gedächtnis kennt keine Gnade. Sie erinnern sich an alles: an die Studenten, die überlebt haben, an die Lehrer, an die trauernden Eltern, an die Augenzeugen, die Busfahrer. Als der US-amerikanische Journalist John Gibler, der Autor von *Mexico Unconquered* und *Sterben in Mexico*, nach Iguala und Ayotzinapa reiste, Augenzeugen und Hinterbliebene ausfindig machte und über zwei Jahre lang befragte, erfuhr er Dinge, die selbst Juan Villoro überraschten. Sein Buch mit dem Titel *I Couldn't Even Imagine That They Would Kill Us* erschien ein paar Monate nach meinem Treffen mit Juan in Mexiko-Stadt. Das Detail, das Juan erwähnt hatte, nämlich dass in einem der Busse Heroin versteckt gewesen sei, wurde auch Gibler gegenüber von verschiedenen Informanten genannt. Aber es waren insgesamt fünf Busse gewesen, die alle angegriffen wurden.

Alle Berichte derer, die diesen bewaffneten Angriff miterlebt hatten, sind gezeichnet von dem Schock über das Unvorstellbare, den auch der Titel des Buches artikuliert. Sie waren auf Ärger und Auseinandersetzungen gefasst gewesen, aber hatten sich nicht vorstellen können, dass die Polizisten tatsächlich schießen und töten würden. Das Kapern von Bussen, um damit zu Demonstrationen zu fahren, war eine übliche Praxis – nicht wenige Busfahrer machten gemeinsame

Sache mit den Demonstranten und sahen die Entführung als gute Entschuldigung für ein paar freie Tage an.

In den Zeugnissen, die Gibler in seinem Report versammelt, beschreibt ein Student nach dem anderen, wie die Busse losfuhren und wie nach wenigen Minuten die Hölle losbrach, als die Landespolizei sie überfiel, die Kugeln hagelten, Studenten getroffen und verwundet wurden und plötzlich alles voller Blut und Knochensplitter war. Sie erzählen, wie Polizisten in die Busse vordrangen, Beleidigungen brüllten, Namen wissen wollten, die Studenten bedrohten und wegzerrten. Die einzelnen Glieder der Aussagen in Giblers Buch ergeben eine zusammenhängende Kette; ein Bericht ergänzt den anderen, Detail fügt sich an Detail. Aus der Perspektive der unmittelbar Beteiligten erzählt, entfaltet sich ein chaotisches Szenario aus Angst, Hilflosigkeit und schrecklicher Konfusion, während der Angriff bis in die Nacht andauert, die Studenten sich weigern, ihre verletzten und getöteten Kameraden im Stich zu lassen, Hilfe suchen wollen.

Aber niemand half. Vierzig junge Leute wurden verwundet, viele hatten schwere Schussverletzungen. Diejenigen aus der Gruppe, denen es gelungen war, die blutenden Verletzten in Krankenhäuser zu bringen, trafen dort auf gleichgültige Krankenschwestern und abweisende Ärzte. Einer der Ärzte, die sich weigerten, die Verwundeten zu versorgen, versucht, in Giblers Interview die ganze Sache zu verharmlosen: »Diese Schule ist völlig überflüssig.« Die Studenten aus Ayotzinapa seien »bloße Kriminelle«, die wegen ihrer »schmutzigen, hässlichen« Störaktionen nichts Besseres verdient hätten. Die von Kugeln durchsiebte Leiche eines jungen Mannes wurde mit abgerissener Gesichtshaut und herausgestochenen Augen aufgefunden. Von anderen waren die Gliedmaßen abgetrennt worden.

»Also finden Sie es richtig«, fragt Gibler den Arzt, »dass man den Opfern die Augen aussticht, die Gesichtshaut abreißt, die Gliedmaßen abtrennt und die Leichen anzündet?«

»Ja«, antwortet der Arzt. »Ehrlich gesagt, ja.«

Anhand des Beweismaterials und der Augenzeugenberichte kommt Gibler zu dem Schluss, dass die staatliche Stellungnahme zu dem Fall voller falscher Schutzbehauptungen sei: Es sei nicht richtig, dass ein Drogenkartell dahinterstand, dass die Studenten fälschlich für eine rivalisierende Drogengang gehalten wurden und nach der Entführung erschossen, auf einer Müllkippe verbrannt und ihre Überreste anschließend in Säcke verpackt und in den Rio Iguala geworfen wurden.

Aber warum geschah dieser Überfall überhaupt? Warum die Toten? Warum wurden die dreiundvierzig Studenten entführt und nie gefunden? In Giblers Buch bleiben diese Fragen unbeantwortet. Kein anderes Buch, kein offizieller Bericht gibt Antwort.

Einer Theorie zufolge steckten der Bürgermeister und seine Frau dahinter. Wie Villoro mir gesagt hatte, war José Luis Abarca, der Bürgermeister, ein Drogenbaron. Seine politisch ambitionierte und mit einigen Mitgliedern eines örtlichen Kartells verwandte Frau, María de los Ángeles Pineda Villa, war am Mordabend Gastgeberin einer Veranstaltung für die örtliche Prominenz: Möglich, dass sie die Polizeiaktion in Auftrag gab, weil sie ungestört ihre Eröffnungsrede halten wollte. Nach der Chaosnacht verschwand sie mit ihrem Mann; beide wurden später aufgegriffen und verhaftet. Eines Verbrechens überführt wurden sie jedoch nicht. Bis zum heutigen Tag hat die mexikanische Legislative noch niemanden für das Verschwinden der dreiundvierzig Studenten zur Rechenschaft gezogen. Diese völlige Missachtung von Recht und Gesetz war für viele eine traumatische Erfahrung.

»Etwas an den Ereignissen von Iguala, bei denen alles zusammenkam – das Grauen, ein schuldiger Staat und eine strategisch gut inszenierte Nichtzuständigkeit der Behörden –, traf eine Bevölkerung ins Mark, die ohnehin durch die Gewaltakte und die Verderbtheit ihrer Politiker am Ende ihrer Kräfte war«, schreibt Gibler über die Auswirkungen der Mordnacht. »Die Wut lag überall in der Luft.«

Der Zorn hat sich nicht gelegt, die Demonstrationen gehen weiter, und die trauernden Eltern (»Opfer unseres eigenen Staates«, sagte eine Mutter, »weil wir Campesinos sind«) suchen noch immer nach der Wahrheit. Mit Geld entschädigen ließen sie sich nicht: »Unsere Kinder sind nicht zu verkaufen.«

Ich wollte mehr wissen. Also schrieb ich an John Gibler und bat ihn um mehr Einzelheiten zur Rolle der mexikanischen Staatsmacht in diesem Blutbad.

»Es gibt eine überwältigende Fülle von Dokumenten, die belegen, dass staatliche Stellen mit den Taten zu tun hatten«, schrieb mir Gibler. »Außerdem, und das ist für mich ein wichtiger Punkt, den ich auch in meinem Nachwort zum Buch herausstreiche: Ich werte die Verschleierung der Fakten durch den Staat als Bestandteil der Tat. Da dreiundvierzig Studenten bis heute verschwunden sind, beschränken sich die Gewalttaten ja nicht nur auf die Vergangenheit der Nacht, in der die Verbrechen physisch verübt wurden. Die materielle und psychische Gewalt gegen die Opfer und ihre Familien dauert durch diesen Akt des erzwungenen Verschwindenlassens bis in die Gegenwart an. Der Plan hinter dem Ganzen – die Lügen, die Folterungen und die Lücken in der Berichterstattung, mit denen staatliche Stellen alles vertuschen wollen – ist per se der wesentlichste Teil der Gräueltat.«

Von staatlicher Seite, führte er weiter aus, wurden Fakten verschleiert, Beweismaterial vernichtet, die Anhörung von Augenzeugen verhindert und Aussagewillige durch Folter zum Lügen gezwungen. Obwohl diese gesamte Infamie von unabhängigen Experten längst dokumentiert war, brachte die Regierung weiterhin Falschmeldungen über ihre Beteiligung am Massaker in Umlauf.

»Die Tatbeteiligung des Staates steht außer Zweifel. Und zweifelsfrei haben amtliche Stellen eine großangelegte Verschleierungsaktion in Gang gesetzt. Das Einzige, was wir nicht genau wissen, ist, warum. Was war das Motiv hinter den Angriffen? Die GIEI (eine interdisziplinäre, aus unparteiischen Anwälten und Mitgliedern von Menschenrechtsorganisationen zusammengesetzte Untersuchungskommission) stellte die Hypothese auf, dass die Studenten unwissentlich einen mit einer großen Menge Heroin beladenen Bus gekapert hätten. Ich glaube jedenfalls, dass sich, ganz unabhängig von einem unmittelbaren Anlass für die Bluttat, die ganze Gewalt gegen die Studenten entlud, weil sie radikal, organisiert und arm waren, weil sie aus der indigenen Bevölkerung auf dem Land kamen und weil sie eine Bildungseinrichtung besuchten, die für ihre politischen Protestaktionen und ihre langjährigen Verbindungen zu bewaffneten Rebellengruppen bekannt war.«

Der Fall von Ayotzinapa ist ebenso tragisch wie aufschlussreich, da er doch in jeder seiner Facetten die mexikanische Gemütslage aufzeigt: die der Armen, die des Arztes aus der Mittelschicht, für den Studenten bloße Querulanten sind, die einer Staatsmacht, die das Recht missachtet. Die Machthaber in Politik und Polizei glauben, straflos morden zu können. Vor allem aber verdeutlicht der Fall die Verflechtung sämtlicher Institutionen des Landes mit den Kartellen.

Nicht zuletzt deshalb ist hierzulande jeder Vertreter der Autorität, ob er wie der US-amerikanische Präsident die Mexikaner verteufelt und mit Klischeevorstellungen beleidigt oder ob er wie die eigene Regierung die Armen demütigt, eine vertraute Tyrannengestalt, der man mit Zynismus begegnet. Die Mexikaner halten sich selten lange mit Schimpfkanonaden gegen die USA auf; sie wissen ja schon aus eigener Erfahrung, dass Staatsbeamte grundsätzlich korrupt oder kriminell sind.

El Taller

Der Schriftsteller Guillermo Osorno hatte per Rundschreiben an Romanautoren, Lektoren, Zeitungs- und Rundfunkjournalisten in ganz Mexiko zu einem zehntägigen Workshop ins Kulturzentrum Centro Horizontal an der Calle Colima im Stadtteil Roma eingeladen. Im Staat Puebla hatte vor kurzem die Erde gebebt; auch Mexiko-Stadt war stark betroffen: eingestürzte Häuser, gesperrte Straßen, gelbes Absperrband, Schutt von eingestürzten Mauern auf den Boulevards. Viel später sagte mir jemand, dass viele sich nach dem traumatischen Erlebnis des Erbebens danach sehnten, mit anderen Menschen zusammen zu sein, um zu reden, zu schreiben, ihre Geschichten zu erzählen und so den Schock zu verarbeiten.

Die Interessenten sollten eine literarische Textprobe einreichen. Wenn diese geeignet erschiene, werde für den Autor oder die Autorin ein Platz reserviert; der Unterricht sei kostenfrei.

Der Dozent, ein Gringo, bekäme kein Honorar. Aber vielleicht wolle er ja sein Spanisch verbessern. Da der Unterricht, der hauptsächlich auf Englisch gehalten werden sollte, nur von zehn bis zwölf Uhr vormittags stattfinden werde, könnten die Teilnehmer bei Interesse mit ihrem Dozenten zum Lunch gehen und ihre literarischen Gespräche fortsetzen oder am Nachmittag mit ihm gemeinsam Ausflüge und Stadtbesichtigungstouren unternehmen. Und ein Hinweis: Dieser Gringo-Autor sei unabhängig und habe weder Beziehungen zur US-amerikanischen Botschaft noch zu irgendeiner anderen ausländischen Organisation.

Der Gringo-Autor war ich. Juan Villoro und Guillermo Osorno, der Leiter des Centro Horizontal, hatten vierundzwanzig Teilnehmer ausgewählt: Damen und Herren aller Altersstufen, alle waren versierte Autoren. Die meisten stammten aus Mexiko-Stadt, andere aus den nahen Städten Querétaro und Cuernavaca, wieder andere von weiter her, aus Oaxaca und Durango. Einer war US-Amerikaner, der schon lange in Mexiko lebte, eine andere hatte die doppelte Staatsbürgerschaft. Sie alle waren klug, witzig, gebildet, offen, großzügig und entgegenkommend; alle freuten sich auf zehn Tage des Austauschs und Schreibens, fast alle sprachen gut Englisch. Bis auf einen, Adán Ramírez Serret (ein lausbubenhafter, lustiger Bursche und fleißiger, findiger Journalist), waren alle in den USA gewesen. Valerie Miranda, die junge Frau mit der doppelten Staatsbürgerschaft, arbeitete für eine bedeutende Internetseite und reiste dafür zwischen Los Angeles und Mexiko-Stadt hin und her. Valerie – elegant, dunkelhaarig – hatte mexikanische und skandinavische Vorfahren. Man hätte sie auch für eine Europäerin oder Amerikanerin halten können. Diese Ambivalenz kam in einer Geschichte heraus, die sie am ersten Seminartag erzählte:

»Mein Mann und ich haben uns in Utopia, Texas – man beachte den Ortsnamen –, mit einem Freund meines Mannes getroffen. Wir hatten Lust auf einen Kaffee, und weil mein Mann und sein Freund sich auf dem Bürgersteig so angeregt unterhielten, habe ich angeboten, den Kaffee zu holen. Dazu muss ich erwähnen, dass mein Mann und sein Freund, im Gegensatz zu mir, sehr mexikanisch aussehen. Im Coffee-Shop musste ich anstehen. Plötzlich sagte jemand hinter mir: ›Da draußen sind zwei Mexikaner. Lass uns rausgehen und die fertigmachen.‹ Ich bin schnell wieder auf die Straße gegangen und habe meinem Mann und seinem Freund gesagt, dass wir sofort weggehen müssten.«

In die erschrockene Stille hinein hob Diego Olavarría die Hand. Er war schlank, jung, trug einen Bart und hielt oft prüfend den Kopf zur Seite geneigt. Er bezeichnete sich als *chronista*, ein Beruf, dem ich mich durchaus verbunden fühlte.

»Ich war mal in Lüttich, in Belgien.« Er strich sich über den Bart. Sein Englisch war so flüssig wie das von Valerie: Er hatte in den USA studiert und als Übersetzer gearbeitet. »Ein Freund und ich sind da beinah in eine Schlägerei mit drei ausländerfeindlichen Teenagern geraten. Einer von denen könnte nordafrikanischer Abstammung gewesen sein, die anderen waren vielleicht Osteuropäer. Wir waren am späten Abend in einer üblen Gegend unterwegs. Da sind sie in einer dunklen Gasse auf uns zugekommen und haben ein Feuerzeug nach uns geworfen. Dann haben sie uns beschimpft und verlangt, dass wir Französisch reden sollten. Mein Freund und ich hatten uns auf Spanisch unterhalten, das war es wohl, was sie so gereizt hatte. Sie brüllten: ›*Vous êtes en Belgique! Parlez Français! Parlez Français!*‹«

»Ich fand diesen Ausbruch von Fremdenfeindlichkeit schon sonderbar«, fuhr er fort. »Ich habe mich gefragt, ob ihre Eltern, als sie seinerzeit eingewandert sind, belästigt und angebrüllt wurden, weil sie die Sprache nicht konnten. Vielleicht dachten diese Jungs, dass sie sich jetzt an Leuten rächen könnten, die noch mehr Außenseiter waren als sie selbst. Wie auch immer, es war bedauerlich. Uns ist zwar nicht viel passiert, aber bedrückt hat uns das schon.«

Valerie und Diego hatten mit ihrer hilfreichen Offenheit und Erzählfreude den Ton für den Rest des Workshops vorgegeben. Ich freute mich sehr auf zehn Tage mit solch wunderbaren Seminarteilnehmern und hatte schon jetzt den Eindruck, dass es Tage unter

Freunden werden würden: Was konnte man sich als Reisender Schöneres wünschen?

Warum ich hergekommen sei? Um etwas gegen Klischeevorstellungen zu unternehmen; immer ein guter Anlass für eine Reise. »Ich bin von zu Hause aus mit dem Auto losgefahren, weil ich zeigen wollte, wie nah wir uns sind«, sagte ich. »Ich steige ins Auto, fahre einfach nach Süden, und nach einer Woche oder so bin ich hinter der Grenze.« Ich machte eine Pause. »Freunde, wir wohnen an der gleichen Straße.«

An jedem Tag des Workshops wollten wir uns mit einem anderen Thema befassen. Heute sollte es um Reisen gehen, um das Weggehen von zu Hause, an den nächsten Tagen dann um: Erinnerung, Beobachtung, Lesen, Schreiben. Jeder von ihnen sollte während des Workshops eine Kurzgeschichte verfassen, die wir abschließend im Plenum besprechen würden.

Also ermunterte ich sie erst einmal dazu, über ihre Reiseerfahrungen zu sprechen, zu erzählen, welche Veränderungen von Stimmung und Bewusstsein sie durch den Abschied von zu Hause erfahren hatten.

»Ich bin in Äthiopien gereist«, meldete sich Diego Olavarría wieder zu Wort. Sein Buch über das Land, *El Paralelo Etíope*, war, wie ich später erfuhr, mit einem renommierten mexikanischen Literaturpreis ausgezeichnet worden, und aus Kuba und Honduras hatte er als Journalist berichtet. Diego erzählte uns von seinen afrikanischen Reisen und der Armut, die er dort gesehen hatte:. Wenn Oaxaca und Chiapas eigenständige Staaten wären, sagte er, würden auch sie zu den ärmsten Nationen der Welt gezählt.

Andere meldeten sich: Claudia Muzzi, die italienische Wurzeln hatte und Italienisch sprach, war in Italien gewesen. Ihre eindrücklichsten Erlebnisse hatte sie aber in den USA gehabt, in Georgia. Darüber wollte sie im Verlauf der Woche etwas schreiben.

Héctor Orestes Aguilar, ein älterer Herr, den ich wegen seiner Krawatte und des Anzugs zunächst für einen Beamten oder Versicherungsvertreter gehalten hatte, war tatsächlich Linguist und Essayist; er war jahrelang als Kulturattaché im diplomatischen Dienst in Belgien, Österreich, Ungarn, Bulgarien und anderswo gewesen, sprach Deutsch und Französisch – und legte uns allen die Lektüre von L. P. Hartley ans Herz.

Auch Luisa war weitgereist; sie war Herausgeberin eines Reisemagazins. Raúl war ein Rundfunkjournalist, der jahrelang in El Centro, Kalifornien, gelebt und über die Grenze berichtet hatte. Ernesto war Geschäftsmann und angehender Lyriker. Emilio war Wissenschaftler, der während seines Studiums der Meteorologie in etlichen Ländern kampiert hatte; außerdem war er Künstler, und seine Werke waren in Europa ausgestellt worden. Yael Weiss stammte aus einer mexikanisch-jüdischen Familie und wollte über ein Erlebnis in Las Vegas schreiben. Rosi Zorilla war Kunsthändlerin und Autorin. Michael Sledge, der Amerikaner, schrieb gerade an einem Roman über das Leben von Edward James, einen Aristokraten (und möglicherweise illegitimen Sohn von Edward VII), der surrealistische Malerei sammelte und bei Xilitla im Bundesstaat Potosí auf seinem Landgut Las Pozas einen berühmten Garten angelegt hatte. Guadalupe Nettel, eine Mutter von zwei Kindern, war eine bekannte Autorin, deren Bücher, wie ich später erfuhr, in mehrere Sprachen übersetzt worden sind.

Auch die anderen waren einzigartig, weitgereist und voller Tatendrang. Ich hatte das Gefühl, in guter Gesellschaft zu sein. In unseren ersten Seminarstunden sprachen wir über das Reisen, um zu schreiben, über die Schwierigkeiten, bekannt und publiziert zu werden, und über die heutige Problematik von Reisen in die USA. Früher war alles so einfach, sagten sie.

Julieta, die gerade über das Verhalten von Hunden schrieb und ansonsten sehr offen darüber sprach, dass sie zweimal – beim zweiten Mal nach einer längeren Trennung – den gleichen Mann geheiratet hatte, fragte mich, was ich gern unternehmen wollte und was sie dazu beitragen könnten.

»Unter anderem möchte ich die Capilla der Santa Muerte sehen«, sagte ich. »Ich habe gehört, dass sie irgendwo hier in der Stadt ist und sehenswert sein soll. Eine Kapelle der Santa Muerte habe ich schon im Norden gesehen, aber die hier soll ja eine Art Wallfahrtsort sein.«

Auf meinen schwungvollen Satz kam zunächst keine Reaktion. Um das unbehagliche Schweigen zu unterbrechen, erzählte ich von den Abbildern des heiligen Todes, die ich im Norden in den armseligen Hütten der Arbeitersiedlungen gesehen hatte.

»Nicht ganz ungefährlich«, sagte Diego schließlich. Wer wie er in Äthiopien und El Salvador gewesen war, kannte sich sicher mit gefährlichen Situationen aus. »Könnte sein, dass man nicht will, dass wir da etwas besichtigen. Man könnte versuchen, uns davon abzubringen. Es könnte Ärger geben. Wir sollten uns vorher mal erkundigen. Vielleicht warten wir besser ein paar Tage.«

»Ist von euch schon jemand da gewesen?«

Ein allgemeines, kaum hörbares »Nein«, dann vielsagende Stille.

»Wisst ihr denn, wo die Kapelle ist?«

Mehr Gemurmel und Kopfschütteln; nein, das wusste niemand.

»Na, dann nichts wie hin«, sagte ich, und alle lachten.

»Lasst uns erst mal was essen«, schlug Julieta vor, und so gingen sechs von ihnen mit mir nach Coyoacán ins Los Danzantes. Das Lokal liegt beim Jardín Centenario; auf der Plaza plätscherte ein Brunnen, Kinder spielten, Musiker spielten Gitarre.

Zur Vorspeise gab es *hierba santa*, die grünen, aromatischen Blätter des mexikanischen Blattpfeffers, mit heißem Käse.

»Coyoacán war mal ein kleines Dorf«, erklärte Julieta.

»Gehörte zu einem See«, ergänzte Guadalupe.

Tacos mit *chapulines*, gegrillten Heuschrecken, wurden aufgetragen.

»Hernán Cortés hat hier gelebt«, sagte Adán.

Mit dem typisch mexikanischen Sinn für historische Fakten ließ Adán seine Gedanken fünfhundert Jahre zurückwandern und stellte sich den Conquistador in seiner Hacienda in der Calle Higuera 57 vor – an dem Haus gibt es aber keinen Hinweis darauf, dass er dort mit seiner Geliebten Doña Marina, bekannt unter dem Namen Malinche, die »Ausländerfreundin« (also Verräterin), gelebt hat.

Vor etwa zwanzig Jahren klopfte ein Reporter an die Tür des Hauses und fragte, warum ein Ort, der eine so tragende Rolle in der Geschichte der Nation gespielt hatte, eigentlich kein Museum sei. Das Haus gehörte inzwischen Rina Lazo, einer Malerin. Sie antwortete:

»Wenn Mexiko dieses Haus zum Museum machen würde, dann wäre das ungefähr das Gleiche, als wenn die Bürger von Hiroshima dem Mann ein Denkmal errichteten, der die Atombombe abgeworfen hat.«

Jetzt zupfte Adán an meinem Ärmel: »Und Frida Kahlo und Trotzki?«

»Zu den Häusern können wir später noch gehen«, sagte Rosi. »Hier kommt die Tortilla-Suppe, Don Pablo. Nehmen Sie ein Glas Wein.«

Ich dachte: Ich bin zufrieden. Ich habe das erreicht, was auf Reisen so schwer zu erreichen ist: ein Ziel. Ich bin angekommen. Ich bin glücklich. Und das ist die Seelenlage, die so besonders schwer zu beschreiben ist.

Wir kamen auf das Thema Schimpfworte. Rosi gab ein Beispiel: »*Gillipollas* sagt man in Spanien, hier nicht. Wenn wir ›Arschloch‹ sagen wollen, sagen wir *pendejo* oder *cabrón*; wobei *que cabrón* auch Bewunderung bedeuten kann.«

»Und was für ein *cabrón* ist Donald Trump?«

Erst wollen sie nicht recht mit der Sprache heraus, aber es war schließlich schon später Nachmittag, und wir saßen vor den Überresten eines langen Mittagessens: Teller mit Tacos, zerpflückte Tortillas, ausgelöffelte Markknochen, lippenstiftverschmierte Weingläser.

»Der mag uns überhaupt nicht«, sagte Raúl.

Trumps Beleidigungen waren bekannt; ihre Grobheit war so verletzend, dass die meisten Mexikaner sich bei der bloßen Erwähnung seiner Worte lieber achselzuckend jedes Kommentars enthielten. Trump hat über mexikanische Einwanderer gesagt: »Die bringen Drogen in unser Land, die bringen Verbrechen. Das sind Vergewaltiger.« Und weiter: »Die mexikanische Justiz ist korrupt, so wie das ganze Land.« Seinen jubelnden Anhängern hatte er zugerufen: »Mexiko ist nicht unser Freund.«

»Schlimmer als ein *cabrón*«, sagte Rosi. »Außerdem anders.«

»*Loco*«, sagte Raul. »Dieses Gerede über die große Mauer, die er bauen will. Er weiß offenbar nicht, dass so viele Mexikaner jeden Tag zur Arbeit und zum Einkaufen in die USA pendeln. Im Jahr 1999, als ich noch in El Centro gelebt und im Radio über die Grenze berichtet habe, wollte ein fünfzehnjähriger Junge über den Zaun klettern. Als er oben war, hat ihn ein Beamter der Border Patrol erschossen. Der Junge ist auf die mexikanische Seite gefallen und gestorben.«

»Weißt du seinen Namen noch?«

»Eduardo Zamora.« In siebenundzwanzig Jahren hatte er den Namen nicht vergessen.

Als ich mich später mit dem Fall beschäftigte, stieß ich auf etliche ähnliche: Unbewaffnete Migranten wurden beim Versuch, über die Grenze zu gehen, erschossen.

»Aber die Hälfte der Wähler wollte Donald Trump«, sagte ich.

»Warum?«

Ich erzählte ihnen von meiner Südstaatenreise in den Obama-Jahren, auf der ich die Wählerschaft von Trump besser verstehen gelernt hatte: Das ländliche Amerika sah sich von aufgeblasenen, abgehobenen und korrumpierbaren Politikern in Washington übersehen und missverstanden. Viele US-Amerikaner hatten außerdem kein Verständnis dafür, dass Gemeinden, die selbst nichts besaßen, Flüchtlinge aus Syrien, Somalia und Afghanistan durchfüttern sollten. Und warum gab es keine Arbeit? Weil die örtlichen Betriebe sie nach China, Indien und Mexiko ausgelagert hatten. Viele US-Soldaten stammten aus solch armen Ortschaften; sie und ihre Eltern sahen es nicht ein, dass sie als Werkzeuge gegen ausländische Regimes eingesetzt werden sollten. Die USA kamen ihnen unsicher, gewalttätig und unberechenbar vor, Präsident Obama abgehoben und unentschlossen.

Dazu kam die anmaßende Art von Hillary Clinton, die sich ihres Wahlsieges so sicher war, dass sie in ihrer halbherzig geführten Wahlkampagne nicht auf die Ängste der Wähler einging. Trump sah die Ängste und die Unzufriedenheit und versprach mit seinem »America First«, in Washington und an der Grenze aufzuräumen, Jobs zu schaffen und die Kriegseinsätze im Ausland zu beenden. Viele seiner Reden hatten einen fremdenfeindlichen Unterton. Er spielte das Misstrauen gegen die Clintons aus und machte die Republikaner schlecht. Die Botschaft kam an. Nach all den Gesprächen, die ich in den zwei Jahren vor seinem Wahlsieg auf meinen Fahrten im Hinterland der Südstaaten geführt hatte, war sein Wahlsieg für mich nicht überraschend.

Ich kam auf mexikanische Politik zu sprechen. Etliche Teilnehmer des Workshops waren schon einmal von der Polizei aufgehalten worden: »Man könnte fast meinen, dass man mehr Angst vor der Polizei haben muss als vor sonst wem«, sagte Rosi. Die schlechte Bezahlung der Beamten – Monatsgehälter zwischen 150 und 300 Dollar – sei sicher auch ein Motiv für die Erpressungen.

»Das wird jetzt zu deprimierend«, sagte Julieta. »Gehen wir zur Casa Azul.«

Das Blaue Haus liegt nur einen kurzen Fußweg vom Restaurant entfernt in Coyoacán. Frida Kahlo ist hier geboren und aufgewachsen, hier hat sie mit Diego Rivera gelebt, hier ist sie in einem der Zimmer im oberen Stock gestorben. Das heutige Museum ist angefüllt mit ihren aufregenden Bildern, etlichen Gemälden von Rivera, Fotografien und Gegenständen wie den Korsetten und Beinprothesen, welche die Kranke nach dreißig Operationen, unter anderem einer Beinamputation, hatte tragen müssen. Der Innenhof vor den kleinen, stickigen Zimmern sah aus wie ein städtischer Dschungel aus gezähmten Schlingpflanzen und beschnittenen Bäumen; das ganze Ensemble ein Kunstwerk, eine bewohnbare Skulptur.

»Was sagst du?« Rosi, die Kunsthändlerin, war wissbegierig wie immer.

»Wunderschön. Ich würde hier einziehen.«

Den Reisenden, der Mexiko kennenlernen will, führt Frida Kahlo eigentlich auf Abwege. Mit ihrem künstlerischen Genie und ihrem neurotischen Narzissmus stilisierte sie ihr ganzes Selbst – ihre Liebe, ihr Leid, ihr von einem schweren Unfall geprägtes Leben – zum Kunstwerk und sich selbst zur Ikone. Die mexikanische Kultur kennt viele Ikonen, besonders Madonnengestalten. Es tat ihrer Karriere keinen Abbruch, dass der dreiundvierzigjährige Diego Rivera seine Frau für sie sitzenließ, als sie selbst erst neunzehn war. Diego war allerdings ein ganz besonderer alter Bräutigam: »Hundertvierzig Kilo gestikulierendes, pinselschwingendes, Manifeste verfassendes Fleisch«, beschreibt ihn Rebecca West in ihrem postum veröffentlichten *Survivors in Mexico*, »das hinter dem Aussehen von Mao Tse-tung eine Mixtur aus Pantagruel, Barnum und Baron Münchhausen verbarg.«

Frida liebte ihn als Ehefrau, als Tochter, als Schützling, als Mutter. Frida, die verwundete, damenbärtige Figur mit den markanten Augenbrauen, hatte aber wohl in Europa und den USA mehr Verehrer als in Mexiko.

Das Museo Casa de Leon Trotsky, nicht weit von Fridas blauem Haus an einer belebten Straße gelegen, ist in erster Linie Gedenkstätte für den früheren Bewohner, der hier begraben liegt. Im Jahr 1940 schlug ihm ein stalinistischer Attentäter mit einem Eispickel den Schädel ein. Ramón Mercader, der Mörder, wurde nach zwanzig Jahren Haft, die er in Mexiko verbüßt hatte, in der Sowjetunion zum Helden erklärt. »Bedrückend«, sagte Julieta. »Außerdem ist das Gebäude sehr schlecht restauriert.« Anschließend gingen wir zum Markt von Coyoacán und spazierten zwischen Taco-Ständen, Kisten voller Mangos, Tierkörpern, totäugigen Fischen auf Marmorplatten, wie Feuerwerksraketen gebündelten Chilis und Tabletts mit gerösteten Heuschrecken herum.

»Ich hab's dir ja gesagt: Mexiko-Stadt ist surrealistisch«, sagte Rudi, als ich am Abend im Hotel La Casona von meinem Tag erzählte.

Ein schöner Tag, dieser erste als Dozent in Mexiko-Stadt.

Die folgenden Tage waren genauso erlebnisreich. In den Straßen um das Centro Horizontal waren noch die Erdbebenschäden zu sehen. Noch mehr Surreales: auf einer Seite in der Mitte zerborstene Bauten, Mietshäuser mit schiefen Fußböden und offenen Fensterhöhlen, Schutthaufen von zerbrochenen Betonziegeln, wo einmal ein Gebäude gewesen war, auf der anderen Seite, direkt daneben, ein völlig unberührtes, intaktes Apartmenthaus. Auf etlichen der eleganten Plätze der Stadt hausten obdachlos gewordene Familien in Zelten.

»Es gibt da diese merkwürdige Geschichte«, sagte Guadalupe Nettel eines Tages im Workshop. »In Atzompa in Oaxaca liegt eine alte Kultstätte. Archäologen haben dort das Grab eines bedeutenden Regenten entdeckt. Mit Hilfe einer Inschrift konnten sie ihm das Grab zuordnen: Er hieß, was wohl auf seine Macht hinweisen sollte, Ocho Temblor, so etwas wie das ›Achte Beben‹. In diesem Grab«, fuhr Guadalupe fort, »befand sich ein Gefäß voller Knochen und Scherben.

Die Archäologen haben die Tonstücke zusammengefügt – sie gehörten zu einer Krokodilfigur. Am siebten September war die Arbeit abgeschlossen. Und kaum war das Krokodil fertig zusammengesetzt, da ging das Erdbeben los. Das Epizentrum lag in Atzompa.«

Héctor hatte seine Zweifel. Das Ganze höre sich zu gut an. Es gab ihm aber zu denken, dass über das Erdbeben in Oaxaca, das arme Dörfer dem Erdboden gleichgemacht, Häuser zerstört und Hunderte Menschen das Leben gekostet hatte, kaum berichtet wurde, aber als zwölf Tage später die Erde in Mexiko-Stadt gebebt hatte – wahrscheinlich waren es die gleichen tektonischen Platten gewesen, die sich unter der Sierra Madre verschoben hatten –, war das Geschrei groß gewesen, weil es reiche Leute und teure Häuser getroffen hatte.

»Sie haben von mexikanischen Klischees gesprochen«, sagte Héctor. »Ich stimme Ihnen zu. Es gibt viele. Aus diesem Grund habe ich mich bei kulturellen Veranstaltungen, die wir in den Botschaften hatten, immer geweigert, Bilder von Frida Kahlo oder Skelette zu zeigen. Ich habe etwas dagegen, dass sie die Kultur unseres Landes repräsentieren sollen. Durch solche Bilder ist das Klischee ja erst entstanden. Ich wollte immer Gegenwartskunst zeigen. Und was ist mit Essayistinnen? Und modernen Musikern? Wir sind eine Gesellschaft mit einem großartigen Kulturleben, das viel mehr zu bieten hat.«

Nicht alle Teilnehmer gaben Héctor recht; einige wollten die Werke von Frida Kahlo in ihrer ikonenhaften Bedeutung nicht missen.

Héctor betreute unseren Besuch im Nationalmuseum für Anthropologie: ein Gebäude von aufregender Modernität. Der Führer erklärte die verschiedenen Darstellungen der indigenen Völker Mexikos, die hier mit Beispielen ihrer Lehmbaukunst, ihren altertümlichen Handwerkstechniken und ihren schlichten Gerätschaften gezeigt werden. In mehr als zwölf verschiedenen dreidimensionalen Tableaus im ersten Stock werden Völker wie die Pachitas, die Zapoteken, die Mixtecas, die Nawatlaka mit ihren jeweiligen Röcken, Blusen und Kopfbedeckungen in Szene gesetzt, dazu Beispiele ihrer Textilkunst – Perlenarbeiten der Huicholen, bestickte Stoffe der Otomi – und Texte, die ihre zweiundsechzig verschiedenen Sprachen und dreihundert Dialekte verdeutlichen.

»Sehen wir hier, wie sie früher gelebt haben?«, fragte ich.

»Wie sie immer noch leben«, sagte der Führer.

Die Otomi in Tequisquiapan im Staat Queretaro, die Totonac in Veracruz, die Mixteken in den Bergen der Mixteca Alta: Sie existieren alle noch, wenn auch ihr Alltag vielleicht nicht mehr ganz der idealisierenden Darstellung im anthropologischen Museum entspricht. Sie sind die ärmsten Völker Mexikos.

»Das sind die Leute, die über die Grenze wollen«, sagte Diego.

»Ihr habt ja auch indigene Völker.« Héctor hatte sich neben mich gestellt. »Und die sind genauso arm.«

Ich erzählte ihm von der Frau aus dem Tohono O'odham-Volk, die mir in Gila Bend so stolz erzählt hatte, dass es in der Sprache ihres Volkes kein Wort für »Mauer« gebe.

El taller ging weiter: zwei Seminarstunden am Vormittag, Gespräche beim Lunch, immer ein Ausflug und oft ein gemeinsames Abendessen – lebendige Tage mit Schülern, die mir ans Herz gewachsen waren. Nach über vierzig Jahren, die ich nicht mehr vor einer Klasse gestanden hatte, entdeckte ich jetzt wieder die Freude am Dialog mit klugen, engagierten Menschen in einem Seminar. Ich freute mich jeden Tag auf das Wiedersehen mit ihnen und war dankbar für ihre Gesellschaft.

»Jetzt ist Schreiben dran.« Ich verteilte eine Liste mit Themenvorschlägen, die absichtlich vage formuliert waren, um die Phantasie der Schreibenden anzuregen: »Das einzig Wahre«, »Der Fremde«, »Im Labyrinth von Mexiko«, »Die Masken Mexikos« und so weiter.

Die Geschichten, die sie schließlich mitbrachten, ähnelten sich bei aller Verschiedenheit doch in der Wahl der Stoffe: Es ging um Identität, Missverständnisse, Gefahr, Einsamkeit und Verwirrung, und oft spielten die Erzählungen im langen Schatten der USA. Sie waren flüssig und souverän geschrieben, manche in experimentellem Duktus: Fesselnd waren sie alle. Ihre Schilderungen vom Privatleben einzelner Figuren, von außergewöhnlichen Gestalten oder Szenen überwanden alle Klischees. Oft ging es um Tod, um Befangenheit, Einsamkeit, verlorene Liebe, Kränkungen und die Nachteile, die man haben kann, wenn man Mexikaner ist.

Einige der Teilnehmer waren begabte, erfolgreiche Autoren, deren Bücher in Mexiko viel gelesen werden; nur eine Einzige von ihnen ist auch in den USA und Europa bekannt: Guadalupe Nettel. Ihre Bücher, von denen *El cuerpo en que nací*, ein autobiographisches Werk, und *Nach dem Winter* die bekanntesten sind, wurden in zehn Sprachen übersetzt. In einer ihrer Kurzgeschichten sagt ein mexikanischer Wissenschaftler, der in den USA und Europa lehrt, dass »man in Mexiko erst anerkannt wird, wenn man im Ausland Karriere gemacht hat«. So war es auch dieser Autorin ergangen; nachdem sie Preise gewonnen und ins Englische, Französische und Deutsche übersetzt worden war, kam der Ruhm in Mexiko.

Fremdheit und die Erfahrungen von Einsamkeit und Verlassenheit kamen in den Geschichten vor, die am gelungensten waren.

Die »Fremden« in Guadalupe Nettels Geschichte »El Cuartito« (»Das Kämmerlein«) sind mexikanische Einwanderer, die an der Grenze zu den USA befragt werden: »Seit meiner Kindheit habe ich schon so viele Stunden in den Schlangen vor dem US-amerikanischen Zoll gestanden, dass ich weiß, wie lang und ermüdend das Warten sein kann … Alles schien absichtlich darauf angelegt, die Menschen zur Verzweiflung zu bringen. Es ist eine Lotterie.« Und in dem zähen Elend der Gedanke: »Die Nordgrenze ist eine Wunde, die alle Mexikaner schmerzt.« Zur Würdelosigkeit der Befragung schreibt sie: »So etwas sollte jeder Mensch mindestens einmal erlebt haben, um verstehen zu können, was andere durchmachen.«

Die Ausländerin in Héctor Orestes Aguilars »The Gringa« ist Mariana, ein Flüchtling aus Polen. Sie ist »winzig, pummelig, hat große grüne Augen und sehr weiße Haut« und macht in Mexiko als Künstlerin und Fotografin Karriere. In ihrem großen Haus lädt sie zu Salons ein. Der Erzähler erinnert sich an eine Soiree, bei der er als kleiner Junge einen anderen Fremden sah: »Im Salon von Marianas Haupthaus sah ich B. Traven. Also jedenfalls die Hälfte seiner Gestalt, so viel, wie ich als kleiner Junge sehen konnte: nur die braunen Stiefel und die Khaki-Hosen. Ich werde aber nie vergessen, dass alle Kinder, auch ich, ihn bei seinem Spitznamen riefen: Skipper.«

Tatsächlich sprach Travens Witwe davon, dass ihr einsiedlerischer Ehemann sich gern als Kapitän sah und daher Skipper genannt werden wollte.

In der Geschichte »Juana Lao« von Luisa Reyes Retana ist die Fremde eine Frau, die im Nachlass ihres Großvaters auf ungeöffnete Briefe an einen seit siebenundzwanzig Jahren verstorbenen Onkel stößt; der Fund bringt sie nach Kuba, wo sie das große Geheimnis ihres Onkels entdeckt. In ihrem Text »Gringa« beschreibt die Autorin, Übersetzerin und Lektorin Yael Weiss sich selbst als Mexikanerin, die mit ihrer blassen, sommersprossigen Haut nicht mexikanisch aussieht: »Wie eine Gringa, eine Mischung aus Europäerin, Asiatin und Indianerin mit jüdischen und katholischen Vorfahren.« Ihre Heldin kommt in Las Vegas mit schwarzen Rappern in Kontakt und benutzt das Etikett »Mexikanerin«, weil sie dazugehören will: »Meine mexikanische Identität färbte mir zum ersten Mal im Leben die Haut. Ich kam mir auf einmal mehrdeutig vor, trügerisch; wie ein Eindringling mit einem mexikanischen Alibi.« Sie ergänzt: »Der neue Rassismus gegen Mexikaner färbte mir die Haut braun.«

Ihre Geschichte war für mich ein Hinweis auf die verschiedenen Gesichter im Seminarraum: Manche sahen aus wie Gringos, manche dunkel, manche spanisch, italienisch, osteuropäisch – es gab alle Schattierungen. Es gibt kein mexikanisches Gesicht.

Das Gefühl des Übersehen- und Nichtverstandenwerdens schärfte die Empfindsamkeit dieser Autoren ganz extrem: Rosi Zorilla löst in Kuba ein Missverständnis auf, Miriam bekommt in einem Restaurant mit, wie sich ein Gringo beschwert, Maria Pellicer beschreibt, wie eine betrunkene Britin am Flughafen von Las Vegas in der Schlange am Zoll zusammenbricht und von den Polizeibeamten mit Freundlichkeit aufgefangen wird. Valeries Figur hört in ihrer Wohnung plötzlich einen wartenden Hubschrauber: »wie eine riesige Spinne, die ihre Beute sichert«, der somalische Sprengstoffattentäter im Nachbarhaus im Visier hat. Mexiko-Stadt: eine Welt der Fremden.

Meine Seminarteilnehmer boten mir mit ihren sorgfältig geschriebenen – und meistens auf Englisch verfassten – Geschichten Anregung und Einsichten; ich war ihnen für ihr Wohlwollen, ihre Großzügigkeit und ihre gute Laune dankbar.

Der Schrein der Santa Muerte

»Denkt ihr noch an die Santa Muerte?«, fragte ich die Gruppe eines Tages. »Wir wollten doch in die Kapelle?«

Die Frage traf erst einmal auf Schweigen, dann sagte jemand, es gebe doch jede Menge solcher Kultstätten, bis Diego fand: »Wir sollten dort anrufen; ich glaube nicht, dass Gäste da willkommen sind.« Alle steckten die Köpfe zusammen und besprachen die Risiken, die ein solcher Besuch mit sich bringen könnte.

Offensichtlich gab es einige. Zwar hatte eine Santa-Muerte-Kapelle in Ortizaba, Veracruz, gerade unbehelligt ihr zehnjähriges Jubiläum feiern können und eine andere war im Süden der Stadt gerade im Bau, aber eine Santa-Muerte-Kirche in Pachua war erst kürzlich gegen den heftigen Widerstand der Gemeinde von den örtlichen Behörden abgerissen worden. Staatliche Stellen gingen besonders gegen solche Stätten vor, die mit Drogenkartellen in Verbindung standen. Je beliebter er in der Bevölkerung wurde, desto unpopulärer wurde der Kult bei den Behörden.

Die Heilige des Todes in ihrer mittelalterlichen Mönchskutte, aus deren Kapuzenschatten der gelbliche Schädel herausgrinst, während sie mit knochiger Hand die todbringende Sichel umfasst, ist unter anderem eine Götzenfigur der Narcos. Die Verehrung der »Knochigen« stammt aus der Zeit vor der spanischen Eroberung, aber noch im 17. Jahrhundert wurde ein gekrönter Knochenmann bei den Karfreitagsprozessionen in Oaxaca mitgeführt, um »den Triumph des Todes über den Sohn Gottes« darzustellen. (In den Dorfkirchen von Oaxaca sollte ich später antike geschmückte Skelette zu sehen bekommen.) Der schwülstige, viel gruseligere Kult um die weibliche Figur des Todes ist jüngeren Datums und hat in der heutigen Zeit eine wachsende Anhängerschaft, vor allem in kriminellen Kreisen. Ein kunstvoller Schrein (voller Opfergaben wie Früchte, Mescalin und Geld) zu Ehren der Santa Muerte sei im Jahr 2002 im Haus von Gilberto García Mena, »El June«, einem der Bosse des Golfkartells entdeckt worden, schreibt Diego Osorno in *La guerra de los Zetas*, seinem Buch über die Kartelle. Menas Haus stand in Guardado de Abajo, einem mexikanischen Dorf unweit Ciudad Alemán, das man vom Flussufer im texanischen Roma aus sehen kann. Dass das heilige Skelett bei den Kartellen verehrt wird, beweist auch die lange Reihe von Kultschreinen, die sich über 250 Kilometer an der Ribereña, dem Südufer des Flusses, entlangzieht: Dutzende von kleinen Santa-Muerte-Altären, vor denen die Narcos um Schutz beten.

Mit der Santa Muerte als Hoffnungsträgerin für die Verlorenen, die Drogenhändler, Prostituierten, Schlepper und Gangster, als Schutzschild gegen die Behörden war dieser Kult mit Millionen von Anhängern zur am schnellsten wachsenden Religion in Mexiko geworden. Eifrige Götzendiener bauten im ganzen Land Kultstätten auf: Einige hatten die Ausmaße veritabler Kirchen, andere waren nicht eindrucksvoller als der kleine Schuppen, den ich in El Llano de Lobo im Süden von Matehuala besichtigt hatte.

Die Diskussion ging nun darum, dass niemand so genau wusste, wo die Kapelle lag. Niemand war je dort gewesen.

»Aber du warst schließlich in Äthiopien«, zog ich Diego auf.

»Im Vergleich hierzu könnte Äthiopien sicherer sein. Ich glaube, wir sollten jemanden suchen, der uns da in Empfang nimmt und uns herumführt.«

Adán telefonierte: »Santa Muerte?« Er verzog das Gesicht. Am anderen Ende war aufgelegt worden.

»Vielleicht lassen wir es einfach«, sagte Julieta. »Es könnte Ärger geben.«

»Nur mal reinschauen«, insistierte ich. »Um zu sehen, wie es da aussieht.«

»Wo ist sie denn überhaupt?«, fragte Adán.

»Taxifahrer wissen so etwas«, sagte Diego.

Als wir im Taxi saßen – meine vier Freunde versuchten, auf der

Rückbank aneinandergequetscht die Balance zu halten, ich hatte mich auf dem Beifahrersitz breitgemacht –, nahm der Fahrer einen dicken Straßenatlas zur Hand, den er an jeder Ampel zurate zog. Wegen der winzigen verblassten Schrift brauchte er dazu eine Lupe; das dicke Buch hielt er auf dem Schoß, das Lenkrad diente als Stütze.

»Morelos.« Er wedelte mit der Lupe.

»Dachte ich mir doch«, sagte Valerie.

»Ich glaube, ich weiß es jetzt«, sagte der Fahrer, »aber ich bin da noch nie gewesen.«

Morelos, so erklärten es mir meine Freunde, gilt als eines der drei gefährlichsten Viertel von Mexiko-Stadt, die beiden anderen sind Central de Abasto in Iztapalpa, ein Zentrum des Drogenhandels, und Olivar del Conde wegen seines Labyrinths aus schmalen Durchgängen, Gässchen und Sackgassen, die Raubüberfälle einfach und ein Entkommen schwer machen.

Nach einer halben Stunde im hier üblichen schweren, stockenden, drängelnden Stadtverkehr erreichten wir die belebten Straßen von Morelos. Das Viertel erinnerte mich an Bombay: Es sah genauso eng und chaotisch aus. In der Circonvalación, der Hauptstraße, drängten sich Taco-Stände, Märkte, Geschäfte und Lastkarren in einem Durcheinander von aufgestapelten Waren: Kleider, Schuhe, T-Shirts, Hüte, klapprige Gestelle mit Büstenhaltern und Schlüpfern, die wie Fahnen im Wind wehten, daneben Töpfe, Pfannen, Tiegel und Reiskocher, dazu ein Gewimmel von Käufern, die sich zwischen den Autos hindurchquetschten. Das Ganze atmete Anarchie und Improvisation; laute Musik war zu hören, es roch nach Frittierfett.

»War einer von euch mal in Bombay?«, fragte ich.

Alle verneinten.

»Ihr könnt es euch sparen. Das hier ist Bombay.«

Das Unico Santuario Nacional de la Santa Muerte befand sich in einem kleinen, weiß gekalkten schmucklosen Gebäude mit einer quadratischen Fensteröffnung in der flachen Front. Im Fenster stand ein großes, mit einer Robe bekleidetes Skelett; direkt dahinter ein kleineres, spinnenartiges Gerippe. Ein tiefer Durchgang, eher eine Toreinfahrt als eine Tür, klaffte in der dicken Mauer. In der düsteren Straße war kein Mensch unterwegs, wodurch sich die plärrende Musik vom nahen Markt ziemlich surreal anhörte. Das Schaufenster jedenfalls verhieß mit seiner Dekoration aus klapprigen, grinsenden Skeletten nichts Einladendes oder Tröstliches.

Wir blieben erst einmal draußen, zögerten ein bisschen, gingen aber schließlich durch die Toreinfahrt und eine tunnelartige Lobby, die durch ihre Wandbemalung mit Totenschädeln an die Geisterbahn auf einer Kirmes erinnerte, in die eigentliche Kapelle: ein höhlenartiger, von Kerzen erleuchteter, mit Skeletten vollgestellter Raum. Die Bankreihen waren leer bis auf eine Frau, die ihre Hände in den Falten ihres dunklem Umschlagtuchs verborgen und ihr verhärmtes, graues Gesicht dem Altar mit seinen blakenden Kerzen und rußgeschwärzten Lampen zugewandt hatte.

Der Altar war wie ein Bühnenbild aufgebaut. Inmitten von Devotionalien des Todes – Schädel, Knochen, Särge und verwelkte Blumen – stand eine vielleicht ein Meter achtzig große Statue der Santa Muerte im weißen Brautgewand mit verheddertem Schleier, in der einen Hand die Sichel, in der anderen die Kugel. Eine schwarze Perücke saß schief auf ihrem Schädel, im Rücken trug sie metergroße Flügel: der Engel des Todes als makabre Braut. Aber auch Jesusbilder gab es auf dem Altar und Kruzifixe im Verein mit weiteren Skeletten von unterschiedlicher Größe.

»In Tepito, gar nicht so weit von hier, gibt es noch einen Santa-Muerte-Schrein«, flüsterte Diego. Er hatte sich erkundigt. »Aber das hier nennen sie das nationale Heiligtum. Erst heute Früh hatten sie hier einen Gottesdienst.«

Niemand schien etwas gegen unsere Anwesenheit zu haben, und niemand hinderte Valerie daran, Fotos mit ihrem Mobiltelefon zu machen. Wir wanderten flüsternd herum und besahen uns die Reliquien und Bilder aus der Nähe. An einem kleinen Stand konnte man Heiligenbildchen mit Zaubersprüchen kaufen. Ich suchte mir eins für jemanden aus, der eine bedrückende Person loswerden wollte. *»Protector de la Santísima Muerte«* stand darauf: »Ich stehe vor Dir, zerknirscht und geschlagen, abgekommen vom Pfad des Lebens und der Liebe. Mutter, ich flehe Dich an, erhöre meine Bitte (*Die Bitte* *ist hier einzutragen:* ›Ein Familienmitglied treibt mich in den Wahnsinn‹, flüsterte ich), mir in diesen wahrlich schweren Zeiten zu helfen. Ich werde durch eine hartherzige Person ungerecht gestraft. Sie weiß, dass ihr Tun schmerzhaft und qualvoll ist, aber sie fährt trotzdem damit fort …«

Ich war am Stand stehen geblieben, um mir die anderen Devotionalien anzusehen, als die Frau, die den Kram verkaufte, mich fragte, ob ich etwas Spezielles suche.

»Einen Glücksbringer«, sagte ich. »Er soll mich beim Autofahren beschützen.«

»Nehmen Sie diesen.«

Sie nahm eine Perlenschnur, an der ein acht Zentimeter langes Silberamulett mit dem Konterfei der Santa Muerte baumelte, vom Haken. Es kostete mich etwa drei Dollar.

»Moment noch.« Sie entkorkte eine kleine Flasche und verteilte ein aromatisches Öl auf den Perlen der Schnur: »Ein Balsam, um es von all den Berührungen durch andere Menschen zu säubern.«

Santa Muerte schien mir kein Abbild eines Wesens zu sein, das einmal gelebt hat, sondern vielmehr eine Darstellung des Todes. Ihre Attraktion besteht vermutlich darin, dass sie niemanden wegschickt, besonders die Sünder nicht, die sie im Gegenteil willkommen heißt, und dass sie uns allen, auch den Bösesten unter uns, vergibt. Außerdem verlangt sie weder Buße noch Besserung, im Gegenteil: Sie fördert die Sünde und die Sündigen. Man kommt wegen der Wunder zu ihr und weil man akzeptiert werden will. Sie verkörpert die Akzeptanz – »Sündigt weiter« ist die Botschaft dieses Kults. Santa Muerte ist all jenen gnädig, die ein kleines Schmuckstück oder ein paar Pesos opfern, die richtige Kerze anzünden oder nur um Hilfe flehen. Der heilige Judas, Mexikos anderer bedeutender Patron, bietet den Verzweifelten zwar Hilfe an, aber um seine Aufmerksamkeit zu erregen, sollte man besser im Stande der Gnade sein, anständig gebeichtet und sich den Prinzipien der Heiligkeit unterworfen haben.

Die Anhängerschaft des Santa-Muerte-Kults, der inzwischen vom Vatikan als Ketzerei geächtet wird, ist in den letzten zehn, fünfzehn Jahren gewachsen und war mit etwa zwanzig Millionen Anhängern noch nie so zahlreich wie heute. Weil er Schutz und eben das eine oder andere Wunder verheißt, passt der Totenkult perfekt zu einem Land, in dem die Hälfte der Einwohner in Armut lebt.

»Und, was sagt ihr nun?«, fragte ich, als wir ins wartende Taxi stiegen.

Die klassische Antwort von Mexiko-Stadt brachte mich zum Lachen: »Gehen wir was essen.«

Umweg zur Grenze

Vor nicht allzu langer Zeit galt Mexiko-Stadt noch als »Stadt der schrecklichen Nacht« und hatte wegen Verbrechen und Chaos einen üblen Ruf. (»Also da steigt dieser Gringo ins Taxi und denkt, er wird ins Hotel gefahren, aber stattdessen landet er in einem Slum und wird ausgeraubt.«) Als ich mich hier aber eingelebt und meine tägliche Routine von Unterrichten, Essen und Sightseeing gefunden hatte, kam mir die Stadt nur blühend und lebendig vor, eine großartige Metropole mit vielen Gesellschaftsschichten, deren oberste die Milliardäre und deren unterste die Slumbewohner bildeten. Das einzige Böse waren die Frechheiten der übellaunigen Polizisten. Fernab von den bekanntermaßen gefährlichen Vierteln kam mir die Hauptstadt so sicher vor wie eine Stadt mit dreiundzwanzig Millionen Einwohnern eben sein kann.

Mit der Zeit begann ich, meine Tage als Flaneur zu verbummeln, wurde faul und überheblich wie ein Städter und entwickelte das Großstadtlaster des Prokrastinierens, aß spät, stand spät auf, verplauderte meine Zeit in Cafés und tat beschäftigt. Die Ausrede war mein Dozentenjob, aber auch als der Workshop längst zu Ende war, traf ich mich immer noch mit meinen neuen Freunden und redete mir ein, das gehöre zu meiner mexikanischen Reise.

Das schlimmste großstädtische Laster besteht darin zu vergessen, dass es außerhalb auch noch etwas gibt: das so wenig glamouröse Hinterland. Und als von Peg Bowden in Nogales die Nachricht kam, dass die US-Border-Patrol zum allerersten Mal eingewilligt hatte, sich in Tucson mit Vertretern der Hilfsorganisationen zu treffen, beschloss ich, alles stehen und liegen zu lassen und hinzufahren. »Du willst vielleicht dabei sein«, hatte Peg geschrieben.

Ich ließ das Auto auf einem sicheren Platz in Roma und nahm ein Flugzeug nach Tucson, Arizona, wo ich an einem heißen Vormittag von blendendem Licht und brennender, erstickender Luft ankam. Nach Mexiko würde ich per Bus zurückfahren.

Die Veranstaltung nannte sich »Community Forum« und fand in einer kleinen Methodistenkirche in einem bürgerlichen Vorort statt. Die Kirchenbänke waren zur Hälfte mit gut hundert Aktivisten besetzt; fünf grün uniformierte Beamte der Border Patrol saßen auf einer Empore vor dem Altar. Einer der Männer in Grün war Rodolfo Karisch, der gerade sein Amt als Polizeidirektor des Grenzabschnitts Tucson angetreten hatte, ein Mann mit einem kalten Lächeln und harten, kleinen, tiefliegenden Augen im fleischigen Gesicht. Die Aktivisten in den Kirchenbänken waren bunt gemischt: resolute, weißhaarige Großmütter, skeptische Älteste der O'odham (drahtige, langhaarige, zornige alte Männer in Sandalen), eine Delegation von der katholischen Hilfsgruppe »No More Deaths« aus der Grenzstadt Douglas mit ihrer bekannten Leiterin, der winzigen, energischen Schwester Judy Bourg, dazu eine Anzahl von jungen Männern und Frauen, die College-Schüler sein mochten. Alle fixierten die stämmigen Beamten der Border Patrol mit wütenden Blicken.

Im Kleingedruckten auf dem Faltblatt mit der Agenda wurde zugesagt: »Vertreter der Presse sind in diesem Forum nicht zugelassen«, also sagte ich nichts über mein Vorhaben, hörte nur still zu und machte mir Notizen. Nacheinander stellten die verschiedenen Gruppen sich in fünf- bis zehnminütigen Reden vor und äußerten ihre Anliegen. Dann lud Chief Karisch, dessen Einführungsrede den Titel »Wir entsenden Polizisten in ein Kriegsgebiet« hatte, zur Diskussion.

Mit Leidenschaft und doch in sachlichem Ton brachten die Aktivisten einer nach dem anderen ihren Ärger zum Ausdruck.

»Haben Sie Verfahrensregeln für den Umgang mit humanitären Hilfsorganisationen?«, wollte eine junge Frau wissen. »Vor kurzem gab es einen Angriff der Border Patrol auf ein Camp von ›No More Deaths‹. Nach internationalem Menschenrecht ist das illegal.«

»Wir halten uns an das Gesetz«, fing Chief Karisch an – vielleicht war ihm nicht klar, auf welches »Gesetz« die junge Frau sich bezog, nämlich das humanitäre Völkerrecht, jene Zusammensetzung von Regeln, die, in den Worten des Internationalen Roten Kreuzes, »darauf abzielen, die Auswirkungen von bewaffneten Konflikten zu verringern. Es schützt diejenigen, die an den Kampfhandlungen nicht oder nicht mehr teilnehmen, und schränkt die Mittel und Methoden der Kriegsführung ein. Das humanitäre Völkerrecht wird auch als ›Kriegsrecht‹ und ›Recht des bewaffneten Konfliktes‹ bezeichnet« – aber die Frau sprach noch: »Der Beamte von der Border Patrol hat uns bedroht. Er sagte wörtlich: ›No More Deaths wird das zu bereuen haben.‹ «

»Wir billigen keine Drohungen.« Karish erteilte jetzt einem älteren Herrn das Wort.

»Sind Sie bereit herauszufinden, ob die Beamten instruiert werden, keine der ausgelegten Wasserflaschen zu zerstören?«

Ja, er sei dazu bereit.

»Und welche disziplinarischen Mittel werden Sie anwenden, wenn jemand einer solchen Tat überführt wird?«, fuhr der Herr fort. »Wie gehen Sie mit Fehlverhalten Ihrer Beamten um?«

»Von Verweis bis Kündigung«, antwortete Karisch knapp und erteilte einem anderen Sprecher das Wort, einem hochgewachsenen Mann mit Lederweste, Schnurkrawatte und breitkrempigem Hut.

»In Mexiko herrscht ein humanitärer Ausnahmezustand«, sagte der Mann. »Können Sie anerkennen, dass wir im Abschnitt Tucson eine humanitäre Reaktion brauchen?«

Im Sektor Tucson waren allein im Jahr 2017 die Leichen von 128 Migranten gefunden worden, 57 davon im Dickicht des Cabeza Prieta National Wildlife Refuge und in der Wüste bei Ajo, wo »No More Deaths« Wasservorräte ausgelegt hatte.

»Es ist ein Unterschied, ob man den Migranten Wasser hinstellt oder ob man ihnen Unterschlupf gewährt«, erklärte Chief Karisch. »Beherbergung und Schmuggel sind gegen das Gesetz.«

Ein junger Mann sprang auf: »Gilt es als Beherbergung, wenn man einen verletzten oder kranken Migranten medizinisch versorgt?«

»Schwierige Frage.«

Noch mehr Fragen zum Thema der zerstörten Wasserflaschen wurden gestellt; er werde sich darum kümmern, versprach Karish.

»No More Deaths« hatte erst kürzlich einen Bericht zu den Rechtsverletzungen der Border Patrol veröffentlicht. Zwischen 2012 und 2015 hatte die Organisation an den von Migranten genutzten Pfaden in der Gegend von Arivaca, einem öden Wüstenstrich im Osten des Tohono O'odham Reservats, 139 Hilfsstationen mit knapp einhundertzwanzigtausend Litern Wasser eingerichtet. Nach Schätzung der Organisation waren 86 Prozent der Wasservorräte genutzt worden, was bedeutete, dass Leben gerettet werden konnten. Im gleichen Zeitraum gingen 13 000 Liter Wasser durch Zerstörung der Stationen verloren. Der Bericht enthielt Videoaufnahmen, die einen Beamten der Border Patrol zeigten, der gerade Löcher in Wasserflaschen stach, und einen anderen, wie er an einem kalten Wintertag eine Decke aus einer Hilfsstation nahm. Beamte der Border Patrol waren mehrfach dabei gefilmt worden, wie sie Wasserflaschen zerstörten und die hölzernen Stationen zertraten. Ein Bericht von »No More Deaths« und »La Coalición de Derechos Humanos« vom Januar 2018 listet die Zahlen für die Sonora-Wüste im Abschnitt Tucson auf: 415 zerstörte Wasserflaschen, das heißt etwa zwei pro Woche: 13 574 Liter verlorenes Wasser. Auch von den Helfern postierte Kleidung, Essensrationen und Decken waren mitgenommen oder verwüstet worden. Das war schiere Gehässigkeit.

Darüber hinaus waren Helfer von der Border Patrol wegen »unerlaubter Müllablagerung«, gemeint waren die Kisten mit lebensrettenden Hilfsmitteln, festgenommen worden. Im beschriebenen Zeitraum waren sechshundert Leichen von Migranten in die Gerichtsmedizin von Pima County gebracht worden.

Solche Ungesetzlichkeiten kamen nicht erst seit den neuen Erlassen der Regierung Trump vor. Nach den Ausführungen von Caitlin Deighan, einer Sprecherin von »No More Deaths«, stammte die Politik der Militarisierung der Grenze, durch die Migranten in die gefährlichsten Bereiche der Wüste gedrängt wurden, wo sie zu Tausenden umkamen, schon aus der Ära Clinton. Die Todesfälle und die Attacken gegen die Wasserrationen wurden auch in den Obama-Jahren nicht weniger. »Das war unter jeder Regierung das Gleiche«, sagte sie.

In der Kirche hatte eine allgemeine Diskussion darüber begonnen, ob die Ärzte und Helfer, die in den Camps der Hilfsorganisationen verletzte und kranke Migranten medizinisch versorgten, ihnen damit »Unterschlupf gewährten« oder nicht. Eine definitive Antwort darauf war nicht zu bekommen. Die Pattsituation war klar: Die Border Patrol, für die ein kranker oder moribunder Migrant jemand ist, den es festzunehmen und abzuschieben gilt, lässt keine Milde walten, während die Helfer die Ansicht vertreten, dass eine solche Person Hilfe verdient.

Vor der gleichen ethischen Frage stand Henry David Thoreau in Concord, als er einen der vielen, halbverhungerten und verdurstenden davongelaufenen Sklaven bei sich aufnahm – und damit das Flüchtlingsgesetz brach und eine Gefängnisstrafe riskierte, nur weil er einem Mitmenschen das Leben retten wollte. Der Fugitive Slave Act machte seinerzeit jeden US-Amerikaner zum Mitschuldigen an der Sklaverei; durch die Kriminalisierung humanitärer Hilfsaktionen an der Grenze werden alle Bürger der USA zu Mittätern bei der Verfolgung von Migranten.

Eine Frau stand auf und hob die Arme, um auf sich aufmerksam zu machen: »Ich bitte um eine Schweigeminute für die siebentausend Menschen, die wegen der US-amerikanischen Politik an der Grenze gestorben sind.«

Nach diesem Augenblick der Stille – weniger Stille als zehn Sekunden unterdrücktes Summen, während derer ich draußen die Autos vorbeifahren hörte – meldete sich ein Herr: »In Ihrer Eröffnungsrede, haben Sie, Sir, dieses Gebiet einen Kriegsschauplatz genannt. Das ist eine ernste Sache. Deshalb meine Frage: Nach welchen Kriterien stellen Sie Leute ein? Nach allem, was ich sehe, haben Sie sehr viele sehr junge und unerfahrene Beamte, eine Menge Möchtegerne und zweifelhafte Gestalten, die leicht überreagieren können. Wie gehen Sie damit um?«

»Unsere Polizeiabteilung ist sehr schnell gewachsen«, gab Karish das Fehlen genauer Kontrollen zu: Einige der neuen Beamten hätten sich tatsächlich wegen fehlender Ausbildung oder wegen aggressiven Verhaltens als ungeeignet erwiesen, aber man sei dabei, aus Fehlern zu lernen. »Wir überprüfen die Bewerber jetzt genauer. Wir lehnen viele ab.«

»Aber Camps der Hilfsorganisationen werden immer noch angegriffen und Wasserflaschen aufgeschlitzt. Ein paar von euren Jungs sind doch bloße Teenager.«

»Regulär dürfen sich Achtzehnjährige bewerben«, gab Karish zu.

Ich musste an die vielen, kräftigen, großspurigen Highschool-Kids auf den Straßen von Arizona denken, wie sie viel zu laut lachten, sich herumschubsten und im Sonic-Drive-in versuchten, die Aufmerksamkeit der Mädchen durch lautes Hupen zu erregen. Keiner der Helfer hier im Raum war in diesem Alter. Man konnte sich solche achtzehnjährigen Burschen oder Mädchen schon in der grünen Border-Patrol-Uniform vorstellen, wie sie mit Glock und Elektroschocker im Halfter und dem Stetson-Hut auf dem Schädel als bewaffnete jugendliche Repräsentanten der Staatsmacht auf einen widersetzlichen Aktivisten oder einen flüchtenden Migranten losgingen. Die Begegnung fände kaum auf Augenhöhe statt.

Die Stammesältesten im Raum bemängelten das Gleiche: aggressive Polizeiaktionen, Hausfriedensbrüche im Reservat durch Fahrzeuge der Border Patrol.

»Der größte Schaden besteht im Verlust des Vertrauens in die Regierung der USA und ihre Grenzpolizei«, sagte einer der Ältesten, ein schlanker Mann im roten Hemd; ein Zopf seines schwarzglänzenden Haars hing auf seinem Rücken. »In unserem Volk herrscht große Angst vor der Border Patrol. Mitglieder des Stammes sehen die Autos auf unseren Straßen herumfahren, und die dürften da gar nicht sein.«

»Einer von unseren Leuten wird sich darum kümmern«, versicherte Karish. »Darum bin ich ja hier. Um Ihnen zuzuhören.«

»Unser Land ist uns heilig«, insistierte der Mann. »Was werden Sie tun, um das Vertrauen wiederherzustellen?«

»Ich bin hier, um das Vertrauen aufzubauen.«

Der Mann blieb stehen und beugte sich etwas vor, hob die Hand, wartete, bis es im Raum still wurde, und sagte mit Nachdruck: »Wir sind nicht der Feind!«

»Darf ich dazu etwas sagen?« Chief Karish sprach jetzt leise. »Sie müssen verstehen, dass wir die Regeln und Gesetze nicht machen. Wir sind dazu da, sie durchzusetzen.«

Ein junger Mann in einer der hinteren Bänke reagierte mit einem Protestschrei, stand auf und rief laut: »Sie sagen, dass Sie die Regeln und Gesetze nicht erlassen, aber jeder neue Chef Ihrer Truppe hat die Regeln geändert und neue erfunden! Es ist doch Willkür und Bosheit, wenn Wasserflaschen zerstört werden und man uns verhaftet, weil wir den Migranten Medizin geben!«

»Ich werde mich an die gültigen Spielregeln halten«, antwortete Karish. »Ich werde keine neuen Regeln einführen.«

Ein älterer Herr mit Schlips und Jackett meldete sich zu Wort; er sei Lehrer in einer Schule in Tucson und öfter mit seinen Schülern auf Exkursion im Abschnitt Tucson, und jedes Mal müssten sich die Jugendlichen einer endlosen Befragung an den Checkpoints der Border Patrol unterziehen.

»Meine Schüler sind keine Gesetzesbrecher, und trotzdem werden sie aus den Bussen herausgeholt und eingeschüchtert. Ich möchte wissen, was Sie dagegen tun wollen, dass Personen aufgrund ihrer Abstammung verdächtigt werden. Diese Praxis hat sehr negative Auswirkungen auf meine Schüler.«

Auch darum werde er sich kümmern, versprach der Polizeichef und wollte gerade die Versammlung schließen, als eine zierliche Frau um die vierzig das Wort ergriff: »Bevor wir jetzt auseinandergehen, möchte ich daran erinnern, dass Ihre Gewerkschaft sich im Wahlkampf öffentlich hinter Donald Trump gestellt und dass die Stiftung der Border Patrol Steve Bannon einen Preis verliehen hat.«

Hinter dieser Aussage steckte eine dunkle und verworrene Geschichte. Bannon, Berater Trumps in der Präsidentschaftskampagne, war im Jahr 2017 bei einem Festakt in Tucson von der Brian Terry Foundation mit einem Preis für unerschrockenen Journalismus ausgezeichnet worden. Namensgeber der Stiftung war ein Beamter der

Border Patrol, der 2010 im Abschnitt Tucson getötet worden war. Die Waffe, aus der die tödlichen Schüsse abgegeben wurden, wurde als eine der Waffen aus der Aktion »Fast and Furious« identifiziert.

In dieser verdeckten Operation flossen über zweitausend großkalibrige Schusswaffen – Sturmgewehre und halbautomatische Handfeuerwaffen – von den USA nach Mexiko; die Seriennummern sollten zur Identifikation und Verhaftung von Kriminellen führen. Im Rahmen der Aktion ermöglichte ATF, die Behörde für Alkohol, Tabak, Feuerwaffen und Sprengkörper, es mexikanischen Gangstern – sie wurden dadurch, dass beim Kauf nicht einmal ein Ausweis vorgelegt werden musste, regelrecht dazu ermutigt –, sich in grenznahen Geschäften wie etwa der Lone Wolf Trading Company in einer Mall in Glendale, Arizona, mit Waffen einzudecken und sie nach Mexiko zu schmuggeln. Der Ausdruck dafür war *gun walking.*

Der verdrehte Gedankengang hinter dem Plan war, dass man über die Waffen auf die Spur der Kartellbosse und Drogenbarone käme. Die Aktion, initiiert in der Regierungszeit von Präsident Obama, erwies sich als Fehlschlag: Hunderte dieser illegalen Waffen konnten vom ATF nicht mehr aufgespürt werden, kein Drogenbaron kam dadurch vor Gericht. Eine einzige Barrett mit Kaliber 12,7 mm fand sich bei El Chapos Drogengang, aber von fünfunddreißig dieser schweren Sturmgewehre, mit denen man leicht einen Hubschrauber abschießen könnte, verlor sich jede Spur. Später kam heraus, dass Officer Brian Terry mit einer AK-47 aus der Operation Fast and Furious erschossen worden war: Ein Whistleblower vom ATF namens John Dodson hatte durchgesteckt, dass ein mexikanischer Krimineller die Tatwaffe, mit Billigung des ATF, bei der Lone Wolf Trading Company gekauft hatte.

Präsident Obama blockierte die Untersuchung des Falls, stellte sich vor seine Justizbehörden, verweigerte die Herausgabe der Unterlagen und verteidigte standhaft seinen Justizminister Eric Holder, der behauptete, nichts von der Sache zu wissen. Erst unter großem Druck der Öffentlichkeit kamen entscheidende Papiere ans Licht, aus denen hervorging, dass etliche Mitarbeiter des Justizministers von der Geheimoperation gewusst hatten und dass Holder versucht hatte, die Untersuchungen zu vereiteln. Die Aktion mit dem geförderten

Waffenschmuggel ergab am Ende nur, dass Tausende US-amerikanische Waffen in Mexiko landeten und ausgiebig für Straftaten an der Grenze genutzt wurden.

Bannon war die Auszeichnung in seiner Funktion als Chefredakteur der Breitbart News verliehen worden, die den ganzen Fall aufgedeckt hatten.

»Dazu möchte ich mich nicht äußern.« Chief Karish von der Border Patrol beendete die Veranstaltung.

Der erwähnte Fall zeigte wieder einmal die Komplexität der Verhältnisse an der Grenze – und wie eine so verzweifelte Maßnahme wie diese Geheimoperation mit ihrem geförderten Waffenschmuggel endete: mit Verbrechen, Elend, Vertuschung und Tod.

Der psychotrope Bus

Anstatt direkt nach Mexiko-Stadt zu fliegen, mein Auto zu holen und damit die Reise fortzusetzen, wollte ich mit öffentlichen Bussen die Westküste entlang über Culiacán, Mazatlán und Puerto Vallarta fahren und mich dort umsehen. So würde ich eine andere Art des Grenzübertritts erleben – in Gesellschaft von Mexikanern, die sich kein Flugticket leisten konnten.

Der billige Fernbus von Phoenix nach Mexiko *(»Tufesa Internacional – la experiencia más confortable de viajar«)* erwies sich als bewusstseinsverändernd, als im engeren und weiteren Sinn psychotrop. Die Fahrt erinnerte mich daran, dass die meisten kopflosen, halluzinierenden, hirnerweichenden Drogentrips (zumindest in meinem Leben) mit einem ganz sanften, ganz prosaischen Kitzel anfangen.

Zuerst stellt sich ein leises Unbehagen ein, ein würgender Kloß bildet sich im Hals, es folgt eine Explosion von Lichtwahrnehmungen, ein blendendes Licht in der Kopflaterne, während der Körper, willenlos verengt, verflüssigt und verwandelt auf einem Strom von Lava, oder ist es Marmelade?, davongetragen wird, begleitet vom Chorgesang verzerrten Gezwitschers, das von dementen Spatzen oder herumflitzenden Trupps durchsichtiger Fische in Korallenriffen stammen könnte; nur die Synapsen wissen Bescheid. Am Anfang steht die Enthauptung, du schmilzt, du verschwindest, und in einer willkommenen Morgendämmerung wirst du als Plasma wiedergeboren, wirst wieder zu feuchtem Fleisch, öffnest blinzelnd die Augen und fragst dich, was gerade passiert ist.

So etwa war die Busfahrt, nach einer Weile jedenfalls. Reisen kann ein solcher Rausch sein; vielleicht heißen beide deshalb Trip. Der Bus fuhr aus der Mittagsglut von Phoenix hinaus durch die Wüste von Arizona in das grelle Licht von Tucson und den stechenden Sand bei Tubac, wo ein paar Saguaro-Kakteen uns den Stinkefinger zeigten, während andere wie stachelige Kandelaber dastanden, die symmetrischeren unter ihnen wie gigantische Menoras. Nach etwas über dreißig Kilometern rumpelte der Bus langsam über die Straßenschwellen am Rand der USA vor das Tor im hohen, rostigen Zaun, um vom kleinen, behäbigen Nogales, Arizona, ins wuchernde, ausgelassene Nogales, Sonora, hinübergelassen zu werden.

So weit eine einfache Busfahrt in der Nachmittagshitze; die Abfertigung an der Grenze nur in Gestalt von fünf untersetzten, behelmten, mit Sturmgewehren ausgerüsteten Soldaten in Schwarz, die sich auf dem geborstenen Asphalt an uns vorbei in den Bus drängten, um Teile der Sitzpolster zu öffnen und mit Taschenlampen in dunkle Winkel zu leuchten. Mexikanische Repräsentanten der Autorität sind böser, dunkler, besser ernährt und muskulöser als der normale Mexikaner; sie sind schwerbewaffnet und ernst.

»Suchen die Drogen?«, fragte ich Bonifacio, meinen Sitznachbarn.

»Nein, die Drogen gehen in die andere Richtung. Die suchen Waffen und Geld.«

Wir waren zu zwölft in diesem Bus, ich offensichtlich der einzige Gringo. Alle anderen mit Papieren versehene, arme und besorgte Rückkehrer, die alle die gleiche Last des mexikanischen Dilemmas zu tragen hatten: Sie hatten Familie auf beiden Seiten des Zauns. In Bonifacios Fall eine gemischte Familie: »Frau in Mexiko, mit ein paar von den Kindern. Gefällt ihr nicht in Arizona. Andere Kinder hier, auch Enkel.« Außerdem hatte seine Lunge unter den Farbdämpfen in seinem Job gelitten; in Phoenix war er Autolackierer. Die alte Señora Cruz und ihre Tochter wollten Verwandte besuchen. Miguel war seit Jahren nicht mehr in seiner Heimatstadt Guadalajara (27 Stunden Fahrtzeit mit diesem Bus) gewesen. Wie die anderen auch hatte er vor, irgendwann in die Heimat zurückzugehen, war aber in einem sozial und kulturell begründeten Reflex vorsichtig und abwägend wie viele andere Mexikaner, mit denen ich gesprochen hatte: Vor einer wild gewordenen Polizei war man genauso auf der Hut wie vor grölenden Betrunkenen oder einem Haufen Irrer. Selbst der etwa Vierzigjährige mit dem Gesicht eines Junggangsters, der in Los Mochis aussteigen wollte, schien bedrückt.

In Nogales, Sonora, wurde Streetfood serviert: Durch die senkrechten Schlitze im neun Meter hohen Eisenzaun drang der Geruch von heißem Fett mit brennenden Chilis bis nach Arizona. Eine Frau mit einem Stapel Tamales, ein Mann mit einem Tablett voller Getränke, ein Eisverkäufer, Kinder, die Bonbons verhökerten – knapp fünfzig Meter hinter den USA begann die improvisierte Volkswirtschaft.

»*Café?*«, fragte ich.

»Hole ich.«

Der gut gekleidete (Schlips, Jacke, Golfkappe) Straßenverkäufer verschwand mit meinem Geld zwischen den wartenden Autos, um wenige Minuten später wieder mit dem Gewünschten aufzutauchen. Er hielt den Pappbecher in der einen Hand und sortierte mit der anderen geschickt mein Wechselgeld – dass er ganz selbstverständlich ein paar Münzen zurückbehielt, erinnerte mich sanft an die hier übliche Trinkgeldpraxis.

Der Bus fuhr südwärts Richtung Hermosillo, hinaus aus dem alten Kern von Nogales, ließ die Industriegebiete hinter sich und fuhr schließlich durch flache, grasbewachsene, bewaldete Hügel. Abgesehen von dem üblichen Elend, den Mietskasernen und verfallenden Hütten der fast vierzigtausend Fabrikarbeiter, sah die Landschaft genauso aus wie in Arizona, bis hin zum zeichenhaften Anblick einer Krähe, die im roten Brei eines platt gefahrenen Gürteltierpanzers herumpickte.

Das Grenzland ist mit dem ersten Eindruck von armen Schluckern, die wie in Kaninchenställen gegen den Zaun gequetscht in den schäbigen Hütten der engen *colonias* hausen, irreführend. Sie sind tatsächlich die Unglückseligen, die zusammengedrängten Massen, die sich nach Platz zum Atmen sehnen, während sie Plastikeimer und Autoelektronik für den Gringomarkt herstellen, Tamales für Busreisende zubereiten oder, wie in so vielen anderen Grenzstädten, billige Zahnbehandlungen anbieten.

In Anbetracht von Chaos, Schmutz und Hoffnung, die an der Grenze so offensichtlich sind, vergisst man leicht die Schönheit der Natur dahinter. Nach zwanzig Minuten Fahrt in den Süden beginnt das offene Land: die ganze Pracht des Hinterlandes von Sonora, die Dörfer Bambuto und Santa Ana, die mit Johannisbrotbäumen betupften Hügel, die farngrünen Schluchten, die eisenschwarzen Berge im Hintergrund, die Gipfel der Sierra im Osten, die trockenen Flussbetten, deren Schatten im abendlichen Zwielicht fließendes Wasser vorspiegeln.

Kurz vor Hermosillo begann es, dunkel zu werden, und die Mitreisenden, wieder eingetaucht in das Wüstenland ihrer Vorfahren, auf gewisse Weise durch die Rückkehr nach Mexiko weich gestimmt, wurden ruhiger und selbstsicherer, höflich miteinander, aber meinen Fragen gegenüber weitschweifig und ausweichend.

»Trump ist verrückt, sehr verrückt«, sagte Miguel. »Er hasst Mexikaner, er hasst Einwanderer, er sagt böse Sachen über die Chinesen – dabei sind die Chinesen sehr intelligent! Das Einzige, was den interessiert, ist Geld.«

Wir standen an einer Imbissbude im Busbahnhof von Hermosillo an der Plaza Girasol. Und hier sah ich auch das große – es war so groß wie ein Silberdollar – Medaillon am Hals von Señora Cruz. Sie liebkoste es mit dem Daumen, als bete sie zum Schutzpatron der Reisenden, dem heiligen Christophorus. Der war es aber nicht, sondern Malverde, der Narco-Heilige.

»Jesús Malverde.« Sie hob das Medaillon an, um mir das Bild des Banditen zu zeigen, der, gerahmt von Pistolen, Gewehren und Marihuanablättern zur Linken, von einem geheimnisvollen Pentagramm auf der Rechten, auf seinem Stuhl thronte.

Diese Busreise war etwas ganz anderes als meine eigene Autofahrt durch die Falterschwärme bei Reynosa. Die halluzinogene Wirkung des Trips setzte erst nach Anbruch der Dunkelheit so richtig ein, auf der schnurgeraden, leeren Wüstenstraße, als der Motor beim Herunterschalten Jammerlaute ausstieß. Und dann wehten mich wie im Fieber die Visionen und Trugbilder an, während der Bus mit überhöhter Geschwindigkeit Richtung Küste raste: silbriger Glanz niedriger Sträucher, Geröll, Vollmond über flachem Ödland. Ich döste und träumte, wurde immer wieder vom Ruckeln des Busses geweckt, blickte kurz auf überirdisch mondbeschienene Berge, dann wiegte mich das Schaukeln und Schwanken des Busses wieder in den Schlaf wie eine langsam wirkende Droge. Nach zehn Stunden Reise auf der nächtlichen Straße, auf der niemand sonst um diese Zeit unterwegs sein wollte, kam es mir vor, als seien wir auf einer Umlaufbahn im All und rasten durch Sternennebel. In den kurzen wachen Phasen spürte ich wenig außer Dieselabgasen und klebriger Feuchtigkeit und, wie in allen Fernbussen, den schalen Geruch von abgestandenem Essen und Schweißfüßen.

Tankstellen leuchteten beim schnellen Vorbeifahren wie grelle, geheimnisvolle Kometen auf; die, an denen wir für zehn Minuten Rast machten, waren nur trist und gewöhnlich. In Ciudad Obregón: ein Mann mit einem Wischmopp, Pappteller mit aufgewärmten Tortillas, gähnende, über Kaffeebecher gebeugte Gäste. Und dann wieder zurück zur Straße und zu einer neuen synästhetischen Wirklichkeit, zu schemenhaften Formen und Lichtausbrüchen vor den Fensterscheiben des rasenden Fahrzeugs. Und manche Lichtblitze schienen mich anzugrinsen wie der bleiche Schädel der Santa Muerte.

Wach bleiben konnte ich nicht, aber sobald ich einnickte, weckten mich der Schall des Asphalts unter den Rädern oder das grelle Licht von jäh im Nichts auftauchenden Straßenlampen wieder auf, die mich Sterne sehen ließen und mir frustrierend flüchtige Geistesblitze verschafften, die genauso schnell wieder erloschen, wie sie gekommen waren. In einem solchen Bus, bei diesem Tempo, unterwegs im Tunnel der Wüstenfinsternis, rechnet man sowieso immer mit einem Unfall.

In Los Mochis, nach hundertfünfzig weiteren Kilometern leerer Straße und Lichtblitzen, war niemand mehr wach, niemand stieg aus, und so ging es weiter durch halluzinogene Landschaft und Lichtspritzer im Bus, der in Gegenwind und Fahrtwind hin und her geworfen wurde. Ich schlief ein, wachte auf und dachte dann und wann an die Worte von Señora Cruz, die in einer Raststätte gesagt hatte: »Manchmal halten sie die Busse an. Bauen Straßensperren und rauben die Fahrgäste aus.«

Im Licht des abnehmenden Mondes und dem wässrigen Dämmerschein des Tagesanbruchs löste sich der psychedelische Vampirgriff der Halluzinationen dieses Trips, und als die Sonne mit glänzenden Lichtschwertern ins Innere des Busses drang, war ich hellwach, hatte aber ein flaues Katergefühl von der langen Nacht der unterbrochenen Träume.

Wir überquerten jetzt den Tamazula mit seiner in der Frühe noch grünlich-schwarz emaillierten Strömung und erreichten das Zentrum von Culiacán, der Stadt, die als Verbrechernest gilt und für Gewaltakte von Kartellen berüchtigt ist. Señora Cruz und ihre Tochter schoben sich schwerfällig an mir vorbei, die Señora kraulte noch immer ihr Medaillon mit dem Bild von Jesús Malverde.

Auf der taghellen Straße setzte sich die ganze banale Wirklichkeit mit ihren Straßenschildern und Laternenpfosten wieder durch. Das Meer konnte ich von hier aus nicht sehen, aber es war klar, dass im Westen, am Ende des flachen Landes, unter hohem Himmel in heller Luft der Ozean liegen musste: ein Morgen in Mazatlán.

Morgen in Mazatlán

Ein Sonntagmorgen in Mazatlán: kein Verkehr, nur ein paar Hundespaziergänger und Jogger auf der bröckelnden Uferpromenade beim *centro histórico*; zu früh für jeden, der zur Arbeit musste. Im La Siesta, meinem Hotel am Meer (Zimmer mit Seeblick 53 US-Dollar), hieß man mich willkommen. Eine Tafel an der Fassade erinnerte an den

Besuch von Jack Kerouac in dieser Stadt: »*En memoria a su estancia en estas playas.*« Ein langes Zitat folgte: »*La única gente que me interesa esta la que está loca, la gente que está loca por vivir, loca por hablar, loca por salvarse*«, fing es an, und wer *Unterwegs* gelesen hat, wird sich an diese missionarischen Leitsätze des Autors erinnern, der meine Generation dazu animiert hat, sich auf die Socken zu machen und die Welt zu entdecken: »Denn die einzig wirklichen Menschen sind für mich die Verrückten, die verrückt danach sind zu leben, verrückt danach zu sprechen, verrückt danach, erlöst zu werden [...]« Am Ende des Buches steht die weniger oft zitierte, etwas ernüchterte Überlegung: »[...] und niemand, niemand weiß, was einem beschieden ist, außer den trostlosen Fetzen des Alterns«, ein Zustand, den er nicht erreichen sollte; er starb mit siebenundvierzig in Florida.

Kerouac war auf der gleichen Route wie ich nach Mazatlán gereist, per Bus aus Arizona kommend; allerdings dürfte die Fahrt im Jahr 1951 länger gedauert haben. Er hielt sich nicht lange in Mazatlán auf und fuhr am gleichen Tag nach Mexiko-Stadt weiter, um William Burroughs zu treffen. Ich blieb aus purer Müßigkeit für drei Tage, freute mich am schmuddeligen Charme der Altstadt und dem Treiben auf der Promenade: Familien, Kinder, Liebespaare, Barbesucher, Flaneure. Dieses Ende der Stadt mit dem Strand Olas Altas ist eine Enklave, in der die Mexikaner selbst die Touristen stellen.

»Die kommen aus den *colonias* – manche von weit her – wegen der guten Seeluft«, kommentierte eine Frau die auf der Ufermauer sitzenden Campesinos.

Es gibt zwei Mazatláns. Das eine ist das *centro histórico* mit Marktplatz, Kirchen und dem Teatro Ángela Peralta – 1874 als Spielstätte für Opern, Kino, Theater und Boxkämpfe eingeweiht, 1992 restauriert und heute Veranstaltungsort für einheimische Musiker, Dramatiker und Tänzer – mit historischen Plazas und kleinen Bistros, die Einheimische willkommen heißen. Das andere, glitzernde, goldene Mazatlán, die Zona Dorada mit ihren Grandhotels und Ferienanlagen, zehn Kilometer strandaufwärts am oberen Stadtrand, gilt im Ort als Traumziel für reiche Gringos; mit Geld aus Drogengeschäften finanziert. »*Blanquear dinero*«, erläuterte mir jemand mit verächtlichem Grinsen.

Man trifft in Mexiko selten jemanden ohne familiäre Verbindungen in die USA. Viele, mit denen ich sprach – Mexikaner, die in Hotels, Restaurants und Läden beschäftigt waren oder Taxis fuhren –, hatten in den USA gearbeitet und waren rausgeworfen worden. Die Geschichten ähnelten sich: Man war wegen eines Notfalls in der Familie nach Mexiko gefahren und hatte nicht mehr in die USA zurückkehren können.

Liliana war heimlich über die Grenze gegangen und hatte ein Jahr lang in einem Hotel in Colorado Betten gemacht und dann noch für ein Jahr in einem Restaurant gearbeitet. Sie sei gut bezahlt worden, sagte sie, und die Trinkgelder im Lokal seien nicht schlecht gewesen.

»Ich bin nach Hause gekommen, weil meine Mutter im Sterben lag«, erzählte sie. »Und jetzt kann ich nicht zurück.« Sie überlegte einen Augenblick lang – und sah plötzlich älter aus. »Wenn ich fünftausend Dollar hätte, könnte ich ein Visum kriegen oder die Mafia bezahlen, dass die mich rüberbringen. Aber das Geld kriege ich nie zusammen.«

Als fest angestelltes Zimmermädchen in einem ordentlichen Hotel in Mazatlán verdiente Liliana 700 Pesos, also etwa 35 Dollar die Woche. Ihr Mann hatte sie verlassen, ihre Kinder waren erwachsen. Sie hatte sich mit einem Leben mit schlechtbezahlter Arbeit, mit der sie knapp über die Runden kam, abgefunden. Sie hatte die Mafia erwähnt, also fragte ich sie danach.

»Hier gibt es vier Gruppen.« Sie zuckte mit den Achseln. »Mir tun sie ja nichts.«

Da Mazatlán eine betriebsame, bedeutende Hafenstadt ist, kämpfen die Kartelle um die Kontrolle des Hafens, der für den Drogenschmuggel in Richtung Norden unverzichtbar ist. Erst wenige Monate vor meinem Besuch in der Stadt waren Lkw mit dreizehn in Fässern mit Chilisoße versteckten Tonnen Kokain, die in Mazatlán umgeschlagen werden sollten, weiter südlich in Manzanillo abgefangen worden.

So etwas hört sich nach Kampf an, aber meine Tage in Mazatlán waren friedlich: Ich spazierte den *malecón* entlang (zwanzig Kilometer Seepromenade), probierte die Restaurants aus, schwamm an den heißen Nachmittagen im Meer und lächelte spätabends den wilden Tänzern in den Clubs und Tanzschuppen zu.

»Die tiefe Anziehungskraft des Schmuddeligen«, empfindet Graham Greene an manchen Orten (in seinem Fall Westafrika). Das gleiche wohlige, unwiderstehliche Gefühl hatte ich in der Altstadt von Mazatlán: alterslose Schäbigkeit und große Vitalität im Verfall. Das alles ein Argument gegen Luxus, Boutique-Hotels und lästige Kellner in Fräcken – und für die Wonne, sich auf einem durchgesessenen Sofa zu entspannen.

Das war für mich das Beste an Mexiko: köstliches, preiswertes Essen, bequeme, billige Hotels und Menschen, die zu wohlerzogen sind, über ihr hartes Los zu klagen: schlechte Bezahlung, kriminelle Banden, ein Land ohne vernünftiges Renten- und Gesundheitssystem, korrupte Polizei, brutale Soldaten und ein Staat, dem die Nöte seiner Bürger ziemlich egal sind. Auf solch infernalische Umstände reagierten die meisten, die ich traf, entweder, indem sie selber widerborstig und böse wurden, oder sie nahmen, und das war überwiegend der Fall, ihr Schicksal gelassen in dem Wissen hin, dass laute Kritik gefährlich oder gar tödlich sein kann.

Im Mercado Municipal, der nur zehn Minuten von meinem Hotel gelegenen Jugendstilmarkthalle von Mazatlán, herrschte Gedränge zwischen toten Fischen, fliegenbedeckten Fleischstücken, Obst, Kleidung, Elektroartikeln, Schuhen, Devotionalien, Kitsch und ramschigen Andenken, die hier *chacharas* heißen. Trotz der drangvollen Enge im Getümmel bot die Halle eine Szenerie von Höflichkeit: freundliches Heranwinken, gut gelauntes Feilschen, keine Konfrontation.

Und hier, an einem Andenkenstand, zwischen Ikonen, Kruzifixen, Keramikschädeln und billigem Kram, sah ich eine etwa neunzig Zentimeter hohe Gipsplastik mit dem vertrauten Gesicht: Der hagere, würdevolle Mann mit dem weißen Hemd, der Schnurkrawatte und den Cowboystiefeln war unverkennbar Jesús Malverde. Das Gesicht war das eines asketischen Heiligen, aber diese Götzendarstellung hielt einen Packen Geldscheine in der Rechten, während die Linke sich auf einen Stapel Notenbündel stützte. Er saß auf einem thronartigen

Stuhl; ein großes, stachliges siebenfingriges Marihuanablatt diente als Hintergrund, ein weiteres lag zu seinen Füßen: ein weltlicher Heiliger, in seiner Präsenz und Seltsamkeit schockierend. Es war der Sitzende auf dem Medaillon von Señora Cruz.

»Können Sie mir bitte etwas über ihn sagen?«

Die lächelnde Verkäuferin, ihr Namensschildchen wies sie als MINERVA aus, fragte das Gleiche wie Señora Cruz: »Sie wissen, dass das Jesús Malverde ist?«

»Ja.«

Minerva erläuterte, dass Malverde in Sinaloa gelebt habe und dass es in Culiacán (wo Señora Cruz aus dem Bus ausgestiegen war) einen Schrein für ihn gebe, dass er sehr verehrt und mit Opfergaben wie Goldschmuck und Geld bedacht werde. Es gebe einen regelrechten Kult, der ebenso mächtig sei wie der um die Santa Muerte.

»Malverde ist wichtig, aber eigentlich nur in Culiacán und Sinaloa«, sagte sie. »Woanders spielt er keine Rolle. Solche Gipsbilder gibt es nur hier, auf anderen Märkten nicht.«

Und was es mit den Geldbündeln und Marihuanablättern auf sich habe?

»Die Leute beten ihn an – sie bitten ihn um Schutz.«

»Was für Leute?«

»*Marijuaneros*«, sagte Minerva. »Und arme Leute – die beten zu ihm.«

Ich fand diesen kleinen Einblick in das geheimnisvolle Glaubenssystem von Mexiko interessant genug, um mich später eingehender damit zu befassen. Über Jesús Malverde, den Heiligen der Narcos, hat neben anderen auch der Journalist Sam Quinones geschrieben. In *True Tales from another Mexico* beschreibt er Malverdes Rolle als der »Gütige Bandit« und Engel der Armen, eine Art Robin Hood, der zur Zeit des Diktators Porfirio Díaz (1877–1911) lebte, gefangen genommen und schließlich am 3. Mai 1909 – heute ein hoher Feiertag der Malverdistas – vom Militär an einem Johannisbrotbaum aufgeknüpft wurde. Quinones legt überzeugend dar, dass Malverde vermutlich eine reine Legendengestalt ist, entweder entstanden durch eine Verschmelzung der Biographien zweier berüchtigter Banditen oder aber eine freie Erfindung, geboren aus nichts als dem Leid und dem Schutzbedürfnis seiner Anbeter.

Der Glaube erstarkt, wenn Fakten fehlen. Malverde ist gerade als reine Legende, die ihre Hagiographie aus der mündlichen Überlieferung bezieht, besonders mächtig. Der Beweis: Etliche Getreue haben an Malverdes Schreinen Wunder erlebt; verlorengegangene Kühe kamen zurück, offene Beine verheilten. Dass Malverde entweder überhaupt nie gelebt hat oder allenfalls eine verbrämte und von einer Aureole aus tränenreichem Blödsinn und angeblichen Wunderwerken umflorte Version einer möglicherweise einst real existierenden Person ist, stellt ihn auf eine Stufe mit den meisten anderen Heiligen.

Malgobierno ist nicht unschuldig daran. Quinones schreibt zur staatlichen Ablehnung des Kults: »Es kann dem Ruf nur förderlich sein, wenn man den Staat zum Feind hat.«

Wenn man den Staat gegen sich hat, sucht man sein Heil eben woanders, glaubt an den heiligen Tod, den Heiligen der Narcos oder an (wie Pope es nennt) das Groteske und das Arabeske.

In meinem Liegestuhl am Strand inmitten der sonnenbadenden Familien kam ich mir vor wie Aschenbach – mit diesem Bild spottete ich ein paar Tage lang über mich selbst, der ich da herumsaß und meine Notizen sortierte. An einem frühen Abend, als die Dämmerung mit ihren Schleiern herabsank, saß ich an einer Ecke der Plaza de la República und ließ mir für einen Dollar von Manuel die Schuhe putzen. Er, ein jüngerer Mann mit einem kleinen Sohn, erzählte von sich: »Ich wohne weit weg von hier. Ich komme jeden Tag mit dem Bus.« Leute gingen vorbei, langsam wegen der Hitze und vorsichtig wegen des unebenen Pflasters, händchenhaltende Paare, ein Mann, der einen unwilligen Hund hinter sich herzog, eine Frau mit einem Kinderwagen, ein Betrunkener, der heranschwankte und von Manuel verscheucht wurde *(»Borracho«)*, Kinder mit adretten Schuluniformen und Ranzen, ein Priester, der sich selbst umarmte und einer alten Frau einen Vortrag hielt, der Blumenverkäufer, der Eisverkäufer, der Mann mit den Ballons und Aufziehspielsachen: Sie alle spazierten um den Platz herum, während Manuel mir von seinem kleinen Kind und seiner Drangsal erzählte, seiner kranken Frau, seiner ungerechten Miete, seinem langen Anfahrtsweg, den hohen Lebensmittelpreisen, dem untätigen Staat … das Ende eines letzten heißen Vormittags in Mazatlán.

Tepic: Das Volk, das sich vor Evangelisten hütet

Am nächsten Morgen ins Binnenland nach Tepic. Es war schön, an einem sonnigen Tag im Bus die Küste entlangzugleiten: Jemand anderer saß am Steuer und bot mir eine Tour vorbei an scheinbar endlosen, ebenmäßigen, ordentlichen Tomaten- und Maisfeldern, an schnurgeraden Baumkolonnen in den Avocadoplantagen und sauberen Gemüsegärten. Sogar die Friedhöfe sahen geordnet aus, die steinernen Mausoleen wie bewohnbare Häuschen; elend und baufällig einzig die menschlichen Behausungen in den Siedlungen am Straßenrand, die Hütten und Baracken, in denen die unterbezahlten Landarbeiter wohnen – wir waren jetzt fünfzig Kilometer südlich von Mazatlán bei El Rosario.

Ich fand es erholsam, in das üppige Innere des Landes hineinzureisen, in die grünen, mit struppigen Sträuchern bestandenen Berge, die für den normalen Ackerbau zu steil sind, wo aber an ein paar versteckten, sanfteren Hängen Cannabis und Schlafmohn gedeihen. El Rosario im Bundesstaat Nayarit ist eher für seine Drogenernte als für Obst und Gemüse berühmt und daher Lieblingsplatz der Drogengangs und Zankapfel im Streit zwischen Sinaloa- und Jalisco-Nueva-Generación-Kartell.

Von der sumpfigen Küstenebene mit ihren Brutkolonien von Reihern zog sich die Straße bergan nach Tepic. Die Stadt ist vor fast fünfhundert Jahren gegründet worden, was einem nicht sofort ins Auge sticht, da ihr ehrwürdiges Wesen unter Schrottplätzen und Autowerkstätten begraben ist, unter der mexikanischen Antwort auf eine daniederliegende Volkwirtschaft und niedrige Löhne. Die Devise ist, mit dem zurechtzukommen und das instand zu halten, was man hat. Weil kein Geld da ist, behält man Autos über Jahrzehnte, Schuster,

Schneider, Schmiede, Schweißer und Ziegeleibetriebe – sie alle haben zu tun. Mexikaner wissen noch, wie man Sachen repariert; die Autoschlosser in Tijuana hämmern die Beulen aus dem Blech kalifornischer Autos.

Im grellen Licht des frühen Nachmittags bot das in die Berge geschmiegte Tepic nicht viel mehr als ein paar volle Einkaufsstraßen, umgeben von Siedlungen mit rissigen, sonnengebleichten Bungalows und kleinen eingezäunten Vororthäuschen in Reihen am Berghang; manche der kleinen Straßen hatten Kopfsteinpflaster.

Stolz der Stadt sind die weiß getünchte, von Mauern umgebene Universität und die Kathedrale aus dem 19. Jahrhundert mit ihren neogotischen Türmen, die mit ihrem Fensterwerk und spitz zulaufenden Dächern wie zwei aufrechte, skelettierte Raketen aussahen. Insgesamt war der Ort nicht besonders einladend.

Aber ich hatte den ganzen Vormittag im Bus gesessen und war ganz froh, hier auf dreitausend Metern Höhe aussteigen zu können. Die Luft war wesentlich frischer als im schwülen Mazatlán, und außerdem hatte ich einen Grund, hier zu sein: Ich wollte die nächstgelegene Siedlung des indigenen Volks der Huicholen besuchen. In Mazatlán hatte man mir gesagt, sie seien leicht zu finden: »Du wirst sie sehen. Die kann man an ihren erstaunlichen Trachten erkennen.«

Am frühen Nachmittag ging ich die Calle Insurgentes, die Hauptstraße, hinunter in das Lokal El Farallon, das mir empfohlen worden war – wunderbare Meeresfrüchte von einem Grill, der hier *zaranda* heißt. Wie vorher schon im Grenzland konnte ich auch hier wieder feststellen, dass jede mexikanische Stadt, so trist sie auch aussehen mag, immer mindestens ein gutes Restaurant hat, das den Umweg lohnt. Da man auf viel anderen Komfort verzichten muss und unter schlechten Wohnverhältnissen, Gewalt auf den Straßen, einer unfähigen Regierung und einer korrupten Polizei zu leiden hat, verteidigt man wenigstens stolz seine Küche – das kann so weit gehen, dass man sich selbst und seinen Heimatort über die Besonderheiten bestimmter regionaler Rezepte definiert.

Ich zahlte und trat gleichzeitig mit einem anderen Gast auf die

Straße; er hatte ebenfalls seine Mahlzeit beendet und fuhrwerkte genüsslich mit einem Zahnstocher in Mund herum. Ich grüßte, wir wechselten ein paar Höflichkeitsfloskeln, dann fragte ich ihn, wo ich in Tepic mit Huicholen in Kontakt kommen könnte.

Er machte eine ausladende Geste: »Die sind überall.«

»Ich möchte gern eins ihrer Dörfer sehen.«

»Das könnte schwierig werden.«

»Ist es weit weg?«

»Es gibt zwei, drei Dörfer, aber ja – weit weg. Sie wollen keine Besucher. Früher gab es mal Besichtigungstouren. Aber die sind misstrauisch gegenüber Fremden.« Er nahm lächelnd den Zahnstocher aus dem Mund. »Sie haben eine Regel erlassen, dass keine Missionare mehr zu ihnen kommen dürfen.« Er lachte. »Die wollen sie nicht sehen.«

»Und warum nicht?«

»Christliche Missionare, *Evangélicos*, die meisten waren Gringos aus den USA, haben bei denen gesungen und getanzt und wollten die Huicholen bekehren, aber die haben andere Ideen und andere Götter.« Er gestikulierte mit dem Zahnstocher, als sollte jemand aufgespießt werden.

»Gibt es irgendein Zentrum der Huicholen-Kultur?«

»In Jalisco. San Andrés Cohamiata«, antwortete er. »Das finden Sie nie. Das ist richtig weit, in den Bergen. Ich glaube, es gibt nicht einmal eine Straße dahin.«

»Und wie bewegen die Huicholen sich fort?«

»Die reisen nicht groß herum. Und wenn, dann benutzen sie ihre Pfade. Sie gehen zu Fuß.«

Er verabschiedete sich, ging lächelnd von dannen und spielte weiter mit seinem Zahnstocher herum. Kurz darauf kamen mir in einer Seitenstraße zwei Frauen entgegen, die ganz offensichtlich zum Volk der Huicholen gehörten. Sie waren sehr bunt gekleidet, trugen weite blaue Zigeunerröcke, gelbe Umschlagtücher, bestickte Blusen und rote Kopftücher. Ihre Art zu gehen verriet das typische, fast übertriebene Selbstbewusstsein von Menschen, die mit ihrer Tracht ihr Anderssein betonen.

Mit einem »*Hola*« versuchte ich mein Glück, aber sie blieben nicht stehen. Also lief ich hinter ihnen her und versuchte, sie in ein Gespräch zu verwickeln.

Und plötzlich die Erleuchtung: Ich hatte zwei Menschen vor mir, Bürgerinnen des Staates Mexiko, deren Spanisch genauso dürftig war wie meins.

»Huicholen?«

»Ja.«

»Wohnen Sie hier in der Nähe?«

»Nein.«

»Wo ist Ihr Heimatdorf?«

Die eine Frau deutete mit der Hand. »Da, weit.«

»San Andrés?«

»Nein, anderer Ort. Kleiner Ort.«

»Ich möchte Ihr Dorf besuchen.«

Sie lachten: »Nein!«

»Ich möchte gern sehen, wie Sie Dinge herstellen.« Ihr Volk ist berühmt für seine Stickereien, Näharbeiten, verzierten Sombreros aus Stroh und ganz besonders für seine Kunstwerke aus Perlen: Winzige Perlen werden auf die Oberfläche von Wachsskulpturen aufgebracht.

Sobald sie mich abgeschüttelt hatten, unterhielten sie sich in ihrer eigenen Sprache; offensichtlich fanden sie diese Begegnung mit einem lästigen alten Gringo, der ihnen mitten am Nachmittag auf einer sonnenheißen Straße hinterherlief, höchst amüsant. Sie scheuchten mich weg, aber jetzt wollte ich weitersuchen. Ich lief noch eine Stunde lang herum, sah aber keinen Huicholen mehr. Vielleicht stimmte es ja, was der Mann gesagt hatte, und sie versteckten sich vor Evangelikalen aus den USA – wer hätte es ihnen verdenken wollen?

Ich gab es auf und stieg in einen anderen Bus.

Puerto Vallarta

Der Bus fuhr an Feldern mit Zuckerrohr vorbei, der schlampigsten Feldfrucht auf diesem Planeten – große, ungekämmte, umgekippte Stengel –, und Trupps von gegen Stacheln und Dornen dick in wattierte Hemden und Handschuhe gepackte Helfer bei der Ananasernte in die hohen Berge hinein, passierte Mangoplantagen und fuhr schließlich abwärts in die Kleinstadt Compostela. Die Kirche war fast so eindrucksvoll wie die in Tepic, und es ehrt die Standhaftigkeit der indigenen Völker, dass die Huicholen allen Bekehrungsversuchen und Sakralbauten zum Trotz immer noch Hirsche verehren, Adler anbeten und sich vor dem Jaguar zu Boden werfen – die Verse des Gringo-Dichters Eliot »Da wieder im Saft stand das Jahr, / Kam Christus der Tiger« entstammten einer anderen Welt.

Die Palmen- und Bananenhaine des flachen Küstenlandes, die den hübschen Badeort Sayulita einrahmen, dehnten sich unterhalb des Ortes aus, und in der Ferne sah man die nach mexikanischer Ansicht größte Bucht des Pazifiks mit ihrem Hintergrund aus hohen Bergen: den großen Strandbogen von Puerto Vallarta. Später konnte ich sehen, dass das alte Vallarta in der Mitte seiner Bucht liegt. Im Norden sind die Luxushotels, im Süden der Strand des einst eigenständigen, kleinen Fischerdorfs Mismaloya, das durch John Hustons Film *Die Nacht des Leguan* berühmt wurde. Kilometerlange Strände, Promenaden und Musikpavillons, reihenweise Hotels, vom aufwendigen Kasten über große Anlagen mit eigenen langen Strandabschnitten bis zu kleinen Posadas mit Balkonen und Deckenventilatoren in den Nebenstraßen.

Die Zona Romántica der Altstadt von Vallarta – ein Netz von engen Gassen voller kleiner Hotels und Läden – versorgte tagsüber Flaneure und Familien auf der Suche nach Andenken und Keramik, verwandelte sich aber bei Nacht in eine Zona de Tolerancia für Krakeeler und Gaffer, für ein Gewimmel von Huren und Trinkern auf der Suche nach Begegnung.

Im nördlichen Viertel beim Yachthafen fand ich ein gutes Hotel: Das Spezialangebot für vier Wochentage galt für Zimmer mit Vollpension und Selbstbedienung am Büfett. Das Haus am Paseo de la Marina Sur war um eine Ansammlung von seitlich offenen, vom heißen Pazifikwind feuchten, modrigen Eingangshallen herumgebaut. Trotz des Sonderangebots war es nicht einmal zur Hälfte belegt. Die übrigen Gäste waren Mexikaner: viele Hochzeitsreisende, viele Paare im gesetzten Alter, aber in der Mehrzahl Familien, was hier nicht nur Mutter, Vater und Kinder hieß, sondern sämtliche *abuelas* und *abuelos* mit einschloss. Nach diesen Hunderten von bürgerlichen Mexikanern schloss ich, dass sie früh heirateten, ihre Eltern selbstverständlich mit in die Ferien nahmen, dass sie viele Kinder hatten, tendenziell übergewichtig waren und ein Faible für lockere, schlabbrige Kleidung hatten. Abgesehen von den kleineren Kindern, die im Hotel laut kreischend Fangen spielten, andere Gäste anrempelten und ungestraft davonkamen, weil sie so niedlich waren, waren die Mexikaner außerordentlich höflich, untereinander zuvorkommend, geduldig in den langen Schlangen am Büfett und am Pool leidensfähig – ins Meer wagten sich nur wenige.

Das mexikanische Urlaubshimmelreich besteht offenbar aus einem All-you-can-eat-Büfett. Sie waren keine Trinker, aber Esser. Das Hotel kam den Gelüsten mit zwei großen Speisesälen entgegen; einem im Hauptgebäude unter der Eingangshalle, einem beim Pool. Die Tische waren immer voll besetzt, die Gäste tappten hin und her – vom Salatbüfett zum Roastbeef, von der Pozole-und-Taco-Station zur Pastatheke und schließlich zu den Kühlschränken mit den wabbeligen Desserts. Diese Mexikaner konnten es leicht mit den verfressensten Amerikanern aufnehmen, wie sie sich da so an einem heißen Nachmittag durch ein Büfett arbeiteten, immer wieder Nachschlag holten und dann nach einem Liegestuhl Ausschau hielten, auf dem sich die Mühen der Völlerei ausschlafen ließen, bevor man wieder antrat, um sich die Teller mit gummiartigen Hähnchenschenkeln, in Mehlsoße ertränktem Fisch, Pizzastücken, Spareribs und einem Berg von klebrigen schwarzen Bohnen vollzuladen. Das Angebot war der Inbegriff von US-amerikanischer Systemgastronomie, das war aber offensichtlich egal, weil es viel davon gab und man so viel essen konnte, wie man wollte.

Das Hotel war auch sonst ideal: Die Kinder hatten Platz zum Toben, der Pool war groß genug für alle, die Alten hatten genügend Sitz- und Liegestühle fürs Nickerchen. Niemand benutzte die Tennisplätze, niemand las.

Manchmal saß ich mit einem Paar oder einer Familie zusammen am Tisch, und wir unterhielten uns ein wenig: über das Wetter, wo sie wohnten (viele kamen aus Mexiko-Stadt) und was sie von Beruf waren (Lehrer, Elektriker, Fahrer, Versicherungsmakler, Kosmetikerin). Unseren Präsidenten erwähnte niemand, bis ich es tat.

»Trump hasst uns«, sagte eine junge Mutter mit Baby beim Frühstück.

»Er sagt, wir sind Mörder und Vergewaltiger.« Das kam von einem Zahnarzt, der in Texas studiert hatte.

»Der kennt uns doch gar nicht«, sagte ein alter Herr, der sich lächelnd über seine Suppe beugte. »Und er will uns auch nicht kennen.«

»Warum gehen Mexikaner in die USA?«, sagte eine Frau und schien ihren Mann, der uns zuhörte, mit ihrer Offenheit gegenüber einem Fremden etwas in Verlegenheit zu bringen. »Sie suchen Arbeit – und sie arbeiten. Alles, was sie wollen, ist ein Job. Es sind gute Arbeiter. Und was bekommen sie dafür? Sehr wenig. Aber sie beklagen sich nicht. Und Donald Trump sagt, wir sind schlecht.«

Ihr Mann ergänzte: »Und er lässt in seinen Hotels Mexikaner arbeiten. Hab ich in den Nachrichten gehört.«

Wenn die Männer an der Bar oder am Pool unter sich waren, als wir uns schon ein bisschen kannten und etwas vertraulicher miteinander umgingen, wurden sie deutlicher: »Der ist doch verrückt. Ein Lügner ist das! Wie kann ein solcher Irrer überhaupt Präsident werden?«

Bei einer anderen Gelegenheit schrie ein Mann, der sich als Berufsfahrer vorgestellt hatte: »Ein Verräter! Der ist Judas!« Die spanische Aussprache lässt das Wort noch böser klingen: *»Chudas!«*

Um von den Essern im Hotel und dem Betrieb in Vallarta wegzukommen, nahm ich ein Taxi – eines, das ich schon am Tag zuvor genutzt hatte – zum botanischen Garten am Rand des Dschungels, des Selva El Tuito. Ottavio, der Fahrer, war ein älterer Herr. »Heute hab ich eigentlich frei. Ich hab meinem Sohn gesagt, dass er Sie fahren soll. Aber er hat nein gesagt, und wissen Sie warum? Weil er kein Englisch kann. Ich hab ihm gesagt, er soll Englisch lernen, nur so kommt man ins Geschäft. Aber er will nicht.«

»Aber ich kann doch perfekt Spanisch!«

»*Claro*«, lachte Ottavio mich aus und sprach weiter Englisch. »Ich hab viel zu tun, weil ich Englisch kann.«

»Waren Sie schon mal in den Staaten?«

»Nein, noch nie. Ich würd gern mal hinfahren. Glauben Sie, dass Mr Trump mich reinlassen würde?«

Wir verließen Vallarta und fuhren die Küste entlang nach Süden. Hotels auf den Uferfelsen, Wohnanlagen, Villen, Bungalows, Chalets und Paläste. »Alles Kanadier.« Ottavio zeigte auf ein hohes Gebäude und eine Wohnanlage auf den Uferfelsen. »Gringos, Gringos, Gringos.« Es kämen viele Deutsche, manche verbrächten auch ihren Ruhestand hier. Engländer gebe es auch. »Und Araber«, sagte er. »Aber wenn ein Mexikaner mal zu denen ins Land will: Ha!«

Wir waren auf der Autobahn 200, die über anderthalbtausend Kilometer weiter bis Tapachula an der Grenze zu Guatemala führt. In Mismayola warf ich einen kurzen Blick auf das verwitterte Schild und die eingezäunte Ruine des Hotels aus *Die Nacht des Leguan*, dann fuhren wir landeinwärts, bis Ottavio in einer Kurve plötzlich nervös wurde, abbremste und schließlich das Auto anhielt.

»Keine Polizei da«, sagte er. »Aber hier sollten Polizisten sein. Das ist ein Kontrollpunkt. Ich brauch eine Genehmigung zum Weiterfahren.«

In dieser dunklen, engen Kurve war niemand zu sehen, nur überhängende Bäume und eine alte Mauer, nichts, das auf eine Grenze hinwies.

»Das ist nicht mehr Jalisco. Wir sind in einem anderen Staat. Ich kriege Ärger, wenn ich zurückkomme. Dann werden sie wissen wollen, wo meine Genehmigung ist.«

»Ich sehe niemanden. Sie?«

»Vielleicht sehen die uns.«

Er rutschte für eine Weile auf seinem Sitz hin und her, die Hände am Lenkrad, dann stieg er schließlich aus, sah sich um, rief etwas, schüttelte den Kopf, stieg wieder ein, ließ den Motor an und fuhr los.

»Kann Ärger geben«, sagte er.

Hier zeigte sich wieder die permanente unterschwellige Angst der Mexikaner im Angesicht der doppelbödigen Bedrohung durch Behördenvertreter wie Polizei und Armee. Aber die enge Straße mit ihren gefährlichen Kurven, in denen uns Busse und Lastwagen entgegenkamen, lenkte ihn ab, und nach dreißig Kilometern erreichten wir den botanischen Garten.

Die besten botanischen Gärten sind die ältesten: Kew Gardens mit seinen majestätischen Bäumen, der Garten in Singapur oder der in Kalkutta, wo es die riesigen Bambusstauden gibt, oder, als einer der ältesten der westlichen Hemisphäre, der Garten von Kingstown auf der Insel St. Vincent. Der Garten bei Puerto Vallarta ist erst vor etwa fünfzehn Jahren angelegt worden. Der Gartenspaziergang mit Ottavio brachte jedenfalls neue Erkenntnisse.

Es fing damit an, dass er auf eine Pflanze zulief und laut rief: »Die schmecken gut. Von denen kann man die Blüten essen. Kann man auch Tee draus machen: gut fürs Blut!«

Vögel und Schmetterlinge, ein sonniger Tag, wir kamen zu einer Abteilung mit verschiedenen Kakteen.

»Das ist *nopal.*« Ottavio schien das Wasser im Mund zusammenzulaufen. »Da, die Spitzen, die kleinen, sehen Sie? Sind gut zu essen. Muss man aufschlitzen. Lecker zum Frühstück.«

Der Weg gabelte sich. Wir nahmen den Pfad zu einem kleinen, von goldschimmernden Mücken umflorten Teich.

»Sehen Sie mal das Seerosenblatt an: wie eine Tortilla!« Hungrig beugte er sich vor: »Die Wurzeln kann man essen, wissen Sie?«

Seine Erregung wuchs beim Anblick von mit Früchten behangenen Orangen- und Zitronenbäumen und eines rosigen Granatapfels an seinem dornigen Ast. Die glatte, faustgroße Frucht an einer Schlingpflanze entlockte ihm nur ein: »Hübsch. Ob man das wohl essen kann?«

Ich wollte lieber allein sein, bezahlte Ottavio für die Fahrt hierher und verbrachte den Rest des Vormittags ohne ihn in diesen schönen Anlagen, genoss die Ruhe und freute mich an den naturbelassenen Waldpartien und gepflegten Beeten. Dann ging ich zu Fuß zur Bushaltestelle und setzte mich in einen langsamen Bus, der mit vielen Stopps an den Ferienanlagen, den Gated Communities und all den Urlaubern vorbei zu meinem Hotel fuhr, wo es immer Essen gab. Der Tag im botanischen Garten machte zwei Dinge klar: Ich musste Vallarta verlassen und nach Mexiko-Stadt weiterfahren, und zwar mit einem Expressbus.

Es war ein Nachtbus. Er fuhr zurück über Sayulita und Compostela, dann in die Berge nach Guadalajara – ein tagheller Busbahnhof, eine Quesadilla –, dann nach Ocotlán und Atlacomulco. Bei Jilotepec de Molina Enríques ging es nach Süden; bei Sonnenaufgang erreichten wir den Busbahnhof Poniente.

Er liegt an der Metrostation Observatorio, benannt nach einer Sternwarte, die für die Staatliche Universität eingerichtet worden ist. Als das Teleskop fertig dastand, zeigte sich, dass es in der verschmutzten, zu hell erleuchteten Luft über der Stadt unbrauchbar war.

Mit der Metro fuhr ich zurück zum Hotel La Casona. Rudi Roth sagte: »Schade, dass Sie abreisen. Ich habe immer gern mit Ihnen gefrühstückt.«

Mein Auto war noch da, wo ich es abgestellt hatte, auf seinem bewachten Parkplatz beim Hotel. Auf dem Rücksitz lag ein dickes Paket. Einer der Workshop-Teilnehmer hatte es hier für mich abgelegt: eine gerahmte Radierung von Sergio Hernández, einem berühmten mexikanischen Künstler. Dazu eine Notiz: »Bitte kommen Sie wieder, Don Pablo.«

Gerührt und wegen dieser liebenswürdigen Geste in Gedanken versunken, fuhr ich aus dem Parkplatz heraus, bog um eine Ecke in eine Straße – die mir ungewöhnlich leer vorkam – und hörte lautes Rufen und eine Trillerpfeife.

Per Handzeichen hielt mich ein Polizist an.

»Sie verletzen die Straßenverkehrsordnung«, sagte er.

»Ich verstehe nicht.«

»Heute ist Sonntag, und die Straße ist für Autos gesperrt – sehen Sie, nur Radfahrer.«

Das stimmte – Radfahrer sausten in beiden Richtungen an uns vorbei. Ein Schild, das auf das Fahrverbot hingewiesen hätte, war nicht zu sehen. Sonntägliches Radfahren war in Mexiko-Stadt offenbar allgemein üblich.

»Wegen dieses Vergehens können wir Ihr Fahrzeug stilllegen.«

»Wie viel?«, fragte ich. Er nannte seinen Preis. Ich gab ihm das Geld. Er wurde sanft und höflich und tippte zum Dank an seine Mütze.

»Wie komme ich nach Texcoco ohne die Periférico zu nehmen?«

Ich wollte nicht auf den Autobahnring, weil der von der Art Motorradpolizisten kontrolliert wurde, mit der ich schon meine böse Begegnung gehabt hatte. Das wäre zwar nicht die direkte Strecke nach Puebla, aber nach der Karte zu urteilen der schnellste Weg aus der Stadt – mit weniger Polizeikontrollen.

»Geradeaus. Halten Sie sich Richtung Flughafen.« Mit einem freundlichen Lächeln ließ der Polizist meine Dollarnoten in der Hand verschwinden, steckte sie ein und tätschelte das kleine, dicke Quadrat in seiner Tasche.

»Immer nach Osten. *Buen viaje*.«

Dritter Teil

OAXACA, DIE *INFRAMUNDO*

Nach Puebla

In Gedanken an meine Seminarteilnehmer und ihr schönes Überraschungspaket versunken fuhr ich etwas wehmütig aus der Stadt hinaus. Ich hatte den Umweg zur Grenze und den Abstecher zur Küste hinter mir, die Tage der Literaturwerkstatt waren vorbei, und es gab für mich nichts Richtiges mehr zu tun. Wer faul wird, soll sich auf den Weg machen. Es tat mir nicht leid, die Metropole zu verlassen; mein Herz macht jedes Mal einen Freudensprung, wenn ich aus einer großen Stadt hinaus durch die immer dünner besiedelten Vororte fahren und die grünen Berge im Hintergrund sehen kann – meine Freunde aus dem Workshop ließ ich allerdings ungern zurück.

Nach Puebla führt eine direkte Straße südöstlich an der Stelle vorbei, an der ich meine letzte Begegnung mit der Polizei gehabt hatte. Auf dieser Straße wäre ich aber nach Nezahualcóyotl geraten, in die finstere »Ciudad Neza«, das Viertel mit der größten Bevölkerungsdichte und der höchsten Verbrechensrate der Metropole, ein Ort mit Polizisten, die wesentlich schlimmer sein sollen als der Kollege, der mir eben unter den Alleebäumen eines Boulevards in Roma Sur mein Geld abgenommen hatte. Neza hatte wegen seiner Slums, seiner üblen Unterwelt, seiner Gangs, Drogen, Vergewaltigungs- und Morddelikte einen schlechten Ruf – außerdem würde ich dort vermutlich nur im Stau stecken. Auf einem Umweg kam ich schneller ins Land hinein und konnte einen Bogen um Polizisten machen.

Bald erreichte ich Texcoco und fuhr die Bergstraße hinauf, die sich im Uhrzeigersinn um den Monte Tláloc windet, den »Geisterberg«, auf dessen 4120 Meter hohem Gipfel sich ein Heiligtum für Tláloc befindet, den Gott der Stürme, des Regens und der Fruchtbarkeit – es ist eine der höchstgelegenen archäologischen Stätten der Welt, höher als Machu Picchu. Der Tláloc gehört mit den beiden Fünftausendern Iztaccíhuatl »Die Frau in Weiß« und Popocatépetl »Der rauchende Berg«, der immer noch raucht und ausbricht, zu einem Dreigestirn von nah beieinander stehenden Vulkangipfeln, deren prachtvolle Steilhänge und Spitzen sogar durch den dichten Schleier der braunen, smoggeschwängerten Wolken aus Mexiko-Stadt noch sichtbar waren.

Etwas weiter südlich traf die Straße auf den alten Camino Real, der die Hauptstadt mit Puebla verbindet; die Straße ist weniger königlich als ihr Name, sie führt ganz bescheiden durch Bauernland und kleine Dörfer, vorbei an Calpulalpan. Der Ort ist berühmt für seine jährliche Fiesta, auf der man, wie das Tourismusbüro stolz mitteilte, »die hiesigen Spezialitäten genießen kann: Maguey-Würmer, Pulque und Eulen«. Auf den Äckern dieser Gegend gedeihen die Nahrungsmittel für die große Stadt. Ich hielt mich für eine Weile an die schnurgerade Straße, fuhr dann auf die Autobahn, zahlte Maut und rollte in Richtung Puebla.

Bei San Martín Texmelucan de Labastida hielt ich zum Tanken. Der mexikanische Typus von Raststätten war mir inzwischen vertraut: Sie sind ein Muster an Effizienz und in vielerlei Hinsicht ihrem US-amerikanischen Äquivalent überlegen. Weil Mexiko seinen Schienenverkehr aufgegeben hat, Frachten per Lkw nach Norden über die Grenze und Personen mit Fernbussen transportiert werden, sind die großen *autopistas* modern und gepflegt. Die staubige Vergangenheit findet sich jenseits der Abfahrten: der Mann, der seinen steinigen Acker mit dem Eselsgespann pflügt, die Frau mit dem Bündel auf dem Kopf, der Junge mit der Ziegenherde, die *ranchitos*, die Stände mit *carne asada*, jahrhundertealte Kirchen und der kleine Laden mit Bier und Snacks, in dem eine dürre Katze auf den Tamales schläft.

Nach dem Tankritual parkte ich, kaufte zwei Tacos, eine Tasse Kaffee und eine Ausgabe von *El Universal*, setzte mich damit in die Sonne, las die Zeitung und freute mich des Lebens. In einer Stunde wäre ich in Puebla, und in drei oder vier Tagen – ich hatte es nicht eilig – in Oaxaca. Aber kein sonniger Vormittag in diesem Land kommt ohne

Schatten aus. Auf einer Seite in der Zeitung, unter einem Bild, das auf den ersten Blick aussah wie ein Unfallfoto, stand ein Artikel über ein Auto – das klebrige, verwüstete Fahrzeug vom Foto –, das am Tag zuvor in Veracruz aufgefunden worden war: Fünf menschliche Köpfe waren auf die Kühlerhaube gebunden, die enthaupteten Leichen hatte man in den Wagen gestopft. Mit der in den Lack gekratzten *narcomensaje* bekannte sich die Drogengang Jalisco Nueva Generacíon zu der Tat.

»Eine Nachricht« hieß so etwas, eine ganz unzweideutige Nachricht in diesem Fall, die klarmachte, dass mit diesem Kartell nicht zu spaßen war. Im Jahr 2017 wurden im Staat Veracruz 2200 Mordfälle gezählt; die meisten davon hatten mit den Kartellen zu tun.

Von hier bis Puebla ist jedes flache Stück fruchtbarer Erde bewirtschaftet – kaum ein Baum zu sehen –, kleine Gehöfte, auf deren Feldern Gemüse wächst, Zwiebeln, Kohl, Salat und Tomaten. Im Norden hatte ich mich an den Anblick von Kakteen und öden Wüstenstrichen gewöhnt, an waschbrettartige Schotterpisten, aber hier im südlichen Puebla ist das Land fruchtbar, die Äcker waren grün, zwischen den Reihen von Feldfrüchten hieben Menschen mit krummem Rücken ihre Hacken in den Boden: das unvergängliche Bild des Landarbeiters.

Bei Cholula wollte ich mir eigentlich ein Nachtquartier suchen, aber der Verkehr wurde immer dichter, bald wurde ich von hupenden Autos von der Autobahn abgedrängt, fand mich in einem Gewirr von engen Straßen und fuhr in die falsche Richtung. Am unregelmäßigen Straßenverlauf war abzulesen, dass das Stadtzentrum weit entfernt war. Die Straßen in den ältesten Teilen mexikanischer Städte, die noch von den Spaniern geplant und angelegt wurden, folgen immer einem engen, rechtwinkligen Raster.

Ich hielt an und fand mich mit Hilfe des Mobiltelefons wieder zurecht. Es ging weiter im stockenden Verkehr auf einer kleinen zweispurigen Straße weit außerhalb vom Zentrum, durch ein Wohnviertel mit Bungalows hinter hohen Mauern, mit katzbuckelnden Hunden und Reifenhändlern.

So etwas gehört zu den Erfahrungen bei einer Autoreise. Da sagt dann jemand: »Wir waren für eine Woche in Puebla«, und es hört sich großartig an: Kirchen aus der Kolonialzeit, Häuser mit roten Ziegeldächern, Cafés in den Arkaden am Zócalo, Hähnchenschenkel mit *mole poblano*, Blechmusik, Schuhputzer und Spielzeugverkäufer, flanierende Einheimische, vielleicht ein paar Folkloretänze: wirbelnde Röcke, stampfende Füße, manche Frauen vielleicht herausgeputzt im Stil von Frida Kahlo mit der bunten Tracht von Puebla, der bestickten Bluse und dem weiten Rock, vielleicht tragen sie die Tiara aus Pompons im Haar, einen Schal und eine blumenbestickte Schürze. Das stimmt zwar alles, aber daneben gibt es etwas anderes.

Puebla ist nicht mehr die überschaubare Kolonialstadt von einst. Keine mexikanische Stadt mit einem romantisch klingenden Namen ist es noch, ob sie nun fünfhundert Jahre alt ist oder nicht. Puebla ist eine ausufernde Metropole mit vier Millionen Einwohnern, mit Walmart, Shoppingmalls und Fabriken – hier befindet sich eine der größten Textilfabriken des Landes. Autos von Volkswagen und Hyundai werden hier gebaut, es gibt allein elf Industrieparks. Dazu kommen neun Betriebe für die heimische Industrie, für die Puebla berühmt ist, die Talavera-Keramik.

Es gibt keine große Stadt in Mexiko, egal, ob sie eine entzückende Plaza, eine ehrwürdige Kathedrale, wunderbare Restaurants oder renommierte Schulen hat, die nicht auf gewisse Weise fundamental grauenhaft wäre; sie haben alle ihre Kaufhallen, ihren Sam's Club, ihre Industriegebiete und ihre großstädtische Peripherie von niederschmetternder Hässlichkeit. Die Bewohner machen einfach das Beste draus – Mexikaner neigen nach meiner Erfahrung zu Ironie und Spott, aber sie jammern nicht.

Wenn eine unterdrückte Gruppe sich über Missstände beschweren will, fackelt sie nicht lange. Sie geht entschlossen auf die Straße, demonstriert auf der Hauptplaza, stellt vor einem Ministerium Zelte auf und hält Mahnwachen, steckt einen Bus in Brand, oder, so geschehen bei den Zapatisten in Chiapas, taucht zu Pferd aus dem Urwald auf, erklärt den Aufstand und übernimmt das Regiment über einen kompletten Bundesstaat, den es am Ende so gut in den Griff bekommt, dass die Zentralregierung – aus Scham, Interesselosigkeit oder Verwirrung – ihn einfach den Rebellen überlässt, die dann in aller Ruhe für bessere Lebensverhältnisse sorgen.

Ich folgte den Schildern zum *centro histórico* und arbeitete mich durch die Vororte von Puebla bis hin zu den nummerierten Straßen und quadratischen Häuserblocks. Als neben einer Kirche ein Hotel in Sicht kam, das solide gebaute Hotel San José mit seinem Fassadenschmuck aus Talavera-Keramik, zögerte ich nicht lange. Ja, sie hatten jede Menge freie Zimmer, fünfzig Dollar die Nacht, der Zócalo und die Museen waren von hier aus zu Fuß zu erreichen. Hier richtete ich mich für vier Nächte häuslich ein.

Nach der langen Fahrt machte ich einen Spaziergang über den Zócalo. Eine Klezmer-Gruppe spielte. Klezmer-Musik? Tatsächlich: Geigen, Gitarren, eine Trommel, eine Trompete, eine Posaune. Zwei der Musiker trugen Bärte, schwarze Westen und Filzhüte. Juden seien sie nicht, erzählten sie später – die Musik habe ihnen einfach gefallen. Sie hatten Videos von Klezmer-Gruppen im Internet gesehen und sich beigebracht, wie man diese Musik mit ihren schluchzenden Tremoli, schmetternden Trompetentönen, bulgarischen Synkopen und polnischen Mazurkas spielt, mit der sie nun die vielen Zuhörer in den Arkaden verzauberten. Zu Füßen des Geigers, der sich mit geschlossenen Augen die Seele aus dem Leib fiedelte, vollführte ein Kind ein paar täppische Tanzschrittchen.

Auf dem Weg zu den berühmten Gemälden aus dem 17. Jahrhundert, die ich mir am nächsten Tag in der Kathedrale am Zócalo ansehen wollte, fesselte mich eine Darstellung, die offenbar aus der Zeit der spanischen Eroberung stammte: Ein groß gewachsener Bischof in einem weißen Talar, mit blendend weißer Mütze und goldenem Hirtenstab durchschreitet darauf wie ein leuchtender Riese eine Gemeinde von viel kleineren, dunkleren Menschen. Ihm zur Seite ein Priester im lilafarbenen Ornat, der einen Eimer trägt. Mit einem tropfenden silbernen Aspergill – dem knubbligen Gerät zum Besprengen mit Weihwasser – spritzt der Bischof das heilige Wasser auf die himmelwärts gewandten Gesichter der Gläubigen, die es ihm mit frommem Lächeln danken.

Die Gemälde waren rußgeschwärzt und düster, der Altar der (spanischen) Könige mit seinen figürlichen Darstellungen von Königen und Kirchenvätern überdekoriert und kitschig, und dennoch fielen zwei Exponate besonders auf. Das eine war ein gläserner Sarg mit einem lebensgroßen, nackten, aus spektakulären, tiefen Wunden blutenden Christus in Rückenlage, der in seiner Qual gen Himmel blickt. Die Figur, wohl neueren Datums, wirkte durch die blutrünstige Darstellung ausgesprochen verstörend.

Das andere war ein Gemälde bei einem Seitenaltar: Es zeigte Pater Miguel Pro, wie er mit erhobenen Armen, als hinge er am Kreuz, von einem Exekutionskommando erschossen wird. Dieses Bild war zwar auch schon ziemlich nachgedunkelt, aber ich kannte den Namen des Paters durch Graham Greene, der ihm 1938 ein ehrendes schriftliches Denkmal gesetzt hat. Pater Pro war im Jahr 1926 – das war das Jahr, in dem die antiklerikalen Gesetze der damaligen Regierung massiv durchgesetzt wurden – von seinen Studien in Europa heimgekehrt, um den Gläubigen im Land zu dienen. Er hielt seine verbotenen Messen im Verborgenen und wurde 1927 unter dem Vorwand, er habe ein Attentat auf General Obregón geplant (der später wegen seiner antiklerikalen Haltung von einem militanten Christen getötet wurde), verhaftet und erschossen. Die Exekution des Paters, die auf dem Gemälde zu sehen ist, bewirkte keinen Frieden in der Auseinandersetzung mit den rebellischen Cristeros, sondern verschaffte ihnen bloß einen Märtyrer – und Graham Greene einen Stoff: gottlose Politiker, rohe Soldaten, gottesfürchtige Campesinos, Kirchen im Belagerungszustand, Priester, die heimlich die Sakramente spendeten.

Unerwähnt bleibt bei Greene, dass die Kirchen im Jahr 1929 überall außer in den beiden noch zögernden Staaten, in denen er unterwegs war, wieder geöffnet wurden, und dass die Cristeros militante, schlecht ausgerüstete, aber leidenschaftliche Katholiken waren, bereit, für ihren Glauben zu töten – eine furchterregende Armee, die mit dem Schlachtruf »Viva Cristo Rey!« auf Ungläubige losging. Zwar wurden in den Staaten Tabasco und Chiapas noch immer Kirchen verwüstet, aber in Mexiko regierte schon Lázaro Cárdenas. Greene äußert sich etwas abschätzig über ihn, aber die meisten Mexikaner halten ihn für ihren aufgeklärtesten Präsidenten. Cárdenas war ein

Friedensstifter. Mit der Aufhebung der Antikirchengesetze versuchte er die Cristeros in einigen Staaten ebenso zu besänftigen wie ihre Gegner, außerdem beschloss er Abwehrmaßnahmen gegen auswärtige Petrokraten und verstaatlichte die Ölförderung.

Puebla war ein Zwischenspiel in meiner Reise nach Süden, ein viertägiger, touristischer Boxenstopp. Auf meinen Spaziergängen stärkte ich mich mit Pueblas wunderbarer Küche und ging ins Museum. Die Museen von Mexiko-Stadt hatten mich Demut gelehrt, besonders die Schätze im Nationalmuseum für Anthropologie – die riesigen Olmec-Köpfe, der mit Türkisen besetzte Schädel mit den juwelenfunkelnden Augen, Moctezumas Federkopfputz, die glitzernden Totenmasken, all die Dinge, die als reiche Ernte aus den Ruinen und Gräbern des gesamten Landes hierhergebracht worden waren.

Solche Schätze hatte das Museo Amparo, das mit seiner kleinen Sammlung in einem alten Steingebäude in einer Nebenstraße untergebracht ist, nicht zu bieten, dafür machte ich hier eine Entdeckung: einen mexikanischen Künstler, der von den Absurditäten des modernen Mexiko wie besessen zu sein scheint. Zwischen den Gemälden aus der Kolonialzeit und antiken Steinreliefs waren die Arbeiten dieses Mannes ausgestellt, von dem ich noch nie gehört hatte, den ich aber sehr originell fand: Yoshua Okón. Er bezeichnet sich selbst als Performance-Künstler. Ein weit gereister junger Mann, der Videos, Installationen und Plastiken herstellt. Eine der hier im Museo Amparo ausgestellten Arbeiten war ein glänzendes Objekt aus Chrom und Bronzeguss von einzigartiger Schönheit. Es sah aus wie ein Thron. In gewisser Weise war es das auch – das Schild wies es aus als *El Excusado/The Toilet.* Ein wohlproportioniertes Edelklosett in den Umrissen des Museo Soumaya in Mexiko-Stadt, dem »Symbol für Carlos Slims Telekommunikations-Imperium«; böse Satire auf das Museum und den immensen Reichtum seines Stifters.

Politische, rebellische Kunst als Medium des Protests ist eine mexikanische Passion; Protest beherrschte an jenem Tag auch die Plaza in Puebla. Hunderte Ärzte und Schwestern machten auf dem Hauptplatz der Stadt ihrem Ärger Luft. Eine Demonstrantin in Schwesterntracht erzählte mir von Entlassungen und ausstehenden Gehältern im Gesundheitswesen; Tausende ihrer Kollegen seien davon betroffen. Der Aufmarsch hätte auch als künstlerische Performance durchgehen können, da die Demonstranten ihre Krankenhauskleidung rugen – weiße Kleider, weiße Kittel, Ärzte mit Stethoskopen um den Hals und Protesttafeln in der Hand. Ein ewiges, städtisches Ritual, das Straßentheater des Kampfes, aufgeführt in einem Land der Bankrotte, der Unzufriedenheit und der gescheiterten Politik.

Mehr Umwege: Straßensperre, Nebenstrecke, Anhalterinnen, Yanhuitlán

Die Straße von Puebla nach Oaxaca fängt beim Walmart an, durchquert Industriegebiete und Elendsviertel – kleine Kinder und klapprige Hunde auf der Straße –, führt an kleinen Läden und Autowerkstätten vorbei, zieht sich durch Ackerland und Gemüsefelder und steigt dann immer steiler an, lässt alle Spuren menschlicher Existenz hinter sich und führt schließlich hinter der Stadt Tehuacán auf die Höhen einer felsigen Urzeit, in der kein Mensch mehr zu sehen ist, wo die Gipfel der namenlosen Berge verbrannt, kahl und in all ihrer steinernen Leere furchteinflößend aufragen.

Ich fuhr ganz zufrieden auf der Bundesstraße entlang, auf der es kaum Verkehr gab – abgesehen von einem gelegentlich auftauchenden blauen Fernreisebus oder einem Truck, der sich mit seiner Last von Stahlträgern dahinschleppte: große, nervig langsame Ungetüme, die in den engen Kurven kaum zu überholen waren. Die Straße wand sich durch eine der dramatischsten Berglandschaften, die ich je gesehen habe – vorbei an den Steilhängen jäh abfallender Gipfel in der über anderthalb Kilometer hoch gelegenen Sierra de Zapotitlán, weiter ihre Flanken entlang bis zu den Felswänden und steinigen Hängen der Sierra Mixteca: keine Städte, ein paar Dörfer, ab und zu ein Mensch an einem Abhang, viele Ziegen, alles andere kahle, wunderschöne Weite von absoluter Einsamkeit. Ich folgte dem Verlauf des

Río Calapa, der teilweise die Grenze zwischen Puebla und Oaxaca bildet und durch eine Landschaft von außerordentlicher Schönheit fließt. Die hohen Abhänge waren braun gebacken, die tieferen Partien lagen dunkel wie Obsidian im Schatten eines langsam südwärts rinnenden Flusses. Im Osten münden weitere Zuflüsse und Nebenflüsse in den viel breiteren Río Papaloapan – den Fluss der Schmetterlinge –, der sich dann in den Golf von Mexiko ergießt.

Ich fuhr durch lang gestreckte, enge Täler, vorbei an erodierten Hügeln und Berghängen; die Böden sahen mager aus, kahl und blank gewaschen wie dünnes Blech von reißenden Regengüssen. Die Yuccas, Orgelpfeifen- und Feigenkakteen, die sich zäh und von Stacheln starrend an die Hänge der engen Flusstäler klammerten, sahen seltsam metallisch aus. Im Osten lag das Tehuacán-Cuicatlán-Biosphärenreservat mit den Nebelwäldern in den hohen Regionen und labyrinthisch grünen Kolonnaden von hohen Säulenkakteen an den sanfteren Hängen.

Ich hatte es nicht eilig, war hingerissen vom Licht, vom Himmel und den Gebirgsformationen, von dieser Ansammlung von Bergrücken mit ihren schwindelerregenden, weglosen, unbezwingbar scheinenden Flanken – wenn diese einzelnen Gipfel überhaupt Namen hatten, so waren sie weder auf meiner noch irgendeiner anderen Karte, die ich finden konnte, verzeichnet.

Auf der Abwärtsfahrt durch Täler von gräulichem Ton und knochenweißen Felsen kam ich zu einer Tankstelle, wo ich lesen konnte, dass das nächste Dorf Tepelmeme hieß (419 Einwohner) und in der notleidenden Region der Mixteca liegt, aus der besonders viele Migranten nach Mexiko-Stadt oder in die US-amerikanischen Industriegebiete in den Grenzlanden beiderseits des Zauns abwandern. Zu sehen war aber nichts als die unfruchtbaren Hänge der Sierra und lehmiger Staub in wabernden Wolkenschleiern: huschende, verwesende Geister.

Ich hatte schon 250 Kilometer hinter mir, sah einen Imbiss und ging hinein, um mir etwas zu essen zu besorgen. Drinnen saß trotz der Mittagszeit kein einziger Gast – aber drei kräftig gebaute Mixtekinnen ermunterten mich, mir etwas zu bestellen. Ich nahm einen *queso fonda*, eine Schüssel mit gebackenem Käse und Tortillas, dazu einen Kaffee und machte mir Notizen über diese grandiose Bergfahrt.

»Ich bin aus Tepel«, beantwortete eine der drei Frauen meine Frage.

»Was gibt es dort?«

»Wir sind Campesinos. Wir haben Ziegen. Wir bauen unser Essen an.«

»Und die Kirche«, sagte eine andere. »Die ist alt und schön.«

»Fahren Sie manchmal nach Oaxaca?«

»Ja, Señor. Zu den Fiestas. Zum Einkaufen.«

»Fährt ein Bus dahin?«

»Ja. Ist aber teuer.« Die Frau nannte eine Summe, die ungefähr fünf Dollar entsprach. In diesem Bundesstaat mit dem niedrigsten Pro-Kopf-Einkommen in ganz Mexiko (3400 Dollar im Jahr) war das etwa ein halber Tageslohn; für diese Frau vermutlich noch mehr.

Ich hinterließ so viel Trinkgeld, dass sie sich alle drei eine Busfahrkarte kaufen konnten. Wenn ich wieder in der Gegend sei, sagten sie lachend, sollte ich auch mal in ihr Dorf kommen.

In sonniger Stimmung fuhr ich weiter nach Süden, aber nach knapp sechzehn Kilometern fand ich mich am Eingang zu einem lang gezogenen Tal hinter einer Autoschlange. Von meinem Standpunkt aus konnte ich sehen, dass sie sich durch den Talboden und über ihn hinaus bergwärts bis zu einem Einschnitt am höchsten Punkt hinaufwand; mindestens anderthalb Kilometer Straße, deren Konturen in der Landschaft durch eine endlose Reihe von stehenden Autos, Bussen und Lkw nachgezeichnet wurden.

Nach den Stunden, die ich fast allein unterwegs gewesen war, kam dieses Hindernis ziemlich überraschend. Staus hatte ich natürlich in Mexiko schon gesehen, aber nicht mitten im Land. Fahrer und Mitreisende lümmelten am Straßenrand, machten Picknick, tranken Bier, manche beschwerten sich lautstark, andere liefen aufgeregt und steifbeinig umher, drohten mit Fäusten in die Ferne und bellten nutzlose Verwünschungen in die Richtung eines unsichtbaren Bösewichts.

Zwei schnauzbärtige uniformierte Busfahrer mit Schirmmützen und zugeknöpften knappen Jacken berieten sich neben mir.

»Was ist denn los?«, fragte ich. »Ein Unfall?«

»Straßenblockade.«

»Da oben?«

»Nee, weiter weg. Vielleicht an der Mautstelle.«

»Vielleicht die bei San Cristóbal.«

Ich sah auf meine Karte. Die Kreuzung von San Cristóbal Suchixtlahuaca (rund 200 Einwohner) lag etwa fünfzehn Kilometer voraus. Das hieß: stehender Verkehr über fünfzehn Kilometer.

»Wer ist das, der die Straße blockiert?«

»Die Lehrer«, sagte einer der Busfahrer.

»Sind immer die Lehrer«, sagte der andere.

Ich seufzte, grummelte vor mich hin, kickte im Straßenkies herum und schlug mir an die Stirn.

Angesichts meiner offensichtlichen Frustration sagte der erste Busfahrer: »Sie müssen hier nicht stehen bleiben. Sie können auf der Straße da fahren.«

Er zeigte in die geröllbedeckten Hänge hinter dem Sicherheitszaun und das grindige Gestrüpp aus Feigenkakteen und krummen, niedrigen, blattlosen Sträuchern. Ich konnte keine Straße erkennen.

Der Mann führte mich an den Zaun und deutete auf eine Art ausgetrocknetes Flussbett: »Das ist eine Straße. Können Sie fahren. Mein Bus ist zu groß, aber mit Ihrem Auto schaffen Sie das.« Er fasste mich an der Schulter und drehte mich herum wie ein Lehrer, der einem kleinen Schulkind den Weg weisen will: »Sehen Sie die Männer da? Da durch.«

Fünfzig Meter weiter saß eine Gruppe von Männern in dicken, zerlumpten Mänteln auf dem Metallzaun neben einer Öffnung, die gerade breit genug für mein Auto war.

»Na los!«, sagte der Busfahrer. Er klopfte auf mein Auto: »Sie haben Glück!«

»Und dann?«

»Einfach immer weiter.« Er klatschte in die Hände.

Ich wendete und fuhr zurück zum Durchlass im Zaun. Einer der Männer bedeutete mir mit einer Geste, dass ich das Fenster herunterlassen sollte.

»Dreißig Pesos!« Ein schneller Denker. Ich gab ihm die Eins fünfzig, die anderen Männer feixten über seinen Unternehmergeist, seine Frechheit und den nachgiebigen Gringo.

Also fuhr ich diesen Hang hinauf und erreichte oben ein Dickicht aus toten Bäumen, folgte der Spur, die nicht mehr war als ein holpriger Fußweg und dachte: Klar, wenn mein Auto hier zusammenbricht, habe ich Pech. Auf meiner Karte war kein einziges Dorf verzeichnet, nur die fünfzehn Kilometer weit entfernte Mautstelle an der Kreuzung bei San Cristóbal Suchixtlahuaca. Auf einer normalen Landstraße sind fünfzehn Kilometer gar nichts, auf einer unbefestigten Fahrspur (die Achsen knarrten in den Spurrinnen, Steine schlugen gegen das Chassis) sehr viel.

Einigermaßen besorgt arbeitete ich mich vorsichtig vorwärts, einziger Trost der Gedanke, dass ich so um den Stau vor der Straßensperre herumkäme. Links neben mir tat sich ein Abgrund mit einem an diesem verhangenen, staubverwehten Nachmittag wie schwarze Glaslava schimmernden Flussbett auf. Nach zwanzig Minuten auf der Schotterpiste kam ich auf eine etwas bessere Straße; sie war auch nicht geteert, immerhin waren aber die Fahrrinnen mit einer Art Katzenstreu aufgefüllt, und ein Straßenschild gab die Richtung nach San Miguel Tequixtepec an, das schon zu sehen war: verstreute, lehmfarbene Hütten, eine Kirche mit zwei Kirchtürmen und einer roten Kuppel, flachere, von Grün weich konturierte Berge am Horizont.

Erleichtert dachte ich, dass aus diesem Dorf notfalls Hilfe kommen würde, und fuhr etwas zuversichtlicher weiter auf einer inzwischen asphaltierten Straße. Laut Beschilderung ging es links nach San Juan Bautista Coixtlahuaca und rechts nach San Cristóbal. Ich bog Richtung San Cristóbal ab und hoffte, dass ich, wenn sich die Straßensperre tatsächlich dort befand, als Erster durchkäme.

Nach anderthalb Kilometern erreichte ich die Blockade. Eine Menge Menschen lief oder saß herum, Absperrgitter hinderten die Autos an der Weiterfahrt; ungefähr fünfzig Autos parkten am Straßenrand. Die Szene hätte auch als spontaner Flohmarkt durchgehen können: aufgehäufter Krempel, Leute schwatzten friedlich, telefonierten, spielten mit den Kindern. Aus ihrer Haltung – wie sie da so auf den Randsteinen saßen und an den Zäunen lehnten, aus der Atmosphäre von Lahmheit, Erschöpfung und träger Plauderei – schloss ich, dass sich hier so bald nichts tun würde. Die Menge wirkte entspannt, kein Zeichen von Ärger. Das Mauthäuschen lag in Einzelteilen auf der Straße, und Baumstämme waren als Barrikadenverstärker auf die Fahrbahn geschleift worden. Verstreute Überreste von Mahlzeiten – Pappteller, Plastikbecher, zerknüllte Servietten und flachgedrückte Getränkedosen – erinnerten daran, dass eine politische Aktion wie eine Straßenblockade in Mexiko auch immer ein gesellschaftliches Ereignis darstellt.

»Was passiert jetzt?«, fragte ich einen Mann, der an seinem Auto lehnte.

»Blockade.« Er zuckte mit den Achseln.

»Haben Sie eine Ahnung, wann Schluss ist?«

»Vielleicht bald. Vielleicht in ein paar Stunden.«

»Was machen die da?«

»Reden.« Ich nahm an, er meinte verhandeln – jedenfalls sorgten die Demonstranten mit diesem Stau auf einer Hauptverkehrsader für genügend Wirbel, um ihren Standpunkt klarzumachen. Die Lehrer hier hatten, wie das Krankenhauspersonal, das ich in Puebla gesehen hatte, eine ganze Liste von Forderungen dabei.

Ich holte meine Landkarte aus dem Auto, faltete sie auf und ging damit noch einmal zu dem Mann. Ich machte einen Kringel um San Cristóbal: »Wir sind hier, stimmt's?«

Er legte den Finger auf den Kreis und schabte mit der Fingerspitze über die Karte. »Die Straße da. Da ist sie.« Er zeigte dorthin, wo die Autos auf der Standspur parkten. »Da können Sie langfahren. Das ist die freie Landstraße.«

Mautfrei waren die Nebenstrecken, die über die Dörfer führten und oft wegen des Ortsverkehrs verstopft waren.

»Komme ich auf der nach Oaxaca-Stadt?«

»Klar.« Er sah etwas unsicher aus. »Irgendwann.«

Ich wollte lieber einen stundenlangen Umweg in Kauf nehmen, als ewig im Stau in meinem Auto sitzen, dankte ihm also und fuhr los, vorbei an den parkenden Autos, den Kindern und den demonstrierenden Lehrern, durch das grüne Becken des Tals in die Berge hinein, die von fern felsiger und karger aussahen.

Die Fahrbahn war befestigt, aber schlecht. Manche Schlaglöcher waren sehr breit und über dreißig Zentimeter tief; wo sie voll Wasser standen, tranken Ziegen daraus. Aber ich war unterwegs, und das war sehr gut so, ich befand mich im Herzen des Landes und fuhr durch das kleine Dorf San Cristóbal mit flachen Lehmhäuschen, hölzernen Tiergattern und an abgestorbenen Bäumen angebundenen Eseln. Die Reifen rutschten auf losem Schotter; vor mir sah ich Felshänge. Die Erosion hatte ihnen besonders gewaltsam die Haut abgezogen.

Am hinteren Ende des Dorfes standen drei wetterfest – lange Wollmäntel, breitkrempige Hüte – ausgerüstete junge Frauen unter einem Baum mit ausladender Krone und schienen angespannt auf etwas zu warten; auf einen Bus vielleicht. Sie hatten sich Tücher um die Schultern geschlagen, es war kalt hier im Hochland, und der Himmel hatte sich unter fernen drohenden Regenwolken verdunkelt. Ich hielt an, wir tauschten die höflichen Floskeln aus, die hier bei Begegnungen auf dem Land üblich sind.

»Darf ich Sie mitnehmen?«

Ja, das dürfe ich gern; sie lächelten erleichtert und kamen dicht ans Auto heran.

»Wohin möchten Sie?«

»Tejúpam«, sagte eine der drei, aber der Name sagte mir gar nichts, und auf meiner Karte fand ich den Ort auch nicht.

»Ist es weit bis dahin?«

»Ein bisschen weit.«

Ich erzählte ihnen, dass ich nach Oaxaca-Stadt wollte.

»Wir zeigen Ihnen den Weg.«

»Dann los.« Keine wagte es, neben dem Gringo auf dem Beifahrersitz Platz zu nehmen; die drei stiegen hinten ein, wickelten sich aus den Umschlagtüchern und machten es sich kichernd bequem.

»Verraten Sie mir Ihre Namen?«

Sie hießen Shirley, Lucia und Vianey – die Letztere musste mir ihren Namen erst einmal buchstabieren: Er sei ungewöhnlich, habe aber ihren Eltern gefallen.

Inzwischen waren wir mitten in diesen rauen Bergen aus bläulichem, zerspaltenem Gestein, die ich vorhin gesehen hatte, fuhren an einer armseligen Hütte und einer Ziegenherde vorbei – wir waren in der Mixteca Alta, dem ärmsten Landstrich von Mexiko. Es sah nirgends so aus, als könnte man die Böden bestellen, und selbst die Ziegen schienen Mühe zu haben, zwischen den harten Rippen des Lehmbodens noch ein paar zerrupfte Grasbüschel zum Knabbern zu finden.

»Arbeitet ihr oder seid ihr noch in der Ausbildung?«

»Wir studieren«, erklärte Shirley, die Gesprächigste der drei. »Wir studieren Pädagogik, wir wollen Lehrerinnen werden.«

»Habt ihr bei der Straßenblockade mitgemacht?«

»Nein, wir haben nur zugesehen.«

»Und wie oft gibt es solche Blockaden?«

»Fast jeden Tag. Manchmal wird auch der Flughafen von Oaxaca besetzt.«

»Wer organisiert solche Dinge?«

»El sindicato.« Die Gewerkschaft also. Sie wurde genauer: *»Sección veintidos del Sindicato Nacional de Trabajadores de la Educación.«*

Abteilung 22 der Lehrergewerkschaft, bekannt für eine Protestaktion vom Vorjahr, in Asunción Nochixtlán, einer Stadt im Süden von hier, wo Busse und Lastwagen als Straßenbarrikaden in Brand gesteckt und Slogans auf eine Straßenüberführung gepinselt worden waren. In der Auseinandersetzung mit der Polizei waren einige Demonstranten umgekommen. Die Geschichte war mir schon begegnet, als ich vor der Reise etwas über Oaxaca gelesen hatte. In einem Artikel vom Erziehungsministerium des Bundesstaates hatte gestanden: »Die Lehrerkrise in Oaxaca wird nicht so schnell vorbei sein. Wir haben es mit einem jahrzehntealten Konflikt zu tun, der sich inzwischen zu einer sozialen Revolution ausgewachsen hat.«

»Was wollen sie denn, mehr Geld?«

»Nicht nur das. Auch Gesundheitsvorsorge und andere Dinge.«

»Werden sie damit durchkommen?«

»Die Regierung will die Gewerkschaft abschaffen.«

Wir plauderten, während die Straße sich immer mehr nach oben wand und aufwärts in die steinige, ramponierte Landschaft der dürren Hochebene führte: narbige Hänge, verdorrte Dornbüsche in Schwaden tief hängender Wolken – ganz passend, denn der Name der Region geht auf ein Wort der Nahuatl zurück, *mixtla*, »Wolkiges Land«. Ich ließ das Fenster herunter, die eisige Luft stach mir ins Gesicht.

»Es ist kalt!«

Die jungen Frauen kicherten, dann wollten sie alles Mögliche wissen: ob ich verheiratet sei, wo ich wohnte, ob ich Kinder hätte, wie viele, was ich von Beruf sei, wie weit ich schon gefahren sei …

Als ich sagte, ich sei in Reynosa über die Grenze gekommen, meinten sie, sie hätten gehört, dass Tamaulipas gefährlich sei. Shirley und Vianey waren noch nie weiter nördlich gewesen als Mexiko-Stadt, Lucia war nicht über Puebla hinausgekommen. Sie wollten hier in der Gegend bleiben und am liebsten in Schulen in ihrem Heimatort Tejúpam arbeiten.

Vor uns, hinter dem Bergrücken, bauten sich schwarze Wolkenbänke auf; schwarz wie der Qualm über einem Ölfeld. Hohe, dichte Gewitterwolken brauten sich zusammen, waberten in dichten, tiefschwarzen Ballen gegen die Berghänge und verdichteten sich zu einer finsteren, aufgequollenen, berstenden Wand.

Ich hatte kaum gesagt: »Ich glaube, wir kriegen Regen«, als die ersten harten Tropfen gegen die Windschutzscheibe knallten, dann spritzte und platschte es los, es blitzte und donnerte.

Das sei ein *Aguacero*, sagte Shirley, so einen Wolkenbruch mit solchem Platzregen gebe es hier öfter. Wir könnten auch mit einer Sturzflut und einem Bergrutsch rechnen. Sie musste fast schreien, um gegen das Geprassel des Regens anzukommen.

Von den Felswänden neben uns schossen schon Wassermassen herab, überfluteten die Straße und ließen ihren Belag anschwellen.

»Ihr wolltet wirklich diesen ganzen Weg zu Fuß nach Hause gehen?«

»Wenn's nicht anders gegangen wäre, klar. Wir gehen viel zu Fuß.«

Die Fahrbahn war so schlecht, der Regen so hartnäckig, ich zuckte bei den Donnerschlägen zusammen und brauchte jetzt alle Sinne, um das Auto auf Spur zu halten. Quer über die Steilhänge ringelte sich das Wasser, bedeckte sie, bildete Sturzbäche, die Wurzeln und Stämme freilegten und sich dann gleißend auf die Straße ergossen. Wo Erdreich war, rutschte es als Schlamm und Schlick herunter und schob sich unten in glatten Haufen zusammen, die den Fahrweg verengten.

»Erdrutsch«, sagte Shirley.

»Sehr rutschig«, sagte Lucia.

Das Wasser konzentrierte sich in den Haarnadelkurven, inzwischen fuhr ich durch ein steiniges Bachbett, während der Regen aufs Autodach hämmerte.

»*Una tormenta*«, kommentierte Shirley.

Mit dem rötlichen Lehm waren an manchen Stellen so große Felsbrocken heruntergespült worden, dass zwischen Felskante und Bergsturz nur noch eine Wagenbreite frei blieb. Einige der herumliegenden Felsblöcke waren scharfkantig wie vom Blitz gespalten. Ich malte mir schon aus, wie an irgendeiner Stelle ein Felsbrocken seitlich gegen das Auto rollen, es umwerfen und mich mitsamt meinen Fahrgästen in den Abgrund zur Linken reißen oder wie die ganze aufgeweichte Straße in einer ungeheuerlichen Lawine aus Schlamm und Steinen nachgeben und uns unter sich begraben würde.

»*Una tormenta eléctrica*«, ergänzte Lucia, als ein Blitz durch das Wolkengeschiebe krachte und die Berghänge kurz in ein grelles Licht tauchte, bevor sie wieder schwarz wurden.

Ein paar in die Hänge gebaute Bauernhütten, die kleinen, grob gezimmerten, die hier *jacales* heißen, schwankten im Wind, Wasser schoss von den Blechdächern. Auf ein paar ebenen Terrassen grasten Rinder mit dunkel durchnässtem Fell im Gestrüpp; im Licht der Blitze sahen sie vergrößert aus wie steifbeinige, aufgezogene Blechspielzeuge.

»Wo genau ist euer Dorf? Ist es noch weit?«

»Ein bisschen weit.«

Wir waren inzwischen über eine Stunde auf dieser Straße unterwegs, der Regen hämmerte noch immer aufs Auto – das war mehr als der Wolkenbruch, den Shirley angekündigt hatte, eher ein Unwetter, das die Straße unter mir langsam zerstörte und die Sicht auf sechs Meter verkürzte.

»Würdet ihr gern mal in die USA fahren?«

»Ja, nach Los Angeles«, sagte Shirley. »Aber nicht zum Leben, nur mal so.«

»New York vielleicht?«

»Dahin auch«, fand Lucia.

Nun ja, fern schienen die großen Städte, als wir im strömenden Regen in ein anderes, bewaldetes Tal hineinfuhren, ein Kirchturm und ein Schild in Sicht kamen und wir eine gepflasterte Dorfstraße erreichten.

Auf dem Schild stand VILLA TEJÚPAM DE LA UNIÓN, und als wir näher bei der Kirche waren, die aus der Ferne reizvoll ausgesehen hatte, kam sie mir ausgeräumt und kaputt vor – sie sei aber in Ordnung und würde viel genutzt, sagte Shirley, die Risse im Mauerwerk hätten nichts weiter zu bedeuten. Die Häuser im Dorf waren alle einstöckig, die Lehmfassaden durchnässt und dunkel, das einzige Lokal am Ort, das Bugambilias, hatte geschlossen. An diesem Regentag rührte sich hier nichts auf den Straßen; das einzige Anzeichen von Leben war ein geduckter Hund.

Die jungen Frauen rutschten auf dem Rücksitz herum, wurstelten sich seitlich aus dem Auto heraus und drückten sich dann an meine Fensterscheibe, um mir zu danken. Der Regen lief ihnen über die hübschen Gesichter, die nassen Haare klebten ihnen an den Wangen, Regen troff von ihren Hüten und Schals.

»Wie weit ist es bis Oaxaca?«

»Bleiben Sie einfach auf dieser Straße.«

»Ist es weit?«

»Ein bisschen weit. Sie kommen erst durch Yodobada und Yanhuitlán.«

»Danke! Danke! Danke!«, rief das Trio.

Die Straße wurde jetzt gerader, die Wiesen grüner, der Regen sanfter, aber ich war immer noch auf über 2255 Metern Höhe unterwegs. Ich passierte Yodobaba (226 Einwohner, fast ausschließlich Indigene), und fünfundzwanzig Kilometer weiter südlich stieß ich wieder auf den Camino Real, eine der ältesten Fernstraßen des Landes, und erreichte das Dorf Yanhuitlán. Ich fuhr langsamer, um besser sehen zu können, dann hielt ich an, überwältigt vom Anblick des gewaltigsten Sakralbaus, den ich je im ländlichen Mexiko zu Gesicht bekommen hatte. Das ehemalige Kloster Santo Domingo Yanhuitlán thront auf einem grünen Hochplateau: hohe, abweisende Außenwände, verstärkt mit abgestuften Strebepfeilern fast bis zur Dachtraufe; in die wehrhaften Außenmauern sind Wandnischen eingelassen, in denen Heilige mit steinerner Miene Wache halten. Das Eindrucksvollste an diesem strengen Solitär waren für mich seine schmucklose Größe, seine festungsartige Masse und seine Lage: Neben einem Landstädtchen mit Holzhäuschen und dürftigen Hütten erhebt er sich als größter Punkt in dieser Landschaft, größer als jeder Hügel, der lohfarbene Stein der Fassade leuchtete rosig, nass vom Regenguss, der jetzt nachgelassen hatte.

Ich wollte mir die Beine vertreten, stellte das Auto ab und stieg die vielleicht dreißig Stufen zum großen Portal mit den riesigen hölzernen Flügeltüren hinauf. Vor dem Eingang im Glockenturm trieb sich ein rostroter Hund herum und beäugte mich misstrauisch. Als ich näherkam, umkreiste er mich, schoss nach vorn, schnappte nach meinem Fuß, biss in meinen Schuh, hinterließ eine Sabberspur darauf und knurrte, als ich nach ihm trat. Ich wich ein paar Schritte zurück, der Hund ging wieder vor dem Eingang in Stellung und ich dachte schon: eins zu null für dich, *perrito*.

Als er dann seine Aufmerksamkeit einer räudigen Katze zuwandte, schlüpfte ich schnell in die Kirche hinein – und bestaunte ihre enorme Größe. Um 1558, zur Zeit seiner Fertigstellung, war dieser Bau das größte Kirchengebäude beider Amerikas. Die Bauzeit hatte fünfundzwanzig Jahre betragen, sechshundert Arbeiter und Steinmetze hatten hier geschuftet; sie bearbeiteten Material, das aus dem Steinbruch von Teposcolula 25 Kilometer weit über die westlich gelegene Bergkette herangeschafft werden musste. Bewohnt wurde das Kloster später von fünfzehn spanischen Dominikanermönchen. Und wer hatte den Bau finanziert? Die Einwohner des Städtchens Yanhuitlán und der umliegenden Dörfer – und die Arbeiter selbst, die sich mit einer wöchentlichen Zwangsabgabe von zwanzig Kakaobohnen das Privileg verschafften, im Steinbruch Steine zu hauen und zu schleppen, Holz für Gerüste zu schlagen, die Stützmauern hochzuziehen, die Wandnischen in den Stein zu meißeln und den Zement für den Kreuzgang dieses festungsartigen Klosters anzurühren. Als die Kirche fertiggestellt war und man Weihnachten und Ostern darin feiern konnte, mussten die Tausende von Gläubigen aus der Gegend Geld oder Kakaobohnen mitbringen: »Versäumnis führte zu öffentlicher Auspeitschung auf dem Kirchhof.«

Dies wusste ich noch nicht, als ich unter dem hohen Gewölbe des Kirchenschiffs stand, den goldenen Altar und das seltsame, auf vier aufgerichteten Schlangen ruhende Taufbecken bewunderte. Dann stand ich wieder draußen im Nebel und ließ mich blenden vom Anblick dieses riesigen, breitschultrigen, turmbewehrten Monolithen, der offensichtlich restauriert in seiner alten Pracht dastand – kein Riss und kein Kratzer in der rosig schimmernden Außenhaut. Zu meinem Glück fand ich später ein Buch darüber: *Building Yanhuitlán: Art, Politics and Religion in the Mixteca Alta since 1500* von der italienischen Historikerin Alessia Frassani.

Die Stadt war einst bevölkerungsreich und wohlhabend, wie die Autorin berichtet; zwölftausend Menschen lebten hier, leisteten Abgaben und gingen, teils unter Zwang, zur Messe. In der Zeit vor der spanischen Eroberung war Yanhuitlán die zweitwichtigste mixtekische Kultstätte nach dem etwa 25 Kilometer südwestlich gelegenen Achiutla. Viele Mixteken hielten an ihrem alten Glauben fest, brachten Xipe Totec (»Der Gehäutete«) ihre rituellen Opfer dar und verehrten weiterhin ihre alten Götter; sie waren nicht damit einverstanden, dass man die Kirche über ihren Tempel gestülpt hatte wie eine alberne spanische Teemütze über ein heiliges mixtekisches Gefäß.

Dieses Überbauen von Tempeln mit Kirchen gehörte zu einer überall in Mexiko und anderen Ländern Südamerikas üblichen missionarischen Praxis: Man setzte christliche Kirchen auf die Fundamente der Götzendiener-Tempel. Auch in Rom ist ein Beispiel dafür zu sehen: die Basilika San Clemente in Laterano. Man hat sie im 4. Jh. n. Chr. über einem antiken, einst dem indisch-iranischen

Gott Mithras geweihten Tempel errichtet. Das Movens dafür bot der Apostel Paulus: »Nun verkündige ich euch, was ihr unwissend verehrt.« Und wie die Spötter aus Athen, die sich über den Apostel und die römischen Anhänger des besonders unter Soldaten verbreiteten und dann unterdrückten Mithras-Kults lustig machten, wehrten sich viele Angehörige der Oberschicht der Mixteken gegen die Entweihung ihres Tempels, auf dessen Resten nun dieses große neue Bauwerk saß.

Auf Anordnung der Dominikanermönche mussten die Bürger des Ortes die kunstvoll geschnitzten Abbilder ihrer eigenen Götter zur Zerstörung oder rituellen Verbrennung abliefern. Neben Xipe Totec, dem Gott der Wiedergeburt, gab es noch vier weitere Hauptgötter: Zagui, der über den Regen herrschte; Tizono, das Herz der Stadt; Toyna, der Schutzpatron der Stadt; und schließlich Xitondoro, der Gott der Händler. Man könnte sagen, dass sie alle besser zu einem wichtigen Handelsplatz für Weizen und Seide passten und sich hier nützlicher machen konnten als das Bild eines gekreuzigten Ausländers mit seiner Last von Dogmen wie Sünde und Verdammnis und dem nebulösen Versprechen auf ein Himmelreich nach dem Tod.

Abbilder der mixtekischen Götter blieben weiter auf den Hausaltären. Sie wurden mit Federn, Stoff und dem Weihrauchharz, das hier *copal* heißt, gnädig gestimmt. Dank hartnäckiger Überzeugungsarbeit der spanischen Mönche gewöhnte man sich aber mit der Zeit an das Bild des blutenden, gekreuzigten Mannes. Es passte ja ganz gut zu den Menschenopfern der Mixteken – zum Opfer für Xipe Totec wurden Menschen bei lebendigem Leib gehäutet und ihre Haut von den Adligen als Umhang getragen – und man fand Ähnlichkeiten zwischen dem Kreuz des Christentums und dem Weltenbaum aus der eigenen Tradition.

»Der mesoamerikanische Weltenbaum ähnelt dem christlichen Kreuz nicht nur in der Fünfpunkteanordnung seiner Gestalt«, schreibt Frassani, »das Wachsen des Baumes selbst ist untrennbar mit der regenerativen Funktion des Menschenopfers verbunden. Seit der Kolonialzeit hat das heilige Kreuz der Christen die Bedeutung und Funktion des überlieferten Weltenbaums übernommen und das kosmologische Wissen um die Weltordnung mit der Funktion des geopferten Christus verschmolzen.«

Diese synkretistische Sandwichtechnik, mit der alter Kult und christliche Symbolik verbunden wurden, stellte viele Gläubige in Yanhuitlán zufrieden, aber nicht alle. Drei widerspenstige örtliche Häuptlinge wurden zu Ketzern erklärt und mussten sich über zweieinhalb Jahre lang vor einem strengen Tribunal verantworten, der Inquisition von Yanhuitlán. Der Großinquisitor Pater Francisco Tello de Sandoval und seine Helfer führten die Verhandlung. Dieser Prozess unterschied sich wenig von der schrecklichen Inquisition im spanischen Mutterland mit 1478 Folterungen, Ketzerverbrennungen und drakonischen Strafen. Häretiker wurden mit Bußgeldern belegt, ins Exil gejagt, als Sklaven auf Galeeren geschickt oder bei lebendigem Leib verbrannt.

Inquisitionsprozesse wurden in ganz Mexiko geführt. Darstellungen von Exekutionen heidnischer Indios finden sich in Berichten über die Missionsarbeit in der Neuen Welt – auf einem Holzschnitt in der *Historia de Tlaxcala* des Historikers Diego Muñoz Camargo, der im 16. Jahrhundert lebte, sieht man sechs Ureinwohner am Galgen hängen und zwei auf einem Scheiterhaufen brennen; ein frommer Franziskanerpriester schaut untätig zu. Exekutiert wurden aber nicht nur Indios. Im Jahr 1574 starben »einundzwanzig abscheuliche Lutheraner«, und Lomnitz zitiert in seinem Werk *Death and the Idea of Mexico* den zeitgenössischen Tagebuchschreiber Gregorio Martín de Guijo. Dieser vermerkte noch im 17. Jahrhundert »die Vernichtung von sechsundsechzig Götzenbildern und dreizehn leibhaftigen Juden in Mexiko-Stadt«. Die Inquisition in Yanhuitlán, »eins der wichtigsten Beispiele für die Inquisition in Neu-Spanien«, wurde auf über dreihundert handgeschriebenen Seiten dokumentiert.

»War es wirklich ihr Vorsatz, ihren Glauben weiter zu verbreiten«, schreibt Montaigne in seinem 1580 zur Zeit der aktuellen Geschehnisse erschienenen Essay »Von Wagen und Kutschen«, einer heftigen Anklage gegen die Gräueltaten der spanischen Konquistadoren, »so hätten sie in Erwägung gezogen, daß er nicht durch weitläufige Besitzungen von Ländern, sondern durch den Besitz von Menschen verstärkt wird, und hätten sich nur zu sehr mit dem Blutvergießen begnügt, welches die Notwendigkeit des Krieges erforderte, ohne sich noch solches Gemetzel zu erlauben, als ob es über Tiere herginge [...]«

Und was war das Ergebnis der Inquisition bei den Führern der Mixteken, die sich der Einführung des christlichen Glaubens widersetzten?

Widerstand. Die unversöhnlichen Mixteken mahnten ihr Volk: »Gebt ihnen eure alten Bilder, aber behaltet die neuen, die schöner gearbeitet und wertvoller sind. Geht nicht in die Messe in dieser Kirche ... ehrt eure Vorfahren hier« – an den eigenen Altären.

Die Spanier würden bald weg sein, versprachen die mixtekischen Traditionalisten um 1540, und dann könnten die Einheimischen wieder ihre eigenen Götter anbeten und sich an ihre eigene Überlieferung halten, müssten keine Abgaben oder hohen Strafen mehr entrichten, würden nicht mehr zur Arbeit gezwungen und müssten nicht mehr unter der Aufsicht bewaffneter Söldner in den Flüssen Gold für die Priester schürfen.

In den Inquisitionsprozessen von Yanhuitlán kam heraus, dass die uneinsichtigen Mixteken vor dem Kirchgang erst einmal ihren Göttern Nahrungsmittel und Weihrauch opferten, »um den Zorn der Vorfahren zu besänftigen«, und *piciete* kauten, einen berauschenden grünen Tabak *(Nicotiana rustica)*, um die Messe im Vollrausch über sich ergehen zu lassen; sie waren dann vom grünen Stoff so benebelt, dass sie der Predigt des Ausländers nicht zuhören konnten.

Aber der Widerstand wurde gebrochen, Massen wurden getauft und als kleine Zugeständnisse alte Bräuche in die christliche Liturgie mit aufgenommen, so zum Beispiel die Sitte, den Toten vor dem Begräbnis ein Stück Grünstein in den Mund zu legen. Mixtekische Symbolik fand ihren Eingang sogar in solch christliche Kultgegenstände wie das aus einem einzigem Stein gehauene Taufbecken im Baptisterium des Klosters von Yanhuitlán: Die große, mit Blattreliefs geschmückte Schale wird gestützt von vier Darstellungen des legendären Quetzalcoatl – aufgerichteten, gefiederten Schlangen, aus deren Mäulern wiederum andere Schlangen entspringen.

Von meinem Standort auf dem Kirchenhügel aus konnte ich sehen, wie sehr das einst bedeutende Handelszentrum Yanhuitlán geschrumpft war Die auf 2130 Meter über dem Meeresspiegel gelegene kalte Stadt am Camino Real, an dem die Panamericana vorbeiführt, war nur noch ein Dorf von 900 Seelen: einer dieser Orte der Mixteca Alta, der Migranten erzeugt. Das einzig Anziehende in dieser Ödnis war die atemberaubende Kirche – bei deren Anblick mich aber ein seltsames Unbehagen beschlich.

»Es ist eine eigenartige und erträgliche Gewißheit, zu wissen, daß die monumentale Schönheit immer eine Knechtschaft voraussetzt«, schreibt Camus im letzten Band seiner *Notizbücher (1951–1959)* über die Zwangsarbeit, die großartige Bauwerke wie dieses erschuf. (Der Gedanke kam Camus in Rom.) »Vielleicht stelle ich aus diesem Grund die Schönheit einer Landschaft über alles, sie wird mit keinerlei Ungerechtigkeit bezahlt, und mein Herz fühlt sich frei.«

Ich setzte meinen Weg auf dem regennassen alten Camino Real fort, fuhr durch das Hochtal und über die Berge nach Nochixtlán, wo noch immer die ausgebrannten, inzwischen verrosteten und fensterlosen Busse von der letztjährigen Demonstration der Lehrergewerkschaft auf der Hauptstraße standen; die Sprüche auf der Überführung noch lesbar: GERECHTIGKEIT UND RECHTE FÜR ALLE MENSCHEN. Ich fuhr im Zickzack auf Nebensträßchen durch das Ackerland um San Jerónimo Sosola, bis ich an die dichteren Siedlungsgebiete von Villa de Etla und San Pablo Etla herankam und schließlich in der Abenddämmerung über das ausgedehnte Tal von Oaxaca blickte, das um diese Zeit als irrlichterndes Lichtermeer vor mir lag wie eine Schale voller Leuchtkäfer.

Das intakte Oaxaca

Auf dem Bürgersteig lag eine tote Katze. Sie lag mitten in der Stadt Oaxaca an der Ecke der Calle Tinoco y Palacios und einer schmalen Nebengasse mit unlesbarem Namen (das Schild war kaputt) in der

Nähe meiner Posada. Es war eine große Katze, ein plattgedrücktes, zwei Zentimeter hohes Stück Flauschteppich, noch als roter Kater erkennbar, der im Tod die Stirn kraus zog und die Zähne bleckte; ein paar Fliegen saßen auf dem steifen, vertrockneten, fast mumifizierten Kadaver. Weil die Straßen sich hier so ähnelten, nutzte ich die tote Katze als Wegmarke, mit deren Hilfe ich immer nach Hause fand, ohne, was ich demütigend gefunden hätte, nach dem Weg fragen zu müssen.

Die Stadt Oaxaca, arm, aber hübsch und vielschichtig wie so manche ihrer Bewohner, bei aller Armut würdevoll und in ihrer Schlichtheit unzerstörbar, ist ein stolzer Ort. Ihr Name klingt für den Antihelden in *Unter dem Vulkan* – hier ist Malcom Lowry besonders rhapsodisch – »wie ein brechendes Herz, wie ein plötzlicher Anschlag erstickter Glocken in einem Windstoß, die letzten Worte eines vor Durst Sterbenden in der Wüste«.

Für mich bekam der sperrige Name nach ein paar Wochen, die ich hier verbrachte, einen ganz vertrauten Klang. Die Stadt war gut geordnet und heiter, aber nicht so zügellos wild wie andere mexikanische Städte, die ich besucht hatte. Die harmonische Symmetrie der altmodischen Stadtanlage allerdings führte dazu, dass für mich alle Straßen der Altstadt ziemlich gleich aussahen. Ich brauchte eine Weile, bis mir klar wurde, dass das einstöckige, unauffällige Eckhaus Nr. 600 an der Calle Pino Suárez, an dem ich täglich auf meinem Weg zum Spanischunterricht im Instituto Cultural Oaxaca vorbeikam, das einstige Wohnhaus von D. H. Lawrence und seiner Frau Frieda war. Im Innenhof dieses Hauses schrieb er die Endfassung von *Die gefiederte Schlange* und einige Partien von *Mexikanischer Morgen.*

Oaxaca war aus gutem Grund so unverändert und so unveränderbar. Ein paar Tage nach meiner Ankunft im Hochtal dieser Kolonialstadt, die zu Recht für ihre Schönheit und ihre Traditionen gepriesen wird, wurde ich wieder an den Satz erinnert, dass »die Vergangenheit eines Ortes in seinen Armen fortlebt«, weil diese an ihrer kulturellen Identität festhalten. Sie definieren sich durch die Beständigkeit, die Regeln und die Freuden ihrer Kultur, während Aufsteiger und Reiche, die ihren Wohlstand durch den Bruch mit dem Althergebrachten erreicht haben, die alten Traditionen über Bord werfen, nicht mehr mit Leben erfüllen und allenfalls noch zu Schauzwecken vorführen. Oaxaca mit seiner starken, sichtbaren Eigenart und seiner lebendigen Kultur war knapp bei Kasse, weil es sich selbst treu geblieben war.

Ein Mann aus dem Ort machte genau darüber seinem Ärger Luft: »Wir sind hier arm, und ich will Ihnen sagen, warum. Unsere Häuser sind Hunderte von Jahren alt, unsere Straßen sind eng. Die Häuser dürfen nicht abgerissen, die Straßen nicht verbreitert werden. Wir können hier keine großen Hotels und Ferienanlagen bauen wie andere Orte in Mexiko. Wir können uns nicht verändern. Ist alles verboten. Also bleiben wir arm.«

Die alten narbigen Häuser von Oaxaca, dieser ganze Ort aus sonnendurchglühtem, gelblichem, verwittertem Stuck und Stein sah aus wie aus altem Käse geschnitzt. Dieser Stein, der den Gebäuden ihre eigenartig scheckige gelbgrünbeige Farbe gibt, ist vulkanischer Tuff, der hier *toba volcánica* oder *cantera verde* heißt und aus Steinbrüchen der gesamten Gegend stammt. Hinter den schlichten Fronten manches der größeren Gebäude öffnen sich schattige Patios, Innenhöfe und große Innenräume; durch überdachte Passagen waren Brunnen, Steinreliefs und dürre Palmen in staubigen Töpfen zu sehen. Viele der altehrwürdigen Kirchen, Stifte und Klöster und das große Heiligtum Santo Domingo wurden in den sechziger Jahren des 19. Jahrhunderts entweiht; erlassen worden waren die Säkularisationsgesetze unter Präsident Benito Juárez, der aus dem kleinen, nordöstlich von Oaxaca gelegenen Bergdorf San Pablo Guelatao stammte und in Oaxaca aufgewachsen war. »Diese Kirche?«, kommentierten die Einheimischen die schönsten Kircheninterieurs, »die war mal ein Pferdestall.« »Und das Kloster da war mal eine Kaserne.« Nach dem Ende der Welle des Antiklerikalismus wurden die Kirchen und Klöster in altem Glanz wiederhergestellt, die Plazas und der Zócalo restauriert. Aber Luxusherbergen sind bis heute nicht entstanden.

D.H. Lawrence, Malcolm Lowry und Aldous Huxley – die alle in diese Stadt eingetaucht sind und sich hier ihre Inspiration holten – würden den Ort auch heute wiedererkennen, würden vielleicht nostalgisch werden, vielleicht wieder einen Tisch in einer Bar auf einer Dachterrasse finden – vielleicht denselben, an dem sie früher gesessen hatten, würden sich einen Mezcal aus einer örtlichen Brennerei bestellen und sich darüber wundern, wie wenig sich verändert hatte. Die Stellen, die sich in *Mexikanischer Morgen, Unter dem Vulkan* und *Beyond the Mexique Bay* auf Oaxaca beziehen, wirken keineswegs überholt. Lawrence lobt den Fußmarsch nach Huayapam, Lowry preist den starken Mezcal, Huxley analysiert die Architektur: Das heutige Oaxaca würde sie nicht enttäuschen.

Der Staat Mexiko besteht aus einunddreißig Bundesstaaten. Der Norden liegt im brutalen, stichelnden, überwältigenden Schatten der USA, einem Schatten voller Industriestädte, Fabrikgelände, Schmugglernester und Drogenrouten. Mexiko-Stadt, in der Mitte gelegen, ist mit 23 Millionen Einwohnern wie eine ganze Nation, viel größer als jede zentralamerikanische Republik. Aber Mexikos Süden, der ärmste Teil, ist eine andere Welt. Sie wurzelt in der Vorvergangenheit; etliche Einwohner sprechen noch immer die Sprache der 2500 Jahre alten Kultur des ein paar Kilometer außerhalb liegenden Monte Albán und zählen die zehn wunderbaren Tempel auf Zapotekisch an den Fingern ab: »*Tuvi, tiop, choon, tap, gaiy, xhoop, gats, xhon, ga, tse.*«

Der strenge Denkmalschutz half der Stadt, ihre Seele zu behaupten. Das lässt sich nicht von vielen Orten sagen, weder in Mexiko noch sonst auf der Welt. Oaxaca ist für seinen Widerstand gegen Modernisierung und seine Wertschätzung des eigenen kulturellen Erbes zu bewundern, die für viele ehrwürdige Städte beispielhaft sein könnten. Da Autos in den engen Gassen nur im Schneckentempo vorankommen, geht man hier zu Fuß. Eine Fußgängerstadt bewahrt sich in vielerlei Hinsicht ein menschliches Tempo und wird unweigerlich zu einem Ort, an dem die kleinen Dinge sichtbar, bemerkt und geschätzt werden. Wer geht, sieht mehr und ist rücksichtsvoller als jemand, der fährt.

Um ihrer Armut zu entfliehen, mussten viele Oaxaqueños ihre Wurzeln kappen und in die Emigration gehen – hier ebenso wie in den südlichen Staaten Chiapas, Puebla und Guerrero gibt es mehr Auswanderer als im übrigen Mexiko. Während der drei Wochen, die ich hier verbrachte, habe ich viele – meistens waren es Männer – gesprochen, die für eine Weile in den USA oder in einer Maquiladora im Grenzland gearbeitet hatten.

Alle die Geschichten, in denen die USA vorkamen, alle Erzählungen von Verwandten, die man dort hätte, all die Beschreibungen von den langen, schwierigen Reisen dorthin, von der Enttäuschung über die Rückkehr (»Meine Mutter ist alt«, »Mein Vater ist gestorben«, »Meine Familie lebt hier«, »Meine Großmutter ist krank«) erweckten fast den Eindruck, die USA kreisten wie eine Art Gestirn über dem Himmel von Mexiko. Ein höhnischer Mond im All, immer in Sichtweite und doch unerreichbar.

Weil Oaxaca sein menschliches Maß behalten hat, kann man den Stadtkern bequem in einer Stunde durchwandern; von der Umgehungsstraße am Südende die Calle Bustamante hinauf über den Zocalo in der Mitte bis zur alten Panamericana im Norden, die hier Calzada Niños Heroes de Chapultepec heißt. Die *colonias* und neueren Wohnviertel der Stadt liegen außerhalb.

Die Sozialstruktur von Oaxaca zeigte sich bei jedem Gang durch die Stadt: die Hausierer, die Bettler, die Herumlungernden, die Straßenmusiker, Sänger und Musikanten auf dem Kopfsteinpflaster, die Mütter mit Babys an improvisieren Ständen mit Handwerkskunst – Teppiche, Webarbeiten, Schnitzereien, grinsende, bemalte Totenschädel auf Strohmatten ausgebreitet – der Blinde mit der Gitarre, der sich die Seele aus dem Leib sang, während ein kleines, schmutziges, barfüßiges Kind mit einem Plastikbecher die Passanten um Münzen bat. Seit 1924, seit D. H. Lawrence hier über die Stadt schrieb, liefern sie den Vordergrund, die »Farbe« in allen Texten über Oaxaca.

Dass fast alle Straßenhändler Indios sind – Zapoteken und Mixteken –, unterstreicht nur die kulturelle Integrität dieser Stadt: fünfhundert Jahre nach der spanischen Eroberung (Oaxaca wurde 1529 gegründet) hat sich die Urbevölkerung beharrlich und unvermischt erhalten. Als die wahren Aristokraten Mexikos sind die Indios leicht zu erkennen: Sie haben die gleichen Hakennasen und Gesichtszüge wie die Darstellungen auf den Reliefs, die auf dem nahen Monte Albán und in Mitla ausgegraben wurden. Benito Juárez, der mit Zapotekisch aufgewachsen war, bezeichnete seine eigene Herkunftsfamilie als »*Indios de la raza primitiva del país*«.

Durch die breiten Toreinfahrten und offenen Türen am Gehweg wehte der Wohlgeruch der traditionellen Küche: der Duft von warmen, buttrigen Käseschnüren, acht verschiedenen Sorten von *mole*-Sauce, das cremige Aroma frischer Kakaobohnen, der brandige Geruch der gegrillten Tortillas für die gefalteten *tlayudas*. Dazu der Klang von Gitarren und Akkordeons und das Lachen aus den Bars, eine Lebendigkeit, die sich jetzt, in den Wochen vor Allerheiligen und dem Día de los Muertos, besonders verstärkte. Im Straßenbild tauchten schon etliche Kostüme auf: kleine Prinzessinnen, Ungeheuer und Bösewichte, schwarze Skelettanzüge und Schädelmasken, mit denen die zwergenhaften Kinder wie gruselige dämonische Homunculi zu schmetternder Blechmusik und Trommelwirbeln über die nächtlichen Straßen hüpften.

Unterricht auf Mexikanisch

Mein täglicher Weg führte mich von meiner Posada aus die Calle Pino Suárez und Avenida Benito Juárez entlang bis zur Umgehungsstraße Niños Heroes de Chapultepec – Cafés, Straßenabschnitte mit kaputten Bürgersteigen, bröckelndes Gemäuer, getränkt von den Sprühfarben wütender Graffiti.

HOY BARRICADAS, MAÑANA LUCHA, wurde gedroht, und mit SE ALISTAN LAS BOMBAS, SE AFILA EL PUÑAL. – Die Bomben sind bereit, der Dolch ist geschliffen – und schließlich hieß es: ZAPATA VIVE!

An den Zeitungskiosken reißerische Schlagzeilen über Autounfälle oder Kartellmorde, Fotos von zerstückelten, erschossenen Leichen. An Laternenpfählen und auf bekritzelten Mauern klebten Werbezettel für Tinkturen aus Schlangenöl oder Quacksalberpraxen. Weiter oben am Boulevard das Teatro Juárez mit seinen allabendlichen Veranstaltungen, drüben der Park El Llano: Familien beim Picknick,

Liebespaare auf Bänken, Kinder, die den Musikpavillon erkletterten. Auf dem Wochenmarkt von El Llano hätte man T-Shirts und gebratene Heuschrecken, fliegende Ameisen und Maguey-Würmer kaufen können, und Streetfood gab es in allen Varianten: einfache Tacos und *Tlacoyos*, die man mit einer Hand halten konnte, und *Gorditas*, für die man zwei brauchte.

Der Weg war mir vertraut: An der Kreuzung der beiden Hauptstraßen lag hinter einer hohen Mauer in einem schattigen Garten das Instituto Cultural Oaxaca. Die Anlage glich, wie so viele alte Schulen in Mexiko, einem Kloster. Die verzierten Rundbögen, verwitterten Kolonnaden und kühlen Veranden in diesem Garten voller Königspalmen, blühender Bougainvilleen und Plumeria hatten etwas von Kreuzgängen; es herrschte eine Atmosphäre stiller Kontemplation.

Hierher würde ich nun jeden Tag gehen, mit Schulbüchern in den klammen Händen.

Ich hatte mich angemeldet, weil ich mein Spanisch verbessern wollte, und war am ersten Tag gleich um neun Uhr für die erste Stunde zur Stelle; bei mir hatte ich ein jungfräuliches Notizbuch und mein fettes, noch ziemlich unbenutztes zweisprachiges Wörterbuch. Die alte Angst vom ersten Schultag stieg in mir hoch; dieses Gefühl von Beklemmung und Demütigung, die ganze Unsicherheit, mit der man auf Anweisungen wartete und sich dabei klein und unzulänglich vorkam – ich dachte an meine verhasste Schulzeit und daran, dass ich auch heute noch einen Bogen um Colleges und ihren selbstgefälligen Geist von Unnahbarkeit und Weltfremdheit mache. (Ich habe seit fast fünfzig Jahren für meinen Lebensunterhalt jede bezahlte Schreibaufgabe angenommen, um bloß nicht als *Writer in Residence* in irgendeinem Wohnheim auf einem Campus hausen zu müssen.) Das Herz rutschte mir in die Hose, als das eiserne Eingangstor des Instituto hinter mir zufiel, es gab kein Zurück mehr. Ein Gefühl vollständiger Insuffizienz überkam mich, gespeist aus lange zurückliegenden Erfahrungen mit herrischen, ungeduldigen Lehrern. Und ich dachte: Ich war schon mal hier, ich bin zu alt für so was.

Aber ich hatte mir geschworen, meinem Spanisch mehr Schliff zu geben. Die Mitarbeiter hießen mich sehr nett willkommen und neckten mich ein bisschen wie einen »Neuen« in der Schule. Ich musste einen Einstufungstest machen und wurde dann mit fünf weiteren Schülern der Mittelstufe zugeordnet. Die erste Bekanntschaft mit einer Mitschülerin kam als kleiner Schock.

»Machst du das für die Credit Points an der Uni?«, fragte ich eine junge hübsche Frau mit rosigem Gesicht und Hoodie mit College-Logo.

Sie sog wie ein kleines Mädchen beim Kichern die Luft ein, wurde rot, befreite ihren Pferdeschwanz aus der Kapuze und lächelte verlegen: »Ich bin dreizehn!«

Das war Miley. Ich musste scharf nachdenken, um mir das letzte Mal in Erinnerung zu rufen, an dem ich mit einem dreizehnjährigen Mitschüler in einem Klassenzimmer gesessen hatte: vielleicht 1954, als ich selbst dreizehn war, an der Roberts Junior High, in der Ära Eisenhower.

Alan, der junge Mann links von ihr, sagte: »Aber ich kriege Credit Points.«

Eine junge Japanerin betrat den Raum, begrüßte uns auf Spanisch, öffnete ein dickes spanisch-japanisches Wörterbuch, blätterte einige hauchdünne Seiten um und schrieb Anmerkungen darauf. Das war Akiko. Sehr aufmerksam und gesammelt saß sie an diesem kalten Morgen mit übereinandergeschlagenen Beinen da und schlang die Arme um den schmalen Körper. Später merkte ich, dass sie zwar ziemlich gut Spanisch konnte, aber wegen ihres starken japanischen Zungenschlags kaum zu verstehen war.

Zwei weitere Schüler trafen ein: Marcie, Anwältin aus Texas, und Dieter, ein deutscher Expat in Kanada, der auf meine Fragen nur mit stummem Starren reagierte. Da saßen wir nun zu sechst und warteten auf unseren Lehrer.

Die besonnte Schläfrigkeit eines Klassenzimmers, der Geruch von zerfallenden Büchern, die seltsame Spannung, die sich mit Langeweile und Ungeduld paart; das Gefühl, unvorbereitet und irgendwie eingesperrt zu sein, die Gehemmtheit dieses unsortierten Häufleins von Menschen in einem Raum – seit sechzig Jahren hatte ich nicht mehr in einer solchen Falle gesessen.

Und dann kam der Lehrer, ein stämmiger, lächelnder Mensch. Er schloss sorgfältig die Tür, schälte sich aus seiner ledernen Bomberjacke, drapierte sie auf einer Stuhllehne und begrüßte uns; zuerst die anderen, dann wandte er sich zu mir. Sein Name sei Herman.

»*Uno más?*«

»*Si, soy novio.*« Die anderen amüsierten sich, weil ich mich als Verlobter *(novio)* und nicht als der Neue *(nuevo)* vorgestellt hatte.

Dieter und Miley fanden meine falsche Vokabel besonders lustig; Dieter ließ ein unausgegorenes Kichern hören, Miley johlte und prustete. Marcie, die Texanerin, zuckte ein wenig zusammen und schüttelte mitleidig den Kopf. Sie war vielleicht Ende vierzig: Wir beide waren die Erwachsenen hier.

Herman fragte mich nach meinem Namen.

»*Mi nombre es Pablo, pero yo prefiero Don Pablo, porque …*« Ich heiße Paul, will aber lieber Don Pablo genannt werden, weil …

»*Por qué?*« Herman grinste über eine solche Anspruchshaltung. »*Porque soy un gringo viejo y …*« Weil ich ein alter Gringo bin und …

»*Y qué?*«

»*Y tengo muchas … Erfahrungen …*« Und ich habe viele Erfahrungen gemacht …

»*Experiencias de vida*«, schlug er vor.

»*Sí. Soy viejo, y tengo muchas experiencias de vida. Pero no soy un pensionista.*« Alt und erfahren war ich, ja, aber kein Rentner.

Herman erörterte daraufhin sehr ausführlich (ich konnte dem Spanischen folgen, aber nicht alles mitschreiben) das Rentensystem in Mexiko und was es bedeutete, hier als Pensionär zu leben: Man ging im Alter von sechzig oder fünfundsechzig nach vierzig, fünfzig Jahren Arbeit in den Ruhestand, bekam aber keine staatliche Rente. Auf eine Pension freuen konnte sich nur, wer selbst in eine private Rentenversicherung eingezahlt hatte – und das konnte sich nur eine kleine, meist städtische Minderheit leisten. Da man von den kleinen Gehältern kaum etwas zurücklegen konnte, sahen die allermeisten ihrem Rentnerdasein mit Bangen entgegen.

Sozialleistungen seien hier unbekannt, sagte Herman, die medizinische Versorgung rudimentär. Weil es keine staatliche Hilfe gab, lag die Betreuungslast für die Eltern gänzlich bei den Kindern. Die Regierung tue für die Alten so gut wie nichts

Dann dankte er mir, weil ich (kein Rentner) das Thema aufgeworfen hatte. »*Bueno, Don Pablo!*« Herman wandte sich an die Klasse, und da es Montag war, wollte er wissen, was wir am Wochenende gemacht hätten.

»*Habeís visitado las iglesias?*« Habt ihr die Kirchen besucht?

Ich zupfte an meiner Manschette und warf einen verstohlenen Blick auf die Uhr, in der Annahme, dass bestimmt schon eine halbe Stunde herum sein müsste. Aber es war erst zehn nach neun. Eine verflixt lange Zeit von jetzt bis zum Schulschluss um eins. Ich unterdrückte ein Gähnen und schrieb Hermans Frage ins Notizbuch.

Marcie räusperte sich und erklärte in grammatisch korrektem Spanisch, dass sie den Samstagmorgen in der Kathedrale und beim Einkaufen im Zócalo verbracht habe. Alan war mit Dieter in Monte Albán gewesen; auch Akiko und Miley erzählten von ihren jeweiligen Wochenendunternehmungen.

Jetzt war ich dran: »*Sí, he visitado la iglesia de Santo Domingo.*« Das stimmte zwar nicht, ergab aber die nötige zusammenhängende Antwort, und außerdem befand sich Santo Domingo in der Nähe meiner Posada. »*Sendereando, también*«, ergänzte ich, weil ich das elegante Gerundium für Wanderungen anbringen wollte, das ich in Tepic gehört hatte.

»*Fui sendereando, fui caminando*«, half mir Herman auf die Sprünge. Ich bin gewandert, ich bin gelaufen.

»*Fui caminando.*« Okay, ich bin also gelaufen.

Und so ging es dahin, mit Improvisation, Herumrudern und Schaumschlägerei – Kennzeichen meiner gesamten Schulkarriere. Ich war wieder Schüler und mogelte mich durch den Unterricht.

»*Habéis encontrado algunos problemas?*«, fragte Herman in die Runde.

Alan und Dieter hatten Probleme mit einem Bus gehabt, Miley hatte sich verlaufen – und beeindruckte mich mit der korrekten Konjugation von »perder«: *»Me perdí«*. Marcie war nichts Problematisches zugestoßen, ebenso wenig wie Akiko, die eine Antwort stammelte.

»Don Pablo?«

»Sí. Sin Embargo, un poquito pequeño«, dann prunkte ich mit: *»Un problema por mi son los pisos mojados y pisos resbaladizos.«* Die Vokabeln kannte ich – ich hatte sie skandiert, um sie mir einzuprägen – von den Warntafeln im Hoteltreppenhaus in Puerto Vallarta; frisch gewischte, glitschige Fußböden konnten ja tatsächlich Probleme machen. Herman ergänzte noch, dass man auch aalglatte Politiker mit dem Adjektiv *resbaladizo* bedenken könne.

»Habéis probado la comida Oaxaqueña?« Jetzt ging es ums Essen und unser Verhältnis zu *tlayudas*, der hiesigen Variante von Pizza, zu gegrillten Grashüpfern, Ameisen, Würmern und so weiter.

Nach einer kurzen Kaffeepause – Gott, war es wirklich erst halb elf? – ging es zurück ins Klassenzimmer, und das Gespräch wurde fortgesetzt.

Sprachunterricht ist eigentlich ein ununterbrochenes Verhör. An diesem ersten Morgen fiel mir auf, wie viel man bei diesem Frage-und-Antwort-Spiel in einer Schulklasse von sich selbst preisgibt; mal sind es unbedeutende Details, mal regelrechte Bekenntnisse. Das gilt für jeden Klassenraum, in dem man Texte analysiert, sich mit historischen Fakten auseinandersetzt und im Dialog mit dem Lehrer dazu Stellung nimmt. Aber nirgends entblößt man sich mehr als beim Einüben neuer Wörter und Verbformen im Fremdsprachenunterricht. Das war mir schon bei der Frage, ob wir am Sonntag in der Kirche gewesen seien, klar geworden. Aber »Was machst du beruflich?« ging schon tiefer.

»Yo me dedico a estudiar.« Die Jüngeren studierten. Und Marcie, die Anwältin, war *abogada*.

Eigentlich hatte ich mich nicht zu erkennen geben wollen, aber mir fiel keine plausible Antwort ein, mit der ich der Frage hätte ausweichen können, ich sagte also: »Ich bin Schriftsteller«, und fühlte mich sofort ausgesetzt. *»Yo me dedico a escribir novelas y libros de viajes.«* Ich schreibe Romane und Reisebücher.

Herman nahm den Faden auf, um eine hilfreiche Satzkonstruktion einzuführen: »Welches Buch gefällt euch am besten?« *Cuál es el libro que más les gusta?*

Miley mochte James Patterson, Dieter mochte Dan Brown, Alan mochte Harry Potter, Marcie *novelas policíacas.*

»Don Pablo?«

Dieser böse Traum: Man steht vor einer Jury aus lauter schlichten, aber kritischen Gemütern und soll eine unmögliche Frage beantworten. Ein junger Mensch hat vielleicht ein Dutzend Bücher gelesen und kann daher sein Lieblingsbuch schnell benennen.

»Viele Bücher«, sagte ich. *Muchos libros.*

Mir wurde sofort bewusst, dass ich als Alter hier aus dem Rahmen fiel – meine zögerliche Antwort musste sich anhören wie das Gestammel eines alten Trottels. Aber so war es ja nicht; mit voller Konzentration ließ ich all die Regale voller Bücher, all die Autoren und Titel auf allen Buchrücken Revue passieren. Teuflische Aufforderung, nur eins zu wählen. Die jüngeren Schüler starrten triumphierend zu mir herüber: Der kennt wohl kein einziges Buch!

»Ich habe Tausende Bücher gelesen.« *He leido miles de libros.*

»*Schatzsucher* von James Patterson?«, fragte Miley.

»Ich wusste gar nicht, dass er Kinderbücher schreibt.«

»Haufenweise!«

»*En español, por favor*«, unterbrach Herman.

»*Ha escrito muchos libros para niños*«, sagte Miley.

Dieter beugte sich zu mir: »*Ha leído a Dan Brown?*«

Nein, diesen Autor hatte ich nicht gelesen.

Als wollte er mir meine Verlegenheit ersparen, ging Herman zur nächsten Frage über. Was uns an unserer Arbeit gefiele oder missfiele, wollte er wissen: »*Qué es lo que más – o menos – les gusta de su trabajo?*«

»*Lo que más me gusta de mi trabajo*«, begann ich – ich kam ins Grübeln, weil mir niemand in den letzten fünfzig Jahren diese Frage gestellt hatte. Was war es denn, was mir an meiner Arbeit am besten gefiel? Dass ich keinen Chef, keine Angestellten, keine Rivalen, keine Konkurrenten hatte – die Freiheit des Schriftstellerdaseins? Dass ich durch meine Arbeit mit meinem Leben umgehen, meine Erlebnisse in eine Form bringen und sie mir so besser erschließen konnte – dass ich die Freuden des Lebens festhalten, seine Schattenseiten erträglich machen und es mir durch mein Schreiben leichter machen konnte, die Zeit vergehen zu sehen? Es konnte gar nichts Besseres geben, als selbständig und nur mir selbst gegenüber verantwortlich meinen Lebensunterhalt zu verdienen. Ich hatte, weil ich mehr über Mexiko wissen wollte, einfach so in mein Auto steigen und von zu Hause aus auf Umwegen über die Grenze und hierher fahren und mir allabendlich meine Notizen machen können, ohne irgendjemandem darüber Rechenschaft schuldig zu sein.

Und dann kam das Eigentliche, die Zeit am Schreibtisch, wenn ich mich über ein Blatt Papier beugte – ich habe schon immer mit der Hand geschrieben – und etwas Neues sagen konnte, wobei es mich oft überraschte, was alles aus meinem Unterbewusstsein herauskam. Dann ging es ans Umschreiben und Verbessern, Polieren, Verwerfen, Zusammenstellen und so weiter, tagelang, jahrelang – bis eine Seite fertig war, eine Geschichte, ein Buch.

In der Stille des Klassenzimmers – meine Mitschüler wollten hören, was ich auf die Frage zu meiner Arbeit zu sagen hätte – fiel mir die kurze Antwort ein: »*El acto de la creación.*« Der schöpferische Akt.

»*Lo que más me gusta …*« Herman wollte einen vollständigen Satz hören.

»*Lo que más me gusta de mi trabajo*«, sagte ich, »*es el acto de la creación.*«

Die anderen schienen etwas verwundert über diesen merkwürdigen Satz und erzählten dann nacheinander, was ihnen selber an ihrer Arbeit gefiel und was nicht. Danach ging es um Reisen, ums Essen, um Feste, wir sprachen über die Freuden des Lebens und die Vorurteile, denen wir begegneten. Nach anderthalb Stunden konnten wir recht flüssig über Dinge sprechen, die wir unternommen hatten. Wir hatten uns besser kennengelernt – und ich war mir sicher, dass ich mich vor den anderen wie ein aufgeblasener Angeber oder zumindest wie eine fiese alte Spaßbremse aufgeführt hatte.

Mittags setzten wir uns draußen auf eine der Veranden: freie Konversation war angesagt, eine Gesprächsrunde mit noch mehr Selbstoffenbarung. Und als wir gerade den Gebrauch von Ausdrücken für »Wollen« und »Gefallen« übten, fiel Herman ein mit: »*Tengo ganas de una chela.*«

Das ist die mexikanische Wendung für: »Ich habe Lust auf ein Bier.« Ein durstiger Spanier dagegen würde sagen »*Me apetece una cerveza.*« *Chela* ist mexikanischer Slang für Bier, für Brauen oder Schaum. Ja, ich lernte Mexikanisch.

Nach vier Stunden Zuhören, Wiederholen und Fragenbeantworten war mein erster Tag im Instituto zu Ende. Ich ging zum Parque El Llano hinüber, suchte mir ein Lokal, schlief fast über meinem Mittagessen, Maiseintopf mit Zucchiniblüten, ein und ging zurück zu meiner Posada. Ich war völlig fertig, wollte eigentlich nur eine Siesta halten, verschlief den Rest des Nachmittags, wachte erst in der Dunkelheit wieder auf und atmete die seltsamen Gerüche in der dünnen Luft auf 1500 Metern Höhe ein.

Der nächste Eintrag in meinem Notizbuch, trägt, wie ich sehe, die Überschrift *Sechs Tage später.* Was habe ich in diesen sechs Tagen gemacht? Ich habe unregelmäßige Verben memoriert und konjugiert, Vokabeln aufgeschrieben und konnte sagen, dass das Schwein sich gerne im Schlamm wälzt – *El cerdo le gusta revolcarse en los lugares lodosos.* Ich habe die Lehnwörter aus der Nahuatl-Sprache aufgeschrieben, aber ansonsten keine Notizen gemacht. Ich bin jeden Morgen zum Unterricht gegangen, und die Schulstunden verbrauchten den größten Teil meiner Tage und meine gesamte Energie. Ich stahl mir etwas Zeit für heimliches Sightseeing und die viel gerühmten Restaurants von Oaxaca. Im Instituto bemühte ich mich um Konzentration, fand es aber anstrengend – nicht nur, weil es die Formen von unregelmäßigen Verben zu entwirren galt, sondern weil mich die Beantwortung von Fragen langweilte und demütigte.

Sie reisen also und schreiben Bücher darüber?

Qué es lo que más (o menos) les gusta de sus viajes?

Was mir am meisten gefällt? *Conocer personas.* Menschen kennenlernen.

Und was mir am wenigsten gefällt? *Las demoras y el peligro.* Stillstand und Gefahr.

»Don Pablo, kennen Sie das spanische Sprichwort ›Im Stillstand liegt die Gefahr‹«?

An einem Tag, wir waren gerade beim üblichen Abfragen von Vorlieben und Abneigungen, kam die Frage nach meinem Lieblingswort.

La palabra que más me gusta – oje. Ich habe Millionen von Wörtern geschrieben. Das hatte mich noch niemand gefragt. Ich sagte einfach *resbaladizo*, spiegelglatt, das Wort, das ich vom Schild im Hotel her kannte.

Bei anderer Gelegenheit kam die unangenehme Frage *Cuándo naciste?*

Am Tisch purzelten die Antworten nur so heraus – schon verblüffend, dass Miley vor dreizehn Jahren, in der zweiten Amtszeit von George W. Bush zur Welt gekommen und genauso alt war wie mein Auto. Na gut, Herman wollte ja niemanden in Verlegenheit bringen, sondern die Verbform *nací*, ich wurde geboren, einüben.

Nach einiger Überlegung sagte ich ausweichend: »*Nací a mediados del siglo veinte.*« In der Kaffeepause gestand Marcie, dass sie ihr Geburtsdatum absichtlich falsch angegeben habe.

»Ich lüge oft«, sagte sie kopfschüttelnd.

»Ich auch.«

Auf die Frage »*Cómo celebras habitualmente los cumpleaños?*« antworteten die Jüngeren mit Geschichten von Kuchen und Kerzen, ich dachte: Was für eine Frage!, und sagte: *Yo no celebro este día* – ich feiere diesen Tag nicht. Wer kann es mir verdenken!

Gegen Unterrichtsende, bei Gesprächen im Garten oder auf der Veranda, war Herman zugänglicher und lustiger; ich bat ihn um ein paar typisch mexikanische Ausdrücke und Redewendungen.

»Kein Witz!« hieß *No manches.* (Mach keine Flecken!)

»Wie bitte?« hieß *Mande?.* (Gib mir einen Befehl.)

Für »toll« oder »cool« benutzte man *Qué padre!* und *Qué desmadre!* für das Gegenteil.

Dos tres war das »Okay« auf die Frage, wie es einem ginge.

Und dann gab noch einen herrlichen mexikanischen Ausdruck für taktloses Benehmen, wenn einer ins Fettnäpfchen trat: *se está meando fuera de olla* – er pinkelt neben den Topf.

»Die Leute im Norden sagen, dass die aus dem Süden faul und klein sind«, erklärte Herman. »Und die Leute aus dem Süden sagen, dass die aus dem Norden groß sind und zu viel arbeiten. Die *chilangos* gelten als urban und gebildet, und jeder macht seine Witze über die dummen Bauerntölpel aus Yucatán.«

An den meisten Tagen trottete ich vom Instituto zu einem Lokal, aß etwas zu Mittag, verschlief den heißen Nachmittag im Bett und stand erst bei Anbruch der Dunkelheit wieder auf, um mir die *Calaveras* anzusehen, die Maskenumzüge auf den Hauptstraßen. Fahnen wurden geschwenkt und große Bilder herumgetragen – Monster, Dämonen, der eine oder andere Heilige, dann und wann ein Bild der Santa Muerte. Bei der nächsten Schulstunde berichtete ich dann – um die Frage zu beantworten, was ich am Vortag gemacht hätte – von dem, was ich gesehen hatte. Herman zählte alle Namen für die Gestalt des Todes auf: Santa Muerte, Señora Blanca, Señora Negra, La Flaca (die Dünne) mit dem Diminuitiv La Flaquita, La Huesada (die Knochenfrau) und all die fünfzig anderen, die ich in Mexiko-Stadt gehört hatte.

»Totenschädel« und »Skelett« wurden mit dem gleichen Wort, mit *Calavera*, bezeichnet; in der Literatur war ein *Calavera* ein vierzeiliges Spottgedicht: Wir sollten eins als Hausaufgabe verfassen.

Mit Herman Mexikanisch zu lernen war sehr hilfreich für die Unterscheidung der beiden Skelettgestalten, die man oft verwechselt. Da war einmal die Santa Muerte, dargestellt mit Kapuze, Sense und gelegentlich einer Kugel, einer Öllampe und der Waage der Justitia – ein Götzenbild fürs Volk, das sie anbetet, weil sie nicht urteilt und auch für kriminelle Wünsche ein Ohr hat – für einen sachdienlichen Todesfall etwa, oder einen ungesühnten Raub. Daneben gab es noch die jüngere, erst seit hundert Jahren bekannte Knochenfrau, die der mexikanische Künstler José Posada (1851–1913) als satirisches Spottbild auf die politischen und gesellschaftlichen Eliten im Mexiko der Jahrhundertwende geschaffen hatte. Posadas Skelett, auch als La Catrina bekannt, war aufwendig gekleidet und trug eine gerüschte Spitzenhaube auf dem Schädel.

Jetzt begriff ich, dass es La Catrina war, die sich die Kinder für ihre Verkleidung aussuchten, weil sie sich mit ihrer Kostümierung fein herausputzen und ausgefallene Hüte über der Schädelmaske tragen konnten. Aber die kleinen Catrinas hier waren nur Maskerade, makabrer Spaß auf der Fiesta. Santa Muerte und ihr finsterer Kult mit der rasant wachsenden Anhängerschaft war etwas anderes; daran war nichts Lustiges. Allerseelen und Allerheiligen waren nah, aber diese knöchernen Wesen hatten wenig mit den Seelen der Verstorbenen zu tun. All die Skelette hier verschmolzen zu einem täglichen bizarren *danse macabre*, zu einer Antwort auf den gewalttätigen, gefährlichen und theatralischen Unterton des mexikanischen Alltags.

Eine Unterrichtsstunde fing ganz harmlos mit dem Thema Langeweile in der Kindheit an: »Ich habe mich als Kind gelangweilt, wenn …« *(Cuando era niño me aburría …)*, und ich gestand, dass ich mich in der Kirche und in der Schule gelangweilt hatte. Und wenn ich mir Reden anhören musste *(escuchando discursos)*. Die Idee von *aburrirse* (sich langweilen) wurde weitergesponnen. Herman wollte wissen, welche Sportarten wir langweilig fänden.

Auf einmal kam Leben in die sonst so trägen, gähnenden Jugendlichen im Klassenzimmer; ein Sturm der Gefühle brach los. Miley konnte Baseball nicht ausstehen, Alan fand alle Ballspiele blöd, und Dieter ließ sich gegen American Football aus.

»Immer diese Pausen, das Stoppen …«

»Du kennst die Regeln doch überhaupt nicht«, sagte ich.

»*En Español*«, unterbrach Herman.

»*Este deporte – futbol – es muy complicado*«, stammelte ich und wurde ganz nervös, weil ich eigentlich etwas über Teamgeist sagen wollte, darüber, wie schön es ist, die Persönlichkeiten und Fähigkeiten einzelner Spieler kennenzulernen, welchen Spaß es macht, den Konkurrenzkampf und das Spektakel zu beobachten, die Trainer zu beurteilen, das Schauspiel der Farben und Trikots zu sehen und zu spüren, wie die Anhängerschaft eines bestimmten Teams zusammenwächst. Mir gefallen alle Sportarten, wenn gut gespielt wird. Eine Stadt mit einem Siegerteam war immer ein stolzer, glücklicher Ort. Das alles hätte ich gern gesagt, aber mein Spanisch ließ mich im Stich.

Herman, der meine Aufregung offenbar spürte, fragte nun Dieter nach seinem Lieblingssport.

»*Paracaidismo.*« Fallschirmspringen.

Wir saßen mit offenen Mündern da. Er hatte schon 62 Sprünge gemacht und wollte noch viel öfter springen. Er war Deutscher. Er lebte in einer abgelegenen kanadischen Provinz. Ich hatte keine Ahnung vom Fallschirmspringen – war das Sport, wenn man aus einem Flugzeug sprang, im freien Fall in die Luft griff und dann den Schirm aufriss, in der Hoffnung, sicher unten anzukommen? Es konnte ja auch passieren, dass der Schirm nicht aufging; dann war man mausetot.

Das sagte ich dann auch: »*A veces, los paracaidistas mueren.*«

Dieter freute sich offenbar über meine Ansage, die ihm die Möglichkeit gab, sich etwas aufzuplustern und der Klasse mit Nachdruck zu erklären, er kenne keine Angst.

Wir kamen wieder auf das Thema Langeweile zurück.

Marcie hatte sich als Kind bei Liebesfilmen gelangweilt, Miley fand Puppen langweilig *(»jugando a las muñecas«).*

»Don Pablo?«

»*Cuando era niño, no me aburría.*« Ich habe mich als Kind nicht gelangweilt. Als die nächste Frage über meine Kindheit kam, log ich: »*Cuando era niño, lo que más me gustaba de comer era la comida de mi mamá.*« Dabei hatte mir das Essen meiner Mutter nie geschmeckt.

Diese Geständnisse und Ausweichmanöver im unbarmherzigen Fragespiel des Lerndiskurses waren manchmal geradezu peinlich.

»*Mi abuelo era un huérfano*«, ließ ich auf die Frage nach meinen Vorfahren verlauten.

»Mein Großvater war auch Waise«, sagte Marcie ganz betrübt. Wir hatten beide etwas gegen diese unbeabsichtigte Einmischung in unsere Privatangelegenheiten.

Eine Woche später, in einer der lockeren Gesprächsrunden, die auf der Veranda oder unter den Königspalmen stattfanden, führte uns Herman in mexikanische Karten- und Quizspiele ein und zeigte uns Cartoons, anhand derer wir auf Spanisch erklären sollten, was dem kleinen Hund im Schneesturm zustieß oder wie der verhexten Puppe im Spielzeugladen geholfen werden könnte.

Kleine Spielzeugautos, Püppchen und Häuschen hatte er auch dabei, die wir nehmen und zum Gegenstand einer Geschichte machen sollten. Zuerst kam ich mir blöd vor und überließ es den anderen, Geschichten vom brennenden Haus und der Rettung durch das Feuerwehrauto zu erfinden, oder die vom einsamen Kind zu erzählen, das von der hübschen Puppe *(linda muñeca)* getröstet wurde.

»Don Pablo?«

»Estoy pensando.« Ich dachte an Philip Roth, der mir einmal von einem Erlebnis während einer Therapie in einer Lebenskrise erzählt hatte. Er hatte in einem Kreis unter lauter fremden Mitpatienten gesessen, die alle ein Spielzeugauto in die Hand bekamen. Der Therapeut hatte gesagt: »Philip, erzähl uns mal eine Geschichte über dieses Auto. Wo kommt es her? Wohin fährt es?«

Roth hatte sich anfangs gesträubt, fühlte sich töricht und bloßgestellt. Aber dann hatte er (wie er mir später erzählte) sich seufzend gesagt: »Ich bin Schriftsteller. Ich kann eine Geschichte erzählen. Das ist mein Beruf.« Also hatte er das Spielzeugauto in die Hand genommen und angefangen, seine Reise zu beschreiben.

Als ich dran war, nahm ich also die kleine Puppe in die Hand und fing an: *»Una vez en un pueblecito extraño ...«*

Eines Abends in einem Café starrte ein junger Mann zu mir herüber, stand schließlich auf, beugte sich zu mir und fragte mit einem Lächeln: »Paul Theroux, was machen Sie in Oaxaca?«

Der freundliche Herr hieß John Pedro Schwartz, war Autor und Akademiker, viel herumgekommen – er hatte sieben Jahre lang als Lehrer im Libanon gelebt – und wohnte jetzt in Oaxaca-Stadt. Ich konnte ihm in seiner Sprache sagen, dass ich unter anderem in die Stadt gekommen war, um Spanisch zu lernen: *»Yo vine a aprender español!«* – was mir vermutlich leichter gefallen wäre, wenn ich jünger gewesen wäre.

Der Tag der Toten

An jedem Vorabend der drei Festtage Halloween, Allerheiligen (hier ist es der Día de los Angelitos, an dem der verstorbenen Kinder gedacht wird) und Allerseelen (dem Día de los Muertos) zwischen dem 31. Oktober und dem 2. November, verwandelte sich Oaxaca. Formationen von Maskierten und Musikern, die *comparsas*, stellten die Ordnung der Stadt auf den Kopf, eroberten sie mit ihren marschierenden Massen, schoben sich auf dem Pflaster vorwärts, breiteten sich aus, übernahmen die Straßen und zwangen jeden Unmaskierten in die Zuschauerrolle. Die Stadt gehörte den Prozessionen von Kindern mit Totenschädelmasken, den Gespenstern, den Trompetern und Trommlern und dem Engel des Todes.

Die verkleideten Kinder und Erwachsenen versammelten sich mit den Musikern auf der Plaza vor der Iglesia de Santo Domingo de Guzmán und zogen von dort aus langsam die Hauptstraße, die Calle Porfirio Diaz hinunter. Der erste Teil des Zuges war der Feier zu Halloween gewidmet, mit der die Festlichkeiten zu Ehren der Toten beginnen. Je länger die Prozession wurde – mehr Menschen, mehr Spruchbänder –, desto größer und höher wurden die Figuren, die sie herumtrugen (unter anderem Königinnen und Clowns), die Kostüme wurden immer phantastischer, die Masken kunstvoller, die Musik immer lauter, bis der Zug die ganze Straße bis hin zum Zócalo übernommen hatte und ein ungeheures Spektakel bot. Wo sonst Popmusik von Balkons und Karaoke aus Bars zu hören gewesen war, schepperte jetzt nur noch Blechmusik.

An einem dieser Tage hatte ich auf der Avenida Juárez an einem Zeitungskiosk eine Schlagzeile gesehen: SICARIOS DESCANSAN EN LA FIESTA.

Eine schöne Meldung, dass sich Attentäter an den Festtagen eine Pause gönnten; also würde es für ein paar Tage weniger Verbrechen, mehr gute Laune und mehr Sicherheit in den Wohnvierteln geben, die Umzüge würden nicht durch Schießereien und verstümmelte Leichen gestört.

John Pedro Schwartz war in einem günstigen Moment aufgetaucht. »Das passiert Ihnen doch sicher überall auf der Welt«, glaubte er, aber ich sagte ihm wahrheitsgemäß, dass mich noch auf keiner meiner Reisen in den letzten fünfzig Jahren ein Wildfremder erkannt und mir seine Hilfe auf meinem Weg angeboten hätte. John Pedro, bald ein guter Freund und Ratgeber, führte mich zu den wichtigsten Schauplätzen der einwöchigen Fiesta um den Día de los Muertos. In allen Städten und Dörfern der Gegend tauchten um diese Zeit kleine improvisierte Altäre und Schreine mit Opfergaben auf; sie waren mit leuchtenden Tagetesblüten bedeckt, mit Bändern geschmückt und von flackernden Kerzen in Gläsern erleuchtet. Sie sahen wunderbar aus, bis man in ihrer Mitte den Schädel und die knöchernen Gliedmaßen des *memento mori* dieser Fiesta wahrnahm. Das starre Grinsen des Schädels betonte die doppelbödige Komik dieses bizarren Festtreibens.

Vor dem Panteón San Miguel, dem ummauerten Friedhof von Oaxaca, spielte sich eine Art Kirmesgeschehen ab – es gab Essen, Spiele, Fahrgeschäfte und Bier –, drinnen leuchteten Kerzen in den Nischen des Kolumbariums mit den sortierten, etikettierten Verblichenen. Vor jedem Grabstein, vor den Krypten, Gewölben und Grabstätten, die mit Dächern und Säulen wie Einfamilienhäuschen aussahen, saßen Familien beim Essen und Trinken beisammen. Ich wurde eingeladen: »Wollen Sie was trinken?«, »Haben Sie Hunger?«

Tagsüber hatten die Umzüge der tänzelnden Ungeheuer, Bösewichte und Dorfschönen etwas Heiteres, aber mit Anbruch der Dunkelheit am 1. November begannen die Totenwachen. Auf dem alten Friedhof in Santa Cruz Xoxocotlán, der für seine Feierlichkeiten zum Día de los Muertos besonders bekannt ist, war es zu sehen: Die Totenwache ist für die einen ein Gelage, für andere ein Familienpicknick und nur für einige wenige stilles Gebet und Andacht.

Am 2. November, dem eigentlichen Tag der Toten, fuhr ich wegen der Musik, des Essens und der Feiern ins Dorf Soledad Etla. Der Ort war schummrig beleuchtet und laut. Diverse Musikgruppen übertönten sich gegenseitig, ein DJ legte laute mexikanische Rockmusik auf. Die Tische bogen sich unter *garnachas*, *tlayudas*, Tacos, Crêpes, Popcorn und heißen, im blubbernden Fett platzenden Würsten. Was hier stattfand, war Party und Maskenball. Ein dicker Mann erschien im Donald-Trump-Kostüm, ein anderer war als El Chapo verkleidet und wedelte mit einer Schaufel als Symbol für dessen Tunnel in die Freiheit, ein kleines Mädchen sah aus wie eine zwergenhafte, mit Make-up, Reißzähnen und Samtgewand teuflisch zurechtgemachte Kokotte.

»*Hola, Don Pablo!*«

Carlos, der Besitzer meiner Posada, sah sich neben mir eine Prozession von *comparsas* an. Soledad Etla sei der richtige Ort, sagte er, aber wegen der Musik sollte ich auch noch nach San José Mogote fahren. Er bot mir ein Bier an und erklärte mir auf seine freundschaftliche Art den Umzug und den Sinn der Verkleidungen: Skelette, Schildkröten, Platinblonde mit bemalten Gesichtern, Engel, Monster, Mönche, Kinder als Gauchos, Männer als Frauen verkleidet, viele gespenstische Bräute in bizarren Brautkleidern.

»Die kämpfen«, sagte Carlos. »Die machen sich über das Leben lustig. Und verspotten den Tod.« Spott und Rebellion wirkten wie ein Stärkungsmittel. Die Darstellungen des Todes, der Santa Muerte oder der knochigen Catarina sind in dieser festlichen, anarchischen Stimmung keine Trauergestalten; die Feiernden sind Menschen, die das ganze Jahr über hart arbeiten, bescheiden leben und hier ihre Chance ergreifen, einmal aus dem Alltag auszubrechen, laut zu werden, zu protestieren und sich sinnlos zu betrinken. Die Umzüge dieser Tage lieferten den Freiraum für Spottgesänge auf die Regierung oder auf Trump, einige der maskierten Marschierer trugen Schilder mit der Parole: MUERA EL MALGOBIERNO!

Dieser Schlachtruf gegen die Regierung ist eine der Parolen aus dem »Grito de Dolores« und hat einen historischen Bezug. Der Priester Miguel Hidalgo artikulierte ihn (in Dolores, bei Guanajuato, wo ich auf meinem Weg nach Süden zu Mittag gegessen hatte) im Jahr 1810: ein Aufschrei gegen die Spanier, für die Mexikaner eine Aufforderung zur Revolte. Dieser Ruf, der den Beginn des Mexikanischen Unabhängigkeitskrieges markiert, wurde auch gegen spätere mexikanische Regierungen immer wieder laut.

Ein, zwei Tage später endeten die offiziellen Feierlichkeiten. In den Dörfern um Oaxaca verabschiedete man sich mit etwas leiseren rituellen Nachtwachen an den Gräbern von den Toten. Ich wurde eingeladen, machte mich aber um Mitternacht davon; die Trauernden allerdings marschierten noch um zwei Uhr morgens mit Kerzen umher. Ich fragte mich, was Krach und Radau, Kakophonie und Maskerade eigentlich mit dem Tag der Toten zu tun hatten.

Diego konnte es mir erklären – Diego war Gitarrenspieler und Sänger, hatte aber nicht genug zu tun, also arbeitete er nebenbei als Lehrer und Fremdenführer. Für einen irgendwie gearteten Lebensunterhalt reichte ein einziger Job in Oaxaca offenbar nicht aus.

»Hier in Oaxaca hat Protest eine lange Tradition«, sagte Diego. »2006 gab es große Aktionen mit dreißig, vierzig Toten. Die Politiker haben sich nicht darum gekümmert. Erst der Tod von dem Gringo-Aktivisten Brad Will hat Schlagzeilen gemacht. Die anderen waren bloß tote Mexikaner.«

»Und was war vor kurzem los? Im Zócalo habe ich ein Protestcamp gesehen.«

»Im Juli 2016 gab es in Nochixtlán eine große Demo.«

»Ich bin da durchgefahren. Worum ging es genau?«

»Um eine Reform des Erziehungssystems und bessere Gesundheitsvorsorge«, erklärte Diego. »Sie müssen wissen, dass die meisten Protestaktionen im Süden oder in Mexiko-Stadt stattfinden. Im Norden seltener. In Städten wie Monterrey oder Guadalajara gibt es ja die Autofabriken; da werden Exportwaren hergestellt. Wir machen hier kein Geld. In Oaxaca leben drei Millionen Menschen, für die achtzigtausend Lehrer ausreichen sollen. Es ist kein Geld für ihre Gehälter da. Das Einzige, was wir hier haben, ist Tourismus.«

Ich sagte, ich hätte gehört, dass es im Staat Bodenschätze gebe.

»Stimmt: dagegen gibt es noch mehr Widerstand! Die traditionellen Gemeinden wehren sich gegen die Ausbeutung. Es gibt eine kanadische Gesellschaft, die hier nach Gold und Silber sucht, aber die Einheimischen stemmen sich dagegen, weil sie das unverantwortlich finden. Uran gibt es auch, aber die Gemeinden verhindern den Abbau.«

Dann erklärte er etwas Wichtiges: Demonstrationen und Bürgerprotest seien hier nötig und üblich, weil es in vielen Städten und Dörfern im Bundesstaat Oaxaca keine politischen Parteien gebe.

»Und was haben sie stattdessen?«

»Sie haben *Usos y Costumbres.*« – Der Terminus für die Selbstorganisation nach Sitten und Gebräuchen, die in vielen indigenen Dorfgemeinschaften gepflegt wird. Die Regierung tut nichts gegen die Umweltzerstörung durch die Bergbauunternehmen, nichts gegen niedrige Löhne und Bandenkriminalität. »Also protestieren sie auf ihre Weise.«

Memento mori

Protest vermischt sich mit Festlichkeiten, die Fiesta mit alten Ritualen. Die Ursprünge vieler Kostümierungen sind in der alten aztekischen Kultur zu finden, im Reich der Blutopfer, Totenschädel und glitzernden Masken. In den Umzügen der Neuzeit verhilft die Maske ihren Trägern zu Anonymität und gibt ihnen so die Möglichkeit, ihre Sorgen und Nöte auf den Straßen in Szene zu setzen.

Die Tage der Toten waren eine solche Fiesta. Sie war feierliches Ritual, Totenwache, Maskerade, Gelage, politischer Protest, sie war eine Gelegenheit, sich fein anzuziehen und großartig auszusehen, und eine Party war sie auch.

Das alles beherrschende Bild dieser Fiesta war das des grinsenden Todes, »eines der nationalen Totems«, das sich, wie Claudio Lomnitz schreibt, nach der Mexikanischen Revolution (etwa von 1910 bis 1920) herausbildete. Lomnitz nennt noch zwei weitere Sinnbilder: die Jungfrau von Guadalupe (sie steht für Hoffnung) und das Abbild von Benito Suárez (er steht für Vernunft). Von den mit diesen Totems verbundenen Vorstellungen leitet sich die mexikanische Identität ab. Mexikaner brüsten sich damit, dass der Gringo den Tod verleugnet oder fürchtet und der Europäer den Tod als tragisch oder romantisch empfindet. »Im 20. Jahrhundert«, schreibt Lomnitz,

»wurde die fröhliche Vertrautheit mit dem Tod zu einem Eckpfeiler der nationalen Identität Mexikos.« Er fährt fort: »Mexikos Naturalisierung des Todes hat eine eher nihilistische und unbeschwerte Komponente. Sie ist die modernisierte Version eines mittelalterlichen Themas.«

Disputationen über den Tod sind ein nationales Hobby, vor allem bei Intellektuellen wie Lomnitz, Carlos Fuentes in *Woran ich glaube: Alphabet des Lebens* oder bei Octavio Paz, wenn er in *Das Labyrinth der Einsamkeit* schreibt: »Der Mexikaner dagegen sucht, streichelt, foppt, feiert ihn, schläft mit ihm; er ist sein Lieblingsspielzeug und seine treueste Geliebte.«

Der skeptische mexikanische Literaturkritiker und Autor Guillermo Sheridan hält die nationale Obsession mit dem Tod für Hokuspokus, für ein einzig von Kulturverwaltern – »Anthropologen, Filmregisseuren und Künstlern wie Frida Kahlo« – aus Eigeninteresse inszeniertes Brauchtum, dem feierfreudige Touristen dann zum großen Durchbruch verhalfen. In meinen Augen sind all diese mexikanischen Vermutungen richtig: der Tod als Party, als Spielzeug, als Protestaktion, als feierliches Ritual.

Memento mori – bedenke, dass du sterblich bist – ist der Subtext des mexikanischen Lebens, und das ist kein Wunder. Man denke nur an die schockierende Statistik von Verbrechen mit Todesfolge, die im Jahr 2017 in Mexiko etwa dreißigtausend Mordtaten verzeichnet. 2018, als ich gerade meine Reise beendete, wurde diese Zahl noch übertroffen. Diese Statistik ließ niemanden kalt: Die Klugen hielten sich bedeckt, gaben Ratschläge im Flüsterton, blieben am Abend zu Hause und schlossen ihre Türen ab; die Verletzlichen flohen über die Grenze in Sicherheit, und die anderen – die große Mehrheit – lebte und arbeitete einfach weiter wie zuvor. Das mittelalterliche Thema hieß: »Der Tod kommt zu jedem und macht sich über jeden lustig.« Mit dem Treiben auf den Straßen und den Besäufnissen auf den Friedhöfen an den Tagen der Toten geben die Mexikaner das Kompliment zurück: Sie verkleiden sich als Skelette, paradieren mit Totenschädel-Masken, schenken einander Schädel aus Zuckerwerk, führen makabre Tänze auf und verspotten den Tod.

Es war allerdings kein mexikanischer Intellektueller, der für mich die Mehrdeutigkeit der mexikanischen Beziehung zum Tod auf einen Nenner brachte. Es war Muriel Spark in ihrem Roman *Memento Mori*: »Wenn ich noch einmal leben dürfte, würde ich mir angewöhnen, jeden Abend über den Tod nachzudenken. Ich würde mir den Tod sozusagen in Erinnerung rufen. Keine andere Übung lässt einen das Leben intensiver spüren. Wenn der Tod naht, sollte er einen nicht mehr überraschen. Er sollte Teil dessen sein, was man vom Leben erwartet. Ohne das ständige Bewusstsein vom Tod ist das Leben fade.«

War es das, diese Sensibilisierung für den Tod, was mich in Mexiko so belebte? Zu jener Zeit hatte ich die Hälfte meiner Reise hinter mir. In meinem ganzen Reiseleben hatte ich mich nie lebendiger gefühlt und war noch nie morgens in solch freudiger Erwartung dessen, was der Tag bringen würde, aufgewacht – und wenn er nur eine Nachtwache auf einem Friedhof und einen Haufen Totenschädel brachte. Für mich war Mexiko eine Welt des Kampfes, der Zwischenfälle, der offenen Fragen, der bedrohten Menschen, die sich gegen ihre widrigen Lebensumstände behaupteten. Das Land erteilte mir eine Lektion in Achtung vor der Vergangenheit, in Wahrhaftigkeit, in Lebenswillen. Mit Freuden dachte ich: *Ich bin noch da!*

Das Bild, das ich in mir trug, war das der ernsten alten Frau auf dem alten Friedhof von Xoxocotlán. Sie kauerte neben einem Grabstein, sah in ihrer Trauer streng aus und blickte mir, dem Eindringling, voll Trotz ins Gesicht.

San Agustín Yatareni

Nach den Feierlichkeiten blieb ich noch eine Weile in Oaxaca und sah mir die Ruinenorte in der Umgebung an, zum Beispiel Monte Albán, die einst hoch kultivierte Gebirgsstadt auf einem künstlich abgeflachten Hochplateau, deren gestufte, symmetrische Pyramiden immer noch ein Wunder darstellen. Gebaut wurde sie um 500 v. Chr., zu einer Zeit, als in Britannien noch zänkische eisenzeitliche Stämme ihre Bäuche blau anmalten und sich in Bergfesten verschanzten, als in Athen der Parthenon (432 v. Chr.) und in Rom das Forum errichtet wurden – sie war größer als die europäischen antiken Stätten und prächtiger als diese. Monte Albán vereint die Schönheit von Tempeln, Palästen und Pyramiden mit der Macht einer Zitadelle.

Der gewaltige zentrale Platz enthält einen Komplex von Pyramiden, einen Ballspielplatz und steinerne Plattformen; an seinen Flanken sind Reihen von Gräbern in den Berg gegraben. Monte Albán ist die erste Stadt beider Amerikas, eine der ältesten der Welt.

Ich fuhr nach Mitla, dessen Überreste nur noch als Fragmente erhalten sind und überdies von einer düsteren Kirche dominiert werden. Überraschend dagegen die viel eindrucksvollere Stadtanlage von Yagul, nur ein paar Kilometer von Mitla entfernt: steinerne Villen und eine Festung aus der gleichen Zeit wie Monte Albán, erbaut auf einem künstlichen Plateau auf einem Hügel. Der Ort ist weniger bekannt als Monte Albán oder Mitla; zu seiner Blütezeit war er das Zentrum einer Gemeinde von sechstausend Menschen. Heute: niemand, nicht einmal viele Besucher. Am Tag, an dem ich dorthin fuhr, war ich der einzige Schaulustige.

So viel zu Ruinen. Ich wollte mich wieder der Architektur der Menschheit widmen und erkundigte mich bei einer amerikanischen Freundin aus Huayapam – Linda Hanna, die eine kleine Posada führte –, ob sie mir ein Dorf nennen könne, aus dem besonders viele Einwohner in die USA emigriert oder als Enttäuschte oder Ausgewiesene zurückgekommen waren.

»Da weiß ich einen Ort.«

Er hieß San Agustín Yatareni, eine kleine Siedlung außerhalb von Oaxaca, an der Stelle, an der die Landstraße nach Huayapam steiler anzusteigen beginnt. Der ruhige, enge Ort glühte in der Mittagshitze, kaum jemand rührte sich; eine gedrungene Kirche mit dicken Mauern, eine bescheidene Plaza, kleine Häuser direkt an den Gassen ohne Bürgersteige. Dass das Dorf einen gewissen touristischen Reiz haben musste, bewiesen ein paar verstreute Taquerias. Für einen Arbeit suchenden Dorfbewohner gab es hier sicher nicht viel; an den Rändern sah man ärmliche Hütten, angepflockte Esel und aufgeregte

Ziegen. Dieses kleine verschlafene Dorf war tatsächlich ein interessantes Beispiel.

Um 1980 machte sich Adolfo Agustín Santiago aus San Agustín auf den Weg nach Norden zur Grenze. Zu jener Zeit stand José López Portillo in Mexiko an der Spitze einer Regierung, die für ihre Korruption und Vetternwirtschaft berüchtigt war. Die Ölförderung boomte, was aber den Bewohnern von Oaxaca nichts eintrug – Reichtum durch Erdöl erzeugt selten etwas anderes als Habgier und Kriminalität. (Man denke nur an Nigeria, Venezuela und Angola, reich und verdorben durch Erdöl.) In Mexiko herrschte bald eine Wirtschaftskrise; in San Agustín gab es gar keine Arbeit, im nahen Bundesstaat Oaxaca kaum. Dieser Staat war der zweitärmste in Mexiko – er ist es bis heute.

Dem jungen Adolfo gelang es damals, nach New York und weiter nach Poughkeepsie durchzukommen, wo es noch ein paar Fabriken gab: Western Publishing, ein FIAT-Werk, ein paar Textilunternehmen; IBM hatte drei Werke im Hudson Valley. Im nahen Hyde Park entwickelte sich gerade das Culinary Institute of America. Poughkeepsie aber befand sich auf dem Abstieg. Der Wohnraum wurde billiger; es boten sich Chancen für Leute, die wussten, wie man sich in harten Zeiten durchschlägt, wie eben der junge Oaxaceño Adolfo. Western Publishing machte dicht, IBM setzte Tausende auf die Straße, das Culinary Institute florierte noch, aber die Läden an der Main Street wurden mit Brettern verrammelt. Poughkeepsie war eine arme Arbeiterstadt, ein Ort des jahrzehntelangen Verfalls, so unsicher, dass viele Mexikaner nur als Saisonarbeiter dablieben und im Winter nach Hause zogen – eine damals noch gängige und akzeptierte Lebensform. Bis zum September 2001 war der Grenzübertritt noch ziemlich problemlos möglich.

Die meisten Mexikaner in Poughkeepsie stammten aus Oaxaca. Adolfo blieb, umgeben von vertrauten Landsleuten. Immer mehr Männer und Frauen aus San Agustín folgten. Die Volkszählung von 1999 verzeichnete 228 Mexikaner in Poughkeepsie, heute wohnen Tausende dort und haben neues Leben in die Stadt gebracht. Sie arbeiten in den Fabriken, die es noch gibt. Sie haben auf der Main

Street Läden und Lokale eröffnet. Sie sind im Handwerk als Klempner und Elektriker tätig. Sie haben ihren eigenen Radiosender und eine traditionelle Tanzgruppe, die Grupo Folklórico de Poughkeepsie. Außerdem haben sie ihre eigenen Festtage und Festivals eingeführt – das Festival Guelaguetza, ein traditionelles Fest aus Oaxaca, zieht heute Teilnehmer und Zuschauer zu Tausenden an. Es ist auch unter dem Namen Lunes del Cerro bekannt und wird Ende Juli in Oaxaca und seinen Dörfern genauso gefeiert wie in Poughkeepsie.

Das ganze Jahr über lebt mindestens ein Viertel der Dorfbevölkerung in Poughkeepsie. Der gute Kontakt zwischen beiden Orten ist für potenzielle Auswanderer eine große Hilfe.

Auch Antonio Caldera traf ich in San Agustín. Er sah abgehärmt und resigniert aus, war aber bereit, von seiner Zeit in der Emigration zu erzählen. Im Jahr 1989 war er neunzehn und hatte in Oaxaca mit dem Ingenieursstudium begonnen. »Ich fand das dann langweilig und wollte etwas anderes machen, vielleicht Anwalt werden.«

Er verließ das College und bewarb sich um einen Studienplatz für Jura. Aber er wurde abgelehnt: Die Dozenten wollten ihn nur gegen Bezahlung nehmen. Das Einzige, was er sich leisten konnte, war der vorbereitende Unterricht. Um das Geld für sein Studium aufzutreiben, fuhr er mit dem Bus nach Mexiko-Stadt, und weil er da nichts Richtiges finden konnte, nahm er einen Bus nach Monterrey. Er tat sich mit fünf anderen jungen Männern aus San Agustín zusammen, sie heuerten einen Kojoten an und wurden nach Tijuana gebracht. Ein paar Tage lang versteckten sie sich in einem Hotel, und als das Zeichen – »zweimal Klopfen an der Zimmertür« – gekommen war, gingen sie bei Nacht nach Osten. »Geht ganz normal«, hatte der Kojote gemahnt, Rennen wäre zu auffällig gewesen.

Sie verließen die Stadt und marschierten drei Tage lang die achtzig Kilometer bis zur Grenzstadt Tecate. Auf der anderen Seite wartete der Kontaktmann des Kojoten mit seinem Lieferwagen am vereinbarten Platz – das waren noch die Zeiten vor Mobiltelefonen und Textnachrichten.

»Der hat uns nach Los Angeles gefahren. Von da sind wir nach

New York geflogen und mit dem Bus nach Poughkeepsie gefahren. Danach war alles okay.«

Er fand Arbeit in einem Chinarestaurant und wohnte in einem Haus mit elf Kameraden, alle aus San Agustín Yatareni. Man schrieb immer noch das Jahr 1989. Für sich selbst brauchte er 300 Dollar im Monat, und meistens schaffte er es, seiner Mutter, die zu Hause einen Bauernhof hatte, 800 Dollar im Monat zu schicken.

»Hatten Sie denn Papiere?«

»Ich hatte eine Sozialversicherungskarte. Haben die Chinesen mir gegeben. Die hatten eine Werkstatt, da haben sie Social Security Cards hergestellt. Die waren ja aus China, die kannten sich mit so was aus.«

Nach zehn Jahren war seine verwitwete Mutter krank geworden, und er kam klaglos zurück, um sich um sie zu kümmern. Ungefähr drei Viertel seiner Nachbarn im Dorf seien in Poughkeepsie, die Hälfte davon mit Papieren. Er würde gern dorthin zurückgehen, sagte er, aber er wegen der Mafia an der Grenze sei daran kaum zu denken.

In einem Wäldchen an der Straße nach Huayapam war eine kleine Hamburger-Bar mit dem Namen »Illegales«. An einer ihrer Wände hing ein Schwarz-Weiß-Poster mit dem Profil von Donald Trump, unter dem stand: DONALD, TU ERES UN PENDEJO: Donald, du bist ein Blödmann. Der Name des Lokals kam nicht von ungefähr: José Miguel Martinez, der Besitzer, hatte viele Jahre als illegaler Einwanderer in den USA gelebt.

José Miguel, ein fröhlicher, klein gewachsener Mittdreißiger, auf dessen Baseballkappe und T-Shirt ILLEGALES zu lesen war, sprach fließend Englisch wie ein typischer städtischer Hispanic in den USA. Während unserer Unterhaltung sprang er immer wieder vom Tisch auf, gab eine Bestellung weiter, erklärte einem Kellner etwas. Das Geschäft lief offenbar glänzend; der Laden war voll, die Stimmung gut, Musik lief, an den Tischen wurde gelacht, viele Gringos saßen beim Essen. Offenbar hatte es sich in Oaxaca herumgesprochen, dass die Burger hier gut, das Bier kalt und José Miguels neues Angebot von »illegalem« Mezcal den Ausflug wert waren.

Angefangen hatte alles ganz anders. José Miguel war damals fünfzehn, wohnte in San Agustín Yatareni und lebte von Gelegenheitsjobs. Er war damit nicht zufrieden, und als sein einundzwanzigjähriger Cousin Luis sich auf den Weg nach Norden machte, ging er mit. Luis übernahm die Kosten.

Im Jahr 1998, als sie sich aufmachten, kam man noch relativ leicht über die Grenze, die Kojoten verlangten weniger Gebühren, es gab weniger Polizei, aber auch damals musste man tagelange Fußmärsche auf sich nehmen. Die beiden Cousins flogen nach Tijuana, trafen ihren Kojoten und wurden in die Wüste gefahren. Dort mussten sie ein paar Stunden lang zu Fuß weiter, bis sie an einen Fluss kamen. Vermutlich war dies der Arroyo im Niemandsland des Grenzgebiets westlich von Mexicali am Rand der Laguna Salada. Er heißt El Oasis und wird in der sommerlichen Regenzeit zu einem breiten Fluss. Die Gegend liegt südlich der Jacumba Wilderness Area in der Nähe von Ocotillo, wo ich bei der Herreise die Geröllberge bewundert hatte.

»Der Kojote hat mir einen aufgepumpten Reifenschlauch gegeben«, sagte José Miguel. »Mit dem bin ich über den Fluss geschwommen, und am anderen Ufer hat einer gewartet und uns nach Calexico gefahren.« Zu dem Zeitpunkt hatte er schon einhundertzwanzig Kilometer Fußmarsch hinter sich gebracht. »Von da aus wurden wir nach Phoenix gefahren, und ich bin nach Philadelphia geflogen, wo ich Freunde hatte. Ich hab in einem italienischen Lokal gearbeitet, erst als Küchenhilfe, dann als Bedienung. Ich habe vier Dollar die Stunde bekommen, aber trotzdem habe ich etwas sparen und nach Hause schicken können.«

Drei Jahre später war José Miguel zurück, baute sich hier im Dorf ein Haus und verliebte sich in ein Mädchen aus der Gegend. Aber Philadelphia und eine geregelte Arbeit fehlten ihm doch. »Ich hab's irgendwie bedauert, wieder hier zu sein.« Also fuhr er wieder zum Arbeiten und Geldverdienen in die Staaten, blieb aber mit seinem Mädchen in Kontakt. Als er nach San Agustín zurückkam, um zu heiraten und vielleicht etwas Neues anzufangen, merkte er, dass man nicht mehr so leicht über die Grenze konnte. Nun gut, er war von hier, und sein Zuhause war San Agustín. Also blieb er, baute die Bar und braute seinen eigenen Mezcal, den er unter dem Namen Illegales vertrieb. In Philadelphia hatte er möglichst nicht auffallen wollen, weder eine Greencard beantragt noch einen Führerschein oder eine Sozialversicherungskarte besessen. Ein Auto hatte er nie gehabt; er hatte Busse oder das Fahrrad benutzt.

»Was mir fehlt? Das Essen und die Freunde. Die Mischung von Kulturen«, sagte José Miguel. »Und wenn du hart arbeitest, verdienst du auch gutes Geld. In Mexiko ist das nicht so. Hier kannst du hart arbeiten und kriegst einen Hungerlohn. Was mir hier nicht gefällt, ist der Papierkram – und die Armut. Bei euch in den Staaten gibt es auch arme Leute, aber das sind doch meistens welche, die nicht arbeiten wollen. Hier sind die Leute arm, weil sie keine Chancen haben. Ist schon traurig.«

Er sah auf. Eine Kellnerin wollte etwas wissen, jemand anderer rief nach ihm, das Lokal war voll, in der Küche schepperten die Töpfe.

»Entschuldigen Sie mich, bitte.«

San Andrés Huayapam

Ich fuhr weiter auf der Straße in die Berge von Huayapam; eine kurze Fahrt, bei der mein Auto über Stolperschwellen und Furchen rumpelte. Im letzten Jahrhundert gehörte eine Wanderung nach Huayapam zu den gesünderen Ritualen der Gringo-Expats aus Oaxaca: ein Sonntagsausflug zur anderen Hälfte der Menschheit, da konnte man exotische Zapoteken in Tracht bestaunen und einen handgewebten Schal, einen Teppich oder ein frisch gebranntes Stück Keramik erwerben. D. H. Lawrence beschreibt diese Wanderung und den Ort in *Mexikanischer Morgen.*

Viele Bewohner des Staates Oaxaca hatten lebhafte Erinnerungen an die USA, und auch in Huayapam traf ich Auswanderer; mit einem sprach ich an einem milden Nachmittag in einem schattigen Garten am Ortsrand.

»Ich bin mit neunzehn zur Grenze gegangen«, erzählte Pedro García Sandoval. Trotz seiner vierunddreißig sah er von der Arbeit und Sorge um sein ungewisses Schicksal aus wie ein alter ängstlicher Mann. Er arbeitete im Ort als Klempner. Geboren war er in den Bergen westlich von Oaxaca, in Putla auf der Grenze zwischen Oaxaca und Guerrero. Das Dorf war arm. Er hatte dort keine Zukunft für sich gesehen. Sein älterer Bruder war damals schon seit ein paar Jahren in San Francisco, und der hatte ihm gesagt, wie er über die Grenze gehen sollte.

Schleuser und Kojoten zogen damals wie Handelsvertreter durch die armen Dörfer, ermutigten passende junge Männer zum Grenzübertritt und kassierten Anzahlungen; der Rest war auf der anderen Seite fällig, wenn der Auswanderer Arbeit gefunden hatte. Pedro bezahlte noch in Putla 1500 Dollar, fuhr mit dem Bus nach Mexiko-Stadt und von da mit einem anderen nach Nogales. Ein dortiger Kojote fuhr ihn die 25 Kilometer nach Altar; er sollte bei Sasabe über die Grenze gehen. Aus meiner Zeit in Nogales wusste ich es noch: einer der einfacheren und beliebteren Wege; nur Wüste, kein Zaun, früher kaum bewacht, vor allem an dem Tag, an dem Pedro ihn mit der kleinen Gruppe benutzte, die der Kojote zusammengestellt hatte.

»Das war im September 2001.« Pedro schüttelte den Kopf. »Ich bin über die Grenze gegangen, als die Türme eingestürzt sind. Ich habe keine Grenzkontrollen gesehen. Ich bin mit dem Kojoten und den anderen durch die Wüste bis Tucson gelaufen.« Fast hundert Kilometer Fußweg durch die Wüste. »Der Kojote hat jemanden angerufen, dann sind wir zu einem Haus in Tucson gegangen. Da sind wir für ein paar Tage gewesen, dann sind wir mit dem Bus nach Los Angeles zu einem anderen Haus. Und dann bin ich mit dem Greyhound-Bus nach San Francisco gefahren, nach Bernal Heights, wo mein Bruder wohnt.«

In Bernal Heights habe es Arbeit gegeben, erzählte er, viele Mexikaner und andere Latinos lebten da. Es war nahe der Buslinien und des Hafens, und überall wurde gebaut; das Silicon Valley boomte.

»Ich war als Junge flink wie ein Wiesel«, sagte Pedro. »Mein Bruder hat auf dem Bau gearbeitet. Ich habe mitgemacht, den Kojoten ihren Rest bezahlt und mich eingelebt. Nach einer Weile habe ich bei einem

Installateur ausgeholfen, der war auch aus Oaxaca. Von dem habe ich alles gelernt und bin selber Installateur geworden. Ich bin in Bernal Heights geblieben, dann hab ich Veronica kennengelernt, die ist auch aus Oaxaca, und geheiratet. Unsere Kinder sind jetzt neun und sieben. Wir waren sehr glücklich in San Francisco.«

»Warum sind Sie zurückgekommen?«

»Mein Vater«, sagte er. »Er ist vor einem Jahr schwer krank geworden. Mein Bruder ist in den Staaten geblieben, aber ich bin zurückgekommen, und vor einem Jahr ist mein Vater dann gestorben. Tja, jetzt bin ich hier und mache Klempnerarbeiten.«

Er hatte sich damit abgefunden, hier zu leben. Es gab Arbeit in Huayapam, aber sie wurde wesentlich schlechter bezahlt als in San Francisco, und die siebzehn Jahre in den Staaten hatten ihn verändert. Mexiko fand er zu bürokratisch, die Schulen schlecht, und außerdem war er für die Aufträge, die er hier bekam, eigentlich überqualifiziert. Eine Rückkehr nach Bernal Heights oder überhaupt in die USA kam für ihn trotzdem nicht infrage: Er hatte seine Familie hier, er hatte Verpflichtungen. Für die Reise über die Grenze waren ihm der Preis zu hoch und die Unsicherheit zu groß.

»Wie auch immer«, sagte er, »hier bin ich nun.« Er lächelte matt. »Zu Hause.«

Verschwundene Migranten: Caminos Oaxaca, Accompañamiento a Migrantes

In Huayapam hatte mir Ángel Barragán, ein anderer Rückkehrer, von seinem Grenzübertritt bei Altar erzählt. Besonders entsetzlich an seiner Geschichte fand ich, dass er unterwegs Leichen gesehen hatte: »Wir haben Tote gesehen, die lagen da einfach auf dem Boden. Verdurstet. Nicht begraben.« In Oaxaca bekam ich die Adresse eines Suchdienstes für verschwundene Auswanderer: Caminos Oaxaca: Accompañamiento a Migrantes. Das Büro der Einrichtung befand sich in einer geräumigen Villa in einem gepflegten Wohnviertel – der Colonia Yalalag in der Gemeinde Santa Lucia del Camino an der Grenze zu San Agustín, wo ich ein paar Tage zuvor gewesen war. Das Viertel liegt etwa fünf Kilometer von Oaxacas Stadtmitte entfernt; sämtliche Häuser hier waren – wie die meisten größeren Anwesen in Mexiko, dem Land der Festungsbauten – mit hohen Schutzmauern und Zäunen gesichert. Ich meldete mich an und war überrascht, wie ordentlich und geschäftig es hier drinnen aussah: Junge Frauen eilten mit Papieren hin und her, vorbei an einem breiten Wandgemälde mit einer in Gelbtönen leuchtenden Landschaftsszene voller Blumen und Schmetterlingen. Der gelbe Schmetterling, der *mariposa*, steht symbolisch für die Migration.

Mit Nancy García, der Leiterin, sprach ich in der zum Empfangsraum umfunktionierten Küche des Hauses – eine Kaffeemaschine stand bereit. Señora García war eine kleine, ernsthafte Mittdreißigerin, sie sprach schnell und lebhaft über ihre Mission.

»Wir haben vor vier Jahren mit dieser Organisation hier angefangen. In den acht Jahren davor habe ich in einer Einrichtung für Migranten aus Zentralamerika gearbeitet«, erzählte sie, »und dann habe ich gesehen, dass die Not bei Mexikanern mindestens genauso groß ist und dieses Büro eröffnet. Wir kümmern uns hauptsächlich um Oaxaceños, besonders um die Migranten, die auf dem Weg nach Norden verschwunden sind.«

»Wie erfahren Sie von den Fällen?«

»Zu uns kommen die Angehörigen von Leuten, die weggegangen sind und sich nicht mehr gemeldet haben. Es kommt vor, dass einer geht und sagt: ›Ich ruf euch an, wenn ich drüben bin‹, und man hat nie mehr etwas von ihm gehört, weder von vor noch von hinter der Grenze. Die Leute kommen und sagen: ›Können Sie uns helfen, unseren Angehörigen zu finden?‹ Das versuchen wir dann.«

»Was kann den Leuten denn unterwegs alles zustoßen?«

»Alles Mögliche! Die Menschen können von den Kartellen verschleppt worden sein. Sie können im Grenzland umgekommen sein. Oder sie werden in Auffanglager gesteckt, und es dauert Monate oder Jahre, bis sie sich melden.«

Ich erzählte ihr, dass ich in Nogales in der Schutzeinrichtung der Kino-Initiative Migranten mit falschen Personalausweisen und getürkten Social Security Cards kennengelernt hatte.

»Die«, sagte Nancy, »sind natürlich schwerer zu finden. Wir telefonieren herum und versuchen, Freunde aufzuspüren. Wir suchen im Internet. Mit der Organisation in Nogales arbeiten wir auch zusammen – die Kino-Initiative macht ihre Sache gut. Von den US-amerikanischen Einwanderungsbehörden kommt überhaupt keine Hilfe, im Gegenteil. Vor Trump waren die Internetseiten vom ICE zum Beispiel noch zweisprachig. Das haben sie jetzt geändert.«

»Von wie vielen Verschwundenen wissen Sie?«

»Auf unserer Liste stehen einhundertzwanzig Vermisste aus der Gegend. Aktuell suchen wir nach achtzig Personen. Von den übrigen vierzig fehlt jede Spur – die Familien haben aufgegeben, sie wollen nicht mehr oder haben sich mit dem Verlust abgefunden.«

»Vielleicht«, ich suchte nach einer taktvollen Formulierung, »wollen manche ja auch nicht gefunden werden.«

»Ja«, sagte sie, und noch einmal: »Ja.«

Wir unterhielten uns über ihren Heimatort San Antonio, eine landwirtschaftlich geprägte Stadt in einiger Entfernung von Oaxaca-Stadt. Auch dort müssen die Bürger drei oder vier Jobs annehmen, um sich durchzuschlagen: Sie verkaufen selbstgemachte Lebensmittel, fahren Taxi, gehen Putzen. Der übliche Lohn liegt bei 150 bis 250 Pesos pro Tag, also zwischen sieben und dreizehn Dollar; davon kann man nicht leben.

»Wie beurteilen Sie die Auswirkungen des NAFTA-Abkommens?«

»Keineswegs positiv. Die Reichen sind reicher und die Armen ärmer geworden. Die Leute, die von hier weggehen, sind keine Fachkräfte, also landen sie hinter der Grenze auf den Feldern, in den Fabriken kommen sie nicht unter.«

»Und manche schaffen es gar nicht.«

»Genau. Und von denen, die noch auf mexikanischem Boden verschwunden sind, sind die meisten wahrscheinlich tot. So sieht es jedenfalls nach meiner Erfahrung aus. Die es in die USA geschafft haben, sitzen vielleicht dort im Gefängnis oder leben unter falschem Namen. Und wir müssen herausfinden, was mit ihnen ist.«

Ich erwähnte die Erlebnisse von Ángel Barragán, der in der Wüste Leichen liegen gesehen hatte.

»Wir suchen, so gut wir können«, sagte Nancy. »Meistens erfahren wir nicht, wie die Menschen gestorben sind. Aber ich kann Ihnen ein Beispiel sagen: Da waren mal ein paar Leute aus San Miguel Lachiguiri.« San Miguel liegt auf dem Isthmus von Tehunatepec, ein kleines Dorf mit sechshundert Einwohnern, hauptsächlich Mixteken und Zapoteken, das vom Kaffeeanbau und den Überweisungen seiner Emigranten lebt.

»Sechs Jungs aus dem Ort wollten auswandern und sind in einem Hotel in Tamaulipas in der Nähe der Grenze angekommen. Zwei von den sechsen sind hinausgegangen, um etwas zu Essen zu besorgen. Während sie weg waren, kam eine bewaffnete Gang ins Hotel – es war ein *levantón* – und hat die vier anderen entführt. Vielleicht hat jemand aus dem Hotel der Gang einen Tipp gegeben. Die zwei, die sie nicht erwischt haben, sind wieder nach San Miguel zurückgefahren und haben die Entführung angezeigt.«

»Und was ist dann passiert?«

»Das ist es ja. Von den vieren hat man nie wieder etwas gehört.«

»Wurden sie umgebracht?«

»Nicht unbedingt. Vielleicht sind sie zur Zwangsarbeit gepresst worden. Vielleicht wurden sie gezwungen, Drogen über die Grenze zu schmuggeln. Aber wir haben keinen gefunden. Nichts. Einfach weg.«

»Von Migranten, die zur Arbeit in der Landwirtschaft gezwungen wurden, habe ich schon gehört.«

»Ein vermisster Mann ist nach zwanzig Jahren wieder in seinem Dorf aufgetaucht. Er ist mit knapper Not entwischt. Er hatte auf den Feldern arbeiten müssen. ›Ich wünschte, sie hätten mich umgebracht‹, hat er gesagt. ›Ich habe mein ganzes Leben verloren.‹ Zwanzig Jahre! Als er wieder in Teotitlán war« – Teotitlán del Valle, auch ein zapotekisches Dorf –, »war er so traumatisiert und so aggressiv, dass ich nichts aus ihm herausbekommen konnte.«

»War die Farm in Mexiko?«

»Er wusste es nicht. Vielleicht in Mexiko, aber er konnte da ja nicht raus. Er wusste nur, dass es ein landwirtschaftlicher Betrieb war, das war alles. Er war arm, er hatte nichts – wie fast alle, mit denen wir hier zu tun haben: Das sind Menschen aus kleinen Dörfern, Angehörige, die keine Mittel haben, jemanden zu finden, keine Computer, kein Internet.«

»Und diejenigen, die nicht gefunden werden wollen?«

»Wir haben Auswanderer gefunden, die ein neues Leben angefangen und eine neue Familie haben. Und dann steht hier die Ehefrau, die ihren Mann von uns suchen ließ und sagt: ›Er hätte sich ja wenigstens von mir scheiden lassen können.‹«

»Hatten Sie auch Fälle von Inhaftierten?«

»Zum Teil ziemlich furchtbare. Ein paar Jungs – Landarbeiter – haben sich in einer Stadt in Kalifornien volllaufen lassen. Die mussten wegen Erregung öffentlichen Ärgernisses zwei Jahre absitzen. Weil sie Migranten waren. Kurz vor ihrer Entlassung haben wir die gefunden. Und jetzt kommt's: Weil das so war, hat jeder geglaubt, ich hätte die Jungs vorzeitig aus dem Gefängnis herausgeholt. Und auf einmal hat es Anfragen von Angehörigen gehagelt, denen wir die Verwandten aus dem Knast holen sollten!«

Die ganze Mühe, die ganze harte Arbeit, die große Gefahr, sagte ich. Und trotzdem wagten die Leute den Weg nach Norden.

»Natürlich ist der Hauptgrund wirtschaftlicher Natur«, erklärte Nancy. »Es gibt aber auch ein kulturelles Motiv. ›Mein Großvater ist gegangen‹, ›Mein Vater ist gegangen‹, ›Mein Cousin ist gegangen‹ – ›Und jetzt bin ich dran.‹«

Also so eine Art Initiationsritus, schlug ich vor.

»Manchmal entwickeln ganze Dörfer und Gemeinden ihre eigenen Traditionen; dann gehen alle nach Mexiko-Stadt, nach Guadalajara, ins Grenzland oder in eine bestimmte Stadt in den USA; nach L. A. oder Phoenix.«

Ich dachte an die Bewohner von San Agustín in Poughkeepsie.

»Und dann muss man auch sagen, dass nicht alle, die zurückkommen, die ganze Wahrheit erzählen. ›Ich hab neue Klamotten‹ sagen sie dann, ›Ich hab Geld‹. Dass sie beinahe umgebracht worden sind, erzählen sie nicht. Dass sie sich Essen aus Mülleimern geholt haben.

Die Schattenseiten werden verschwiegen. Wer zurückkommt, gilt ja erst mal was, kann Eindruck machen. Das ist besonders bei den Jüngeren so – die kommen zurück und geben an. Die Älteren geben zu, dass es hart war.«

»Die weisen Alten.«

»Und hart ist es wirklich«, sagte sie. »Von meinen Freunden, die ohne Papiere in den USA wohnen, höre ich ja, wie es ihnen geht: ›Ich fange um sechs Uhr früh an zu arbeiten. Ich arbeite zwei Schichten lang bis Mitternacht. Mit dem Lohn von der ersten Schicht bezahle ich die Miete, der von der zweiten ist fürs Essen.‹ Und dann müssen sie noch den Kredit abbezahlen, den sie von der Familie haben, und ein Jahr brauchen sie mindestens, um das Geld für den Kojoten zusammenzukriegen, der sie rübergebracht hat.«

»Verzeihen Sie, wenn ich weiterfrage, aber warum das Ganze?«

»Um irgendwann zu Hause ein kleines Haus zu bauen, einen kleinen Laden einzurichten, irgendwas.«

»Ist es hier denn wirklich so schlimm, dass man sein Leben aufs Spiel setzt, um über die Grenze zu kommen?«

»Das kann ich Ihnen aus eigener Erfahrung sagen.« Zum ersten Mal in dieser Unterhaltung machte Nancy einen bitteren Eindruck. »Ich habe ein kleines Haus. Früher hatte es eine Außentoilette. Ich habe immer davon geträumt, eine ins Haus einzubauen – und dafür musste ich drei Jahre lang sparen. Sie müssen sich mal vorstellen, wie man hier in den kleinen Dörfern lebt, wie unerreichbar viele Dinge sind. Man lebt am Rande des Existenzminimums. Und dann geht man eben weg.«

Toledo, El Maestro

Es gab einen berühmten Mann hier in Oaxaca, den ich vor meiner Abreise unbedingt noch kennenlernen wollte. Nach allem, was ich über ihn und sein Lebenswerk wusste, drehte sich die gesamte geistige Energiespirale der Stadt um ihn. Das Seltsame war nur, dass er selbst, bei aller Allgegenwart seiner Kunst und seiner Aktionen, völlig unsichtbar blieb. Man hatte seine Werke ständig vor Augen und sprach über ihn, als sei er immer dabei und hörte zu wie der Geist eines Abwesenden.

Von Toledo, dem Künstler, Aktivisten und Förderer, dem hoch geachteten Lehrmeister, spricht man hierzulande nur als El Maestro. Für mich war er ein Idol: Herz, Seele und Mittelpunkt von Oaxaca. Seine Arbeiten und die Ergebnisse seiner philanthropischen Aktionen waren überall zu sehen, der Mann dahinter nicht. Er mied Journalisten, ließ sich nicht fotografieren, gab nur selten Interviews. Zu seinen eigenen Ausstellungseröffnungen erschien er nicht, schickte stattdessen seine Frau und seine Tochter.

Ein menschenscheuer Prominenter, der sein Privatleben aus allem heraushält, macht sich unweigerlich zum Objekt der größten Neugier und gefährdet damit seine private Existenz erst recht. Vergessen und fallengelassen werden eher die Öffentlichkeitsgeilen und Publicity-Primadonnen. Der Eremit, der keinen Ruhm, sondern seine Ruhe haben will – B. Traven und J. D. Salinger gehörten in diese Liga –, fordert paradoxerweise gerade zur Aufdringlichkeit auf. Sage nur »Absolut keine Interviews«, und schon stehen die Paparazzi vor deinem Privathaus Schlange.

Weil mich das gesamte Werk von »Mexikos größtem lebenden Künstler« so gefesselt hatte, reizte es mich schon, mich unter die Störer zu mischen: Unstillbare Neugier gehört zu den hervorstechendsten, für die Mitmenschen allerdings lästigsten Eigenschaften des wahren Reisenden. Also bemühte ich mich intensiv um ein Treffen – mit Hilfe eines Bekannten, der Kontakt zu Toledos Tochter Natalia hatte.

Toledo war in jungen Jahren weit herumgekommen, mittlerweile aber seit Jahrzehnten in Oaxaca fest verwurzelt. Er war Kritiker, Satiriker und scharfer Beobachter einer unfähigen Regierung, die nichts gegen den Zugriff ausländischer Konzerne auf die mexikanische Kultur unternahm. Mit Protestaktionen und Demonstrationen hatte er gegen Immobilienhaie und Gringo-Fast-Food-Ketten agitiert. Zuletzt hatte er sich Monsanto mit seinem genmanipulierten Mais und dessen fatalen Folgen für die heimische Landwirtschaft vorgeknöpft.

Natalia, Toledos Tochter, war bereit, ein Treffen zu arrangieren. Es lag wohl an ihrer halb dänischen Herkunft, dass sie so groß war – sie überragte mich um einiges. Sie war sehr entgegenkommend. Ihr Vater sei krank gewesen, bereitete sie mich auf den Besuch vor. Für mich spreche bei ihm besonders, dass sich achtzehn meiner Bücher im Original und in spanischer Übersetzung im Bestand des IAGO, des Instituto de Artes Gráficas de Oaxaca befanden, einem Museum für graphische Künste mit Bibliothek in einem historischen Gebäude gegenüber der berühmten Kirche von Santo Domingo.

IAGO ist eine der vielen kulturellen Einrichtungen, die auf Toledos Initiative zurückgehen. Eine weitere ist das MACO, das Museum für moderne Kunst, dazu noch eine Sammlung für Fotografie (Toledo war auch ein bedeutender Fotograf), ein Antiquariat für rare Ausgaben, ein Laden, in dem man handgeschöpftes Papier kaufen kann, und eine gemeinnützige Organisation zum Schutz von Umwelt und Kultur. Eintrittsgelder für die Häuser werden generell nicht verlangt: Toledo hat verfügt, dass jeder, der hier Zutritt haben will, auch umsonst hineindarf. Er stammt selbst vom Land und will den Menschen aus den kleinen Dörfern die Schwellenangst vor Museen und einschüchternden öffentlichen Gebäuden nehmen; alle sollen freien Zugang zur Kunst ihres eigenen Landes bekommen.

Ich fragte Natalia, ob ihr Vater wirklich damit gedroht hatte, nackt auf dem Zócalo zu demonstrieren, als dort eine Filiale von McDonald's eröffnet werden sollte.

»Vielleicht hat ja die Drohung gereicht«, sagte Natalia. »Er hat sich nicht ausgezogen, aber notfalls hätte er es getan. Er ist dann einfach herumgegangen und hat *tamalitas* verteilt. Und nach einem Jahr hat er gewonnen.«

Toledo war bei seiner Protestaktion gegen McDonald's nicht allein gewesen. Zu den *compañeros* gehörte der Künstler Guillermo Olguín. Dieser, ein großer, gut aussehender Endvierziger, hatte mich auf sein ummauertes Grundstück eingeladen, wo wir, pickende Hühner zu Füßen, unter einem Baum saßen, redeten und Mezcal tranken. Der Künstler betrieb eine florierende Mezcal-Brennerei. Olguín war viel herumgekommen. Er hatte in Japan, Indien, den USA und Kuba gelebt – nach Madagaskar wollte er unbedingt einmal. Viele seiner schwermütigen, vielschichtigen Bilder – darunter auch mit schwarzer Tusche und breitem Strich übermalte Collagen von alten Fotografien und verblassten Schriftstücken – nahmen Bezug auf seine Reisen und die Dinge, die er im Ausland auf Märkten zusammengetragen hatte: Palimpseste, Schichten von Erinnerungen an Reisen in Zeit und Raum.

»Mit der Bibliothek, die Toledo gegründet hat, bin ich aufgewachsen«, sagte Olguín. »Er ist ein Gigant. Und er hat seinen Erfolg durch seine Kunst und nicht durch Beziehungen erreicht.«

»Erzählen Sie mir etwas über die McDonald's-Aktion.«

»Toledo hat mich angerufen und mir erzählt, dass sie das Ding am Zócalo bauen wollten. Ob ich helfen wollte. Natürlich wollte ich. Die Zivilgesellschaft muss doch eine Stimme haben. Wir haben die Bananenblätter für die *tamalitas* besorgt. Ich habe die Plakate gemalt. Wir haben uns sozusagen als Soldaten im Kampf um die Sache des Volkes gesehen. Es haben noch viele andere mitgemacht. Wir haben Tische aufgestellt, die Leute sind gekommen, wir haben unsere *tamalitas* verteilt – nein: Toledo hat sich nicht ausgezogen, wie er angedroht hatte, ha! Es war auch so ein Happening, und es hat gewirkt.«

Ich erklärte Olguín, dass ich Toledo unter anderem deshalb gern treffen wollte, weil er nur ein Jahr älter war als ich. Mit den Jahren habe ich ein besonderes Interesse an Menschen entwickelt, die in meinem Alter sind: Wir sind in der gleichen Welt aufgewachsen, in den wirtschaftlich schwierigen Zeiten nach dem Zweiten Weltkrieg, wir haben die gleichen Bedrohungen, Tyrannen und Helden wie auch die gleichen kulturellen Meilensteine kennengelernt – bestimmte Moden, verbotene Bücher, verbotene Worte, Slangausdrücke, die Musik der Fünfziger: Rock 'n' Roll, Jazz. In den unruhigen, konfliktgeladenen sechziger Jahren waren wir jung. Wir haben Bürgerrechtsbewegungen miterlebt, die Frauenbefreiung, wir hatten einen neuen Blick auf die Welt und uns selbst, wir glaubten, wir könnten verkrustete Gesellschaftsstrukturen aufbrechen, wir teilten uns eine kämpferische Haltung im Angesicht von Guerillakriegen und dem Ende des Kolonialismus in Afrika. Wir haben eine Ära des Protests durchlebt, in der die autoritäre Mitte der Gesellschaft von ihren Rändern aus angegriffen wurde. Auch Toledo war nicht auf der Sonnenseite des Lebens geboren.

Francisco Benjamin López Toledo, der Sohn eines Schuhmachers, kam in einem kleinen Dorf bei Juchitán de Zaragoza auf dem Isthmus von Tehuantepec zur Welt. Der Ort liegt näher an Guatemala als an Mexiko-Stadt, und weil er zur zapotekischen Kultur gehört, sind die alten Glaubensriten des Hinterlandes hier noch lebendig. Später zog die junge Familie nach Minatitlán bei Veracruz, wo der Vater eine Schusterei eröffnete.

Toledo war ein verträumtes Kind, das sehr stark von den Mythen und Legenden seiner ländlichen Umgebung geprägt war; Elemente, die sich später in seiner Kunst wiederfanden. Die Eltern erkannten das zeichnerische Talent ihres Sohnes und schickten ihn zum Studium des Graphikdesigns nach Mexiko-Stadt ans Instituto Nacional de Bellas Artes y Literatura. Der erst siebzehnjährige Kunststudent fiel wegen seiner glänzenden Begabung bald auf; die ersten Einzelausstellungen hatte er schon zwei Jahre später, in Mexiko-Stadt und in Fort Worth in Texas. Er wollte mehr sehen, verfügte jetzt auch über die Mittel dazu und zog als knapp Zwanzigjähriger nach Paris, um sich dort als Maler, Bildhauer und Lithograph zu vervollkommnen.

Die Sehnsucht nach seinen Wurzeln in der Welt der Zapoteken trieb Toledo im Jahr 1965 zurück nach Mexiko, erst nach Juchitán, wo er Kunst und Kunsthandwerk seines Heimatstaats Oaxaca förderte (mit den Kunsthandwerkern aus Teotitlán del Valle schuf er Entwürfe für Wandteppiche), dann ließ er sich in der Stadt Oaxaca nieder und machte sie zu einem bedeutenden kulturellen Zentrum.

»Er arbeitet die ganze Zeit«, erzählte Natalia. »Er malt immer noch. Er macht alles Mögliche. Er baut Zäune aus Eisen – also sie sehen aus wie Zäune, es sind aber Skulpturen. Er macht Objekte aus ganz unterschiedlichen Materialien: Filz, Teppiche, Keramik, Lasertechnik. Spielsachen macht er auch. Und Filzhüte für Kinder.«

»Und *tamalitas*.«

Natalia lachte leise. »Das auch. Er ist für Oaxaca. Irgendwo in der Stadt wollten sie ein großes Denkmal für Don Quixote aufstellen. Da hat er wieder protestiert: ›Wenn ihr das macht, ziehe ich mich aus!‹ Und dann war es nichts mit dem Denkmal.«

Auch gegen Monsanto, einen wesentlich schlimmeren Kandidaten als Fastfood oder eine kitschige Statue, war Toledo zu Felde gezogen. Monsanto hatte im Bundesstaat Sinaloa eine Fläche von 700 000 Hektar für den Anbau von genmanipuliertem gelbem Mais, sogenanntem »Nano-Mais« aufgekauft. Wenn man irgendwo etwas von Mais versteht, dann in Mexiko, wo er schon seit achttausend Jahren kultiviert wird. Das Frankenstein-Getreide von Monsanto galt als Gefahr für die tradierten einheimischen Sorten, eine ebenso schlimme Bedrohung wie die für den anfälligen Genmais nötigen Pflanzenschutzmittel, die alle nützlichen Insekten mit abtöten und die natürliche Ordnung zerstören würden.

»Monsanto hat Tests in Auftrag gegeben«, berichtete Natalia. »Ihr Mais hat tatsächlich die einheimischen Sorten kontaminiert, sie sind abgestorben. Jetzt dürfen sie hier kein Saatgut mehr einführen. Wurde nach den Protestaktionen von der Regierung verboten.«

Ihr Vater, sagte sie, habe immer noch eine starke Bindung an seinen Geburtsort Juchitán. Das Erdbeben, dessen Folgen ich in Mexiko-Stadt gesehen hatte, hatte auch in Juchitán gewütet und viele Menschen obdachlos gemacht.

»Wir haben eine Organisation gegründet, die Amigos des IAGO, und auf dem Isthmus fünfundvierzig Suppenküchen eingerichtet. Vier Monate lang haben wir täglich fünftausend Menschen versorgt, bis sie wieder allein zurechtkamen.«

Diese Suppenküchen, erklärte sie, waren nicht als wohltätige Gratisleistung gedacht gewesen, sondern wurden von den Betroffenen in der Gegend von Juchitán als Kooperativen betrieben.

»Das hatte für die Leute einen guten therapeutischen Effekt: Sie hatten etwas zu tun und wurden dadurch von ihrer Misere abgelenkt.«

Ich hätte vor, in ein paar Wochen dorthin zu fahren, sagte ich.

»Ich kann Ihnen ein paar Kontaktadressen geben«, sagte sie. »Es ist immer noch ein bisschen unsicher dort, wegen der Schäden. Die Menschen sind immer noch arm dran.«

Kurze Zeit nach dieser Unterhaltung kam die Mitteilung: Toledo sei im Museum für mich zu sprechen. Dort werde gerade eine Retrospektive seiner Arbeiten aufgebaut.

Ich ging vor der verabredeten Zeit hin, weil ich mich noch schnell umsehen wollte – und war überwältigt von der Vielfalt dieser Werke: eine Stahlskulptur wie ein filigranes Spalier an einer Wand; wilde Poster mit Parolen. Eins zeigte einen schlafenden Benito Juárez auf einem Haufen Maiskolben, oben stand in großen Lettern ein Weckruf für den Präsidenten: *Despierta, Benito! Y di no al maíz transgénico!* Daneben Handpuppen, Hüte, Lithographien, Puppen in zapotekischer Tracht, ein Maiskolben aus Filz mit einem Totenschädel darauf und dem Etikett *Monsanto*, wunderbare Tuschezeichnungen – darunter eine sehr fein ausgeführte Darstellung einer Gruppe Krabben, die zwischen den Rändern des Blattes hin und her zu flitzen schienen.

»Guten Tag.« Ich sah vom Blatt auf: Da war Toledo.

Das Allererste, was an diesem Mann auffiel, war sein Kopf – ein ungeheurer Schädel, noch vergrößert durch einen wilden Haarschopf, zu groß für den zierlichen Körper. Er hatte einen schmalen Oberkörper, dünne Arme, magere Beine und sah aus wie eine merkwürdige Puppe. Er musterte mich erst einmal mit großen ernsthaften, intensiven Augen, zeigte dann aber die ausgesuchte Höflichkeit der Mexikaner alter Schule. Die Herkunft aus dem Volk der Zapoteken war unverkennbar; das weiße lose Hemd ließ ihn noch dunkler aussehen. Ein Mensch mit einem so listigen Lächeln und einem solch federnden Gang musste Herz und Humor haben, so ganz unnahbar konnte er nicht sein. Die Scheu vor Fremden, die etwas von einem wollen könnten, erklärt sich bei manchen Menschen gerade durch ihre Großzügigkeit.

»Das Bild ist wunderschön«, kommentierte ich die Zeichnung mit den Krabben.

»*Camarones.*« Er tippte auf den Glaskasten, in dem das lebensstrotzende Bild lag. »Ich finde es schön, wie sie zusammen schwimmen. Sehen Sie die Formation?« Und als ob dies alles erklärte, fügte er hinzu: »Juchitán liegt nah am Meer.«

Mit einer Geste bat er seine Tochter um Kaffee.

Er wurde sehr lebhaft, während wir durch die Ausstellung wanderten. Vor dem Poster mit Benito Suárez sagte er: »Das richtet sich gegen die Regierung.«

Eine Lithographie hinter Glas war die Kopie eines spanischen Manuskripts aus dem 17. Jahrhundert: eine Liste von zapotekischen Vokabeln zum Gebrauch von Missionaren und Beamten. Eine zweite basierte auch auf einem alten Dokument; dieses zeigte Abbilder von männlichen und weiblichen Sklaven in Ketten. Der Titel lautete: *De la Esclavitud.*

»Und hier bin ich«, erklärte er eine als *Autoretrato en Plumas* betitelte Masse von Federn, die ich mit einiger Konzentration als verblüffend ähnliches Selbstporträt aus grauen, auf ein Brett geklebten Nadelfedern erkennen konnte. Er kicherte über meine angestrengten Bemühungen.

Es gab noch mehr: eine Holzschnittdarstellung zweier kopulierender Rhinozerosse, einen zerbrochenen Spiegel (»die Schwester von Schneewittchen«), ein Spinnennetz aus Stahldraht, ein Porträt von Albrecht Dürer mit echten Haaren.

»Dürer begeisterte sich für Haare«, erklärte der Künstler.

Und dann ein großes, in dunklen Farben gehaltenes Bild mit den ikonenhaften Porträts der dreiundvierzig ermordeten Studenten in Ayotzinapa.

»Traurig«, sagte Toledo. »Eine Tragödie.« Er führte mich zu einem kleinen Tisch, auf dem neben zwei dort bereitgestellten Tassen Kaffee ein Bücherstapel lag. »Möchten Sie bitte Platz nehmen? Würden Sie die Bücher für unsere Bibliothek signieren?«

Beim Signieren bedankte ich mich dafür, dass er so kurzfristig Zeit für mich gefunden hatte. Meinen Satz, er sei der einzige Mensch, den ich in Oaxaca hatte treffen wollen, womit ich ihm keineswegs schmeicheln wolle, quittierte er mit einer wegwerfenden Geste.

»Mein Englisch ist nicht gut. Ich bin alt. Ich vergesse Sachen. Irgendwann werde ich aufhören zu malen.«

»Ich finde es interessant, dass Sie als so junger Mann nach Paris gegangen sind.«

»Ich war zwanzig. Ich fühlte mich einsam da. Ich habe gearbeitet, habe gemalt und Lithos gemacht. Tamayo war sehr freundlich zu mir. Bei ihm fühlte ich mich nicht so einsam.«

Der renommierte mexikanische Maler Rufino Tamayo war 1949 nach Paris gegangen – vielleicht auch geflohen, weil er sich möglicherweise nicht mit den politischen Wandmalern um Orozco und Rivera vertrug und ihre Auffassung von revolutionären Lösungen nicht teilte. Mit dem vierzig Jahre älteren Tamayo teilte sich Toledo bald das Atelier; beide Künstler hatten trotz des Altersunterschieds etliche Gemeinsamkeiten. Sie waren beide aus Oaxaca, waren beide Zapoteken und ließen sich wegen der Vielfalt der Genres, in denen sie als Lithographen, Maler und Bildhauer tätig waren, schlecht in Schubladen einordnen. Schließlich kehrten beide nach Oaxaca zurück.

»Ich bin zurückgekommen, weil ich mit Landsleuten und meiner Familie zusammen sein wollte«, erzählte Toledo. »Ich wollte wieder Zapoteco sprechen und in Juchitán leben.«

»Waren Sie dort glücklich?«

»Nein, ich konnte da nicht arbeiten. Zu viel Lärm, zu viel los. Es war schön dort, ich war dort ja zu Hause. Ich konnte Zapoteco sprechen wie mein Großvater, mein Vater und andere. Ich beherrsche es aber nicht sehr gut – ich kann es verstehen. Aber ich wollte malen, also bin ich weggezogen.«

Er wurde unruhig, rückte sich auf seinem Stuhl zurecht und gestikulierte mit der Kaffeetasse in der Hand. »Haben Sie gesehen, was in Mexiko los ist?«

»Ich bin mit dem Auto herumgereist und habe unterwegs an verschiedenen Orten mit den Menschen gesprochen. Eine Zeitlang war ich auch in Mexiko-Stadt. Ich versuche, mir einen Reim auf Mexiko zu machen.«

»Haben Sie Erfolg damit?«

»Ja, ich habe mexikanische Freunde gefunden. Ich bin sehr zufrieden.«

»Das ist schön, mein Freund.«

Wir sprachen über Mexiko-Stadt. Er erzählte von seinen Studien und von den Künstlern, die er dort kennengelernt hatte. Ich wollte wissen, was er von Frida Kahlo hielt – er stand noch am Anfang seiner Künstlerkarriere, als sie schon als geliebte oder geschmähte Künstlerin, öffentliche Figur und Ikone den Höhepunkt ihrer Popularität erreicht hatte. Sie starb 1954.

»Am Anfang habe ich sie gehasst«, gab er zu. »Aber später habe ich begriffen, dass sie etwas repräsentierte. Und das Ausland interessierte sich für sie. Also ist sie durchaus wichtig.« Dann fasste er mit einem Satz all das zusammen, was ich noch über mexikanische Romanautoren, Bildhauer, Dichter, Stückeschreiber und Musiker erfahren sollte, über den großen Reichtum mexikanischen künstlerischen Schaffens, den es Ausländern nahezubringen galt: »Aber es gibt doch so viele andere!«

Um das Thema zu wechseln und ihm zu zeigen, wo ich gewesen war, zeigte ich ihm auf meinem Telefon ein Bild, das ich in einem Dorf in der Mixteca Alta von einer winzigen Bauersfrau gemacht hatte.

Toledo sah sich das Bild an: »Sie ist arm. Ihr wird nichts zustoßen. Um sie kümmert sich niemand. Um die Armen und ihr Leben kümmert sich keiner. Der Staat schon gar nicht.«

»Genau über diese Menschen und ihre Hoffnungen möchte ich schreiben.«

»Mexiko macht gerade schlimme Zeiten durch«, sagte er. »Das liegt nicht nur an Trump und den USA. Drogen, Gangs, die Einwanderung aus Zentralamerika.« Er breitete seine dünnen Arme aus und spreizte die zarten Finger. »Und Oaxaca ist mittendrin.«

»Immerhin, Sie arbeiten noch. Das ist doch das Wichtigste. Tamayo hat noch mit neunzig gearbeitet.«

»Er war stark. Das bin ich nicht. Mein Atelier ist hier. Ja, ich male noch. Und ich mache Objekte aus Filz, aus Metall, aus Papier, aus Stoff. Ich sehe mir meine eigenen Gemälde an und bin nicht immer zufrieden. Ich habe so viele! Ich möchte jetzt etwas anderes machen. Ich zeige es Ihnen.«

Er führte mich vorbei an der Metallskulptur, den Filzhüten, einem Lichtkasten mit Dias von einem menschlichen Körper, Nachzieh-Spielzeugen und Laserschnitten von Insekten, unter anderem einem schwarzen Skorpion, dann öffnete er einen Schrank, in dem sich kleine Hefte stapelten, die auf den ersten Blick aussahen wie Kinderbücher. Das seien Texte mit seinen Illustrationen, erklärte er.

»Ich bin auch Verleger«, sagte er. »Die hier habe ich schon herausgebracht, und ich möchte noch mehr machen.«

Ich nahm einige in die Hand. Sie waren wunderbar gedruckt: großartiges Buchdesign, schöne Typographie, herrlich lebendige Bilder von Fabelwesen, Dschungelpflanzen, Hexengesichtern mit furchterregenden Nasen.

»Vielleicht können Sie eine Geschichte für mich schreiben«, sagte er. »Ich mache ein Bild dazu. Ich bringe sie dann heraus.«

»Sobald mir etwas einfällt, schreibe ich eine.«

»Gut, sehr gut.« Er schüttelte mir die Hand, ließ sie aber nicht los, sondern zog mich zu dem Schaukasten mit der großen Tuschezeichnung von den schwimmenden Krabben. Er öffnete den Glasdeckel.

»Die *camarones*. Die haben Sie doch so genau angesehen. Bitte: schenke ich Ihnen.«

Er signierte das Blatt, umarmte mich, drehte sich um und wirbelte mit federnden Schritten und wehendem Haar von dannen.

Einige Zeit danach hatte mein Freund Juan Villoro in Oaxaca zu tun gehabt und war zufällig Toledo begegnet, der gerade zu seiner Bibliothek eilte. In der Unterhaltung waren sie auch auf mich zu sprechen gekommen.

»Ein guter Gringo«, habe Toledo gesagt. Das hörte ich gern. Ein größeres Lob kann man in Mexiko nicht zu hören bekommen. Juan berichtete noch etwas: Er habe daraufhin seiner Freundin in Mexiko-Stadt eine SMS geschickt: »Ich habe gerade mit Toledo gesprochen.«

»Dann wünsch Dir schnell was«, habe sie sofort zurückgeschrieben. Jede Begegnung mit diesem machtvollen Magier war ein Zauber, ein Fest.

San Jerónimo Tlacochahuaya

Mit den besten Erinnerungen an die Stadt und die Begegnung mit Francisco Toledo zog ich um nach San Jerónimo Tlacochahuaya, ein Dorf, das 21 Kilometer südlich von Oaxaca wie eine Insel in einem Meer von großen Feldern mit Agaven, Mais und Knoblauch liegt. Mein Zimmer hatte ich in der ehemaligen Hacienda Guadalupe reserviert, einem historischen, auf einer Hügelkuppe gelegenen Gebäude. Michael Sledge hat es mit seinem Partner Raúl Cabra zum Landhotel umgebaut. Sledge, ein sehr belesener, etwa fünfzigjähriger Autor mit wissenschaftlicher Ausbildung, hatte an meinem Workshop in Mexiko-Stadt teilgenommen. Zwei hervorragende literarische Werke von ihm sind erschienen und von der Kritik gut aufgenommen worden: *The More I Owe You*, ein Roman über das Leben von Elizabeth Bishop, und das autobiographische Werk *Mother and Son* über sein Coming-out als Homosexueller. Einige Passagen des Buches, an dem er gerade arbeitete, *Seclusia*, hatte ich schon mit Begeisterung gelesen: Es geht um den mexikanischen Landsitz des englischen Aristokraten Edward James und seinen aberwitzig mit Aussichtstürmchen und Staffagebauten vollgestellten Park in einem tropischen Tal bei San Luis Potosí. James, der schwerreiche Erbauer und Gestalter, der behauptete, ein unehelicher Sohn von König Edward VII. zu sein, war Mäzen, Teilzeit-Kunstsammler (Meister des Surrealismus) und Vollzeit-Exzentriker. »Ich will gar kein Haus bauen«, zitiert ihn Sledge im Buch. »Ich will eine Ruine.«

Sledge erwies sich als überaus geduldiger, weiser Mensch, als sehr gelassener Gringo, der schon über zwölf Jahre in Mexiko, hauptsächlich in Oaxaca, gelebt hatte, fließend Spanisch sprach, bestens über mexikanische Sitten und Literatur Bescheid wusste und hier viele Kontakte hatte. Er, der langjährige Expat, litt naturgemäß unter dem neunmalklugen Geschwätz selbsternannter Insider, die für ein paar Tage nach Oaxaca einfliegen und dann in schnell hingehauenen Artikeln für Zeitungen und Reisemagazine falsch Verstandenes und Fehlinterpretiertes über Land und Leute weitergeben. Sledge hielt mit seinem Ärger nicht hinter dem Berg. »Solche Schreiber kratzen doch nur an der Oberfläche; für alles, was dahinter liegt, fehlen ihnen jegliches Interesse und jedes Verständnis.«

Ich gehörte ja auch zu diesen Schlaumeiern, aber Sledge half mir immer geduldig auf die Sprünge und wurde zu einem wunderbaren Weggefährten auf meinen Expeditionen ins Hinterland. Auch sein Partner Raúl, Künstler, Designer und Unternehmer zugleich, kannte sich gut aus und wusste, in welchen Dörfern die hiesigen Weber, Sandalenmacher, Korbflechter, Keramiker und Maler zu finden waren.

Der Templo de San Jerónimo, im 16. Jahrhundert von Dominikanern entworfen und von Zapoteken erbaut, gilt als das schönste Beispiel für farbig ausgemalte Kircheninterieurs im gesamten Tal von Oaxaca. Das barocke Gebäude, das auch der bedeutende US-amerikanische Fotograf Paul Strand in den frühen Dreißigern des letzten Jahrhunderts aufgesucht und in seinem 1940 erschienenen, emblematischen Buch *Photographs of Mexico* festgehalten hat, ist innen komplett bemalt: Decken, Bogengänge, die auf den Altaraufsätzen dargestellten Wunderwerke, jedes Stück, jede Säule, jede Wand ist farbig gefasst; sogar auf den Orgelpfeifen finden sich gemalte Engelsgesichter.

Das Dorf selbst ist, wie Hunderte andere im Staat Oaxaca auch, klein und arm: ein paar Straßengevierte, eine Plaza, die aussah wie ein verspäteter Einfall, viele verlassene Häuser, ein fensterloser kleiner Gemischtwarenladen. Die einzigartige Kirche war von jeder Straße aus zu sehen. Rings um das Dorf Äcker; vor die Pflüge gespannte Esel und Mulis, dahinter ihre Herren, die ihnen mit Stöcken in die Flanken schlugen. San Jerónimo liegt an der Straße nach Mitla, nicht weit von den hohen Ruinenterrassen von Yagul, und wenn man rechts auf die Hauptstraße abbiegen und sie immer weiter verfolgen würde, käme man den Isthmus entlang bis Chiapas, und wenn man noch durchhielte, bis Patagonien: Dies war die Panamericana. Den großen Namen trug hier die über viele Meilen nach Süden hin löchrige, unebene, mit nur zwei Spuren bescheidene Bundesstraße 190.

Die von Sledge und Raúl restaurierte Ex-Hacienda Guadalupe ist ein einstöckiges Gebäude mit dicken Feldsteinmauern. Der Grundriss ist ein offenes Quadrat; die Zimmer gruppieren sich um einen riesigen (er hat die Größe eines Tennisplatzes) gefliesten Innenhof mit weiß gekalkten Wänden und einem Brunnen. Es war kühl und hell hier; in sämtlichen schattigen Ecken lagen gemütlich hindrapierte gerettete Straßenhunde; der perfekte Ort zum Lesen und Schreiben. Ich fühlte mich wohl. Ich konnte ungestört arbeiten. Ich war Don Pablo.

Die Hacienda liegt acht Kilometer außerhalb von Tlacolula, dem Ort mit dem berühmten Sonntagsmarkt, auf dem hauptsächlich Indigene, Zapoteken und Mixteken ihr Kunsthandwerk, aber auch Gemüse und Blumen verkaufen. Dieser Markt ist natürlich eine Touristenattraktion – dicke, desorientierte Gringos schieben sich durch die schmalen Gänge zwischen geschnitzten Totenschädeln und Trainingsanzügen hindurch (»Guck mal, Kevin – Alt trifft auf Neu«) –, aber als traditioneller *tianguis*, als Wochenmarkt für Bauern, wird er nicht für ihr Amüsement aufgebaut. Wie auch? Im Bereich mit den Essenständen werden glibberiges Fleisch in fettigem Brot, gebratene Grashüpfer und Becher mit Pulque serviert, und die hiesigen angebrannten, blasigen, wagenradgroßen *tlayudas* haben wenig mit den zierlichen Minigebäcken gemein, die man aus den Cafés von Oaxaca-Stadt kennt.

Die Markthändler hier gehören zu den Ärmsten der Armen von Mexiko; das sind die Menschen, die sich danach sehnen, in die USA zu gehen, weil sie kein Geld haben, und sich dann danach sehnen, wieder nach Hause zu kommen, weil es nirgends sonst einen solchen Markt gibt. Wie die meisten Bauernmärkte ist auch dieser ein Treffpunkt von Gleichen unter Gleichen. Um das Verkaufen geht es auch, vor allem aber um das gesellige Treiben, man trifft seine Bekannten und tauscht, was in einer Gegend mit einer hohen Zahl von Analphabeten besonders wichtig ist, die neuesten Nachrichten aus.

In einem Anbau, unter dessen hoher Decke einem der Geruch nach frisch gegerbtem Leder in die Nase stach und die Tränen in die Augen trieb, saßen die Sandalenmacher hinter Stapeln ihrer geruchsintensiven Ware. D.H. Lawrence lässt sich in seinem Reisebericht länger über die übelriechenden Huaraches aus, weil er gehört hatte, dass in Mexiko unter anderem menschliche Exkremente zum Gerben verwendet wurden. Eine traditionelle Methode, die in manchen Landesteilen tatsächlich noch angewendet wird.

»Ich möchte dich meiner Schwägerin vorstellen«, sagte Sledge an einem Stand mit Flechtsandalen. Sie hieß Sarahi Garcia und war mit Sledges Stiefbruder Richard verheiratet. Die beiden betrieben eine kleine Manufaktur für Huaraches, lederne Flipflops und die etwas festeren Modelle des Typs, der auch D. H. Lawrence bei seinem Marktbesuch angeboten wurde. (»Was geben Sie dafür?« – »Nichts, weil sie stinken.«)

Wir plauderten ein wenig. Ich sagte ihr, ich sei stets auf der Suche nach Rückkehrern aus den USA.

»In unserem Dorf gibt es viele«, sagte Sarahi. »Sie können sich kaum vorstellen, wie viele über die Grenze gegangen sind.«

»Und warum?«

»Kommen Sie nach San Dionisio. Da können Sie die Leute selbst fragen.«

San Dionisio Ocotepec und die Grenze

Wie die meisten Bewohner von San Dionisio hatte Sarahi García als erste Sprache Zapotekisch gelernt, bis in der Schule das Spanische dazugekommen war. Zu Hause und im Dorf sprach sie noch immer Zapotekisch, und zwar einen besonderen Dialekt, der von der Sprachwissenschaft als Tlacolua-Tal-Zapotekisch klassifiziert wird. Ihren Vater, Don Germán, den Patriarchen des großen García-Clans, lernte ich später kennen; aus seinem taxierenden Blick und dem skeptischen Lächeln sprach das Selbstbewusstsein eines Mannes, der auf seine Abstammung stolz und seiner Kultur treu war; zu leichtem Spott neigte er auch. Sarahi zog er wegen ihrer Ehe mit einem Gringo mit dem Spitznamen »La Malinche« auf, wozu die meisten Zuhörer mit gequältem Grinsen die Augen verdrehten.

La Malinche oder auch Doña Marina war eine Indigene aus dem Volk der Nahua, die sich mit dem Konquistador Hernán Cortés eingelassen hatte, ihm seinen ersten Sohn, Martín, gebar und ihm als Dolmetscherin und Vermittlerin diente. Die Rolle dieser außerordentlichen Frau ist bis heute umstritten; die einen sehen sie als glänzende Taktikerin, die anderen als Verräterin im Bett des Feindes.

Hänseleien vor Publikum und Wortgeplänkel unter Freunden sind nie ganz frei von leichter, unterschwelliger Aggression. Sarahi trug die Scherze ihre Vaters über ihre Ehe mit Richard allerdings mit Fassung. Sie war eine sehr schöne Frau mit feinen Gesichtszügen und einer geradezu hoheitsvollen Körperhaltung, stets ging sie mit schnellen Schritten, stets war sie in einen bunten Schal gehüllt. Die Stichelei ihres Vaters zeigte wieder einmal, dass in Mexiko nichts vergessen wird – das Vergangene bleibt auch in der Gegenwart präsent. Zum Beispiel hörte ich öfter, was hier gern als Entschuldigung für schlechtes Benehmen – wie etwa das hier so häufig zu beobachtende Hinterlassen von Müll am Straßenrand – herhalten soll: »Na ja, das haben die Spanier doch auch gemacht, als sie uns kolonisiert haben.« Und so ist auch die fünfhundert Jahre alte Gestalt der Malinche noch nicht aus den Köpfen der Mexikaner verschwunden und wird noch immer diskutiert, als Inbegriff der vollkommenen indigenen Frau, als Verführerin, als Verräterin.

Sarahis Heimatort, das kleine Städtchen San Dionisio, schmiegt sich an den Hang eines Hügels. Steile, kurvenreiche Gassen folgen entgegen dem üblichen, von den Spaniern erzwungenen rechtwinkligen Straßenraster seinen Konturen. Die Hügel der Umgebung sind Bauernland, hauptsächlich werden hier Agaven für die einträgliche Produktion von Mezcal angebaut – die Bundesstraße trägt hier den Beinamen La Ruta Mezcal. Auch Cannabis gedeiht in San Dionisio. Die Ernte wird von reisenden Narcos aufgekauft, verarbeitet und nach Norden verfrachtet. Hauptsächlich aber hängt der Ort am Tropf der Überweisungen seiner Emigranten in den USA. Lederhandwerk und Landarbeit sind die einzigen Beschäftigungsmöglichkeiten, sonst gibt es hier nicht viel. Viele junge Männer aus San Dionisio stellen sich im dreißig Kilometer entfernten Matatlán an die Schnellstraße, in der Hoffnung, dass sie dort jemand zur Feldarbeit mitnimmt – und ihnen etwa drei Dollar am Tag dafür bezahlt.

Als ich vor Sarahis Haus – ein flacher Gebäudekomplex auf der Fläche von beinah einem ganzen Häuserblock – mein Auto abstellte, kam ein alter Mann heran und hieß mich mit der Ehrerbietung willkommen, die ein Campesino einem Fremden im Dorf entgegenbringt. Wir machten uns bekannt. Er hieß Pedro.

»Sind Sie schon einmal in den Staaten gewesen?«

»Ich war sieben Jahre lang in den USA, Señor! Das war schön. Kalifornien, so schön.«

»Gab es Probleme mit der Polizei?«

»Keine, gar nicht.«

»Was haben Sie dort gearbeitet?«

»*La cosecha.* Ich hab Erntearbeit gemacht, auf den Feldern gearbeitet.«

»Sie waren also gern da, sind jetzt aber wieder hier.«

»Ja, weil ich krank geworden bin. Und jetzt bin ich alt. Ich bin siebzig.«

»Ich bin älter.«

»Kaum zu glauben!«

Ein anderer Auswanderer, der nach San Dionisio zurückgekommen war, hieß Fortino Ruiz. Er war Sandalenmacher. Er war jetzt einundfünfzig; mit fünfunddreißig war er über die Grenze gegangen.

»Warum wollten Sie rüber?«

»Geld, das war alles. Die Leute gehen, weil sie sich etwas Bestimmtes vorgenommen haben. Sie wollen ein Haus bauen oder brauchen Geld, um hier ein Geschäft aufzumachen. Und dann kommen sie zurück, weil hier ihre Familie ist. Und ihre Zukunft.«

Fortino war nicht sehr lange geblieben, hatte in Los Angeles erst als Tellerwäscher, dann in einem Frühstückslokal gearbeitet, schlecht verdient, sich den Rücken verletzt und schließlich den Job verloren. Also war er nach San Dionisio zurückgegangen.

»Ich bin wieder zu Hause. Ich mache Sandalen.«

Mezcalero

Irgendjemand – vielleicht war es Sarahi gewesen – hatte mir von einer *palenque* erzählt, einer Mezcal-Brennerei in den Bergen bei San Dionisio. Hier werde besonders hochwertiger, viel gefragter Mezcal gebrannt. Die Brennerei sei seit Generationen in der Hand einer Familie – und außerdem sei der derzeitige Mezcalero in den USA gewesen, noch ein Zaunspringer.

Ich folgte einer steilen Schotterstraße bis zu einem Einschnitt zwischen zwei Bergen und einer Art wildem Lagerplatz: Schuppen, Hütten, Holzstapel, ein angebundenes Pferd. Aus einer großen Pyramide aus Erde und Holz stieg Rauch auf. Sechs oder sieben Männer hantierten mit Schaufeln oder schleppten große Scheite Feuerholz heran. Von weitem hätte man sie für Camper halten können, wie sie sich da so zwischen Schuppen und Unterständen zu schaffen machten, den qualmenden Erdhügel mit Schaufeln festklopften und mit Forken anstachen.

Wie so oft in Mexiko ordnete sich die Szene bei näherer Betrachtung:

Was zuerst chaotisch aussah, hatte ein klares System.

»*Hola*, seien Sie mir willkommen!« Ein unrasierter Mann mit schmutzigem Hemd, quer aufgesetzter Baseballkappe und zerrissenen Sandalen kam heran; er begrüßte mich mit ausgesuchter Höflichkeit und einem strahlenden Lächeln.

Das war Crispin García (in San Dionisio heißt fast jeder García, und etliche sind miteinander verwandt), der Besitzer, Brennmeister und *patrón*. Seine schäbige Arbeitskluft hätte leicht darüber hinwegtäuschen können, dass er nicht nur ein hoch angesehener Mezcalero, sondern auch – durch sein begehrtes Produkt – ein reicher Mann war. Ein extrem freundlicher Mensch war er außerdem. Obwohl ich hier unangemeldet hereingeschneit war, begrüßte er mich herzlich, stellte mir seine Truppe von Mezcalistas vor und war spontan bereit, mir das Brennverfahren zu erklären.

»Hier, das ist der Ofen.« Er zeigte auf den vielleicht zweieinhalb Meter hohen Hügel aus Holz und Erde. »Auf Zapotekisch heißt er *gorn.*«

Die anderen Männer lachten. Mir war schon aufgefallen, dass sie untereinander Zapotekisch sprachen. Ich sagte etwas dazu.

»Sprechen wir immer«, sagte Crispin. »Das ist unsere Geheimsprache!«

Die anderen lachten wieder. Tatsächlich wird das weiche, verwischte Gemurmel des hiesigen Zapotekisch außerhalb des Staates Oaxaca weder von Gringos noch von Mexikanern aus anderen Landesteilen verstanden. Die Einheimischen können sich in ihr eigenes Idiom, die Sprache der uralten, einzigartigen Zivilisation von Monte Albán, zurückziehen und werden dann für andere unerreichbar. Dass sie so lange ignoriert, übersehen oder verachtet worden sind (in der früheren Literatur gelten Zapoteken, Mixteken oder Tzotzil nicht einmal als Mexikaner), hatte zumindest den Vorteil, dass sie ihre Sprache bewahren konnten.

»Im Ofen sind die Agavenherzen, die *piñas*«, erklärte Crispin. »Zeigt ihm mal, was wir machen.« Einer der Arbeiter hackte einer Agave die fleischigen Blätter ab, bis sie aussah wie eine überdimensionierte Ananas. »Die *piña*s dämpfen wir bei schwacher Hitze. Das Dämpfen dauert vier Tage – in diesem Ofen sind heiße Steine. Und dann …«

Er führte mich zu einem kreisrunden, flachen, vom braunen Saft der gedämpften Agavenstrünke braun verfärbten Becken. An einer Achse in der Mitte war ein Pfahl befestigt, der in einem großen, aufrecht stehenden runden Stein steckte. Am äußeren Ende des Pfahls baumelte ein Pferdegeschirr.

»Das ist die Mühle mit dem Mühlstein, der *tahona*. Ein Pferd zieht ihn hier im Kreis herum. So werden die *piñas* zu Brei gemahlen, dem *bagazo*, wie wir ihn nennen. Der Brei kommt dann da drüben in die Holzfässer, die *tinas*.«

Ein paar Fässer waren schon angefüllt mit den dunklen, faserigen Agavenfetzen, und der säuerliche Geruch wies deutlich darauf hin, dass der dunkle Brei in seiner Brühe jetzt fermentierte.

»Hier wird eingemaischt, dann füllen wir um.« Crispin zeigte mir ein großes Betonbecken mit einer Batterie von Kupferrohren. »Dann kommt der Saft hier hinein und wird destilliert. Je langsamer, desto besser. Tropen für Tropfen! Dann geht's in die Fässer.«

Neun große blaue Plastikcontainer standen aufgereiht in einem der Schuppen. Jeder Behälter fasste 200 Liter und kam für 12 000 Pesos (670 US-Dollar) zum Verkauf. Daher Crispins Wohlstand.

»Und jetzt probieren wir ein bisschen *doan'his.*«

»*Doan'his?*«

»Mezcal.« Crispin lachte. »Zapotekisch.«

Er stieß ein dickes Bambusrohr in ein Fass, saugte es an, füllte es und dekantierte den Inhalt in zwei Kokosnussschalen, die er randvoll laufen ließ. Der Mezcal war farblos, leicht zähflüssig und warf kleine Bläschen. Er reichte mir die größere Schale.

»Auf Sie! Auf die Freundschaft!«

»Auf uns!«

Wir tranken. Der erste Schluck schoss mir als flüssiges Messer die Kehle hinunter und brachte meine Augen zum Brennen. Der zweite Schluck besänftigte den Wundschmerz vom ersten. Der dritte Schluck erzeugte ein wohliges Gefühl und stieg mir warm zu Kopf. Die zweite Tasse sickerte mir in die Glieder, entspannte Finger und Zehen und erweichte Herz und Seele.

»*Quiero emborracharme*«, keuchte ich, begeistert von meinem Trunkenheitsgefühl.

»Fünfundvierzig Prozent Alkohol«, sagte Crispin. »So kann man übrigens sehen, ob der Mezcal gut geworden ist.« Er rüttelte die Kokosschale ein wenig. »Sehen Sie die Bläschen? Das ist gut. Die müssen sich wie eine Schnur an den Rand legen, das nennt man *cordon.*«

»Machen Sie auch Tequila?«

»Nein. Ich mag keinen Tequila. Der wird zwar auch aus Agaven gemacht, aber es ist ein anderer Herstellungsprozess.« Mit einem Grinsen sagte er: »Die geben Alkohol dazu«, als wollte er einen Betrug aufdecken.

»Mein Großvater und mein Vater waren auch schon Mezcaleros«, erzählte er. »Aber die hatten es schwer. Sie hatten kein Auto. Die mussten die Agaven noch mit Eseln und Pferden von den Bergen runterbringen.«

Crispins zahnlückiges Grinsen begeisterte mich. Wir stießen noch einmal an. »Amerikaner sind nette Menschen«, sagte er.

»Waren Sie mal in den Staaten?«

»Sechs Jahre in Los Angeles«, sagte er. »North Hollywood.«

»Welche Arbeit?«

»Restaurants. Drei Jahre bei einem Chinesen.«

»Wie hieß der denn?«, versuchte ich ihn zu ärgern.

»Chin-Chin!!« Er wieherte vor Lachen. »Dann ein Japaner. Tische abwischen, aber auch mal Essen vorbereiten.«

»Wie sind Sie über die Grenze gegangen?«

»Kojote. Beim ersten Mal dreihundert Dollar. Das war 1994.« Er war siebenundfünfzig, also war er damals fünfunddreißig gewesen. Er war zusammen mit ein paar anderen aus San Dionisio gegangen. »Beim zweiten Mal hab ich tausend bezahlt. Bei Mexicali bin ich rüber; zehn Stunden bis zum Freeway gelaufen.«

»Gab's Probleme mit der Polizei in L. A.?«

»Überhaupt keine! Die haben mich in Ruhe gelassen. Ich fand's toll da. Ich wollte Geld verdienen, mir etwas zusammensparen und dann wieder herkommen und meiner Familie helfen.«

Die Arbeiter blieben, lauschten unserer Unterhaltung, sahen uns beim Trinken zu, riefen einander etwas auf Zapotekisch zu, brachten uns mit dem Bambusrohr mehr Mezcal aus dem Fass.

Crispin winkte einen jungen Mann heran: »Das ist Rodrigo, mein Sohn. Der war auch drüben.«

Rodrigo war fünfunddreißig, stämmig und hatte etwas Bedrücktes an sich. Auf Englisch erzählte er: »Ich hab beim ersten Mal dreitausend bezahlt. Ich bin bei Tecate rüber. Beim zweiten Mal waren es schon fünftausend. Verdammt viel Geld. Ich habe zwei Jahre arbeiten müssen, bis ich das zurückzahlen konnte, also konnte ich nicht viel sparen. Aber ich fand es schön da.«

»Was ist es, das Ihnen hier fehlt?«

»Die Arbeit. Die netten Städte; die waren so friedlich.« Er wirkte traurig.

Crispin verstand, was sein Sohn meinte.

Auf Spanisch sagte er: »Hier ist unsere Familie. Wir sind zufrieden. Ich hatte in den USA viel zu tun, aber ich habe nie viel Geld verdient. Ich gehe nie wieder über die Grenze. Hier hab ich meine Brennerei.

Und ich bin zu Hause. Weniger Druck. Ich will den weltbesten Mezcal machen.« Leicht schwankend balancierte er die Schale mit dem Schnaps auf den Fingerspitzen.

»Und wie macht man den weltbesten Mezcal?«

»Man muss die Agave richtig schneiden.« Er schnitt mit seiner freien Hand durch die Luft. »Dann das richtige Dämpfen. Das richtige Fermentieren vom *bagasso.*«

Er legte den Arm fest um mich und sagte mit großer Kraftanstrengung etwas, das sich sehr gefühlvoll anhörte.

»Eet yelasu nara!« Er lächelte unter Mezcal-Tränen.

»Was sagt er?«, fragte ich Rodrigo.

»Vergiss mich nicht. – Auf Zapoteco.«

Weder ihn noch die Sonnenstrahlen, die durch die Rauchwolken über dem Erdofen drangen, würde ich vergessen, nicht die Strohdächer der Mühle und der Schuppen, nicht den Geruch der gärenden Agaven-Maische, nicht das weidende Pferd unten im Tal und nicht die eifrigen Gesichter der Arbeiter, nicht ihre rauen Hände, die meine zum Abschied schüttelten – und schon gar nicht mein Delirium aus Mezcal und schierer Glückseligkeit über diesen schönen Tag.

Día Siguente: Das Fest unter Bäumen

Ein Mitglied der Familie García in San Dionisio war kürzlich verstorben, und das bedeutete eine zweiwöchige Trauerzeit – mexikanische Trauerwochen, in denen man den Geist der Toten auf dem Weg in die nächste Welt begleitet. Gabina García, das geliebte weibliche Familienoberhaupt, war im Alter von einundsiebzig Jahren gegangen. Sie hatte ein erfülltes Leben hinter sich, hatte mit fünfzehn geheiratet und sieben Kinder, darunter Sarahis Mutter, zur Welt gebracht.

Ich war zu einem späten Mittagessen in das weitläufige Anwesen der Garcías eingeladen worden – es war ein veritables Fest: Ungefähr hundert Menschen saßen im schattigen Garten unter tief hängenden Zweigen. Dieser Tag heißt *El Día Siguente* oder der *recalentado*, weil nach hiesiger Sitte am Tag nach dem Begräbnis die Reste vom Leichenschmaus für weitere Gäste aufgewärmt werden.

Frauen und Mädchen schöpften Kuttel- und Lebereintopf aus einer Terrine, brachten in Servietten eingeschlagene Tortillas, Platten mit Hähnchenteilen, Schüsseln mit Gemüse. Und Mezcal. Wir saßen an langen Tischen, ein paar Männer konferierten auf Bänken, am Ende des Gartens befand sich eine improvisierte Außenküche. Der Mais für die morgen benötigten Tortillas wurde vorgekocht. Stimmengewirr, gedämpftes Geplauder der Trauergäste an den Tischen.

»Eine Seele braucht dreizehn Tage, bis sie im Himmel ist«, erklärte mir eine der Frauen, die das Essen auftrugen. »Nach einem Begräbnis legen wir deshalb dreizehn Tortillas auf den Hausaltar. Und jeden Tag wird eine davon in kleine Stücke geschnitten, die teilen wir untereinander und mit dem, der von uns gegangen ist.«

Man hatte mich am Tisch des einundsechzigjährigen Familienoberhaupts Germán García platziert, dort musste ich die üblichen Fragen beantworten: Woher ich sei, was ich beruflich machte, ob ich Frau und Kinder hätte, ob mir Mexiko gefiele und was mich in dieses kleine Dorf verschlagen hätte.

Unter anderem sagte ich, dass die mexikanischen Umgangsformen Eindruck auf mich machten, die vielen kleinen Beweise von Höflichkeit, die auch mir so oft – besonders auf dem Land – zuteil geworden waren.

Eine alte Frau schnaubte verächtlich. »Nein. Früher haben wir uns viermal am Tag begrüßt. Viermal. Mit Handkuss.«

»So sah das aus.« Sarahi García führte vor, wie man beide Hände, die Handflächen nach unten, zum Kuss hinhielt.

»Ja«, sagte die alte Frau. »Und heute sagen die jungen Leute bloß noch ›Hi!‹«

»Das barbarische Mexiko.« Germán lehnte sich in seinem Stuhl zurück, schob die breite Krempe seines Huts nach oben und verschränkte bedeutungsvoll die Arme. Er sah sehr selbstbewusst und vornehm aus. »Es gibt ein Buch von einem Gringo, das so heißt: *México Bárbaro*. Der Autor heißt John Kenneth Turner. Kennen Sie das?«

Ich musste zugeben, dass ich weder den Titel noch den Autor kannte. Später fand ich mehr über diesen Journalisten und seine Kreuzzüge heraus: Turner (1879–1948), ein früh erweckter Marxist (er hatte schon mit sechzehn seinen Marx gelesen), war oft in den mexikanischen Schicksalsjahren im Land, zuerst in den Jahren der Diktatur des Porfirio Díaz und später zwischen 1916 und 1917 zur Zeit der für Mexiko wegen des Einmarschs von Gringo-Truppen so demütigenden Pancho-Villa-Expedition, in der es aber nicht gelang, Villa zu fangen. Auf seiner letzten Mexiko-Reise im Jahr 1921 führte Turner ein Interview mit einem mächtigen General der Zapatisten. Der Journalist Turner wurde in Mexiko zum Volkshelden. Weil sein detaillierter Bericht von den schrecklichen Zuständen im Land den revolutionären Kräften den entscheidenden Impuls gegeben hatte, setzte David Alfaro Siqueiros später Turners Porträt zwischen die Gesichter der Aufständischen auf seinem Wandgemälde *Del porfirismo a la Revolución* (auf Deutsch etwa »Von der Diktatur unter Porfirio Díaz zur Revolution«), das im Schloss Chapultepec in Mexiko-Stadt ausgestellt ist.

»Der Gringo Turner war kurz vor der Revolution hier in Oaxaca.« Germán strich sich über den Schnurrbart. »In Chiapas und Sonora war er auch. Er hat unter anderem über die Leute vom Volk der Yaquis und ihren Kampf gegen die ausländischen Ausbeuter der Kupferminen von Sonora geschrieben. Das war so um die Jahrhundertwende herum. Und was hat die Diaz-Regierung gemacht? Sie haben etliche Yaquis exekutiert und andere nach Yucatán deportiert, wo sie auf den Sisalplantagen arbeiten mussten. Turner beschreibt auch, wie die Frauen der Yaquis gezwungen wurden, chinesische Landarbeiter zu heiraten.«

»Sie lesen offenbar viel?«

»Aber ja. Hauptsächlich über Geschichte.«

Die Leidenschaftlichkeit, mit der dieser Mann ein vor hundert Jahren von einem Amerikaner verfasstes, mir bis dato völlig unbekanntes Buch zitierte, fand ich eindrucksvoll. Turners Buch war um die gleiche Zeit – um 1910, in Zeiten des Diktators Porfirio Díaz – erschienen wie *Viva Mexiko!* von Charles Macomb Flandrau.

Ob Germán auch Flandrau gelesen habe?

»Natürlich. Und Enrique Krauze und wie sie alle heißen.«

»Flandrau hat sich ja auch über die Höflichkeit der Mexikaner geäußert.« Ich dachte an seinen Satz: »Ich habe beobachtet, wie ein halb nackter Arbeiter mit einem Sack Kaffeebohnen auf dem Buckel mit einem leisen ›Wenn Sie gestatten‹ an einem Maurer vorbeiging, der gerade Ziegel aufschichtete.«

Germán nickte, verschaffte sich mit einer Kunstpause Gehör und sagte mit Nachdruck: »Das ist aber lange her.«

Da saß ich nun im schattigen Garten bei einer Trauerfeier, erfuhr etwas über Turner und über eine mir wenig bekannte historische Epoche – und wurde ganz demütig. Germán war ein indigener Zapoteke. Von Turners Buch war ihm am lebhaftesten der Teil in Erinnerung geblieben, der von der Verfolgung einer anderen indigenen Gruppe, den Yaquis in Sonora, handelt. Dieses Buch, das ich später selbst auftreiben konnte, ist ein erschöpfender Bericht von den Gräueln während der Diaz-Diktatur. Es handelt von Unterdrückung und Zwangsarbeit in Yucatán, von der Begünstigung chinesischer Einwanderer, von Massakern in Juchitán und der grausamen Auspeitschung eines Yaqui, die Turner mitansehen musste.

Das Fest nahm weiter seinen Lauf: Die Frauen rührten in dem großen Topf mit Maiskörnern, klatschten Tortillas auf einen Grill und gingen mit *pan de cazuela* von Tisch zu Tisch, einer örtlichen Spezialität: in Schokolade getauchtes Brot. Wir aßen es aus der einen Hand, die andere hielt das Glas mit Mezcal oder Mineralwasser.

Germán wandte sich jetzt den Mängeln der derzeitigen Regierung zu, und ein junger Mann ließ sich neben mir auf einen Stuhl fallen. Er hörte sich ziemlich überdreht an. Er heiße Rojelio, sei siebenunddreißig Jahre alt, habe jahrelang in Fresno gewohnt, sich da einer Gang angeschlossen und Drogen genommen.

»Echt komisch, wieder hier zu sein.« Seine Stimme überschlug sich fast. »Hier funktioniert doch nichts. Kein Wasser. Kein Strom. Kein Kontakt zur Außenwelt. Die Kinder gehen ohne Frühstück in die Schule. Man kriegt hier nix mit. Ich wollte hier wieder klarkommen. Komm ich aber nicht.«

Was er weiter zu sagen hatte, hörte sich nur noch an wie sinnloses, paranoides Gejammer, aber seine kurzen lichten Momente fand ich doch verblüffend. Germán, mir gegenüber, knabberte an seinem *pan de cazuela* und hatte Schokoladentröpfchen im Bart, kleine Mädchen gingen auf Zehenspitzen mit Tabletts herum.

Ich sah über die essenden und trinkenden Gäste hinweg auf die scheinbare Unordnung auf dem Grundstück und erkannte etwas, was mich selbst überraschte.

Die Harmonie im Chaos

Dieses Fest am Tag nach dem Begräbnis fand im ummauerten Gartenhof des Hauses der Verstorbenen statt. Mit »Haus« ist das Anwesen nicht ganz richtig beschrieben; eher war es ein Gebäudekomplex aus drei Wohnhäusern und einem geräumigen Ladengeschäft. Das Ganze hier veranschaulichte mir etwas von der mexikanischen Lebensart, was ich lange nicht hatte begreifen können. An zehn langen Tischen und auf sechs Holzbänken saßen mindestens einhundert Menschen aller Generationen in ländlicher Freizeitkleidung bei einer festlichen Mahlzeit zusammen. Vor der stetig summenden Geräuschkulisse des Festmahls spielte sich ein ziemliches Durcheinander ab: Enten watschelten mit ihren Küken unter den Tischen herum, sieben zeternde Hühner scharrten vor einem zum Beistelltisch umfunktionierten rostigen Moped in der Erde, im Schatten der Bäume lagerte ein zwei Meter hoher Haufen Maiskolben, zwei Kinder sausten mit ihren Dreirädern gegen die Tischbeine, überall lagen zerrissene Plastikfolienreste und Papierfetzen am Boden. In Kopfhöhe hingen zwei schlappe Schnüre; an der einen baumelten Wäschestücke, an der anderen trocknete etwas in der Hitze, das aussah wie Rindersehnen oder durchsichtige Beef-Jerkys. Unter den Wäscheleinen: zerbrochene Spielsachen in undefinierbaren Einzelteilen, Puppentorsi mit ausgerissenen Armen und Beinen, einzelne Puppenköpfe, ein verbogener Fahrradrahmen, ein hohler Autoreifen und ein alter schwarzer, halb ins Erdreich eingesunkener Motorblock. Eigentlich also eine Müllhalde, aber eine mit Sinn und Zweck, bewacht von einem Hund, der mit einem spöttisch grinsenden Gähnen seine Zähne sehen ließ.

An riesigen Kochtöpfen, einer davon war so groß, dass sie fast alle zusammen hineingepasst hätten, standen drei Frauen und rührten die brodelnden Maiskörner um (»brauchen wir morgen für die Tortillas«), andere Frauen trugen weitere Speisen auf, schenkten Mezcal ein, brachten Körbe mit Obst, herzten Babys, wieder andere schrubbten in einer Waschschüssel unter einer Pumpe rußgeschwärzte Pfannen sauber. An einem Tisch in einem offenen Unterstand wurde ein Stück Fleisch zerhackt.

Die Kinder, die mit ihren Dreirädern herumkarriolten oder im Spiel Essen anboten, schienen von einer weichen Aureole umgeben wie kleine Traumgestalten.

Dies war kein Chaos. Es war vielmehr ein heiteres Tableau, in dem jeder Akteur eifrig seine Rolle und Aufgabe erfüllte: Essen, Trinken, Kochen, Saubermachen, Servieren, Spielen, Sinnieren, Erklären. Es war wie die Mechanik einer übergroßen Uhr – ein mexikanisches Uhrwerk aus vielen losen Einzelteilen. Seine Rädchen und Kolben vertickten die Zeit, verschluckten die Sekunden, pochten gegen die Minuten; ein Muster an Ebenmaß und Effizienz: jedes Ding zählte, kein Mensch war entbehrlich. Sogar der Hund war wichtig, wie im Sprichwort: Wo Ehrfurcht ist, leuchtet das Licht selbst aus dem Zahn eines Hundes.

Und das war meine Erleuchtung: Eine ungeordnete Masse unzusammenhängender Elemente verschmolz zu einem sinnvollen Ganzen, Unordnung löste sich in Ordnung auf, aus Chaos kristallisierte sich Harmonie. Dem scheinbaren Durcheinander lag ein rationales Muster zugrunde. Und ich verstand den Sinn der Welt von Mexiko: Alles war vorbestimmtes, gültiges Ritual; man musste sich nur daran halten und war geborgen.

Selbstbildnis eines Patriarchen

Nach der Begräbnisfeier in diesem kleinen Bergdorf wollte ich mehr über das Leben des Patriarchen wissen, der mir als so belesen, klug, artikuliert und selbstbewusst aufgefallen war. Das ist seine Geschichte:

> Mein Name ist Germán García Martínez. Ich bin einundsechzig Jahre alt und in der Stadt San Dionisio Ocotepec aufgewachsen. Meine Eltern mütterlicherseits waren Bauern, und väterlicherseits Bäcker. Mein Vater war der Meinung, dass Frauen Bildung und Männer harte Arbeit brauchten. Deshalb habe ich die Grundschule nicht abgeschlossen. Nachdem ich geheiratet hatte, arbeitete ich lange Zeit mit meinem Vater zusammen, aber er wollte nicht, dass ich weiterkam. Er hat mich wie einen Fremden behandelt und mir kein Gehalt bezahlt. Wenn ich Geld wollte, sagte er nur: »Warum beschwerst du dich, du hast doch Essen und ein Dach über dem Kopf!«
>
> Meine Frau und ich wollten aus der Abhängigkeit herauskommen. Eines Tages wurde nämlich meine älteste Tochter krank, ich hatte meinen Vater um Geld für den Arzt gebeten, und er hatte es mir nicht geben wollen. Meine Frau hat sich dann darauf verlegt, in der Kirche geröstete Kürbiskerne zu verkaufen, und ich habe für andere Leute gearbeitet, bis wir genug Geld für ein Auto zusammenhatten. Mit dem habe ich dann Menschen nach Tlacolula oder Oaxaca gefahren. Damals gab es noch keine Taxis und Busse. Ich habe den Leuten ihre Waren für die Märkte transportiert. Dabei habe ich Leute aus Yalalag kennengelernt, die Pflanzen und Blätter für die Gerberei einkauften. Ich habe mir angehört, was sie brauchten und habe mich dann darauf verlegt, ihnen die Pflanzen zu verkaufen. Später habe ich eine Mühle angeschafft und die Pflanzen selber gemahlen, weil ich für das Pulver einen besseren Preis bekommen konnte.
>
> Meine Frau und ich haben bei den Ledermachern Huaraches eingekauft und auf dem Markt weiterverkauft. Das lief so gut, dass

mein Vater nicht mehr mit mir reden und mich sogar enterben wollte – bloß weil ich wollte, dass meine Kinder es einmal besser haben würden. Meine Mutter hat ihn dann unter Druck gesetzt, und er hat mir ein Grundstück gegeben, auf dem ich mein Haus bauen konnte – das sei aber das Einzige, was ich von ihm jemals bekommen würde. Aber ich hatte jetzt mein eigenes Zuhause.

Meine Frau und ich wollten dann selber Huaraches herstellen. Dazu mussten wir erst einmal lernen, wie man das Leder gerbt. Einer der Männer, die bei mir Pflanzen eingekauft hatten, hat uns Unterricht gegeben – und wollte kein Geld, nicht mal Essen oder Unterkunft dafür haben. Er hat uns ein paar Jahre lang unterrichtet, und ich habe angefangen, unser eigenes Leder zu gerben. Aber eigentlich hatte er uns nur die Grundlagen beigebracht, und so haben wir erst einmal viel Material verschwendet. Aber irgendwann beherrschten wir das Handwerk und haben gelernt, wie man Huaraches macht. Das Ergebnis war am Ende so gut, dass wir damit auf den Markt konnten – zuletzt hatten wir siebzig Abnehmer. Dann wurde der Peso abgewertet, und die Marktbedingungen verschlechterten sich. Aber ich wurde hier in der Gemeinde zum Ortsvorsteher gewählt. Um die Zeit starb auch meine Mutter.

Das Geschäft, das meine Frau und ich aufgebaut hatten, wurde zunehmend schwierig. Unsere Mitarbeiter wanderten in die USA ab, und ich hatte wegen der vielen Kommunalaufgaben keine Zeit mehr für die Ledermanufaktur. Meine Mutter war tot, und mein Vater mochte mich und meine Familie nicht, weil ich es zu etwas gebracht hatte und er nicht.

In meinem Amt hatte ich mir etliche Neuerungen für die Gemeinde vorgenommen. Wir wollten Frauen in die Bürgerversammlungen einbeziehen, die örtliche Versorgung verbessern und – lange vor Oaxaca-Stadt – eine Wasseraufbereitungsanlage bauen. Wir haben Mülltrennung eingeführt, wir haben Straßen asphaltiert, Brunnen und Entwässerungssysteme gegraben, den Schulen Computer zur Verfügung gestellt und einen Verband von sieben indigenen Gemeinschaften gegründet. Drei Jahre lang habe ich in dieser Position kein Gehalt bekommen: Der Ort wird nach *Usos y Costumbres*, nach Gewohnheitsrecht (ich nenne es bei mir *Abusos y Costumbres* – Missbräuche und Bräuche), selbst verwaltet. Ich bin ziemlich stolz auf das, was ich in meiner Amtszeit erreicht habe. Der Preis dafür, immerhin habe ich für die Gemeindearbeit meine Firma vernachlässigt, war hoch genug.

Nach der Amtszeit war meine Werkstatt hin. Ich war deprimiert und sah schon keinen Ausweg mehr als den, in die Vereinigten Staaten zu gehen. Aber meine Frau war dagegen; sie hat darum gekämpft, unser Geschäft wieder in Gang zu bringen und mich überredet, im Land zu bleiben und hier weiterzumachen.

Mein Vater hat sich über unsere Probleme bloß gefreut. Das waren zehn sehr schwierige Jahre, und ich bin meiner Frau und meinen Kindern dankbar dafür, dass wir gemeinsam um unseren Erfolg gerungen haben. Jetzt ist alles gut. Früher hat es oft am Nötigsten gefehlt, aber jetzt haben wir immer genug auf dem Tisch, und ich kann sogar zum Essen ausgehen oder mir auch mal freinehmen.

Danach wurde ich von der Gemeinde zum Beauftragten für die gemeinsamen Ackerflächen ernannt (wieder ein unbezahltes Ehrenamt in der Verwaltung: Es ging um die Nutzungsrechte der Gemeindemitglieder an diesen Landflächen). In diesem Job habe ich meine Liebe zur Natur entdeckt und erkannt, wie wichtig ein verantwortungsvoller Umgang mit der Umwelt ist. Meine Ideen dazu haben nicht allen Leuten im Ort gefallen. Das hat mich oft frustriert und geärgert, aber mir war ja klar, dass nichts passieren würde, wenn ich mich nicht einsetzen würde.

Heute bin ich ein Mann mit Prinzipien. Korruption lehne ich grundsätzlich ab. Ich arbeite für das Wohl der Allgemeinheit. Ich habe viel gelesen, zum Beispiel *Poder y Delirio* von Enrique Krauze, *Die Rebellion der Gehenkten* von B. Traven und Turners *México Bárbaro.* Ich helfe gerne. Ich will unser Land und die Umwelt schützen.

Ich glaube an Bildung als Schlüssel zur persönlichen und gesellschaftlichen Entwicklung. Ich möchte etwas gegen verantwortungslosen Konsum tun und die Jugend in meiner Gemeinde stark machen, damit sie ihre Zukunft auch in Zeiten der Globalisierung sichern kann. Ich glaube, dass das Handeln im Kollektiv unsere Gemeinde verändern wird. Unsere jungen Leute können, daran glaube ich, Gemeinwesen auf der ganzen Welt eine Fülle von Anregungen geben.

Dies waren die Worte von Don Germán, eine Erzählung von Niederlagen und Erfolgen. Mir wurde wieder einmal klar, dass es beim Reisen im eigentlichen Sinn weniger um Landschaften als um Menschen geht, und zwar nicht um Lobbyisten in Machtzentralen, sondern um die Wanderer auf dem langen Marsch des normalen Sterblichen. Und wieder einmal war ich, wie schon bei meinen Freunden aus dem Workshop, bei meinen Gesprächen mit Campesinos, mit Francisco Toledo und so vielen anderen, dankbar für die Menschen, denen ich begegnen durfte.

In der Mixteca Alta: Santa María Ixcatlán

Die festen handgeflochtenen Strohhüte aus Palmblättern, die in ganzen Stapeln auf dem Markt von Tehuacán im Südosten des Staates Puebla und andernorts angeboten werden, kommen alle aus einem kleinen, abgelegenen Ort in den Bergen des nördlichen Bundesstaats Oaxaca. Dieses abgelegene Dorf liegt wie kalkiger Bodensatz in einem weiten Talkessel am Ende einer miserablen Straße. Selten verliert sich jemand dorthin, außer zur Zeit der jährlichen Fiesta. Dann aber kommen die Pilger gleich zu Tausenden, um ein eigenartiges Heiligtum anzubeten, die wundertätige Figur eines geschundenen Christus, die – so heißt es – manchmal echte Blutstropfen aus ihren Wunden vergießt.

Dieses arme Dorf heißt Santa María Ixcatlán. Es ist so arm, dass echtes Geld selten in Umlauf kommt. Wenn ein Dorfbewohner auf dem Markt Gemüse kauft, etwas aus dem Dorfladen braucht oder einen Sack Maiskörner in der örtlichen Mühle zu Tortillamehl mahlen lassen will, dann bezahlt er vermutlich mit einem Strohhut, den er am frühen Morgen geflochten hat: Dieses Zahlungsmittel entspricht fünf Pesos, 25 Cent. Geld hat kaum jemand in Santa María Ixcatlán, aber alle haben Palmfasern für Hüte, weil die Palmen wild auf den felsigen Steilhängen vorkommen und ihre Blätter umsonst zu haben sind.

Und doch hat dieser Ort eine reiche Kultur und ist noch aus anderen Gründen bekannt. In der Mixteca berühmt ist Santa María Ixcatlán außer für seine Hüte auch für besonders haltbare, fein geflochtene Korbwaren. Auch die Kirche mit ihrem geschnitzten blutigen Señor de las Tres Caídas, der dreimal auf seinem Kreuzweg fiel und hier in einem gläsernen Schrein hinter dem Altar liegt, wird gepriesen. Und dazu kommt noch, etwas außerhalb des Dorfes in einer Senke am Fluss gelegen, ein *palenque* der allertraditionellsten Art, wo der Mezcal mit den simpelsten Gerätschaften – hölzerne Mistforken und Lederbehälter – hergestellt wird: Die Maische fermentiert in zugenähten Kuhhäuten, die mit ihrer alkoholischen Füllung wie pralle, verstümmelte Kadaver mit haarigen Bäuchen kopfüber aufgehängt werden. Und schließlich ist das Dorf die einzige Gemeinde im ganzen Land, in der noch Ixcateco gesprochen wird. Die Sprache ist vom Aussterben bedroht: Zwar verstehen die meisten der fünfhundert Dorfbewohner ein paar Wörter, aber nur noch drei von ihnen können sich fließend auf Ixcateco unterhalten, und diese drei sind über achtzig. (Seit 1579, als die ersten spanischen Missionare hier auftauchten, ist die Bevölkerungszahl von damals 300 etwas angewachsen.)

Es war Raúl Cabra gewesen, der Partner von Michael Sledge, der mir von diesem Dorf erzählt hatte. Raúl war als Designer und Händler einer der größten Arbeitgeber von Santa María Ixcatlán: Männer und Frauen des Dorfes flochten in seinem Auftrag dekorative Behälter für Luxushotels, vom Körbchen für Schreibutensilien bis zu Wäscheschachteln.

»Den Ort findest du nie«, sagte Sledge.

»Ich hab doch eine Karte.«

»Die nützt dir unter Umständen wenig.« Er verzog das Gesicht und strich sich lächelnd über den Bart. »Da gibt es eine Geschichte, die sie hier von ein paar Fremden erzählen, die in der Mixteca aufgetaucht sind. Sie kommen unangemeldet in ein Dorf und fangen an, alle möglichen Fragen zu stellen. Sie haben sich nicht vorgestellt, und keiner weiß, wer sie sind. Sie kommen entweder von der Regierung oder von einer religiösen Sekte. Die Dörfler haben Angst und beantworten also die Fragen. Sie fühlen sich aber von der aufdringlichen Fragerei belästigt. Und als die Fremden weg sind, versammeln sich alle Dorfbewohner und …«

»Hör auf!«

»Willst du nicht wissen, wie sie ausgeht?«

»Erspar mir die Einzelheiten, bitte.«

»Gefällt dir die Geschichte nicht?«

»Doch, ganz wunderbar: ›Fremde mit Fragen‹. Ich will bloß nicht allzu viel davon hören.«

»Ich schlage vor, dass wir zusammen hinfahren. Die Straße ist miserabel. Das Dorf liegt völlig in der Pampa. Du kennst dort niemanden. Aber ich kenne ja die Korbflechter. Außerdem hat der Pick-up einen höheren Radstand als dein Pkw. Ich sag's dir, die Straße ist furchtbar.«

Wie gut, dass wir früh nach Norden aufgebrochen und an Oaxaca-Stadt und Etla schon vorbei waren, denn gleich an der ersten Mautstation der Schnellstraße sagte uns ein Polizist: »Straßenblockade weiter vorne. Da können Sie nicht durch. Sie müssen auf die Landstraße.« Er deutete in die Nebelschwaden vor den erodierten Berggraten auf bläulich schimmernde Felsformationen.

»Na gut, dann also die landschaftlich reizvolle Strecke.« Sledge bog auf eine schmale Trasse ab, die sich an Äckern vorbei in engen Kurven den Berg hinaufwand. Auf einer Passhöhe – steile Abgründe auf beiden Seiten – sagte er: »Wahrscheinlich ist das die Straße, auf der die Spanier nach Oaxaca gekommen sind.«

»Ich kenne die Strecke«, sagte ich. »Das war mein Umweg, als ich das erste Mal nach Oaxaca gefahren bin. Im Gewitter. Da gab es auch eine Straßensperre. Das hier ist der Camino Real.«

Die Straße zog sich in Windungen die Gebirgskette hinauf und bot die grandiosesten Aussichten auf die ferne Sierra, auf die ausgewaschenen Berge im Vordergrund, auf die rote Tonerde dieses Landstrichs. An den unmöglichsten und abschüssigsten Stellen lehnten schiefe Hütten an den Abhängen, Pferde und Kühe rupften quer gegen den Hang gestemmt am spärlichen Weidegras: eine Landschaft mit schrägen Bauten und Kreaturen in Schieflage.

Von meiner ersten Fahrt nach Oaxaca her kannte ich Teile der Strecke zwar schon, aber seinerzeit hatten Regen und Wolken die Fernsicht verdüstert und die Täler mit Dunst angefüllt, sodass ich nicht hatte sehen können, wie tief die Schluchten waren und auf welcher Höhe ich unterwegs gewesen war. Heute, bei Sonne und ein paar segelnden Wolken, wurde mir erst klar, wie steil und gefährlich diese Hochstraße war: dass die ungesicherten Haarnadelkurven kein Erbarmen kannten, bewiesen die abgestürzten Autowracks unterhalb mancher besonders steilen Kehre.

Hundert Kilometer Kurven und Schlaglöcher, dann ging es abwärts nach Nochixtlán, zum Epizentrum der Lehrerproteste.

Von den roten Tonbergen in die weißen Lehmberge. Wir bogen nach Osten ab und erreichten das Dorf San Juan Bautista Coixtlahuaca, in dessen Mitte ein riesiges verlassenes Kloster aus dem 16. Jahrhundert aufragt. Am Ortsausgang nahmen wir einen Abzweig nach Nordosten, eine Schotterstraße, die in die baumlosen, vom Wind kahlgescheuerten Berge hineinführt.

Eine schwarz gekleidete Gestalt wanderte vor uns die holprige Piste entlang. Wir hielten an.

»Sollen wir Sie mitnehmen?«

Eine ältere Frau; ihr Gesicht war vom rauen Wind gerötet. Sie kletterte auf die Rückbank – der Pick-up hatte vier Sitze – und seufzte dankbar. Sie sah schüchtern und verfroren aus.

»Wohin möchten Sie?«, fragte ich.

»Río Blanco.«

»Wie weit ist das?«

»Eine Stunde zu Fuß.«

»Und Santa María Ixcatlán?«

»Sehr weit. Dahin gehe ich nie.«

Sie war gut eingepackt mit Wollschal, dicker Jacke und langem Rock, trug aber zerschlissene Schuhe; von einem löste sich die Sohle.

Ihr dunkles, runzliges Gesicht hatte tiefe Furchen, das energische Kinn deutete auf Durchhaltevermögen hin. Sie sei Mixtekin; ja, die Sprache ihres Volkes sei ihre Umgangssprache.

Sie sei hier unterwegs – nach San Juan Bautista und wieder zurück, nach meiner Schätzung also ein Fußmarsch von16 Kilometern –, weil sie etwas zu erledigen habe.

Die Gegend hier sah fast überall geisterhaft weiß und unfruchtbar aus, Staub wehte, kein Baum, kein Strauch, nur vom Wind gegrabene Mulden und merkwürdige Rippenstrukturen, wie sie sich manchmal im Dünensand am Meer bilden.

»Wer fragt sich da noch, warum die Leute von hier wegwollen?«, sagte Sledge. »Hier wächst nichts.«

Auf einigen Bergflanken standen Kiefern in Reihen, ein Aufforstungsversuch offenbar. Nicht alle Bäume hatten überlebt, etliche waren braun und kahl.

»Die haben sie vor fünf Jahren angepflanzt«, sagte die alte Frau.

»Und was bauen Sie selber hier an?«

»Mais. Bohnen. Weizen. Agaven.«

»Und was essen Sie?«

»Zicklein. Rote *mole.* Schwarze *mole.* Bohnen.« Sie runzelte die Stirn und schien zu überlegen. Vielleicht kam ihr Speisezettel ihr selbst sehr kurz vor. »Pulque-Brot«, ergänzte sie.

Möglich, dass sie uns damit auf die Fiesta von Río Blanco hinweisen wollte, auf der diese mit Agavensaft gebackene Spezialität angeboten wird.

Unser Pick-up rumpelte so wüst, dass eine Unterhaltung im Gedröhn kaum zu führen war; die Piste hatte mehr von einem Flussbett mit Geröll als einer Fahrbahn für Reifenfahrzeuge. Ein Bach kam überraschend ins Blickfeld; jenseits davon große rechteckige, mit Mauern aus fußballgroßen Feldsteinen eingefasste Felder.

»Weizenfelder«, sagte die alte Frau.

Nach Oaxaca käme sie nur selten. Viel zu teuer. Das erste Wegstück ging mit dem Auto oder einem Lkw nach San Juan Bautista. Dann weiter mit dem Bus nach Nochixtlán. Umsteigen in den nächsten Bus. Alles zusammen 600 Pesos, also 29 Dollar: unmöglich.

Wir erreichten eine kleine Brücke; ein paar Steinhütten lagen dahinter.

»Río Blanco«, sagte die Frau, bedankte sich und stieg aus.

Weitere Kilometer Kies und Geröll, steiniges, unfruchtbares Land. Das Dorf Río Poblano, ein paar Kilometer weiter: ein paar Hütten, eine kleine Kirche, vierzig Meter Asphalt, dann wieder Schotterpiste. Nach ein paar Stunden kamen wir zu etwas tiefer und geschützter liegenden Senken. Was sich dort wie gebogene schwarze Klauen vor dem weißen Sand abhob, waren Agaven – eine wilde Art, die hier Criollo heißt. Weiter abwärts, jetzt mit einer besseren Sicht auf das weite, grünbraun gescheckte Tal, sah ich die Palmen: drei bis fünf Meter hohe Fächerpalmen, manche ohne Blätter. Zwei Pflanzenarten liefern das Rohmaterial für die Kunsthandwerker im Dorf: Agaven für den Mezcal, Palmen für die Körbe.

In diesem Teil Mexikos begrüßt einen jede Gemeinde mit einem beschrifteten Torbogen am Ortseingang: Hier war es der Schriftzug SANTA MARÍA IXCATLÁN und BIENVENIDO. Da die Straße an dieser Stelle noch über einer kleinen Erhebung verläuft, konnte ich alles überblicken: am Fuß einer Bergkette eine lange Straße, flache Beton- oder Adobe-Häuschen ohne Vorgärten, am Ende eine weiße Kirche, linker Hand, leicht erhöht, das Rathaus. Keine Bäume, keine Autos, keine Menschen – eine Geisterstadt, offenbar.

In einer Nebenstraße, die ungefähr in der Mitte der schmalen Dorfstraße abzweigte, klemmte über einer kleinen Schlucht ein Haus. Kahle, kalte Zimmer, Mauern aus Hohlblocksteinen mit dem typisch sauren Geruch von feuchtem Beton, ein hartes Bett, ein schmutziger Fußboden, eine einsam von der Decke baumelnde Glühbirne: eine Art Gefängniszelle, für fünf Dollar die Nacht allerdings ein Schnäppchen.

»Wenn Fiesta ist, haben wir zu tun«, sagte Juana, die Besitzerin. »Jetzt ist nichts los. Am Abend sehen Sie aber vielleicht ein paar Leute, die den Anfang der Fastenzeit feiern. Das sind Leute aus dem Dorf. Es gibt auch Musik.«

Sie erklärte uns den Namen des Ortes. Ixcatlán bedeutet in der Sprache der Ixcateken »Land der wilden Baumwolle«; auf Mixteco heißt der Name Xula – über Tausende von Jahren, von den Mayas und Azteken bis weit über die Zeit der spanischen Eroberung hinaus wurde hier und im gesamten Staat Oaxaca Baumwolle angebaut.

Ich erkundigte mich nach der Christusfigur in der Kirche, dem Heiland des dreimaligen Falles.

»Vor ungefähr zweihundert Jahren gab es einmal eine Jesusfigur in Puebla«, erzählte Juana. »Alle Dörfer wollten sie haben. Aber niemand konnte sie hochheben. Dann hat es ein Mann aus unserem Dorf versucht. Er konnte sie ganz leicht hierhertragen, jetzt wird sie in unserer Kirche verehrt.«

Später sollte ich herausfinden, dass die Geschichte etwas komplizierter war.

»Wir haben hier aber keinen Pfarrer mehr«, sagte Juana. »Ab und zu kommt einer aus Teotitlán.« Das waren über 30 Kilometer. »Er verlangt achthundert Pesos (dreiundvierzig Dollar), wenn er die Messe liest.«

Es gab keine Telefonleitung in den Ort. Das Internetsignal war so schwach, dass es sich nicht lohnte, sich einzuloggen. Busse hielten hier nicht. Wie die Frau, die wir mitgenommen hatten, gesagt hatte, brauchte man eine Auto- und zwei Busfahrten, um nach Oaxaca-Stadt zu kommen.

»Früher, also so vor siebzig, achtzig Jahren, gab es in einem Ort in den Bergen noch einen Bahnhof. Von da aus wurden die Reisenden mit Eseln in unser Dorf gebracht.«

Dieser Ort in den Bergen hatte einen merkwürdigen Namen: Tecomavaca, was sich auf Spanisch liest wie »Iss deine Kuh«. Die Bahnlinie, die dort hindurchging, war auf meiner Landkarte verzeichnet; es war die Frachtstrecke von Puebla nach Oaxaca-Stadt.

»Von hier gehen einige weg«, sagte sie, »weil sie arm sind.«

»Was für Arbeit gibt es hier?«

»Holzfällen. Oder Palmblätter flechten. Gemüse kann man hier nicht anbauen, dafür reicht das Wasser nicht. Hier wachsen aber Agaven für den Mezcal.«

Sledge schlug vor, zur Werkstatt der Palmflechter zu gehen. Im Haus daneben könnten wir auch etwas zu essen bekommen.

Wir gingen die leere Dorfstraße hinunter zu einer Hütte aus Lehmziegeln und Sandstein, der hier *bijarra* heißt. Rauch stieg aus einem Blechschornstein auf. Drinnen eine Wohnküche; breite Spalten im Dach dienten als Rauchabzug. In einem gemauerten Herd in der Ecke brannte ein Holzfeuer unter dem *comal*, der flachen Tonpfanne zum Erhitzen der Tortillas. In einem großen Eisenkessel blubberte ein Eintopf aus Innereien, Ziegenfleisch, Karotten, Bohnen und Zucchini; faserige Fettstücke schwammen darauf.

Gekocht hatte ihn Filiberta. Sie blieb am Herd und klatschte weiter Tortillas in die Pfanne; ihre beiden Söhne trugen das Essen auf und setzten sich dann mit ihrem Vater zu uns.

José, Filibertas Ehemann, sprach das Tischgebet. Beim Essen fragte ich ihn, ob die Jungen eine Schule besuchten.

»Nur die Realschule. Nach der zehnten Klasse ist hier Schluss. Wer einen höheren Schulabschluss will, muss in eine Stadt ziehen. Hier haben die Kinder mit sechzehn keine Möglichkeiten mehr, also gehen sie weg.«

Ignacio, der zwanzigjährige ältere Sohn, sagte dazu: »Ich würde gern gehen, aber ich wüsste nicht, wohin.«

»Bist du schon einmal woanders in Mexiko gewesen?«

»Ich war mal in Tehuacán.«

Filiberta erklärte: »Von hier sind ganze vier Leute in die USA gegangen. Drei sind wieder hier, einer ist dageblieben.«

»Aus unserem Dorf gehen alle nach Mexiko-Stadt«, sagte José. »Dann schicken sie Geld. Neulich sind welche zum Arbeiten nach Querétaro in eine Fabrik gegangen.«

José selber baute Häuser in traditioneller Bauart, vor allem aus Adobe-Ziegeln. Einträglich war das nicht: Er verdiente umgerechnet zwölf Dollar am Tag, aber mit Filibertas Arbeit als Köchin und der Korbflechterei nebenan kamen sie über die Runden.

»Unser Ort ist über tausend Jahre alt«, sagte José. »Er gehörte mal zu einem Königreich.«

Als ich noch viel mehr über das Dorf, die Kirche und die Christusfigur wissen wollte, sagte José, er wisse nicht viel darüber. Offenbar fühlte er sich von der Fragerei in die Enge getrieben, so als wollte ich ihn auf die Probe stellen. Es war nicht falsch, dass der Ort schon vor über tausend Jahren gegründet worden war, er war sogar schon davor besiedelt gewesen. Dieses Bollwerk des Ixcatekischen hatte einst als Lehnsgut unter der Herrschaft eines Kaziken gestanden.

So beendeten wir unsere Mahlzeit ohne viele weitere Worte. Es war hier ungefähr so wie in den kalten Dörfern in Tibet: die gleiche zugige Blechdachhütte, die Luft vom offenen Holzfeuer genauso rauchgeschwängert, der gleiche grob gezimmerte Tisch, das gleiche simple Essen, die gleiche Frömmigkeit und Geduld, der gleiche stumme Ausdruck von Phlegma, Ewigkeit und Endlosigkeit.

Nach dem Essen sagte Filiberta: »Kommen Sie nach nebenan. Wir besuchen die Korbflechter – ich muss ja auch weiterflechten.«

Palmflechter

Heute saßen sie in einem dumpfen, kalten Raum mit klammen, rauen Wänden aus Beton-Hohlziegeln, oft arbeiten sie aber auch draußen. Dann hocken sie Knie an Knie eng gedrängt in einem Erdloch, einer *cueva*. In der Feuchtigkeit dieser Höhle bleiben die Palmstreifen biegsam genug zum Flechten; im Sommer schützt das Erdloch außerdem vor der Hitze. Sechs Frauen saßen bei der Arbeit: Filiberta, Crecencia, Roberta, Margarita, Yolanda und Alicia. Dazwischen ein einziger Mann, der dreiundzwanzigjährige Jesús.

»Unsere Männer flechten auch«, sagte Crecencia auf meine Frage. »Männer und Frauen flechten. Wir lernen das als Kinder von unseren Eltern.«

Alle arbeiteten an unterschiedlichen Korbmodellen. Faser für Faser glitten die Palmblattstreifen durch das Geflecht. Die Frauen sahen mich an, wenn sie meine Fragen beantworteten und zogen mit den gleichen Bewegungen, mit der eine Schneiderin am Faden zieht, um eine Naht zu schließen, ohne hinzusehen weitere Palmfasern durch das feine Gewebe. Sie stellten geflochtene Schachteln in verschiedenen Größen und Formen her, kleine, schmale Behälter und große, flache, rechteckige Kästen mit jeweils passenden Deckeln.

»Die sind für die Hemden, wenn die aus der Hotelwäscherei ins Zimmer zurückgebracht werden«, erklärte Alicia mir die Schachtel, an der sie gerade arbeitete. Sie war jung, frischverheiratet und froh, hier Arbeit zu haben. Für eine Schachtel mit Deckel brauchte sie eine Woche. Sie bekam umgerechnet 75 Dollar dafür bar auf die Hand, für hiesige Verhältnisse nicht schlecht.

Außer den Schachteln entstanden hier auch Matten in jeder Größe, einige arbeiteten an zylindrischen Behältnissen. Geflochten wird ständig und überall, hier, zu Hause vor dem Radio, bei Versammlungen, auf der Zuschauertribüne am Basketballplatz. Basketball ist im Dorf beliebt; gleich beim Palacio Municipal mit dem Büro des Ortsvorstehers lag der Platz mit den Körben.

»Schon um 1700 wurde hier genauso geflochten«, sagte Filiberta.

Tatsächlich sogar noch viel früher. Nach dem Forschungsbericht von Michael Hironymous, einem Studenten aus Texas, beherrschte man die Flechtkunst hier schon in präkolumbischen Zeiten. Eine im Jahr 1579 von Philip II. in Auftrag gegebene Untersuchung, die *Relaciones Geográficas*, erwähnt das hiesige Handwerk als »einziges Gewerbe in der Gemeinde«. Mehr als vierhundert Jahre Arbeit mit Palmwedeln für ein ganzes Dorf: Schneiden, Trocknen, Flechten.

Die sieben in der Betonsteinhütte arbeiteten einen Auftrag über tausend unterschiedliche Einzelstücke ab. Raúl Cabra hatte sie für ein Luxushotel in Cabo San Lucas, Baja California, entworfen: die größte und lukrativste Bestellung, die sie je bekommen hatten.

»Hat hier schon einmal jemand mit dem Gedanken gespielt, in die USA auszuwandern?«

»Bei uns ist das nicht üblich«, sagte Crecencia.

»Wir kennen niemanden in den Staaten«, ergänzte Roberta.

»Mein Mann ist in Mexiko-Stadt«, sagte Alicia. »Er hat gesagt, er kommt mich holen. Dann ziehe ich dahin.«

»Vielleicht schickt er dir ja ein paar Maulesel für den Umzug«, zog Margarita die Jüngere auf.

Unter Gelächter arbeiteten die anderen weiter, flinke Finger zogen und schoben Palmfasern, strichen das Gewebe glatt, schoben und zogen erneut.

Zwei Frauen waren schon einmal in Mexiko-Stadt gewesen. Crecencia war bis Puebla gekommen, aber sie fand ihr Leben hier schöner: Es war nicht leicht, aber die Familie war hier, und sie konnten zusammen Körbe flechten. Santa María Ixcatlán war der bessere Ort für sie.

Ich erkundigte mich nach den geflochtenen Hüten.

»Fünf Stück am Tag kann man schaffen. Stückpreis fünfundzwanzig Pesos« – 25 Cent für einen Hut. »Die tauschen wir gegen Lebensmittel. Die Läden nehmen sie alle.«

Dieses Dorf am Ende einer schlechten Schotterpiste sah so bitterarm und abgelegen aus. Zum nächsten Fluss brauchte man sechs Stunden: zu Fuß, wie es hier üblich war. Ob sie mir sagen könnten, was ihnen hier am besten gefiele?

»Die Geschichte«, sagte Filiberta. »Und die Natur. Die Berge. Die Vögel.«

»Wir halten hier zusammen«, sagte Crecencia. »Wir essen oft zusammen: rote *mole*, Zicklein, Rindfleisch. Und in der Höhle halten wir auch zusammen, da wetten wir immer, wer am schnellsten einen Korb oder einen Hut fertig hat.«

Sie lachten, zählten die geschicktesten Flechter auf und ärgerten Jesús, den einzigen Mann, weil er angeblich trödelte. Weil er das ein bisschen krumm zu nehmen schien, fragte ich, ob es im Dorf irgendwelche Spannungen gebe.

»Manchmal«, erklärte Margarita. »Die Korbflechter ärgern sich schon mal über die Ziegenhirten, wenn die Ziegen die Triebe der jungen Palmen fressen. Aber ernsthafte Spannungen gibt es hier nicht.«

»Doch, Gebietsstreitigkeiten«, sagte Filiberta.

Ja, das fanden sie alle, über Grundstücksgrenzen konnte man schon mal aneinandergeraten.

»Auf Sitten und Gewohnheitsrecht wird hier sehr geachtet.« Zum ersten Mal hatte Yolanda etwas gesagt; bis jetzt hatte sie nur zugesehen und ohne auf ihre Hände zu schauen weitergeflochten.

»Aber wir kommen miteinander zurecht. Wir haben tolle Fiestas«, sagte Crecencia. »Sie werden schon sehen: Morgen ist Karneval.«

Ich hatte es ganz vergessen: Morgen war Faschingsdienstag, übermorgen der Miércoles de Ceniza, Beginn der Fastenzeit.

»Wir machen einen Umzug mit Musik und Kostümen«, versprach Crecencia. »*Una calenda. Mascaritas.*«

Karneval in Santa María Ixcatlán

Eigentlich war es ein stilles Dorf, ein Ort der verschlossenen Türen, der Fenster mit Pappkartonstücken an den Scheiben, der leeren Straßen, in denen sich nichts regte außer vielleicht einem lahmen Hund oder einem nach Ameisen pickenden Huhn. Die schmale Hauptstraße war asphaltiert, aber ich sah nie ein Auto oder sonst ein Fahrzeug außer gelegentlich einem Eselskarren darauf fahren. In den Nebensträßchen waren ein paar kleine Läden; hinter den offenen Türen aufgestapelte Konservendosen, Flaschenbier, Bonbonriegel, Zahnpasta und pralle Säcke mit Trockenbohnen. In einem der Läden saß eine einsame Gestalt mit glasigen Augen schräg auf einem Hocker, ein Glas Mezcal in der Hand, zu betrunken für jede Unterhaltung.

Aber als an diesem kalten Abend die Dunkelheit anbrach, hörte ich irgendwo die Musik: überblasene Trompeten, Gitarren und Trommeln – trötendes Blech und klimpernde Saiten und rasselnde Trommelwirbel. Die Band schien von einer Gasse zur anderen zu ziehen; ich traf die Musiker unter einer der Straßenlaternen an, deren schwaches Licht sie für ihren Auftritt nutzten. Im Dorf gab es so wenige Laternen, dass sie nicht weit herumkommen würden.

Vor den Geschäften spielten sie auch, ein schräg intoniertes »Ghost Riders in the Sky« veranlasste einen Ladenbesitzer, Bonbons unter ihnen zu verteilen. Sie rissen das Einwickelpapier mit den Zähnen auf, ohne mit dem Spielen aufzuhören.

Kostümierte Dörfler stolzierten und hopsten jetzt um sie herum. Das war die von den Korbflechterinnen angekündigte *calenda*, der Festumzug aus vielleicht hundert maskierten, musizierenden Menschen vor etwa zweihundert Zuschauern: Mehr als das halbe Dorf war auf den schlecht beleuchteten Straßen auf den Beinen. Die Masken und Kostüme waren grotesk, aber das war nicht das Merkwürdigste. Mir fiel auf, dass hier niemand größer als etwa einen Meter fünfzig war, sodass ich auf einmal das Gefühl hatte, mich in einem Dorf voller verkleideter und unmaskierter Kleinwüchsiger aufzuhalten.

Ein paar der kleinsten, die ich für Kinder hielt, trugen Affenkostüme. Ein Junge mit haariger, zähnefletschender Hundemaske schoss fuchtelnd und kopfnickend auf mich zu, dann bog er ab. Männer mit Bärten, Hexen und Geister, Clowns mit fettglänzender Gesichtsbemalung, paarweise Mädchen mit Kleidern und Wolfsmasken, eine Parade zu scheppernder Blechmusik im Takt der Trommeln.

Einige Frauen waren Männer in Frauenkleidung, *mascaritas* mit Perücken, vollbusig ausgestopften Brüsten und Masken mit Kussmündern. Einer platinblonden Perückenträgerin war ich wohl wegen meiner Körperlänge aufgefallen oder weil ich etwas in mein Notizbuch schrieb *(Kind mit Hundemaske erschreckt mich …)*, und unversehens umschlangen mich feste, unnachgiebige Arme, der rote Schmollmund einer Frauenmaske streifte mein Gesicht. Sie erschreckte mich nicht; als Frauen verkleidete Männer sieht man in allen Umzügen in Mexiko, vielmehr beschäftige es mich noch immer, dass alle hier so klein waren.

Die meisten Zuschauer, die dem Zug teils mit unbewegter Miene, teils mit sichtlicher Freude über die Späße der Kostümierten und das Tröten und Klimpern der Musiker folgten, waren Ixteken, sämtlich in Decken und Schals gewickelt, viele Frauen trugen Babys. Der Umzug bewegte sich die paar Gassen auf und ab, vorbei an den drei Geschäften, bis schließlich der Klang verebbte und der Ort wieder still und ernst wurde, bereit für die Fastenzeit.

Ich kehrte in mein frostiges Gasthaus zurück, fand in der unordentlichen Küche einen Stuhl, setzte mich an einen Tisch voller klebriger Marmeladengläser und aß im Licht einer glimmenden Deckenlampe eine angebrannte Quesadilla. Dann tastete ich mich zu meiner Betonzelle, legte mich auf die klumpige Matratze mit den dreckigen Laken, bettete mein Haupt auf das fleckige Kissen, zog die feuchte, modrige Decke hoch und schlief ein wie ein Baby.

El Señor de las Tres Caídas

Am nächsten Morgen wachte ich in meiner kalten schmutzigen Zelle davon auf, dass irgendwo im Ort gesungen wurde; es war eindeutig Kirchengesang. Sledge wartete schon unten an der Tür auf mich. Es war halb sechs, noch dunkel und kalt auf dem Hochplateau von Ixatec.

»Die Kirche wird um sechs geöffnet«, sagte Sledge. »Nur für eine Stunde.«

Ich gähnte. »Mein Zimmer ist furchtbar.«

»Das ist das beste Zimmer im Haus.«

»Warum das?«

»Du hast das Zimmer mit Bad.«

Dieses winzige, klamme Steinkabuff mit dem nassen Fußboden, der tröpfelnden Wasserleitung und dem stinkenden Klo.

Im morgendlichen Halbdunkel gingen wir zu Fuß zur Kirche. Beim schnellen Gehen rang ich ein bisschen nach Luft; das Dorf liegt immerhin auf 1800 Metern Höhe. Die Straßen waren leer, nicht einmal ein Maultierkarren zu sehen. Am Wegrand graste eine Ziege.

»In diesem Dorf muss ich immer an *Pedro Páramo* denken«, sagte Sledge.

»Ich bin gespannt auf das Buch«, erwiderte ich.

Auf einer Anhöhe am Ende der Straße steht hinter hohen Mauern die kleine weiße Kirche. Im Kirchhof ein einsamer Baum, einer der wenigen in dieser Gegend. Eine kleine Tafel am Tor trug die Aufschrift *Nunga*, das ixcatekische Wort für Kirche. Solche Schilder an den Geschäften, am örtlichen Gefängnis, *Ndachika*, und den öffentlichen Toiletten – *Dii* für Herren, *C'a* für Damen – mit den Bezeichnungen in Ixcateco oder Xwja *(Sch-wa)* werden es vermutlich auch nicht verhindern, dass die Sprache ausstirbt.

Kaum waren wir am Gotteshaus der heiligen Jungfrau, wurde die Pforte geöffnet; ein Kirchendiener zog mit beiden Händen daran. Hinter ihm machte sich ein anderer an Lichtschaltern zu schaffen. Um diese frühe Stunde musste man noch Licht machen, und bald erstrahlte alles, die Altäre leuchteten ebenso wie die Seitenkapellen für diverse Marien und eine Kapelle, die dem heiligen Michael geweiht ist. Es roch nach frischer Farbe. Bis auf einen betenden Mann in einer der hinteren Bänke war die Kirche leer.

Sledge sah sich die Gemälde an. Ich setzte mich in die erste Bankreihe und versuchte von dort aus einen Blick auf den Gegenstand der Anbetung zu werfen, die Figur des gefallenen Christus. Sie befand sich in einer rechteckigen Nische hinter dem Altar, für mich verdeckt vom Tabernakel und einer Reihe flackernder Elektrokerzen.

Der Kirchendiener, der eben die Tür geöffnet hatte, beobachtete mich.

Ich fragte ihn im Flüsterton: »Ich möchte gern näher herangehen. Darf ich?«

»Da.« Er deutete auf einen Durchgang, der hinten um den Altar herumführte.

So andächtig wie möglich schlich ich unter den wachsamen Augen der Kirchendiener leise über den Fliesenboden und stieg die Stufen zur Empore hinauf, wo die Figur in ihrem Glaskasten lag. Ich brauchte eine Weile, bis mir die Haltung dieser vielleicht 120 Zentimeter langen, merkwürdig daliegenden, in ein rotes Brokatgewand gehüllten Holzfigur klar wurde. Zuerst sah ich nur Faltenwurf und Gold. Goldene Ringe, Armbänder, vergoldete Filigranbroschen und Medaillons waren am Gewand und an der Stoffbespannung hinter dem gefallenen Christus festgesteckt: Votivgaben.

Der Heiland lag verdreht auf dem Bauch, der Körper, abgestützt von einem blutenden Ellbogen, in halber Seitenlage auf einem Hüftknochen, das leidende, verzerrte Antlitz nach oben gewandt, die Augen starrten gen Himmel. Der gepeinigte, um Hilfe und Kraft flehende Ausdruck der Augen des Christus waren das Hauptmerkmal der Figur: Jesus im Augenblick seiner schlimmsten Prüfung, an der neunten Station des Kreuzwegs, als er zum dritten Male unter der Last des Kreuzes zusammenbricht und die römischen Söldner ihn so lange mit Fußtritten traktieren, bis er sich wieder erhebt und seinen Weg zur Kreuzigung fortsetzt. Auf dramatische Weise vereinte diese Darstellung Leiden und Hoffnung.

Die Nische mit der blutbefleckten Figur, die ihren Sarg ganz ausfüllte, war so eng und hatte eine so kleine Glasscheibe, dass man das Tableau der Leiden Christi nur ganz in sich aufnehmen konnte, wenn man sich oben auf der Empore hinter den Altar quetschte und die Nase an die Scheibe drückte.

Sledge war mir leise gefolgt, wie ich hatte er offenbar die Sorge, keinen hinreichend frommen Eindruck zu machen.

Als wir die Stufen wieder hinabgingen, standen die Kirchendiener beim Altar, wachsam, als wollten sie die Tiefe unserer Frömmigkeit ausloten.

»*Muy impresionante*«, sagte Sledge.

Ob es viele Wunder gegeben habe?, fragte ich.

»Ja, viele Wunder«, sagte der eine der beiden.

»Für die Pilger«, sagte der andere. »Für das Dorf nicht so.«

»Und was für Wunder waren das?«

»Wünsche erfüllt, Gesundheit zurückgebracht, Leiden geheilt.«

Die Besichtigungsstunde war zu Ende, und die Kirchendiener geleiteten uns zur Tür.

Ich hatte aber noch weitere Fragen: Seit wann die Figur schon hier sei, ob es stimmte, dass sie auf einem Acker gefunden worden sei, ob sie wirklich von niemandem bewegt werden konnte, bis ein Mann aus Santa María gekommen sei, und ob sie wirklich manchmal aus ihren Wunden blute?

»Sie ist vor vielen Jahren gekommen«, lautete eine der Antworten. Und ja, ab und zu blute die Figur, und wenn sich Risse darin zeigten, schlössen sie sich wieder, und manchmal müsse man der Figur den Bart stutzen, der wachse nämlich immer noch nach.

Das war also keine einfache geschnitzte Figur. El Señor de Las Tres Caídas war ein lebendes Wesen, das bluten, heilen und weinen konnte und Haarwuchs hatte. Und weil es lebte, forderte es die tiefste Verehrung. Am Altar der Marienkirche in diesem entlegenen mexikanischen Dorf lag der lebendige Jesus.

Den umfassendsten Bericht über seine Herkunft hat der texanische Wissenschaftler Michael Hironymous in seiner 2007 erschienenen Dissertation vorgelegt. Der Forscher hatte sich in den späten Neunzigern für längere Zeit im Dorf aufgehalten und die älteren Dorfbewohner befragt. Irgendwann um 1840 hatte ein Bauer die Figur auf einem Acker bei Tilapa im Süden des Staates Puebla gefunden. Erst hatte er geglaubt, einen verletzten Menschen vor sich zu haben, dann gemerkt, dass es sich um eine geschnitzte Christusfigur handelte und versucht, sie mitzunehmen. Trotz aller Bemühungen bekam er sie nicht vom Fleck. Ein Priester wurde gerufen, die Bewohner der umliegenden Dörfer kamen herbei, um der Figur zu huldigen und sie aufzuheben, aber niemand konnte sie bewegen. Der Priester salbte und segnete sie. Dann tauchten vier Männer aus dem fernen Santa María Ixcatlán auf, und dass sie die Figur tragen konnten, galt als Beweis, dass sie in ihren Ort gehörte.

Die Männer trugen also den hölzernen Heiland nach Hause. Am Ufer des Río Salado kamen sie an ein paar Gehenkten vorbei, welche allein durch die Gegenwart der wundertätigen Statue wieder zum Leben erwachten. Dreimal stürzten die Männer auf ihrem Weg; die Stellen sind heute noch mit Kreuzen gekennzeichnet. Und kurz vor dem Dorf ereignete sich ein weiteres Wunder: »Alle Bäume verneigten sich, warfen ihre Blätter ab und bestreuten damit Seinen Weg.«

Seit 175 Jahren beginnt am vierten Freitag der Fastenzeit eine einwöchige große Fiesta mit Messen, Musik und nächtlichem Feuerwerk zu Ehren von El Señor. Dann wird die Statue des Heilands aus ihrer Nische geholt und in einer Sänfte durch die Straßen getragen.

Pilger strömen in Massen herbei, auch von weit her (»sogar aus den USA«), manche unternehmen die Reise bußfertig zu Fuß. Dann feiern sie mit, entrichten ihren Obolus für Messen und Blumenschmuck und tragen Kreuze die Hauptstraße auf und ab.

Dorf und Kirche tragen zwar den Namen der Jungfrau Maria, aber El Señor dominiert das Dorf, das durch die Fiesta ein paar Einkünfte mit Zimmervermietung und dem Verkauf von Speisen, wie ich sie hier kennengelernt hatte – Eintopf aus Zicklein, Kuttelsuppe, Bohnen, Eier, Salsa, Avocados, Tortillas –, und Getränken wie Kaffee und Mezcal erzielen kann.

Wenn die Einheimischen auf die Pilger zu sprechen kamen, taten sie das nicht ganz ohne Vorbehalte. Eigentlich könne man im Dorf gar nicht so viele Besucher auf einmal unterbringen, und dann seien sie einfach überall, kampierten auf den Äckern, machten auf der Plaza Picknick und hingen am Straßenrand herum; und wenn sie dann endlich weg seien, ihre Gebete gesprochen und El Señor genügend verehrt hätten, hinterließen sie überall Müll. An dieses Detail erinnerte man sich lebhafter als an das Geschäft mit dem Essensverkauf, an die Getränkebuden, an die Gottesdienste oder das Feuerwerk – an die lästige Müllbeseitigung am Ende.

»*Basura*«, lautete der Seufzer, »*en todos lados.*«

Mezcal nach alter Art

Die Brennerei von Alvarado Álvarez befand sich in einem tiefen Tal östlich vom Dorf an einer abschüssigen Schotterstraße. Auf dem Weg dorthin sah ich ein kleines Mädchen mit einem Hut und einem Korb mit Mais. Sledge musste mit dem Pick-up auf der schlechten Piste so langsam fahren, dass wir leicht anhalten und ihr einen guten Tag wünschen konnten. Jetzt sah ich, dass sie gar kein kleines Mädchen, sondern eine winzige, alte hutzelige Frau war, kaum größer als einen Meter fünfzig. Sie lächelte freundlich, wollte wissen, woher ich sei und freute sich über mein Kompliment zu ihrem offenbar frisch geflochtenen Hut.

»Ich bringe den Mais gerade zum Müller«, sagte sie. »Mit dem Hut kann ich dort bezahlen.«

Wir setzten unseren Weg zur Talmündung fort bis zu den Granitwänden des Loma de los Muertos, des Totenbergs, an dessen Fuß Terrassen und Wiesen zu sehen waren. Wir stiegen zu einer Terrasse hinunter, wo sich eine Mezcal-Manufaktur befand, die ein Mixteke auch vor Urzeiten als solche erkannt hätte. Die Agavenstücke wurden in einer Wanne mit einem anderthalb Meter langen Stößel, dem *marso*, zu Brei gequetscht und zur Fermentation in Säcke aus ungegerbten Rinderhäuten gegeben.

»Das ist die alte Methode«, sagte Alvarado. »Keine Holzfässer oder Steinbecken.« Die Kuhhaut sah glitschig aus und war prall mit Flüssigkeit gefüllt; der angeschwollene, gedehnte Bauch zog schwer an seinem Haltegestell aus zusammengebundenen Stöcken. »Und noch etwas: Beim Fermentieren wird auch gleich das Leder gegerbt. Den Unterschied schmeckt man.«

Acht Angestellte stellten bei Alvarado die Maische aus Agavenstrünken her und destillierten den Schnaps in Tongefäße. Der Trichter war aus einem Agavenblatt angefertigt. Alles Handarbeit mit einfachen Geräten: Macheten, Mörser, Tierhaut.

»Sieht altertümlich aus«, sagte ich.

»So wird das seit zweihundert Jahren gemacht. Wir arbeiten noch genauso wie mein Urgroßvater.«

Ich probierte einen Schluck vom fertigen Produkt. Der Schnaps habe einen Alkoholgehalt von 46 Prozent, erklärte Alvarado.

»Merken Sie, der ist sanfter, nicht so aggressiv wie das, was man sonst bekommt.«

Zehntausend Liter konnte er im Jahr produzieren und für 250 Pesos, umgerechnet dreizehn Dollar fünfzig pro Liter, direkt an Bars in Oaxaca-Stadt verkaufen. Gutes Geld. Eine fünfköpfige Familie lebte im Dorf von durchschnittlich siebenhundert Pesos oder 37 Dollar im Monat und hatte somit, wie ich später erfuhr, weniger Geld zur Verfügung als eine gleich große Familie auf dem Land in Kenia. Das Durchschnittseinkommen ist in Mexiko zehnmal so hoch, aber die Menschen hier standen auf der untersten Stufe der Einkommensgesellschaft.

Leicht benebelt vom Mezcal verließen wir die *palenque*, und Sledge fuhr uns durchs Dorf. Wir passierten die Kirche und die kleine Plaza, fuhren unter dem Torbogen hindurch und die mit Palmen und Agaven bestandenen Hänge hinauf bis zum windigen Plateau: El Mirador im Osten, der Gandudo im Norden, im Südosten der Peña de Gavilan und der Montón de Piedras, sprechende Namen für schroffe steinerne Grate und Abgründe.

Jetzt, auf dem Rückweg, kam mir die Gegend noch nackter vor. Nichts als Hänge und Flächen aus glattem, vom Wind gescheuerten Kalkstein, vom Erdreich entblößt außer auf den paar Quadratmetern des verzweifelten Aufforstungsversuchs. Die Dörfer Río Poblano und Río Blanco sahen noch dürftiger aus als Santa María Ixcatlán. Ein paar Fußgänger liefen die Straße entlang; vier davon ließen wir mitfahren: auf der Ladefläche, da sich auf der Rückbank des Fahrerhauses die fertigen Körbe drängten, die wir nach Oaxaca transportieren sollten.

»Die Straße wird nicht besser.« Sledge kurvte langsam um die Schlaglöcher.

Wir sprachen über unsere Erlebnisse, über die Korbflechter, den Karnevalsumzug, die Christusfigur und den *palenque.* »Wir haben ganz schön viel gefragt.« Er erinnerte mich noch einmal an die Geschichte von den Fremden, die in ein abgelegenes Dorf gekommen waren und zu viele Fragen gestellt hatten.

Bei San Juan Bautista Coixtlahuaca hatten wir wieder die asphaltierte Straße erreicht, hielten an und ließen die Mitfahrer aussteigen. Mit Gesten deuteten sie an, dass sie uns für die Fahrt Geld geben wollten.

»Danke, Sie müssen uns nichts bezahlen«, sagte ich. »Aber würden Sie uns ein paar Fragen beantworten?«

Einer unserer Passagiere hieß Epifania Gutiérrez; ich schätzte sie auf vierzig Jahre.

»Ich wohne in Río Poblano«, erzählte sie. »Ich habe sechs Kinder und bin Hausfrau. Zu Hause arbeite ich auch. Ich mache Hüte. Für zwölf Hüte bekomme ich siebzig Pesos. Für so viele Hüte brauche ich acht Tage – aber ich kann ja nicht den ganzen Tag flechten.«

Acht Tage Arbeit brachten ihr also knapp vier Dollar ein.

»Ich verkaufe die Hüte hier, dann gehen wir zu Fuß nach Río Poblano zurück.«

Angelina, Epifanias älteste Tochter, war an diesem wolkenverhangenen Tag mit ihrer Mutter zusammen unterwegs.

»Was arbeiten Sie, Angelina?«

»Ich helfe meiner Mutter.«

Der jüngere der beiden Männer hieß José Luis Figueroa. Er hatte drei Kinder.

»Ich bin Bauer«, beantwortete er die Frage nach seinem Lebensunterhalt. »Ich habe Kühe. Wenn ich Geld brauche, verkaufe ich ein Kalb.« Für ein Kalb bekam er ungefähr 25 Dollar.

Der ältere der Männer, der einen verbeulten Hut auf dem Kopf hatte, dürfte etwa sechzig Jahre alt gewesen sein, er war schon Großvater.

»Was sind Sie von Beruf?«

»Ich bin auch Bauer. Ich halte Ziegen.«

»Zum Verkaufen oder zum Essen?«

»Wir schlachten sie für uns, aber wir verkaufen auch welche.«

Eine Ziege brachte ihm beinahe genauso viel ein wie José Luis Figuero für eine junge Kuh bekam.

»Ich verkaufe vielleicht sechs im Jahr.«

»Wie heißt dieses Dorf, Señor?«

»Es heißt San Juan Bautista Coixtlahuaca«, antwortete er. »Da, das alte Kloster.«

Die gigantische Kirchenruine lag leer, hohl und einsam in der Landschaft.

»Was bedeutet ›Coixtlahuaca‹?«

»*El llano de los serpientes*«

Die Schlangensteppe.

Mexikaner über Mexiko

Als Autor, Leser und Reisender hatte ich mich gefragt: Kann man das Wichtigste über Land und Leute nicht auch in der mexikanischen Literatur finden? Vielleicht wäre es ja überflüssig, wochenlang auf Nebenstrecken durch die Lande zu fahren, weil man genauso gut zu Hause die Füße hochlegen und Mexiko auf einer Reise durch die Belletristik kennenlernen könnte?

In Santa María Ixcatlán hatte Sledge gesagt: »In diesem Dorf muss ich immer an *Pedro Páramo* denken.«

Die Frage nach dem bedeutendsten mexikanischen Roman der letzten sechzig Jahre beantworten mexikanische Literaten im Allgemeinen damit, dass sie zuerst Juan Rolfos 1955 erschienenen Roman *Pedro Páramo* nennen – und nicht die sechsunddreißig belletristischen Werke von Carlos Fuentes, die zehn von Jorge Ibargüengoitia oder die sechzehn von Martín Luis Guzmán. Keinen der großen urbanen Wälzer also, sondern einen schmalen Band über ein abgelegenes Gespensterdorf. In *Pedro Páramo* geht es, was einen nicht weiter überrascht, um Sinnlosigkeit, Täuschung, Verfall und Tod, die Dauerthemen der mexikanischen Literatur, präsent auch in Brauchtum und Popkultur, wenn halb in den Tod verliebte Mexikaner mit Schädeln und Gebeinen spielen – mit einem fröhlich bemalten grinsenden Kopf, einem puppenartig kostümierten Skelett, einem Schädel aus Zuckerwerk für die Fiesta.

»Der Mexikaner dagegen sucht, streichelt, foppt, feiert [den Tod], schläft mit ihm; er ist sein Lieblingsspielzeug und seine treueste Geliebte«, schreibt Octavio Paz in *Das Labyrinth der Einsamkeit* etwas überspitzt. Von allen Autoren Mexikos ist Paz der genaueste Beobachter: alle Betrachtungen, die man selbst über Mexiko anstellen will – über Leben, Gesellschaft, Identität oder Glauben –, hat Paz in seinem *Labyrinth* oder seinen Gedichten wahrscheinlich schon eloquenter formuliert. Er fährt fort: »Vielleicht quält ihn ebenso die Angst vor [dem Tod] wie die andern, aber er versteckt sich nicht vor ihm noch verheimlicht er ihn, sondern sieht ihm mit Geduld, Verachtung oder Ironie frei ins Gesicht. ›Wenn sie mich morgen töten wollen, sollen sie's ein für allemal tun‹, sagt ein Volkslied.« Und: »Unsere Todesverachtung steht nicht im Widerspruch zu unserem Todeskult. Der Tod ist immer bei uns: auf unseren Fiestas, beim Glücksspiel, in unserem Liebesleben, in unserem Denken. Tod und Töten sind Gedanken, die uns selten verlassen. […] Andererseits rächt sich der Tod an unserem Leben, erlöst es von Eitelkeit und Anmaßung und verwandelt es in das, was es eigentlich ist: ein paar bloße Knochen und ein grinsender Schädel.« Er hätte auch hinzusetzen können: »Wen wundert der Fatalismus, mit dem Mexikaner auf Drogengangs und Massaker reagieren.«

Pedro Páramo, eine Geschichte von Tod, Geistern und Erscheinungen, spielt in Comala, einem einsamen Dorf in einer öden Gegend, in der *inframundo*, der Zwischenwelt weiter Landstriche Mexikos. Weil ich die Provinz gesehen hatte, interessierte mich ein Roman, der in einem Dorf spielt, natürlich besonders. Ich habe ihn schließlich ein halbes Dutzend Mal gelesen – mit wachsender Verwirrung und schwindendem Vergnügen. Aber dieser Roman gilt als mexikanischer Klassiker. Jorge Luis Borges lobt ihn über den grünen Klee. Gabriel García Márquez sagt, das Buch habe ihn zum Konzept von *Hundert Jahre Einsamkeit* angeregt und zu seiner Mischung aus Realismus und Phantasie in seinem fiktiven kolumbianischen Ort Macondo ermutigt.

Pedro Páramo ist Rulfos einziger Roman – mit seinen knapp über hundert Seiten eher eine Novelle – und in meinen Augen ziemlich schwach. Eine schwer fassbare Erzählung aus Andeutungen von elliptischem Reiz, die (wie in einem Gedicht) Ereignisse oder Gefühle mehr erwähnt als feststellt. Der Leser gerät daher leicht ins Schwimmen und hat es nicht leicht mit dem Chor der Erzählstimmen und all den Zeitsprüngen. Fragmente, skizzenhafte Landschaftsbeschreibungen, plötzliche, unerklärte Szenenwechsel, Traumsequenzen und geflüsterte Dialoge: Rulfo hatte das Werk erst unter dem Titel *Los Murmullos* (Das Gemurmel) veröffentlichen wollen.

Dieses literarische Puzzle mit seinen vielen Erzählern ist so statisch, stumm und sperrig wie Puzzle eben sind, und in der kreisförmigen Erzählstruktur dreht sich die Handlung langsam um sich selbst, anstatt sich nach vorn zu entwickeln. Die fließende Behandlung von Zeiten – so etwas heißt in der Literaturkritik dann »Faulknerisch« – und die verwischten Handlungsebenen verleihen dem Text eine Dunkelheit, in der seine Interpreten eine mythische Qualität wahrnehmen. Dieser Roman gehört ganz klar in die Kategorie Irrwege der Literatur – in die Liga (oje!) »schwierige« Romane, die erst einmal erklärt werden müssen: Man liest sie nicht zum Vergnügen, man analysiert sie für eine Seminararbeit. Solch ein schwer zu entschlüsselndes Buch bekommt dann seine Sonderstellung in der Literaturdebatte zugewiesen und wird von postmodernen Exegeten überinterpretiert (kein Wunder, dass Susan Sontag, die pedantische Hüterin der Deutungshoheit über dieses Werk, das Vorwort zu einer Neuausgabe von *Pedro Páramo* geschrieben hat). Dieser Roman überlässt es dem Leser, sich seinen

Reim zu machen – keine leichte Aufgabe, bei der Rulfo, der all seinen Anspielungen scheinbar das gleiche Gewicht gibt, keine große Hilfe ist.

Pedro Páramo lässt mich an ein glitzerndes Regal voller anderer Werke denken, die bewusst an eine abgeschlossene literarische Tradition anknüpfen, die Tradition der Weltflucht und Spielerei. Wie die meisten programmatisch selbstreflektierenden literarischen Moden folgt sie einer ausgedachten Formel, die zu Taschenspielertricks führt. Dies ist keine Kritik an Borges, dem Vater der Gattung, sondern nur ein Hinweis darauf, dass seine Werke den Leser in eine ganz eigene Unterwelt der Worte mitnehmen, jedoch nicht in die hungernde Provinz. Gerade das Hinterland liegt mir aber am Herzen, und das nicht nur in Lateinamerika, wo Mitte des 20. Jahrhunderts der Magische Realismus zuerst (vom Kubaner Alejo Carpentier, der von *lo real maravilloso* sprach) beschrieben wurde, sondern überall in der Welt der Armut.

Der Magische Realismus, einst der große Hype, gilt heute eher als etwas gestrig und prätenziös. Er war möglicherweise eine Antwort auf den schrecklichen, unerträglichen Alltag in der Dritten Welt, eine vorsätzliche Abkehr von der Realität, eine Flucht in banales Blendwerk. Salman Rushdie, der seinen Ruhm eben daraus bezieht, schreibt dazu in *Heimatländer der Phantasie*: »›El realismo magical‹, der magische Realismus – jedenfalls wie er von Márquez praktiziert wird –, ist eine Entwicklung aus dem Surrealismus, die ein echtes ›Drittwelt‹-Bewußtsein ausdrückt.«

Das bezweifle ich. In dieser literarischen Strömung drückt sich weniger ein Bewusstsein der Dritten Welt aus als schlimmstenfalls die Affektiertheit eines Autors, der aus der Dritten Welt stammt – und im besten Fall seine Unehrlichkeit. Dieses Genre ist voller Zaubertricks zur Ablenkung, es ist eine aus Scham und Verlegenheit geborene Literatur, eine Reaktion auf schlechte Verhältnisse oder eine niedrige Herkunft. Misshandelte Kinder erzählen bei amtlichen Befragungen auch gern Märchen, um die Wahrheit über ihre unglücklichen Familienverhältnisse zu verschleiern. Die Armen beten um Wunder und finden ihren Trost in Phantasien und Fabelwelten, die in den rituellen Inszenierungen in Mexiko sogar ganz lebendig werden können. Empathie, Sehnsucht und Glauben in den Dörfern bilden den Nährboden für die Präsenz des Übernatürlichen.

Aus der mündlichen Tradition des Übersinnlichen speist sich die Belletristik anderer. Der Terminus »Magischer Realismus« ist ein akademischer Euphemismus, ein blumiger Kunstgriff, mit dem der Begriff »Fantasy« vermieden werden soll. Es ist eine Literatur der Ausflüchte und Mätzchen, Ausdruck einer ausschweifenden literarischen Sehnsucht nach einer früheren animistischen Kultur der Masken, Opferriten, Geistererscheinungen und Fabeln. Da sitzt dann mein Freund Salman Rushdie auf der Flucht vor dem Grauen in Indien mit anderen Flüchtlingen zusammen in New York und tischt uns Mumpitz und lustige Bauernschwänke auf, während eine halbe Milliarde Inder auf dem Subkontinent nicht weiß, woher ihre nächste Mahlzeit kommen soll. Ich bewundere die Weisheit und Vitalität der Novellen und Kurzgeschichten von García Márquez ebenso wie seine Vorstellungskraft. Er ist unprätenziös und hat ein großes komisches Talent. Er ist der Beste in dieser Truppe und schreibt auch über die arme Provinz, aber selbst sein Werk scheint mir nur Hochglanzkonfektion, weil ich mit Fabeln und Allegorien einfach nichts anfangen kann. Und hier die Einlassung eines mexikanischen magischen Realisten, des Mittelklassen-Lektors mittleren Alters und modernen Romanciers Ignacio Solares: »Ich halte viel von Eskapismus. Das Einzige, was ich nicht ertrage, ist die Wirklichkeit, wie auch immer sie sei. [...] Ein Schriftsteller ist von der Realität, die ihn umgibt, zutiefst angewidert.«

Man bedenke, dass Solares aus Ciudad Juárez stammt, der Grenzstadt der Narco-Gräueltaten, wo das Blut auf den Straßen Pfützen bildet, die Leichen von Laternenpfählen hängen und abgeschnittene Köpfe wie fleckige Melonen auf die Kühlerhauben geparkter Autos gelegt werden, um Passanten die raue Wirklichkeit der Selbstjustiz zu demonstrieren.

Welcher vernunftbegabte Mexikaner und welcher andere vernünftige Mensch fände das nicht unerträglich? Und doch ist es die Pflicht des Schriftstellers, seinen kühlen Blick durch die Linse seiner Imagination auf die Wirklichkeit zu richten und die Welt so zu schildern wie sie ist oder sein sollte.

Wie so viele prominente mexikanische Autoren lebt Solares in Mexiko-Stadt. In seinem Vorwort zu Solares' – realistischem – Roman *L'invasión* über die demütigende Belagerung und Einnahme von Mexiko-Stadt durch US-amerikanische Truppen in den Jahren 1847 und 1848 erklärt Carlos Fuentes die Anziehungskraft der Stadt und den fehlenden Regionalismus: »Mexiko war kulturell und politisch immer zentralistisch orientiert. Vom Reich der Azteken (bis 1521) über die Kolonialzeiten (1521–1810) bis hin zum unabhängigen Staat (1810 bis heute) war Mexiko-Stadt immer Mittel- und Anziehungspunkt mexikanischen Lebens. Als Nation mit einer von Vulkanen, Bergketten, Wüsten und Urwäldern geographisch vorgegebenen inneren Zerrissenheit hat Mexiko immer in der Hauptstadt das Einigende gesucht [...] Die Mehrzahl aller mexikanischen Autoren, wo auch immer sie herkamen, endete schließlich in Mexiko-Stadt: Behörden, Kunst, Bildung, Politik – das alles konzentrierte sich in der Region, die früher noch ›*la más transparente*‹ war, die ›*Landschaft in klarem Licht*‹.«

Ein »unfertiges Land«, schreibt Fuentes in *Alphabet des Lebens* – so kann man ein Entwicklungsland oder in heutiger diplomatischerer Ausdrucksweise ein Schwellenland auch nennen. »Mexiko ist das Bild einer nie ruhenden Schöpfung, denn ihre Arbeit ist nicht vollendet.« Und: »Die Suche nach der nationalen Identität – die nación-narración – hat uns über Jahrhunderte hinweg in Atem gehalten.«

Das ist nicht weiter verwunderlich, da die Regionen so unterrepräsentiert sind: Entweder übergeht man sie durch verkitschende Darstellungsweise oder verlagert sie in altmodische Geschichten wie die eines Agustín Yáñez mit seinem in Jalisco angesiedelten *Al Filo del Agua* oder die einer Rosario Castellanos, deren *Balún Canán* in ihrem heimatlichen Chiapas spielt. Beide Autoren wohnten in Mexiko-Stadt; Castellanos zog später nach Israel. Außer den Zapatisten in ihrem lobenswerten selbstverwalteten Staat packt jeder, der Bildung und einen Traum von der Leichtigkeit des Seins hat, jeder, der sich nach einer Veränderung oder einer kleinen Flucht sehnt, seine Sachen und geht nach Mexiko-Stadt.

Vielleicht ist es ein Ausdruck von Wunschdenken, wenn mexikanische Autoren sich fiktive Dorfwelten schaffen, in denen dann die wundersamen Dinge passieren. Ein Beispiel dafür ist Jorge Ibargüengoitias *Die toten Frauen*, eine Geschichte von mysteriösen Morden und verschwundenen Personen. Die Handlung ist in einem Dorf in Guanajuato angesiedelt – in dem Staat, der in den ersten Tagen des Jahres 2018 zweiundsechzig Morde zu verzeichnen hatte. Ein zweites Beispiel liefert das hyperdynamische Tohuwabohu einer Zeitreise (auch hier wieder Magischer Realismus) in der Kleinstadtsaga *Erinnerungen an die Zukunft* von Elena Garro. Diese beiden sind die Ausnahmen in einer Literatur, die kaum Sehnsucht nach den Dörfern kennt, sondern eher den Hass auf ihr Elend und ihre beklemmende Provinzialität.

Das Dorf ist der Ort, der dich daran erinnert, dass du arm bist, der Ort, an dem du verhungerst, ein Ort, aus dem du nur weg willst. Die Dörfer gelten als unsicher, als Schlupfwinkel von Dieben, Kartellen und Drogenschmugglern. Trotz der einen oder anderen fröhlichen Fiesta ist das Dorf der Inbegriff von Isolation in einer Landschaft aus »Vulkanen, Bergketten, Wüsten und Urwäldern«: Es liegt im *Labyrinth der Einsamkeit* eines Octavio Paz.

Nachdem ich dort eine Zeitlang als ehrenamtlicher Dozent gewesen war, kam mir allerdings Mexiko-Stadt wie das eigentliche Labyrinth vor, der Ort, aus dem ich mich – trotz aller Anregungen durch sein Straßenleben und trotz aller Vergnügungen, trotz des guten Essens und der hundert Museen – wegsehnte, weil ich die Dörfer sehen und das Land kennenlernen wollte. Einen guten Eindruck vom Albtraum Mexiko-Stadt bekommt man durch zwei Novellen von Solares, *El árbol del deseo* (auf Deutsch etwa »Der Wunschbaum«, Anm. des Verlags) und *Serafín*. Sie gewähren außerdem Einblicke in die mexikanische Tendenz zum Surrealen und Impressionistischen – Novellen wie schlechte Träume.

Mit Carlos Fuentes habe ich mich länger abgemüht. In den USA gilt er als der bekannteste und vielleicht größte Schriftsteller Mexikos, er hat in den USA gelebt, dort gelehrt und sich in den Kreisen literarischer und anderer Berühmtheiten bewegt. Fuentes, ein eifriger Partygänger mit Wohnungen in London und Paris und einem Atelier in

Mexiko-Stadt, war ein eleganter Kosmopolit. Immerhin war er eine Zeitlang mexikanischer Botschafter in Paris; er hatte das Savoir-faire für seine diplomatischen Aufgaben. (Nicht allzu viele Autoren sind Diplomaten geworden, aber Washington Irving war unser Chargé d'Affaires in London, und Nathaniel Hawthorne wurde zum Dank für ein kriecherisches Buch über Präsident Franklin Pierce zum amerikanischen Konsul in Liverpool ernannt.) Fuentes war in einer Vielzahl von Genres erfolgreich unterwegs, aber mir scheint er nicht fehlerlos. Seine Grenzgeschichten in *Die gläserne Grenze* sind voller uneingelöster Phantasien, und sein Roman *Diana oder Die einsame Jägerin*, der auf seiner demütigenden Affäre mit der Schauspielerin Jean Seberg basiert, ist rührselig und wirr. Überdies entblößt er sich darin als lächerlicher Liebhaber, zurückgewiesen von einer durchgeknallten Gringa, die ihn (so sagt er) mit einem Black Panther hinterging.

Nichts als das Leben, sein angebliches Meisterwerk, kam mir vor wie eine verdichtete, viel zu wortreiche mexikanische Fassung von *Citizen Kane* (allerdings ohne den schwarzen Humor des Films): ein skrupelloser Machtmensch gibt sich auf dem Totenbett Zukunftsphantasien über seine Feinde hin. Ich versuchte es mit *Terra Nostra*: noch schlimmer; ich fand es unlesbar. Damit lag ich offenbar nicht ganz falsch. Fuentes selber brüstete sich öffentlich über seinen Achthundert-Seiten-Wälzer: »Ich denke nie an den Leser. Nie. *Terra Nostra* ist nicht für Leser geschrieben. […] Als ich es schrieb, war ich mir sicher, dass niemand es lesen würde. […] Ich habe mir den Luxus gegönnt, ein Buch ohne Leser zu schreiben.«

Aura, seine Novelle über treue Liebe, gehört zu seinen Beiträgen zum mexikanischen Magischen Realismus, ist aber partiell ein Pastiche von Henry James' *Die Aspern-Schriften.* Fuentes' Essays und gehaltvollere Betrachtungen über das Wesen Mexikos schienen mir aufrichtig, und ich dachte, das Problem sei vielleicht meiner Konfusion und nicht Fuentes'schem dunklem Bombast geschuldet, bis ich in der *New Republic* auf einen Essay des mexikanischen Historikers, Biographen und Literaturkritikers Enrique Krauze stieß.

In diesem Essay erklärt Krauze seinen Ansatz mit Albert Camus: »Die Nuancen sehen und verstehen, nicht dogmatisieren und verwirren.« Aber dann klappt er die *navaja* auf, das tödliche mexikanische Messer, und geht ihm an die Gurgel. Er nennt Fuentes einen Scharlatan, einen Poser, einen »Salonguerilla« (»für den Salonguerilla gibt es keine Grenze zwischen Fakt und Fiktion«), einen Mann mit einer Identitätskrise, der völlig abgehoben vom Leben in Mexiko fleißig mit Falschdarstellungen um die Gunst seiner US-amerikanischen Leser buhlt. »Seine Bücher vereinfachen das Land; seine Beobachtungen sind belanglos, unrealistisch und nicht selten schlicht falsch.« Falsch und wenig überzeugend, weil er kaum Zeit in Mexiko zubringt und sich lieber an die Fersen der High Society europäischer und US-amerikanischer Metropolen heftet.

»In den Fünfzigern war Mexiko-Stadt gerade im Begriff, die Physiognomie anderer moderner Metropolen anzunehmen, in denen Fuentes sich aufgehalten hatte«, schreibt Krauze. »Er machte sich daher nicht die Mühe, sich tiefer ins Land hineinzubegeben, dorthin, wo sich die Wirklichkeit Mexikos deutlicher gezeigt hätte. Seine hedonistischen Streifzüge durch die Stadt waren exzessiv und oberflächlich zugleich. Wie ein verblendeter und ahnungsloser Tourist trieb er auf der Oberfläche einer Stadt des nächtlichen Amüsements und des Showbusiness.«

Mir kommt Fuentes' Obsession mit Glanz und Glamour eher harmlos, naiv und beinah liebenswert vor. In »Die Beute«, einer Geschichte aus *Die gläserne Grenze*, überlegt Dionisio, ein Koch, der in den USA studiert: »Wie viele Mexikaner sprachen dagegen ein korrektes Englisch? Dionisio kannte nur zwei, Jorge Castañeda und Carlos Fuentes.«

Aber Fuentes' Weigerung, sich, wie Krauze schreibt: »tiefer ins Land hineinzubegeben, dorthin, wo sich die Wirklichkeit Mexikos deutlicher gezeigt hätte«, führt zu den Einwänden, die ich gegen viele Werke der mexikanischen Literatur habe. Fuentes hielt sich selbst für den mexikanischen Balzac, aber »er hat das Land nie kennengelernt, das im Mittelpunkt seines Schaffens stand. Er glaubte, die Taubheit seiner Herkunft dadurch zu überwinden, dass er sie einfach umkehrte: Geschichte, Gesellschaft, das Leben der Stadt gingen im brodelnden Gewirr ihrer Stimmen auf. Balzacs Charaktere sind im kulturellen Gedächtnis Europas lebendig geblieben. In Mexiko erinnert sich niemand an die Charaktere von Carlos Fuentes. Er hat nur eine außergewöhnliche Figur erschaffen: Carlos Fuentes.«

Der Witz sollte offensichtlich verletzen, aber je mehr man über Fuentes weiß, desto verlockender ist der Gedanke, dass Fuentes' Leben üppig und reich, sein Freundeskreis glanzvoll und gebildet und sein Familienleben tragisch gebrochen war – innerhalb von sechs Jahren starben sein geliebter junger Sohn und seine Tochter offenbar durch Selbstmord. Auf eine Frage zu diesem Verlust antwortete er seelenruhig »Sie sind bei mir, wenn ich schreibe.« Eine ausführliche Biographie über Fuentes ist bis jetzt noch nicht geschrieben worden; sie wäre sicher, wie Krauze unwillkürlich andeutet, eine außergewöhnliche Darstellung des Todeskampfs eines edlen Gemüts.

Fuentes, der das Rampenlicht liebte und seine Interviewer bezaubern konnte, inspirierte 1982 einen Reporter der *New York Times* zu der verzückten Schilderung: »Señor Fuentes strahlt lächelnd wie ein Kinoheld. Er ist ein dunkler, gut aussehender Herr mit der lässigen Anmut, die ihm seine Herkunft aus einer langen Reihe von Bankiers, Kaufleuten und Landadel mitgab. Als Sohn eines Diplomaten verbrachte er seine Jugend in Washington [...] Er hat den Habitus eines Aristokraten und die Haltung eines Revolutionärs.«

In jenem Interview lieferte Fuentes sich seinen Feinden selbst mit dem Geständnis ans Messer: »Mein Werk wird vielleicht immer weniger mexikanisch [...]. Ich habe lange außer Landes gelebt. Es kann sein, dass ich meine nationalistische Schuld inzwischen beglichen habe.«

Krauze stürzte sich auf solch pompöse Sätze. Seine Attacke war grausam, seine Schüsse aus dem Hinterhalt tödlich – unterhaltsam fürs Publikum, beleidigend für Fuentes. Da Krauzes Zeitschrift *Vuelta* Octavio Paz gehörte, liegt die Vermutung nahe, dass Krauze die Messer wetzte, um seinem Gönner, Fuentes' Rivalen, zu gefallen. Wenn eine mexikanische Geistesgröße einer anderen mexikanischen Geistesgröße Gewalt angetan hat, bleibt im Blutbad nicht mehr viel für die Anatomie übrig. In dieser Hinsicht unterscheiden sie sich nicht von den Attentätern aus den Kartellen.

Man hat es Fuentes übelgenommen, dass er sich so wenig in Mexiko aufhielt, dass er in US-amerikanischen Universitäten unterrichtete, dass er in Paris lebte und arbeitete. Reisen und Auslandsaufenthalte sind aber auch für viele andere mexikanische Schriftsteller nichts Ungewöhnliches. Verbindungen nach Spanien gibt es seit Jahrhunderten. Außer Paz und Fuentes waren etliche andere männliche Autoren Diplomaten; der diplomatische Dienst war für mexikanische Intellektuelle ein Ausweg in die Freiheit. Paz freundete sich in Paris mit Samuel Beckett an, Fuentes in derselben Stadt mit Malraux und Mitterand und später in New York mit William Styron.

Die wahren Kosmopoliten aber sind die heutigen jungen Autoren. Sie nutzen die Möglichkeiten einer enger verbundenen Welt, gehen in jungen Jahren auf Reisen und sammeln ihre Erfahrungen als Austauschstudenten und Rucksacktouristen. Ich fand es eindrucksvoll, in welchem Ausmaß und wie klug mexikanische Autoren reisen. Bis auf einen waren alle Autoren in dem Literaturworkshop, den ich in Mexiko-Stadt geleitet hatte, in den USA gewesen, die meisten auch in Europa.

Was mir in dem Workshop aufgefallen war und was mich an Guadalupe Nettels *Natural Histories* beeindruckte, war die große Lebenserfahrung, die sich in den Geschichten von Liebe und Ehe (meistens desaströs) oder Reisen (wunderbar beobachtet) niederschlug. Die Weltläufigkeit von Guadalupe und vieler anderer erstaunte mich immer wieder: Mexiko-Stadt ist mit der Welt verbunden. Vielleicht mehr mit der weiten Welt als mit dem armen Hinterland.

Mexikanische Autoren schwärmen für Mexiko-Stadt. Man kann es ihnen nicht verdenken: Die Stadt ist ein eigenständiges Universum; *chilangos* leben mit dem Rücken zum Land. Die Texte meiner Freunde aus dem Literaturworkshop befassten sich mit der neuen Wirklichkeit, sie blickten auf ihre große Stadt oder ferne Orte. Das Mexiko, das ich sah, ist auch in ihrer Literatur nur ungenügend repräsentiert. Also legte ich die Bücher weg, setzte mich ins Auto und fuhr wieder los.

Die *Inframundo*

In Santa María Ixcatlán und vorher in San Dionisio Ocotepec –, wo ich an der Trauerfeier teilgenommen und den Mezcalero Crispin getroffen hatte, in diesen winzigen, vergessenen Dörfern an kleinen Nebenstraßen war es mir manchmal so vorgekommen, als sei ich in die Zwischenwelt vorgedrungen, die *inframundo* des mexikanischen Volksglaubens. Natürlich war das Einbildung. Diese Dörfer gibt es, sie haben ihre kleinen Handwerksbetriebe für Sandalen und Webstoffe, sie alle feiern ihre Feste, ehren ihre Toten, richten üppige Hochzeiten und Begräbnisse aus und lieben Masken und Verkleidungen.

Tatsächlich muss man in Mexiko manchmal nur von der Hauptstraße abfahren und von der Nebenstraße in einen Feldweg einbiegen, um in der Vergangenheit zu landen – und die sieht oft aus wie eine Zwischenwelt. Die Sorgen der armen Dorfbewohner in Mexiko (und in Afrika oder anderswo) haben sich über die Jahrhunderte kaum geändert: die Schwierigkeiten bei der Suche nach Feuerholz oder Weideland für das Vieh, Probleme mit dem Transport zum Markt, mit der Wasserknappheit oder der drückenden Schuldenlast. Natürlich kennt fast jeder Mensch die Last durch Schulden, ungewöhnlich sind hier nur die winzigen Beträge, bei denen es doch um Leben und Tod gehen kann.

Ich fuhr zum Dorf Santa Cruz Papalutla unweit von San Jerónimo und fand mich am Ende einer langen Folge immer schmalerer Straßen wiederum in einer Unterwelt. Hier wurde Bambus verarbeitet, der in der Gegend in großen Dickichten wächst. Er wird geerntet, getrocknet, zerspleißt und dann zu Körben geflochten. Auch Santa Cruz Papalutla war die Vergangenheit; ein Dorf der Pferde und Karren. Ein Mann pflügte mit einem angespannten Maultier, zog Furchen in den trockenen Boden und brach die Erde in einem Acker auf, den er mit Knoblauch bestellen würde, der anderen Einnahmequelle des Dorfes. Pferdekarren kamen vorbei, Jungen kutschierten sie stehend wie antike Wagenlenker.

Auf einem von drei älteren Frauen bewachten Gehöft wollte ich Magdalena treffen, bei der ich angemeldet war. Eine junge Frau, die sich als Mónica vorstellte, sagte: »Das ist meine Mutter. Sie kommt gleich zurück.«

Wir unterhielten uns so lange beim Tisch mit den Flechtarbeiten – Bambusstreifen und Fäden, halb fertige Körbe, Haufen von trocknenden Stängeln. Eines von Mónicas drei kleinen Kindern kickte einen Ball gegen eine Regentonne. Die alten Frauen saßen wie kritische Wächterinnen in einer schattigen Ecke des Hofes, offensichtlich fasziniert vom Anblick des Gringos, der hier gerade hereingeplatzt und über den schlafenden Hund gestolpert war.

»Mein Mann war sieben Jahre lang in den USA«, sagte Mónica. »Aber dann hat er sich nicht mehr sicher gefühlt, und außerdem ist sein Vater krank geworden. Seit fünf Jahren ist er wieder hier.«

»Fehlt ihm die Arbeit, die er dort hatte?«

»Schon ein bisschen. Die meisten, die zurückkommen, finden die Arbeit hier auf dem Land zu mühsam und zu schlecht bezahlt.«

Ich dachte an den Mann, den ich gerade auf seinem Acker gesehen hatte, wie er mit dem altertümlichen Pflug seine Furchen zog und das Muli mit der Peitsche antrieb.

»Die meisten wollen wieder zurück in die Staaten«, sagte Mónica.

»Waren Sie schon mal dort?«

»An der Grenze, in Nuevo Laredo. Da war ich sechs Monate lang bei einer Familie und habe auf zwei Kinder aufgepasst. Ich bin zurückgekommen, weil meine eigene Familie hier war. Und verdient habe ich auch nicht viel. In Nuevo Laredo habe ich 1500 Pesos (83 Dollar) im Monat bekommen. Hier würde ich für die gleiche Arbeit 1000 Pesos bekommen.«

Mónica entschuldigte sich: Sie musste sich um den Kleinen kümmern, der mit seinem Ballspiel den alten Frauen nicht auf die Nerven gehen sollte.

Bald kam Magdalena zurück. Sie war auf dem Markt gewesen. Weil sie dachte, ich sei wegen der Körbe gekommen, zeigte sie mir einige Stücke in verschiedenen Größen und erklärte mir ihre Entwürfe für die Flechtmuster. Sie hatte drei Kinder im Alter zwischen sechsundzwanzig und sechsunddreißig. Mónica war zweiunddreißig, Magdalena selbst zweiundfünfzig – sie hatte also mit sechzehn ihr erstes Kind bekommen; in der *inframundo* von Mexiko nichts Ungewöhnliches.

Die Körbe waren schön gearbeitet und leuchteten im Sonnenschein, aber aus der bedächtigen, ernsten Art, wie Magdalena einzelne Stücke aufhob, aus ihrem Seufzen, wenn sie aufstand, um einen anderen Korb herauszusuchen, aus der Haltung ihres Kopfes, aus einem bitteren Zug um den Mund, aus ihrem ganzen Verhalten sprachen schwere Sorgen.

Hohe Schulden drückten sie, aber es dauerte noch eine Weile, bis wir auf dieses heikle Thema kamen.

»Ich würde gern nach Texas gehen«, sagte sie. »Ich habe Bekannte in Laredo. Ich würde da leicht Arbeit finden. Ich komme ja mit jedem gut aus. Ich werde immer ›Tantchen‹ genannt. Ich würde für eine Familie kochen. Dafür würde ich 3500 Pesos (195 Dollar) im Monat bekommen.« Sie hielt inne. »Mein Hauptgrund ist die wirtschaftliche Lage hier.«

»Wie lange würden Sie dort bleiben wollen?«

»Höchstens acht Monate, weil ich hier Verpflichtungen habe.« Sie sah zu den drei Alten hinüber – ihre Mutter, ihre Tanten, vielleicht. »Aber ich gehe nur mit einer offiziellen Genehmigung. Illegal möchte ich nicht rüber.«

»Wie kommt man an die Papiere?«

»Ich war hier in einem Büro von der Behörde. Da kann man als Migrant eine befristete Arbeitserlaubnis beantragen.« Sie schien in sich zusammenzusacken und sah nun traurig aus »Wissen Sie, ich musste mir 70 000 Pesos leihen, wegen der Krankheit meines Mannes. Nierensteine. Er hatte so viele, dass sie ihn operieren mussten.«

»Das ist eine Menge Geld.« Es waren fast viertausend US-Dollar.

»Und jetzt bin ich pleite. Ich habe Schulden. Und Zinsen muss ich auch noch zahlen. Bis die Arbeitserlaubnis da ist, mache ich weiter Körbe.«

»Wie haben Sie Flechten gelernt?«

»Das haben mir meine Eltern beigebracht.« Sie klang bedrückt. »Aber heute will das keiner mehr machen. Meine Kinder flechten nicht. Sehen Sie den hier an.« Der Korb hatte einen Durchmesser von etwa dreißig Zentimetern und Henkel. Vielleicht war er als Papierkorb gedacht. »Für so einen brauche ich zwei Tage, manchmal auch zweieinhalb. Verkaufen kann ich ihn für 220 Pesos. Also verdiene ich 100 Pesos am Tag.« Umgerechnet fünf Dollar fünfzig. »Und weil das nicht reicht, koche ich noch für andere hier am Ort. Aber da habe ich Konkurrenz. Es gibt hier viele Köchinnen.«

»Und wie zahlen Sie den Kredit ab?«

»Monatlich. Ich zahle jeden Monat 2200. Sechzig zum Abtragen, und der Rest ist für die Zinsen.«

Ein Bankkredit zu Wucherzinsen. Ich konnte mir nicht vorstellen, dass Magdalena ihre Schulden jemals loswerden würde.

»Und wenn Sie das Geld nicht haben?«

»Wenn du nicht zahlst, schicken sie ihre Anwälte. Die nehmen dir dann Sachen weg.«

»Was zum Beispiel?«

»Deinen Kühlschrank oder andere Elektrogeräte. Die machen natürlich eine öffentliche Szene. Furchtbar. Ich würde meinen guten Ruf verlieren. Dann traut mir doch keiner mehr.«

Während unserer Unterredung hatte sich eine andere Alte zu den dreien in ihrer schattigen Ecke gesetzt, zwei andere, jüngere – Magdalenas Töchter, wie ich annahm – kamen aus dem Haus. Alle sechs sahen zu uns herüber. Sie hatten die ängstliche Art von Abhängigen, von Menschen, die versorgt werden müssen; und dann war ja irgendwo im Haus auch noch Magdalenas Mann, der sich von der Operation erholen musste.

Leise sagte Magdalena: »Ich kann meiner Familie nicht sagen, dass ich gehen will.«

»Der ist wunderschön.« Ich hatte den kleinen Henkelkorb in der Hand. »Was soll er kosten?«

»Was Sie geben wollen.«

Ich gab ihr vierzig Dollar, viermal so viel wie das, was sie vorher als Preis genannt hatte. Sie zerknüllte die Scheine in der Faust.

Beim Hinausgehen sah ich draußen vor dem Bambustor einen Mann mit blauem Helm sein Motorrad abstellen. Er hob es auf den Ständer, nahm ein Notizbuch aus der Tasche, schlug es auf und tippte mit einem Stift auf eine Seite. Ich grüßte, er grüßte freundlich zurück. Weil er den Helm nicht abgenommen hatte, sah er trotzdem abweisend und etwas beängstigend aus. Dann sah ich das Logo auf seinem Hemd: BANCA AZTECA. Der Schuldeneintreiber.

San Baltazar Guelavila

Im kleinen Zapotekendorf San Baltazar Guelavila fragte ich Felipe, einen Einheimischen, was der Name des Ortes bedeutete.

»Nacht der Hölle, Señor«, sagte Felipe.

»Und der Fluss dort?«

»Das ist der Fluss der Roten Ameisen.«

»Der Berg da ist ja eindrucksvoll.«

»Das ist der Berg der Neun Gipfel, Señor.« Felipe zeigte mit dem Finger auf die kleinen einzelnen Spitzen. »Dahin geht unsere Seele nach dem Tod.«

»Der Mais auf dem Markt ist sehr bunt.«

»Wir haben vier Sorten«, kam die stolze Antwort. »Rot, weiß, lila und blau. Der kommt aus alten Zeiten.«

Wir standen mitten im Ort, in der Nähe der Plaza und dem Marktplatz. Das Dorf selbst liegt fünf Kilometer südlich von Oaxaca in den Bergen, am Ende einer schadhaften Straße. Ein vielleicht dreizehn Meter hohes Wandgemälde auf einer Lehmziegelwand zeigte den blauen Torbogen am Dorfeingang; darauf ein Bauer mit Pflug, eine Frau mit Tortillas, ein Mann mit einer zerhackten Agave für den Mezcal. Das beherrschende Element im Bild war eine Schlange, die sich lasziv um eine Senkrechte des Torbogens ringelte. Eigenartigerweise war auf dem Kopf des Tiers eine Rose befestigt, sie schien aus dem grünschimmernden Schädel herauszuwachsen.

»Die Schlange ist unser Wappentier«, erklärte Felipe. »Wir glauben, dass Leute aus unserem Ort Tag und Nacht hinter dieser Schlange mit der Rose auf dem Kopf her waren, weil sie Glück bringen sollte.«

»Eine so große Schlange wäre aber wohl gefährlich?« Das züngelnde Tier auf dem Wandbild war dick und vielleicht zehn Meter lang.

»Keine Gefahr, Señor. Weil ja niemand die Schlange fangen konnte, und deswegen ist das Glück auch nicht gekommen.«

Felipe war Baumwollweber. In einem zweistöckigen Gebäude am Ortsausgang standen die Webstühle für die Stoffe, aus denen Mützen und Schals entstanden. Die beiden anderen Erzeugnisse des Dorfes waren Adobe-Ziegel und Mezcal. Felipe war in den USA gewesen. Die Schilderung seiner Zeit als Arbeitsmigrant war die lapidarste, die ich je zu hören bekommen hatte:

»Ich bin über die Grenze gegangen. Alle waren nett. Meine Chefs haben mich gut behandelt. Die gemeinsamen Mahlzeiten mit der Familie haben mir gefehlt. Es ist sehr einsam in den USA. Also bin ich wieder nach Hause gekommen.«

Immer wenn ich in ein Dorf wie dieses kam, dachte ich an die Menschen – unter denen sehr viele Oaxaqueños gewesen waren –, die ich an der Grenze angetroffen hatte. Auch aus diesem Dorf hier waren viele weggegangen, unter anderem auch einer, vor dem mich Felipe mit einem Hüsteln warnte: der sei ein bisschen eingebildet, weil er so lange drüben gewesen sei. So etwas käme ja vor; da geht einer nach Norden, bleibt Jahre in den Staaten und kommt so *presumido* zurück.

Ich bat Felipe, noch ein paar Rückkehrer zusammenzurufen; die wollte ich dann unter einem Baum vor der Weberei treffen, in der er arbeitete.

Es war ein schöner, sonniger Vormittag hier in San Baltazar; Finken zwitscherten im Geäst des großen Baums. Eine Gruppe von jungen und alten Männern hatte sich im Schatten versammelt und Klappstühle aufgestellt. Zu Füßen eines der Alten schnarchte sein Hund.

Seinem Ton nach musste der Erste, der sich zu Wort meldete, der Angeber sein. So richtig eingebildet wirkte er nicht, aber er war der vorlauteste – in einer Gesellschaft, die Bescheidenheit als größte Tugend schätzt, eckte er damit sicher an; ich fand die Art, in der er das Gespräch an sich zu reißen versuchte, eher amüsant als aggressiv.

»Ich heiße Nilo«, stellte er sich vor. »Wie der Fluss.«

Nilo, ein dicker Mensch im schmutzigen roten T-Shirt, stand angelehnt an den dicken, heraussstehenden Wurzeln des Baums und spielte mit einem Fuß an seiner schlappenden Sandale. Wenn ich ihn etwas fragte, antwortete er nicht zu mir gewandt, sondern posaunte seine Antwortsätze zu den fünfzehn anderen hier Versammelten hinüber.

»Das ist echt ein Abenteuer!«, schrie er. »Du haust ab von zu Hause und weißt nicht, ob du das überlebst oder abkratzt!«

Dieser dramatische Auftakt des Wortführers bewirkte sogar eine Reaktion beim Hund: Er zuckte im Schlaf mit einem Ohr.

»Wo sind Sie denn über die Grenze gegangen?«, fragte ich.

»Tecate. Zu Fuß. Da war es noch einfach. Wir waren alle zusammen sechsundzwanzig Leute, vier waren von hier, die anderen aus Mexiko-Stadt. Ich hab 450 Pesos gelöhnt, echt nix.« – Nach aktuellem Tageskurs etwa 25 Dollar. »Jetzt wollen sie 15 000.« – 830 US-Dollar. »Aber du findest ja immer einen, der für dich zahlt, und dann zahlst du das irgendwann zurück. Hört mal zu, wenn du richtig hart arbeitest, bist du in einem Jahr die Schulden los.«

Nilos Selbstgewissheit und sein großzügiger Umgang mit Zahlen schien die Jüngeren zu beeindrucken. Wie ich hätten sie aber sehen können, dass Nilo mit seinen ausgetretenen Sandalen und der dreckigen Hose der schmuddeligste von ihnen allen war. Dann und wann zog er sein T-Shirt hoch, wischte sich den Schweiß von der Stirn und entblößte seinen dicken Bauch.

»Was haben Sie in den USA gearbeitet?«

»Bau. Dachdecker.«

»Wie bekommt man die Stellen?«

»Alles easy!«, kreischte er zu meiner Aufklärung. »Die Jungs, die einen einstellen, sind von hier! Oaxaqueños. Mein Bruder ist in Utah. Da ist er schon seit siebenundzwanzig Jahren. Ich war fünfzehn Jahre oben.« Er nickte gewichtig. »Ich wär ja dageblieben. Aber meine Mutter ist nicht mehr die Jüngste.«

Felipe konnte eine realistische Fußnote nicht unterdrücken: »Es ist aber gefährlich. Dir kann doch alles Mögliche passieren, wenn du mit einem Fremden zur Grenze gehst. Die können dich kidnappen und dich zwingen, von deiner Familie Lösegeld einzutreiben. Dann sagst du ›Ich kann nicht zahlen‹ und dann musst du für die den Drogenkurier machen.«

Achselzuckend verzog Nilo das Gesicht, als wollte er sagen, dass einem überall etwas Blödes passieren könnte.

»Mein Bruder, zum Beispiel«, fuhr Felipe fort, »den hat der Kojote in einem Haus an der Grenze abgesetzt. Und dann haben die Leute in dem Haus ihm alles geklaut. Die haben anscheinend mit dem Kojoten unter einer Decke gesteckt.«

»Die *polleros*«, sagte der Alte mit dem Hund, »die kommen hier öfter vorbei und suchen nach Leuten, die über die Grenze wollen. Ich bin auch mal mit einem gegangen, 1993 war das. Ich bin nach Tijuana mit dem Flugzeug und wollte mit einem Auto rüber. Damals haben sie mich zurückgeschickt, aber beim zweiten Mal hat es geklappt. Ich bin anderthalb Jahre geblieben, hab auf dem Bau gearbeitet und so was. Ich hab nicht viel Geld verdient. Also bin ich wieder nach Hause.«

Nilo zupfte an seinem schmierigen Hemd und widersprach lautstark: »Wenn du vernünftig sparst, kannst du in einem halben Jahr 8000 auf die hohe Kante legen.« Pesos, nahm ich an, also 440 Dollar.

Felipe meldete sich zu Wort: »Ich hab da in einem Chinarestaurant gearbeitet. Da haben sie mir alle vierzehn Tage 150 Dollar bezahlt.« Er sprach jetzt lauter. »Es hat nicht gereicht. Ich habe Schulden gemacht. Anderthalb Jahre lang nur chinesisches Essen. Nie im Leben setze ich wieder einen Fuß in ein Chinalokal.«

Wie das Lokal hieß, wollte ich wissen.

»Chow Mein House. In Azusa.«

Azusa liegt am Freeway 210 von Pasadena auf dem Weg nach Rancho Cucamonga. Felipe hatte mit anderen Migranten zusammen in Covina gewohnt und war immer mit dem Bus zur Citrus Avenue und zum Chow Mein House gefahren.

»Und was ist mit Ihnen?« Ich wandte mich zu einem Mann, der bis jetzt nur zugehört hatte. Er heiße Isaac, sagte er. »Waren Sie mal in den Staaten?«

»Nein. Aber ich möchte gern mal woanders hin. Um zu sehen, wie die Leute da leben. Um es mal kennenzulernen.«

»Solltest du machen. Es ist echt toll da. Du kommst dir vor wie eine Ziege in einem grünen Tal«, schrie Nilo zu Isaak hinüber. »Du siehst es und willst nur fressen! Du isst und trinkst und haust dein Geld auf den Kopf!«

Der Alte mit dem Hund sagte: »Die Arbeit ist aber schwer. Und sie wird schlecht bezahlt. Und manchmal gibt es gar keine Arbeit.«

»du kannst doch nicht behaupten, dass es keine Arbeit gibt!«, rief Nilo. »Da ist doch immer noch das« – er fing an zu gestikulieren – »du gehst in ein Kaufhaus, suchst ein paar Klamotten zusammen, reißt die Sicherheitsmarken ab, lässt das Zeug mitgehen und verkaufst es auf der Straße!« Weil die anderen lachten, gab er noch eins drauf: »Oder du gehst in einen Lebensmittelladen, packst das Hemd voll Krabben« – er zog sein T-Shirt hoch und beulte es mit den Fäusten aus, um die Ladung mit den imaginären Krabben zu demonstrieren –, »und dann haust du ab und verkaufst sie.«

»Das ist aber Diebstahl«, sagte ich. »Dafür kannst du ins Gefängnis kommen.«

»Er macht doch nur Witze«, sagte mir einer der Männer. Ich sollte mich von Nilo nicht auf den Arm nehmen lassen.

»Hier in San Baltazar war ich ein zorniger junger Mann«, erklärte Nilo. »Mein Vater war weg. Ich hab Fensterscheiben eingeschmissen. Meine Mutter war ein hoffnungsloser Fall. Mütter können ja so schwach sein! Ich war immer blau und bin in Schwierigkeiten gekommen. Ich brauchte meinen Vater.«

»Wo war Ihr Vater denn?«

»In Kalifornien! Da ist er hingegangen, als ich neun war.«

»Ich hatte überhaupt keine freie Zeit«, klagte Felipe. »Arbeiten, Schlafen, Arbeiten.«

»Gab es in Kalifornien irgendetwas, was Sie gern mit hierhergebracht hätten?«

»Einen Gemeinschaftsbrunnen«, sagte er. »Wir haben hier nicht genug Wasser.«

Zwei Frauen und zwei junge Mädchen kamen um die Ecke eines flachen Adobe-Baus. Die Frauen transportierten Krüge auf den Schultern, und die Mädchen hielten Tonschalen in den Händen. Ein kurzer biblischer Augenblick: Frauen in langen Röcken brachten einen Trank dar.

»*Tejate*«, erklärte Isaac. »Schmeckt gut.«

Eine graue, körnige, blasige Flüssigkeit wurde in die Schalen eingeschenkt; sie schmeckte süßlich: eine dickliche Suppe aus, wie mir erklärt wurde, Mais, *flor de cacao*, Erdnüssen und gerösteten Saposamen, die auf Zapotekisch *pixtle* heißen. Wegen der aufwendigen Zubereitung, bei der die Zutaten gemahlen, geknetet, geröstet und getoastet werden müssen, gilt dieses präkolumbianische Gebräu als das arbeitsintensivste Getränk auf diesem Planeten.

»Das haben wichtige Leute getrunken«, sagte Felipe und griff mit dem Ausdruck gleich sechshundert Jahre zurück, in eine Zeit, als es sich bei »wichtigen Leuten« noch um die Mitglieder des zapotekischen Königshauses gehandelt hatte, denen der Genuss von *tejate* vorbehalten war.

»Trinken Sie, Don Pablo! Sie sind uns willkommen!«

Abgesehen von Nilo waren alle Männer hier Weber. Nilo erklärte, er habe Diabetes und sei deshalb nicht mehr arbeitsfähig. »Wegen des Diabetes wollten sie mir ein Bein abschneiden!« Das hatte er aber abgelehnt, und nun lief er immer noch stur auf zwei Beinen herum, aber Arbeit hatte er nicht.

Felipe führte mich ins Gebäude der Weberei. Im ersten Stock standen sieben mannshohe hölzerne Webstühle; an einigen wurde gearbeitet. Die Weber schossen rhythmisch die Schiffchen quer durch die engen Kettfäden, ließen die Balken herabsausen, traten auf die Pedale und erreichten mit viel Getöse, klappernden Pedalen und krachenden Planken, dass der Stoff um eine einzige Fadenlänge wuchs.

Ein paar von den Männern, mit denen ich eben unter dem Baum draußen gesprochen hatte, saßen jetzt wieder an den Webstühlen.

»Wie läuft das Geschäft?«, fragte ich Isaac über den Lärm hinweg.

»Die Nachfrage schwankt«, antwortete er.

»Aber wir machen weiter«, sagte Felipe. »Wir arbeiten zwölf Stunden am Tag. Es ist hart. Es ist wie die Arbeit in den USA.«

Die Geschichte vom *Brujo*

Das Bekannteste an San Baltazar Guelavila sind weniger die handgewebten Stoffe, der Mezcal oder die Adobe-Ziegel als vielmehr die berühmten heißen Quellen von Las Salinas, die im Südwesten, am Fuß des Cerro Oscura, in einem Canyon brodeln. Da müsste ich unbedingt hinfahren, sagten die Weber.

»Ist es weit bis dahin?«

»Ein bisschen weit.«

Das hieß also sehr weit, und so war es dann auch. Las Salinas liegt etliche Kilometer vom Dorf entfernt; um hinzukommen, würde man auf einer steinigen Piste an den Wänden des Canyons entlangkurven müssen und bräuchte bestimmt anderthalb Stunden bis zum Talboden. Es war jetzt glühend heiß, und außerdem mussten die Männer sich für den Ausflug freinehmen. Aber weil keiner von ihnen ein Auto hatte und kein Bus in das Tal hinunter fuhr, fanden sie die Gelegenheit jetzt sehr günstig. Ich hätte ja ein Auto, und dieses Wunder der Natur sollte ich mir wirklich nicht entgehen lassen. In Wahrheit wollten sie bloß mitgenommen werden, einen Ausflug machen, ein bisschen Spaß haben, wollten selber die Quellen noch einmal sehen, mit nackten Füßen herumplanschen und im mineralischen Wasser mit den Zehen wackeln.

Unterwegs, während das Auto auf dem Geröll an der Strecke immer wieder ins Rutschen kam, erzählten sie mir eine Hexengeschichte, zu der sie alle etwas beizutragen hatten.

»Hier gab es mal einen *brujo*«, sagte einer, »einen Hexer. Der war so groß und stark, dass er eine ganze Kuh auf einen Schlag auffressen konnte.« Sehr beeindruckend, aber natürlich fehlten den Bauern dann die Kühe. »Also wurde beschlossen, den *brujo* zu töten.«

»Er hieß Tomás Olvera. Hier in der Gegend hat er gehaust, in der Nähe von San Baltazar.«

»Überall haben sie nach ihm gesucht: auf den Bergen, in den Tälern, sogar im Dorf. Aber niemand konnte ihn finden und töten, und immer mehr Kühe verschwanden, weil der Hexer sie fraß.«

»Und dann hat ihn einer gefunden. Ganz oben auf einem Kaktus hat er gesessen und sich festgehalten. Die Leute haben Gewehre geholt und wollten ihn erschießen.«

»Aber Tomás Olvera hat gesagt: ›Bitte schießt mir nicht irgendwo in den Körper. Ich hab doch schon Löcher im Fleisch. Schießt in ein Loch, das schon da ist.‹ «

»Weil er so hoch oben in dem Kaktus war, haben sie sich gedacht, dass sie ihm am besten von unten in den *culo* schießen würden. Da war ja schon ein Loch drin!«

»Also haben sie die Gewehre genommen und wollten schießen, aber die Gewehre sind nicht losgegangen. Die waren verhext! Und dann haben sie plötzlich die Stimme von Tomás Olvera von woanders gehört.«

» ›Hier bin ich!‹, hat er gerufen.«

»Sie sind zu der Stelle gerannt, aber da war er nicht. Nur immer die Stimme. Sie haben ihn nicht gefunden. Sie haben bloß immer gehört, wie er gerufen hat: ›Hier bin ich‹ und wieder ›Hier drüben bin ich‹.«

»Und am Schluss – da haben sie ihn immer noch gesucht – ist er in einer Flasche verschwunden und nie wiedergekommen.«

Magischer Realismus in einem abgelegenen Kaff? Nein, nur eine Räuberpistole, ein Ammenmärchen wie die Legende von der Schlange mit der Rose auf dem Kopf, eine Geschichte, die uns auf der langsamen Fahrt ins Tal hinunter die Zeit vertreiben half.

Die heiße Quelle war ein Tümpel in einem Becken zwischen steilen, von einer glatten gelblichen Kruste aus kristallisierten Mineralien überzogenen Felswänden. Wie aufgekratzte Kinder beim Schulausflug balancierten die Männer über die Brücke aus Holzbohlen, die den Fluss Las Salinas überspannt, hopsten am schmalen Felsgesims von einem flachen Stein zum anderen, nahmen die Sandalen in die Hand und wateten im Quellwasser bis zu der Öffnung in den Kalksteinwänden, um zuzusehen, wie der Wasserfall von den Felsen herabrauschte.

Am Abend, wir waren wieder beim großen Haus neben der Weberei angekommen, sagte einer der Männer: »Und jetzt essen wir.« Und zwar bei Alejandro Martinez, dem Chef des Hauses.

Ich wurde durch ein Tor im Bambuszaun – an einem Baum dahinter war ein Pferd angebunden – zu einer Veranda geführt. An einem langen, mit Tellern und Gläsern gedeckten Tisch saßen zehn Männer, Don Alejandro am Kopfende. Durch die offene Tür konnte ich im Haus noch einen anderen großen Tisch sehen, an dem acht oder zehn Frauen mit Kindern saßen; ein paar ältere Frauen bereiteten die Platten vor, junge Frauen brachten sie zu uns heraus: aufgeschnittenes, sehniges Fleisch, Bohnen, Tortillas, Avocados, Salsa und Kohlsalat. Dazu gab es Gläser mit *agua de avena*, einer blassen, zähflüssigen Mischung aus Hafer und Milch.

Während wir aßen und über die heiße Quelle, die Aufregungen beim Grenzübertritt und die Schlange mit der Rose plauderten, war Don Alejandro ins Haus gegangen und hatte sich zu den Frauen und Kindern gesetzt: Ich zählte nach und kam auf vierundzwanzig Personen, die sich hier ums Essen versammelten; etliche Familienmitglieder, ein paar Angestellte aus der Weberei – und ein Gringo. Es war ein Fest, eine Party, eine Bekräftigung von Gemeinschaft und Familie. Mir wurde klar, was Felipe – der auch mit am Tisch saß – gemeint hatte, als er sagte, dass man ihn in den USA zwar gut behandelt habe, aber dass die gemeinsamen Mahlzeiten mit der Familie ihm sehr gefehlt hätten.

Vierter Teil

DIE STRASSE NACH NUEVA MARAVILLA

Zum Isthmus: Juchitán

Die Straße, die von San Baltazar Guelavila nach Süden zum Isthmus führt, sieht breit und gerade aus, aber das täuscht. Nach einer knappen Stunde wird sie enger, knickt ab und führt auf einem schmalen Felsband an der Flanke der Sierra entlang. Ich hatte Höhenangst, und mir grauste es bei dem Gedanken, ich könnte aus einer der vielen Kurven getragen werden, unter denen es achthundert Meter steil nach unten in einen Canyon ging: Die Dörfer, Menschen oder Ziegen in der Tiefe erwiesen sich als blinkende Trugbilder.

Die Strecke nach Juchitán ist eigentlich mit 280 Kilometern nicht übermäßig lang, aber keineswegs so kurz, wie sie scheint, weil sie in steilem Auf und Ab verläuft. Und weil hier angeblich mit Banditen und Straßenblockaden zu rechnen ist, wird sie wenig benutzt: ein paar beängstigend breite Lkw, vereinzelte Busse, kaum Pkw.

Straßenblockaden sind auf dieser Straße keine Seltenheit. Ab und zu blockieren auch hier die Lehrer die Straße, meistens aber demonstrieren Triquis.

Die Triqui sind ein Volk von etwa zwanzigtausend Indigenen mit einer eigenen Sprache. Sie leben in der Gegend von San Juan Copala, einer Ortschaft in der gebirgigen Region von Santiago Juxtlahuaca im Westen des Staates Oaxaca. Bis nach Oaxaca-Stadt sind es von dort aus nur knapp hundert Kilometer Luftlinie – eine lange Reise auf dem kurvenreichen Landweg. Die Triquis hatten es eines Tages satt, von ihren Staats- und Landesregierungen ständig gedemütigt und ausgegrenzt zu werden. Die Zapatisten in Chiapas hatten es ihnen 1994 vorgemacht: Die Triqui sagten sich 2006 vom mexikanischen Staat los und erklärten die unabhängige Region San Juan Copala.

Auf Widerstand aus dem Volk folgt in Mexiko fast immer tödliche Gegengewalt: Demonstranten werden niedergeknüppelt, es gibt Tote, das Ende ist oft ein Blutbad. Zur Unterwerfung der Abtrünnigen ließ die Staatsregierung eine paramilitärische Spezialeinheit bilden, eine Schlägertruppe mit dem malerischen Titel UBISORT, »Unión de Bienestar Social de La Región Triqui«.

Bienestar (»Wohlfahrt«) avancierte zum mexikanischen Euphemismus für Repressalien und Heimtücke. Zwanzig Aufständische wurden im unruhigen Jahr 2006 von der Polizei oder von Paramilitärs getötet. 2008 ermordeten die Schläger von UBISORT zwei Frauen. Im Jahr darauf versuchte die Staatsregierung es mit Aushungern: San Juan Copala wurde abgeriegelt und von der Strom- und Wasserversorgung abgeschnitten, Lebensmitteltransporte wurden nicht durchgelassen. Die Protestaktionen auf dem Zócalo von Oaxaca endeten in einer Schlacht zwischen Polizei und Demonstranten.

Im Jahr 2010 überfiel die ach so wohltätige Wohlfahrtsunion einen Hilfskonvoi auf dem Weg zum belagerten San Juan Copala. Zwei Personen aus dem Hilfszug starben, zwölf verschwanden spurlos, es gab Dutzende Verletzte. Die mexikanische Leiterin einer Menschenrechtsorganisation und ein Berichterstatter aus Finnland starben durch Kopfschüsse; einem Journalisten schoss man auf einer Verfolgungsjagd in den Fuß, zwei Triqui-Frauen wurden entführt. Es kam zu Zwangsumsiedlungen. Die Folge waren weitere Protestaktionen, weitere bewaffnete Auseinandersetzungen, Straßenblockaden und die Gründung einer neuen Rebellenorganisation, der MULT. Acht Jahre später wollten die Triquis ihr Land zurückhaben – und wurden von der Regierung auf mexikanische Art ausgetrickst: Offiziell wurde die Wiederansiedlung genehmigt, durchgeführt wurde sie nie. Dieses Hin und Her reizte die Triquis nur noch mehr.

San Juan Copala liegt einsam wie ein Adlerhorst. Um in die Schlagzeilen zu kommen, mussten die Triqui ihren Protest an auffällige Stellen wie das Stadtzentrum von Oaxaca oder viel befahrene Straßen tragen. Im Juni 2017 organisierten sie eine Serie von sechzehn Straßenblockaden an den wichtigsten Fernstraßen. Die Carretera Federal 190 ist eine Hauptverkehrsader; wenn hier etwas passiert, kommt es in die Presse. Etwa acht Monate vor meiner Ankunft hatte es hier die letzten Protestaktionen gegeben. Der Unabhängigkeitskampf der Triqui war nicht zu Ende; Straßenblockaden und Chaos waren auch jetzt noch denkbar.

Ich befuhr eine Strecke, die Schauplatz von Sperrungen und paramilitärischen Kampfhandlungen gewesen war. Und ich war zu einem Treffen mit Zapatisten unterwegs. Juan Villoro hatte mich im Namen von Subcomandante Marcos, dem obersten Führer der Zapatisten, zu einem »Conversatorio« eingeladen, einer Versammlung der Nationalen Befreiungsarmee der Zapatisten.

In meinem Koffer lagen Flugblätter, Diskussionspapiere und eine Einladung vom Comandante höchstpersönlich. Ein gefundenes Fressen für die Paramilitärs, falls sie mich hier anhalten und durchsuchen würden.

Die Straße glitzerte im Sonnenschein und war so gut wie leer – andere Autofahrer hatten sich wohl von den Gerüchten um die Triqui-Proteste abschrecken lassen. Das Einzige, was mir zu schaffen machte, waren die großen Trucks – ansonsten freie Fahrt über Serpentinen und Haarnadelkurven im Schatten des kahlen Cerro El Labrador.

Nach der Kurbelei durch die Canyons gönnte ich mir im Städtchen San Pedro Totolapan eine Kaffeepause. Das Café war leer bis auf einen Tisch mit vier flüsternden Männern. Sie hörten sofort zu sprechen auf, als ich hereinkam, und – in Oaxaca ein sehr unübliches Verhalten – erwiderten meinen Gruß nicht. Ich hielt mich hier so kurz auf wie nötig, nahm meinen Kaffee mit hinaus und besah mir die Tristesse der Ortschaft und die sonnenbeschienene Trostlosigkeit der improvisierten Raststätte. Hier hielt man nur zum Tanken oder für einen Snack – einen Taco, eine Tamale oder eine für Oaxaca typische *tlayuda*.

Der Fluss auf dem Grund des Canyons war laut Landkarte der Rio Grande – ziemlich breit und bis auf ein spärliches Rinnsal in seiner Mitte ausgetrocknet. Ich passierte Las Margaritas und El Camarón, Orte mit einem etwas vielseitigeren Angebot von Speisen und Autowerkstätten. Dann ging die Strecke abwärts, wurde gerader und gab die Sicht frei auf ein Stück ebener, mit Kakteen und Sträuchern gesprenkelter Steppe, staubbraun in der Hitze des Isthmus.

Auf Meereshöhe wich sie tropischer Fülle: üppiges Blattgrün von Palmen, Zuckerrohr und Mango-Plantagen. Ich sah die Hinweisschilder auf Tehuantepec, die Hauptstadt der Region, und dachte: Ich hab's geschafft, habe mich siegreich durch die Bergpässe gequetscht, sehe wieder andere Autos und bin bald in Juchitán.

Auf der Landkarte hatte Juchitán wie ein netter Zwischenstopp gewirkt; was ich bei der Ankunft sah, war ein Horrorszenario.

Terremoto

Ich bezog mein Zimmer im Hotel Xcaanda (»Traum« auf Zapotekisch), im einzigen Hotel, das in der Stadt Juchitán de Zaragoza noch stand, und stellte meinen Koffer ab. Im dem Moment, in dem ich den Griff losließ, wankte der ganze Raum unter dem Schlag einer Riesenfaust. Es schüttelte mich durch, der Mageninhalt stieg mir übel in die Kehle, ein Wackeln unter den Fußsohlen machte mir weiche Knie, der Fußboden schlug Wellen, ich stand bis zu den Knöcheln in etwas, was sich anfühlte wie Wasser, kippte zur Seite und sank um. Eine Sekunde später war der Boden unter meinem zittrigen Körper wieder fest und eben.

»Ein Nachbeben«, erklärte mir Francisco Ramos später.

Francisco war Fotograf, ein Freund von Toledos Tochter Natalia, die den Kontakt hergestellt hatte. Er meinte ein Nachbeben, oder besser eines der Nachbeben der beiden todbringenden Erdstöße, die sechs Monate zuvor die Stadt erschüttert hatten.

»Heute rüttelt es sicher noch einmal, Sie werden schon sehen.«

Ich hatte die Folgen des Erdbebens von Puebla gesehen, das in dem Monat vor meinem Literaturworkshop auch Häuser in Mexiko-Stadt zerstört hatte: geborstene Hausfassaden, Zimmer ohne Wände, Trümmerhaufen auf den Gehwegen – die Schäden in den Straßen um unser Seminargebäude waren besonders groß. Das gleiche Beben hatte auch

Juchitán getroffen. Knapp zwei Wochen später erschütterte ein zweiter Stoß die Stadt; Häuser, die beim ersten nur beschädigt worden waren, kollabierten beim zweiten vollends. Die Stadt lag in Trümmern.

Es waren die schlimmsten Erdbeben in Mexiko seit hundert Jahren. Das Beben vom 7. September 2017 hatte eine Stärke von 8,2 auf der Richterskala (»Sehr groß. Zerstörung in Bereichen von einigen Hundert Kilometern«). Eine volle Minute lang waren die Bodenschwingungen so heftig gewesen, dass die Einwohner der Stadt sich nicht auf den Beinen halten konnten, stürzten, gegen Wände geschleudert wurden. Zum grauenvollen Schwanken der Erde kam der Lärm: Schreie mischten sich in das dumpfe Knallen von auf Beton prasselnden Mauerteilen. Fast alle einunddreißig Rundbögen des Palacio Municipal an der Plaza gaben nach. Der Kirchturm der Hauptkirche Parroquia de San Vicente Ferrer krachte zu Boden, eine einstürzende Außenmauer begrub ein Auto unter sich. Häuser kollabierten, massive Gebäudeteile lagen plötzlich als lose Backsteinhaufen unter Wolken von Staub.

Binnen einer Minute verloren Tausende ihr Heim, viele ihr Leben. Die Bürger der Stadt waren noch dabei, ihre Habe auszugraben und ihre Toten zu beerdigen, als am 19. September der zweite Stoß kam, dieses Mal in einer Stärke von 6,1 (»Stark« auf der Richterskala), weitere Häuser zu Boden schleuderte und Menschen tötete, bis die Zahl der Toten auf über hundert angestiegen war – im gesamten betroffenen Gebiet starben 380 Menschen. Ein Drittel aller Häuser in Juchitán war unbewohnbar geworden – in einer Stadt mit 100 000 Einwohnern sind das mehrere Tausend Gebäude. Und es gab Nachbeben, zwei, drei am Tag; manche waren heftig genug, um Töpfe aus Regalen und Ziegel von den Dächern zu werfen.

Jetzt, Monate später, hörte man überall in den Straßen der Stadt kratzende Schaufeln und das rhythmische Krachen von Spitzhacken auf Zement. Die Bewohner schaufelten ihre kaputten Häuser auf die Straße – vor jedem Platz, auf dem mal ein Haus gestanden hatte, türmten sich Berge von zerbrochenen Ziegeln und Bausteinen.

»Die internationalen Hilfsgelder fließen nicht mehr«, sagte Francisco Ramos. »Aber die Leute bauen so langsam alles wieder auf.«

Das hieß erst einmal Schutt räumen, kaputtes Mauerwerk wegschaffen und Haufen aufschichten, die erst abgefahren werden mussten, bevor man wieder ein Haus bauen konnte. Viel Handarbeit mit Hacken und Schaufeln. Die Schuttberge machten die Straßen unpassierbar. Der Ortsverkehr wurde fast ausschließlich mit dreirädrigen Vehikeln abgewickelt – Moto-Taxis, umgebaute Scooter –, aber selbst diese wendigen Gefährte konnten kaum durch die Engpässe manövrieren. Nach hundert Metern sagte der Fahrer dann: »Ich setze Sie hier ab, hier geht's nur zu Fuß weiter.«

Die Verwüstung war so gewaltig gewesen, dass Juchitán stellenweise immer noch aussah, als hätte das Erdbeben gerade erst zugeschlagen. Kaum ein Haus war wieder aufgebaut, einige waren mit Holzbalken gegen einen möglichen nächsten Erdstoß gesichert. Viele Menschen lebten noch unter Zeltplanen aus Stoff oder Plastik, die den Blick auf ihre Schlafsäcke und Kochvorrichtungen freigaben. Kinder liefen durch Trümmerteile. Die ganze Stadt war kaputt, befand sich in einem schockierenden, irrationalen Zustand tiefster Unordnung und hatte den Anschein extremer, gefährlicher Hässlichkeit.

Die Zerstörung betraf nicht nur die Bauten der Stadt (alte massive Häuser in Stücke geschlagen, dicke Mauern als Brocken am Boden, ehrwürdiges Gemäuer von Balken gestützt). Die seismischen Schwingungen hatten auch die Menschen erfasst und ihr soziales Gewebe zerfetzt. Die anarchischen Zustände nach Naturkatastrophen eröffnen immer Chancen für die Gesetzlosen.

»Ich muss Sie warnen«, sagte Francisco. »Diese Stadt ist nicht sicher. Laufen Sie nicht allein in der Stadt herum.«

»Ist es so schlimm?«

»Hier sind Taschendiebe unterwegs.«

Zur Unsicherheit und Verwundbarkeit der Juchitecos kam noch das erzwungene Leben unter freiem Himmel; viele saßen tagsüber unter Bäumen, auf Klappstühlen an der Straße, schliefen nachts unter Zeltplanen, kochten auf offenen Holzfeuern, wuschen sich mit Wasser aus Eimern und Plastikwannen. Die Menschen waren ausgesetzt und in ihrer Armseligkeit eine leichte Beute.

»Und die Moto-Taxis«, sagte Francisco, »fahren Sie nicht nachts damit. Sehen Sie zu, dass Sie ein Auto bekommen. Wenn einer Sie in so einem Moto-Taxi sieht, greift er schnell mal rein und holt sich Ihre Sachen.«

Es war später Nachmittag. Wir gingen durch die Nebenstraßen. Um uns herum wurde gegraben und geschaufelt, Arbeiter schlugen Spitzhacken in Schuttklumpen, Männer fuhren Schubkarren mit kaputten Ziegeln vorbei. Frauen und Kinder wuschen Wäsche in Eimern; halbwüchsige Mädchen trugen Kleinkinder herum. Der schlimmste Erdstoß hatte das Stadtzentrum getroffen – zumindest sah es danach aus, weil auch die ältesten, größten Gebäude verwüstet waren. Den Markt hatte man von der Halle ins Freie verlegt. Die Kirche hatte schwere Risse, die Reste des Kirchturms waren zur Seite abgesackt und wurden von dicken Gerüststangen gestützt. Weil das Gotteshaus einsturzgefährdet war, wurden die Messen im Freien unter einem Zeltdach gehalten.

An einer Straßenecke im Stadtteil Cheguigo stand ein alter Herr vor einem neuen, weiß getünchten Zweizimmerhaus. Cándido Carrasco hieß er, er sei Künstler. Er zeigte mir seine Bilder: zapotekische Fabeltiere, romantische Bilder von zart verschleierten weiblichen Wesen auf Burgzinnen. Don Cándido, wie er im Ort hieß, war eine lokale Berühmtheit. Mit seinen gemalten Spruchbändern für die Fiesta von Juchitán hatte er Preise gewonnen.

»Mein Haus ist über mir zusammengestürzt«, erzählte er. »Ich war fünf Stunden lang eingeschlossen. Meine Nachbarn haben mich ausgegraben. Aber, sehen Sie: Das ist mein neues Haus.«

Der Markt beschränkte sich nicht auf bestimmte zentrale Plätze, sondern zog sich wuchernd durch sämtliche Nebenstraßen. Ein Mann mit Halbglatze und gelbem Sommerkleid – Männer in Frauenkleidern gehörten hier zum Stadtbild – raffte seinen Rocksaum und lotste mich zu seinem Stand mit aufgetürmten Mangos. Ein Stück weiter, bei einem Eierverkäufer, standen große Zinkwannen, randvoll mit Hunderten rosafarbenen, golfballgroßen Eiern; einige noch glatt, andere schon verschrumpelt.

»Schildkröteneier«, erklärte Francisco. Die kämen direkt aus den Nestern am anderthalb Kilometer entfernten Strand.

»Ist es nicht illegal, Schildkröteneier zu sammeln?«

»Hier ist nichts illegal«, grinste Francisco.

Karibische Bastardschildkröten und Karettschildkröten legen jedes Jahr ihre Eier an den Stränden von Oaxaca und Chiapas ab. Ein Blick auf die randvollen Wannen hier in Juchitán mochte als Erklärung für das allmähliche Aussterben dieser beiden Arten genügen.

Auch mit Leguanen wurde hier gehandelt. Ihr Fleisch gilt bei den Zapoteken als Delikatesse und ist so begehrt, dass die sechs oder sieben Stände mit Echsen stets schon am frühen Vormittag leergekauft sind. Die Marktfrauen jagen sie, manchmal mit Hunden, in den Feldern und Flüssen.

»Gürteltiere verkaufen sie auch«, sagte Francisco. »Aber das sind komische Viecher. Wenn du die nicht sofort tötest, hauen sie ab wie El Chapo – buddeln sich einen Tunnel und weg sind sie.«

Unter einem der abgestützten Torbögen des Palacio Municipal stand ein Eisverkäufer. Etwas weiter weg spielte einer vor ein paar Zuhörern Gitarre. Unter einem anderen Bogen ganz am Ende des Gebäudes hatte man ein Bettlaken aufgespannt: Hier gab es Kino.

Ein Schwarz-Weiß-Film flimmerte über das Leintuch – nach dem Gelächter der Zuschauer, die auf der Plaza auf dem Pflaster hockten oder auf Klappstühlen saßen, zu urteilen, eine Komödie. Ich nahm mir einen Stuhl.

»Ein alter Film«, sagte Francisco. »Der Mann war damals ein Star.«

Gerade schmachtete er singend eine rehäugige Schönheit in Rüschenbluse an.

»Das ist Pedro Infante.«

»Haben Sie den Film schon mal gesehen?«

»Den kennt jeder in Mexiko. Das ist *Nosotros, los Pobres.* 1948 gedreht.«

Wir, die Armen war also siebzig Jahre alt, aber Pedro Infante, verstorben 1957, genannt El Immortal, blieb in Mexiko unvergessen. Das harte Los der Hauptfigur Pepe el Toro, Besitzer einer armseligen Schreinerei in einem mexikanischen Slum – er kommt zu Unrecht ins Gefängnis, kümmert sich aufopfernd um seine sterbende Mutter und seine kleine Tochter – passte perfekt nach Juchitán. Mitten in dieser

Szenerie der Verwüstung, in einer kaputten Stadt, in der alle auf der Straße leben und unter Bäumen essen und schlafen mussten, saßen die Juchitecos auf Klappstühlen, sahen sich einen fleckigen Schwarz-Weiß-Film über Leute an, die es noch schlechter hatten als sie selbst – und lachten Tränen.

Einige der Zuschauerinnen trugen dickes Make-up und enge Röcke – übereinandergeschlagene Beine, hochhackige Pumps, ölglänzende Hochfrisuren, dicke Finger, die auf feisten Oberschenkeln ruhten. Diese altmodischen Schönheiten waren – wie der Mann mit dem gelben Kleid und den Mangos auf dem Markt – keine Frauen. Es waren *muxes*. In Juchitán begegnet man ihnen häufig: Männer, die sich wie Frauen kleiden, aber körperlich unverändert männlich sind.

Die *muxes*, eine Besonderheit des Isthmus, sehen sich als drittes Geschlecht. Die zapotekische Sprache kennt, anders als das Spanische, kein grammatisches Geschlecht. Das Zapotekenwort *jjueze* für »Freund« gibt wie das englische *friend* keinen Hinweis darauf, ob es sich bei dem Freund um einen Mann oder eine Frau handelt. Die Anwesenheit der *muxes* unter den obdachlosen, ausgebombten Juchitecos – Taschendiebe, Gitarrenspieler, Kinder, die Bonbons verkauften, erschöpfte Bauarbeiter –, das alles fügte sich zu einem endzeitlichen Bild wie vom Jüngsten Tag: eine verkehrte Welt, in der alle auf der Straße wohnten und sich mitten in den Ruinen Filme ansahen.

Ablenkung kam durch Vogelstimmen: Schwärme von schwarzen Vögeln, die ich erst für Stare hielt, ließen sich mit schrillem Gekreisch auf den Bäumen an der Plaza nieder. Wie ich später herausfand, waren es Dohlengrackel, die hier mit ihren spitzen Schreien zum allgemeinen Chaos beitrugen.

»Haben die Leute immer noch Angst in ihren Häusern?«, fragte ich. Die Straßen waren voll, man ging, saß, stand, mischte Zement, flickte Wände, verkaufte Nüsse und Obst. Aber in den stehengebliebenen Häusern und Hausfluren brannte kein Licht. Mit den lose gebündelten Elektrodrähten für die provisorische Straßenbeleuchtung und den Schutthaufen auf den Straßen sah das Ganze aus wie ein Kriegsschauplatz – ein bewohntes Trümmerfeld.

»Ja, in ihren Häusern haben sie Angst.«

Früher an diesem Tag hatten Francisco und ich in einem stickigen großen Zelt an einem Klapptisch Meeresfrüchte gegessen – der Fisch kam aus Salina Cruz am Golf von Tehuantepec. Und ich hatte mir schon die in Mexiko nie ganz abwegige Frage gestellt: Kriege ich jetzt eine Fischvergiftung?

Das Essen kam aus einer Art Feldküche in einem Hinterhof – eine Baulücke zwischen zwei kaputten Gebäuden, beleuchtet von einer Kette aus Glühbirnen. Aus der Küche drüben in der Ecke waberte fettiger Dunst, die Gäste saßen auf Plastikstühlen, eine Leiter lehnte an einer geborstenen Wand, ein Motorrad parkte neben den Tortillastapeln. Wie Partywimpel hingen Wäschestücke an einer Leine: Laken, Schlafanzüge und wehende rosafarbene Damenunterhosen.

Familien saßen entspannt und leise plaudernd beim Essen. An einem großen Tisch wurde Geburtstag gefeiert (Geschenke wurden formvollendet überreicht und ausgepackt; die Jubilarin war eine ältere Dame in einem blauen Kleid), gegessen und getrunken. Und weil diese provisorische Gaststätte sich in Mexiko befand, spielten singende Kinder zwischen den Tischen Fangen, Babys plärrten auf den Armen ihrer Mütter.

Ich kam auf den gleichen Gedanken wie schon in San Dionisio: Dieser unordentliche, stinkige Hof voller Menschen, Müll und Wäsche war eigentlich, wenn man ihn unvoreingenommen und lange genug betrachtete, ein Bild der Ordnung. Hier hatte alles seinen Platz, es stand für – ich biss von meinem torpedoartigen *tlacoyo de frijol* ab und knabberte scharf gewürzte Krabben – mehr als Ordnung: Es war pure Harmonie.

Dann ging ich zurück zum Hotel, und mir wurde hundeelend.

Amurabi und die Muxes

Die drei einheimischen Damen in der Lobby des Hotels Xcaanda, die gerade zur Überprüfung ihres Make-ups in die Spiegel ihrer Puderdöschen starrten, als erblickten sie darin das Konterfei ihres letzten Schwarms, waren *muxes*. Die Bezeichnung für dieses dritte Geschlecht soll aus der Kolonialzeit stammen und ist eine Verballhornung des spanischen Wortes *mujer*. Es gab *muxes*, die auf dem Markt Obst verkauften, und *muxes*, die nachts durch dunkle Gassen streiften und Kundschaft oder Sexpartner suchten. *Muxes* lustwandelten Hand in Hand – wunderschön mit Paillettenkleidern und hochhackigen Pumps herausgeputzt – in den vermüllten Straßen. Feiste *muxes* in knallengen Kleidchen schlenderten mit vernünftig gekleideten Verwandten herum.

Ein kettenrauchendes japanisches Fernsehteam wartete im Hotel auf die schriftliche Genehmigung des Bürgermeisters, *muxes* für eine japanische Kuriositätenshow zu interviewen. Elvis Guerra, Lokalpoet und Kontaktmann zu den *muxes*, ergriff mit verschwitzten Fingern meine Hand und flötete: »Ich kann dir unheimlich tolle Sachen erzählen.«

Ich wollte alles wissen.

Francisco stellte mir jemanden vor: »Er mag deine Bücher. Und Experte für *muxes* ist er auch.«

Dieser Mann, ein sehr zuvorkommender Mittvierziger, hieß Amurabi Mendez. Wir trafen ihn in seinem Laden unweit der Plaza; das Geschäft hieß Kiddo, ein Kindergeschäft mit T-Shirts, Shorts, Sneakers und Rucksäcken: lauter bunte Sachen, die zu Amurabis sonnigem Gemüt zu passen schienen. Er war zierlich, schlank und auf eine heitere, jungenhafte Art gewinnend. Sein leicht hermaphroditischer Habitus war allerdings irreführend. Er war studierter Ingenieur, Geschäftsmann und ernst zu nehmender Autor. Außerdem war er viel herumgekommen und sprach ein ausgezeichnetes Englisch.

»Tut mir leid zu hören, dass Sie so krank waren«, sagte er.

»Irgendwann erwischt es jeden. *Chorro.*«

»Wohl wahr.« Er lachte über den Vulgärausdruck. »Ich habe *Moskito-Küste* gelesen, als ich noch in Mexiko-Stadt an der Technischen Uni studiert habe. Ich fand es wunderbar. Ich freue mich, den Autor in unserem bescheidenen Juchitán begrüßen zu dürfen.«

Was er denn selber schreibe, wollte ich wissen.

»Ich habe viel über das Erdbeben berichtet. Ich war mittendrin.«

»Hat Sie das nicht in Angst und Schrecken versetzt?«

»Auch, ja«, sagte er auf meine banale Frage. »Aber es ist so viel ungeheuer Positives, Eindrucksvolles passiert. Einen Tag nach dem Erdbeben haben die Leute ihre Markstände wieder hingestellt. Die Häuser waren kaputt, es herrschte das reine Chaos, aber das Leben ging weiter. Vierundzwanzig Stunden nach dem Desaster haben die Leute mit dem Aufräumen angefangen, haben wieder Blumen, Obst und Fleisch verkauft, die Frauen an den Imbissen haben *garnaches* gemacht. Dieser Überlebenswille war großartig und wirklich eindrucksvoll.«

Im kastenbewussten Mexiko galt Amurabi als Angehöriger der immer wieder anders definierten Volksgruppe der Mestizen. Seine Mutter war Zapotekin, sein Vater verstand sich als Mexikaner – Mexikaner waren sie natürlich beide. Seine Mutter stammte aus San Carlos Yautepec, etwa 130 Kilometer von Oaxaca-Stadt. Man kommt über den Camino Real hin, auf dem ich gerade entlanggefahren war; der Ort mit ein paar Tausend überwiegend indigenen Einwohnern liegt allerdings abseits dieser Straße einsam im Gebirge.

»Mein Vater war ein richtiger Macho«, sagte Amurabi. »Er hat meine Mutter als dummes, primitives Indioweib beschimpft und ihr verboten, Zapotekisch zu sprechen.«

»Die arme Frau«, sagte ich. »Und wie hat sich das auf Sie selber ausgewirkt?«

»Meine Mutter hat sich geschämt und wollte nicht, dass wir Zapotekisch sprachen. Im Studium in Mexiko-Stadt habe ich niemandem gesagt, dass ich halber Zapoteke bin. Ich habe mich auch geschämt.«

»Heute immer noch?«

»Überhaupt nicht. Ich bin wieder hier – und ich bin stolz!«

Wir führten unsere Unterhaltung vorne in seinem Laden, zwischen blauen Rucksäcken, bunten T-Shirts und Kleiderstangen mit Sommerkleidchen.

»Frag Amurabi nach den *muxes*«, sagte Francisco Ramos. »Er kennt sich aus.«

»Treffen wir uns doch nachher in einem Lokal«, sagte Amurabi.

Das Lokal war die Bar Jardín, eine Sportbar in einer dunklen Gasse mit dem einprägsamen Namen Cinco de Mayo: Fußball auf großen Flachbildschirmen, johlende Fans an den Tischen, laute Musik. Im Radau solcher Kneipen werden manchmal besonders offene und vertrauliche Gespräche geführt: Wer etwas sagen will, muss die Kakophonie überschreien – und wer schert sich schon darum, was geredet wird? Wir tranken Bier und brüllten uns unsere Worte zu.

»Man muss dazu wissen«, sagte Amurabi, »dass eine *muxe* durch und durch Frau ist. Sie will eigentlich keine homosexuellen Männer. Eine *muxe* möchte denken: ›Ich bin sein Mädchen – er kann mit mir machen, was er will!‹«

»›Weil er mein Kerl ist!‹« sagte ich, »ein Macho.«

»Ja«, sagte Amurabi. »›Er schlug mich, und es war wie ein Kuss!‹«

»Das klingt ja schlimm.«

»Das ist ein Lied.« Amurabi zupfte an imaginären Gitarrensaiten: »Yeah, Yeah; ›Er schlug mich, und ich wusste, er liebt mich.‹ Oh, yeah.«

»*Muxes* sind also nicht schwul?«

»Nein. Ich bin schwul. Ich weiß, wovon ich rede!«, sagte er. »Schwule haben es in der mexikanischen Gesellschaft schwer. Ein Schimpfwort für uns ist *mayate*. Wie heißt das – Mistkäfer? Das Wort wird auch für Schwarze benutzt. Über Schwule wird in ganz Lateinamerika hergezogen. Voriges Jahr bei der Fußball-WM gab es so Sprechchöre wie ›*Ehh Puto!*‹ und ›*El que no salta es un chileno maricón*‹. Üble homophobe Sprüche.« Er lachte und nahm einen Schluck Bier: »Francisco sagt, Sie hätten Elvis Guerra getroffen?«

»Ja, neulich im Hotel. Er hatte ein paar *muxes* für eine japanische Fernsehsendung zusammengetrommelt.«

»Elvis ist Dichter. Er will die Sichtweise auf die *muxes* ändern und um Verständnis für sie werben. Heute gibt es eine andere Generation *muxes*.«

»Ein Beispiel?«

»Heute können sie Tops sein – das wollen heutzutage viele.« Amurabi benutzte die Terminologie der SM-Szene: »Sie wollen nicht mehr unbedingt Bottoms sein. Ältere *muxes* sind total devot. Früher hieß es immer, *muxes* würden sich nicht ineinander verlieben, heute kommt das vor. Früher hat man gedacht, sie seien Transvestiten und würden sich nicht verlieben. Aber das sind alte Kamellen.«

Ich wollte etwas über den Status von *muxes* in ihren Familien wissen. Es ist bekannt, dass die zapotekische Gesellschaft matriarchalisch strukturiert ist. Frauen dominieren im Wirtschaftsleben – man sieht es auf dem Markt – und kümmern sich um den Haushalt, in dem sie auch das Sagen haben. Ich fragte Amurabi, ob es die Mütter seien, die eine mögliche *muxe* aus ihrer Brut aussuchten.

»Ja. Die Familie beobachtet bestimmte Verhaltensweisen, wenn die Kinder noch klein sind«, sagte er. »Und dann geht es halt weiter. Die Mütter freuen sich meistens über eine *muxe*, die ja nicht heiratet, bei ihnen bleibt und ihnen im Haushalt zur Seite steht. Auf dem Arbeitsmarkt haben *muxes* es nicht leicht. Sie werden Friseusen oder machen den Frauen die Fingernägel. Werden Modedesigner, Stickerinnen, Tänzerinnen. Und manche, besonders die hübschen, jungen, verdienen ihr Geld als Prostituierte.« Er sah auf die Uhr. »Jetzt« – es war zehn Uhr abends – »sind die *muxes* unterwegs. Straßenstrich.« Er deutete über die brüllenden Fußballfans und die Flachbildschirme hinweg nach draußen in die Nebenstraßen.

»Ich habe welche auf dem Markt gesehen.«

»Das waren wahrscheinlich keine jungen.«

»Ich glaube nicht.«

»Das Schicksal der meisten *muxes* ist die Straße, weil die Schulen ihnen verschlossen bleiben. Ebenso die Universität. In der Schule sagt der Lehrer: ›Du bist Francisco.‹ ›Nein, ich bin Rosa.‹ ›Nein, du bist Francisco!‹ Das macht sie traurig.«

Ihr Schicksal ist die Straße – das war klar und deutlich. »Sie haben gesagt, schwul zu sein sei in Mexiko auch nicht einfach?«

»Es gibt jede Menge Schimpfwörter. Über uns macht man sich ständig lustig.«

Die deutlichsten Worte gegen die Homophobie in Mexiko kamen vom maskierten Zapatistenführer Marcos. Im Jahr 2001, als der Subcomandante aus seiner Urwaldfestung heraus nach Mexiko-Stadt marschiert war, war es auch zu einer Begegnung mit García Márquez gekommen. Der Dichter hatte geäußert, Marcos sei offensichtlich kein traditioneller lateinamerikanischer Linker.

Marcos warf der Linken vor, dass sie die Bevölkerungsgruppen der Indigenen und der Minderheiten außer Acht ließ. »Auch wenn wir unsere Skimasken abnehmen, wird bei uns niemand als schwul, lesbisch oder transsexuell gebrandmarkt«, erklärte Marcos. »Diese Teile der Gesellschaft hat die Linke in Lateinamerika in den letzten Jahrzehnten nicht zur Kenntnis genommen – die Ignoranz zieht sich bis heute durch. Die Theorie des Marxismus-Leninismus klammert diese Gruppen aus oder behandelt sie sogar als Teil des gesellschaftlichen Problems. Der Homosexuelle gilt als Verräter an der Sache der sozialistischen Bewegung. Und der Indio als rückständiges Element, das den Fortschritt der Produktionskräfte behindert.«

Amurabi, ein homosexueller Indio, musste sich also nicht nur Spott gefallen lassen, er galt auch als Problem. Er erklärte die mexikanische Homophobie mit der unterschwelligen Homoerotik des mexikanischen Machismo – und kam mit einem Witz dazu: »Paul, kennen Sie den Spruch: Was ist in Mexiko der Unterschied zwischen einem Schwulen und einem Hetero?«

»Sagen Sie's.«

»Sechs Bier.«

Am meisten freute er sich immer über La Vela, den großen Festumzug der *muxes:* Jedes Jahr im November bewunderten bis zu zehntausend Besucher die tausend herausgeputzten *muxes*, es wurde musiziert, getanzt, gegessen und angebandelt.

»Juchitecas kennen keine Hemmungen«, schrieb der bedeutende Dichter, Essayist und Journalist Andrés Henestrosa (1906–2008). Er entstammte einer Zapotekisch sprechenden Familie in dem kleinen Ort San Francisco Ixhuatán östlich von Juchitán. Nach dem Studium in Juchitán widmete er sich zeitlebens der Förderung zapotekischer Sprache und Kultur. Er, ein Freund und Mitstreiter von Francisco Toledo, setzte sich in seinen Texten ebenso ausdrucksstark mit seiner Kultur auseinander wie Toledo in der Malerei. »Es gibt nichts«, fährt Henestrosa fort, »was sie nicht sagen oder tun könnten. Die Juchiteca ist schamlos. Die Sprache der Zapoteken kennt keine Schimpfwörter.«

»Wegen des Erdbebens wurde La Vela letztes Jahr abgesagt«, sagte Amurabi. »Aber dieses Jahr haben wir wieder einen Umzug. Es ist ja etwas ganz Besonderes. Das gibt es nur hier auf dem Isthmus. *Muxes* haben nur wir.«

Die Hauptkirche der Stadt ist die Parroquia de San Vicente Ferrer. Nach einer hiesigen Legende gab Gott dem heiligen Vinzenz Ferrer einen Sack voller *muxes*, er sollte den Inhalt in ganz Mexiko verteilen. Als aber der Heilige Juchitán erreichte, platzte der Sack auf, und alle *muxes* landeten an diesem einen Ort.

»Auch ihretwegen lieben wir unsere Stadt. Wir sind stolz auf sie. Sie sind unser Kulturerbe – *muxes* gab es hier wahrscheinlich schon vor tausend Jahren.« Amurabi überlegte kurz. »Dieser Stolz hat uns geholfen, mit den Schrecken des Erdbebens fertig zu werden.«

Ixtepec und die Helfer

Juchitán ist eine Station an der Bahnlinie von der Grenze Guatemalas nach Norden. Genau vierzig Jahre zuvor war ich auf meiner monatelangen Reise von Boston nach Patagonien hier vorbeigekommen. Damals hatte ich aus dem Zugfenster gehangen und mir die sonderbaren Namen der Orte in dieser Gegend aufgeschrieben: Tonalá und Pijijiapan. Heute gibt es keine Personenzüge mehr, hier rattert nur noch La Bestia vorbei, der Güterzug, auf dessen Waggons die Migranten einige Wegstrecken ihrer fast fünftausend Kilometer langen Reise zurücklegen: eine Tortur, die Oscar Martínez in *The Beast: Riding the Rails and Dodging Narcos on the Migrant Trail* in all ihrer Grausamkeit darstellt. Er war in Ixtepec auf »die Bestie, die Schlange, das Monster« aufgestiegen und behauptet in seinem Buch, die Strecke achtmal ohne größere Zwischenfälle hinter sich gebracht zu haben. Viele Mitfahrer bezahlen eine einzige Fahrt mit dem Leben.

Migranten stürzen von den Waggons ab und brechen sich im Gleisbett das Genick oder werden von den stählernen Rädern zermalmt. Auf der ganzen Strecke lauern außerdem Diebe und Vergewaltiger.

»Die Kriminellen springen auf den Zug und mischen sich unter die Migranten«, schreibt Martínez. »Es kommt vor, dass der Zugführer an bestimmten Stellen extra langsam fährt, damit die Gangster den Zug entern können.« Die meisten sind Kleinkriminelle und Gelegenheitsverbrecher aus den Gegenden an der Strecke, aber die Entführungen von mitfahrenden Frauen, denen dann Zwangsprostitution oder Sklavenarbeit in Narco-Camps droht, gehen auf das Konto von »professionell organisierten Gangs«.

Die Karawane von Männern, Frauen und Kindern, die sich auf der Flucht vor der Gewalt in Zentralamerika im Jahr 2018 auf den langen Marsch in die USA machte und an der Grenze aufgehalten wurde (wo man Mütter und Kinder voneinander getrennt einsperrte), hatte sich etwa hundert Kilometer südlich von hier formiert, in Arriaga. In der Zeit, in der ich auf dem Isthmus war, hielten sich Tausende Migranten aus dem Flüchtlingstreck nach Norden in der nahen Ortschaft Ixtepec für einen Zwischenhalt auf – sie waren hungrig und erschöpft; das zerstörte Juchitán konnte sie nicht aufnehmen – und in Ixtepec gibt es eine bekannte Herberge für Migranten.

Dieser Teil des Isthmus ist heiß, flach und unschön. Die löchrige Straße führte durch eine dämpfige Savanne mit brackigen Kanälen, dicken Schilfbüscheln und zottigen Palmen. Die Hitze war beklemmend: Das Thermometer zeigte 37 Grad Celsius, als ich aus Juchitán hinausfuhr. Unterwegs auf den kleinen Landstraßen konnte ich sehen, dass Juchitán beim Erdbeben vergleichsweise gut davongekommen war. Versteckt im hohen Schilf lag die kleine Töpferstadt Asunción Ixtaltepec. Hier stand kaum noch etwas: Der Palacio Municipal und die Kirche der Virgen de la Asunción hatten solch schwere Risse, dass sie wohl nicht mehr zu reparieren sein würden. Die Erdnuss- und Bohnenfelder – wichtigste Einkommensquelle der Gegend – waren versengt und verlassen, der Río los Perros ein stehender Altwasserarm.

Das hohe Schilf säumte die Straßenränder so dicht, dass Ciudad Ixtepec erst in Sicht kam, als ich unmittelbar davor war. Die Kleinstadt ist ein Güterumschlagplatz; die Bahnlinie geht mitten hindurch. Erdbebenschäden gab es auch hier, die kleinen, niedrigen Häuschen aus Hohlziegeln hatten allerdings die Stöße einigermaßen überstanden. Wieder so ein elender Ort: ärmliche Behausungen an kaputten Straßen, gegen Plünderer vergitterte Schaufenster, Müllberge an Straßenecken, streunende Hunde, die darin an Verpackungen und Essensresten zerrten – ein Jammertal, aber für hilfesuchende Migranten der Himmel auf Erden.

Die Herberge, ein eingezäunter Komplex hinter einem schweren Sicherheitstor, liegt in einem heruntergekommenen Ortsteil mit dem sprechenden Namen La Soledad. ALBERGUE DE MIGRANTES stand an einer Außenmauer. Unter einem Wandgemälde mit wandernden Gestalten die Inschrift: HERMANOS EN EL CAMINO. Dazu ein Vers aus Matthäus 25,35: »*Tuve hambre y me dieron de comer* …« – »Denn ich bin hungrig gewesen, und ihr habt mich gespeist. Ich bin durstig gewesen, und ihr habt mich getränkt. Ich bin ein Fremdling gewesen, und ihr habt mich beherbergt.«

Padre Alejandro Solalinde, ein radikaler Priester aus Texcoco, hat das Heim im Jahr 2007 eingerichtet, als sich in Ciudad Ixtepec die Übergriffe auf Migranten häuften. Sein Missionsbericht stellt fest: »Wegen der strategischen und geopolitischen Bedeutung auf dem Isthmus von Tehuantepec haben etliche Gangs Ixtepec zum Hauptquartier gemacht. Hier scheint es ihnen besonders einfach, von Migranten mit allen denkbaren Methoden hohe Summen zu erpressen.« Unter den Erpressern, fährt der Bericht fort, befänden sich auch »Angehörige der Orts-, Staats- und Bundespolizei«.

Auf der Website der Einrichtung wird um junge Freiwillige geworben: »Hier bei Hermanos en el Camino kannst du unseren Brüdern helfen und Erfahrungen machen, die dein Leben verändern werden. Komm zu uns!«

Und kaum hatte ich den Wächter am Tor von meiner Harmlosigkeit überzeugt – nur ein alter Gringo, der etwas wissen wollte –, lief mir auch schon eine Freiwillige aus den USA über den Weg: Junet (Junie) Bedayn aus Grass Valley, Kalifornien, eine dünne Achtzehnjährige mit niedlichem Gesicht, knöchellangem Blümchenkleid und Sandalen, ihr Haar war mit einem Taschentuch zusammengebunden.

»*Hola, bienvenido.*« Dann erkannte sie in mir den Landsmann und fuhr lächelnd auf Englisch fort. Sie erzählte, wie sie hergekommen sei. Zwischen ihrem Highschool-Abschluss in Grass Valley und dem ersten Semester an der Columbia University wollte sie etwas Sinnvolles tun und war auf die Website von Hermanos en el Camino gestoßen. Statt also in einem Bistro in Grass Valley zu bedienen, Kindern in einem Sommercamp Schwimmunterricht zu geben oder auf einen Bildschirm zu starren und Bilder auf Instagram zu posten, hatte sie sich hier beworben: Einserschülerin, Spanisch gut in Wort und Schrift, willens, sich zwei oder drei Monate für die Sache der Migranten einzusetzen.

»Mein Güte, du bist achtzehn!« Mit achtzehn war ich Rettungsschwimmer in einem Schwimmbad in Boston. Wenn ich mich nicht oben auf dem Hochsitz der Badewärter heimlicher Lektüre widmete (das war mein Sommer mit *Unterwegs* und Philip Wylies *Generation of Vipers)*, trieb ich Unsinn mit den Kumpels vom Schwimmbad, die mich Paulie nannten.

Und Junie Bedayn hatte sich mit achtzehn allein auf den Weg zum Isthmus gemacht und sich allen populistischen Negativansichten über Migranten zum Trotz für diese ehrenamtliche Tätigkeit zur Verfügung gestellt.

»Es war nicht so einfach, meine Mutter und meine Tante davon zu überzeugen, dass mir schon nichts passieren würde.« Kurz bevor sie ihre Bewerbung abgeschickt hatte, war ihr Vater verstorben; ich konnte die Sorge ihrer Mutter gut nachfühlen. Aber Junie hatte sich durchgesetzt. Sie war von Oaxaca aus mit dem Bus hergefahren und nach der Ankunft erst einmal krank geworden (»Ich hatte vergessen, dass man hier kein Leitungswasser trinken soll«). Zurzeit waren außer einigen Nonnen nur noch zwei andere Freiwillige in der Herberge tätig: Junie wurde gebraucht. Und der komplette Außenbereich der Unterkunft war voller junger Männer – abgerissener, hohläugiger, zur Tatenlosigkeit verdammter Männer, die auf Strohmatten lagerten und dieses hübsche Mädchen taxierten. Junie, forsch wie sie war, blieb unbeeindruckt.

»Hier ist der Schlaftrakt.« Sie zeigte auf ein vierstöckiges Gebäude am Ende des Grundstücks. In der Hauswand klaffte ein breiter Riss.

»Das ist ein Erdbebenschaden. Deshalb wollen die meisten Migranten nicht drinnen schlafen; sie haben Angst, dass das Haus einstürzt.«

Momentan seien achtzig Männer zu betreuen; eine relativ kleine Zahl. Ausgelegt war die Einrichtung für zweihundert Menschen; sie hätten aber auch schon vierhundert dagehabt, aus Guatemala, Honduras und El Salvador. Ich versuchte mir vierhundert heimatlose, bettelarme, hungrige Männer vorzustellen, die sich hier für eine Woche oder länger aufhielten, bevor sie wieder irgendwie weiter nach Norden zogen. Es müssten doch auch viele verletzt, krank oder von ihren langen Fußmärschen und der Zugfahrt von Arriaga traumatisiert sein, sagte ich.

»Wir haben hier zwei Ärzte und zwei Krankenschwestern«, sagte Junie. »Sie können sich denken, dass die viel zu tun haben.«

»Ist die große Karawane hier auch durchgekommen?«

»Ja, vor – wann war das? – vor ein paar Wochen. Wir konnten sie alle mit Essen versorgen.«

Ich deutete mit dem Kopf zu den Männern auf den Strohmatten und fragte leise: »Was machen diese Männer den ganzen Tag?«

»Sie hören Musik, sie spielen Brettspiele. Manche malen – sehen Sie die Bilder?«

Da hingen Blätter mit ländlichen Szenen; Bauern im weißen Hemd zwischen grünen Reihen von Gemüse; ungelenke Kühe und Ziegen; Tanzgruppen in fröhlichen roten Trachten.

»Die meisten haben aber Arbeit«, sagte Junie. »Sie werden morgens um halb sieben abgeholt und helfen in der Stadt auf dem Bau. Nach dem Erdbeben gibt es genug zu tun. Sie bekommen 300 Pesos am Tag. Nachmittags sind sie dann wieder hier.«

»Wohin wollen sie?«

»Fast alle wollen nach Norden«, sagte sie. »Aber ein paar von ihnen warten auf eine Aufenthaltsgenehmigung für Mexiko.«

»Sind hier ausschließlich Männer?«

»Nein, im Moment haben wir auch zwölf Frauen und vier Kinder.« Sie führte mich über das Gelände zu einem kleineren eingezäunten Gebäude, an das ein Spielplatz grenzte.

Als wir uns dem Maschendrahtzaun näherten, begrüßte uns eine etwa dreißigjährige Frau in Freizeithose und blauer Bluse: Ana Luz Minerva, auch eine Freiwillige. Neben der Helfertätigkeit sammelte sie Material für ihre Dissertation.

»Ich befasse mich mit den unbegleiteten Kindern aus Zentralamerika.«

»Gibt es viele davon?«

»Allerdings. Manche sind erst acht Jahre alt und allein unterwegs.«

»Das ist unglaublich – wie kommt es dazu?«

»Weil die Banden in El Salvador und Honduras Jugendliche zu Mördern ausbilden und es immer schwieriger für sie wird, welche dafür zu rekrutieren. Also holen sie sich immer jüngere Kinder. Ich beschäftige mich mit den Kindern, die ihnen weglaufen.«

»Wie rekrutieren die Gangs die Kinder?«

»Die Gangster schnappen sie sich und drohen ihnen damit, ihre Mütter umzubringen«, sagte Ana Luz.

»Und es gibt niemanden, der das unterbindet?«

»Manche Orte haben eine Art Bürgerwehr – sie bringen selber Bandenmitglieder um. Das nennen sie ›Straßenreinigung‹. Die Polizei tut ja nichts.«

Eine junge Frau ging beim Frauenhaus vorbei und grüßte zu uns herüber.

»Sie ist mit ihren beiden Kindern angekommen«, sagte Ana Luz. »Manche kommen mit der ganzen Familie. Neulich hatten wir eine Sechsundzwanzigjährige hier, die war allein mit vier Kindern unterwegs.«

»Oft werden die Frauen missbraucht«, sagte Junie. »Eine hat mir erzählt, dass sie von vierzehn Männern vergewaltigt wurde.«

»Und das hat sie dir erzählt?«

»Ja. Sie hatte sich irgendwie damit abgefunden. Sie hat gesagt: ›Das musste passieren, damit ich weiterkomme.‹«

Ana Luz sagte: »Bis vor kurzem haben die Zetas Migranten entführt und von ihnen verlangt, dass sie ihre Telefonnummern herausgeben sollten; dann haben sie von den Familien Lösegeld verlangt. Jetzt sind aber Drogen das Hauptproblem.«

»Was für Drogen genau?«

»Marihuana, Crack, Meth.« Junies unschuldiges Teenagergesicht verdunkelte sich besorgt. »Die User werfen wir hier sofort raus. Die sind da drüben in dem wilden Zeltlager.«

Sie müssten wieder zurück an die Arbeit, sagten Ana Luz und Junie.

»Ich bewundere euch beide für euren Einsatz. Junie: Deine Mutter kann stolz auf dich sein.«

»Sie macht sich Sorgen um mich«, sagte sie. Wir gingen über das Gelände in Richtung Ausgang. Drinnen im Büro saß die diensthabende Nonne vor einem Computerbildschirm, vor dem Gebäude lagerten zwanzig Männer auf ihren Matten und sahen zu, wie wir vorbeigingen. »Aber ich mache mir Sorgen um diese Menschen.«

Draußen auf der müllübersäten Straße war das wilde Lager der Junkies, der Ausgeschlossenen, der harten Burschen, der misshandelten Jugendlichen; es waren etwa dreißig Männer. Vier standen auf dem Dach einer Hütte, riefen mir etwas zu, wollten Geld, schimpften. Sie hatten ihr Camp verbarrikadiert: Die Ausgestoßenen von Ixtepec hatten sich aus Abfallholz, Plastikplanen und Draht ihre eigene Festung errichtet. Aus der trostlosen Isolation dieses Lagers heraus starrten die verlorenen Seelen zu mir herüber. Ihre Frustration angesichts der Leichtigkeit, mit der ich so einfach zu meinem Auto gehen und wegfahren konnte, war verständlich.

Aber dann wurden sie von etwas Merkwürdigem abgelenkt.

Ungefähr fünfzig Meter weiter oben an der Straße kam eine *muxe* aus einer Hütte hinter einem Bretterzaun hervor, eine breitschultrige, stämmige Mannfrau im Abendkleid. Der Straßenkies knirschte unter ihren Plastiksandalen, als sie in meine Richtung kam. Sie passierte das Lager der Männer aus Honduras, Guatemala und El Salvador: Länder, die keine *muxes*, aber das Machotum kennen. Die *muxe* – mittleres Alter, lange schwarze Haare, hautenges schwarzes Paillettenkleid – schlenderte an diesem heißen Nachmittag graziös, stolz und ohne jede Eile an denjenigen vorbei, die ihr mit faszinierten Blicken folgten.

Nach San Cristóbal

Nach dem Besuch in Ciudad Ixtepec nahm ich wieder die Schnellstraße nach Osten in Richtung San Cristóbal de las Casas. Ich fuhr zu meinem Rendezvous mit den Zapatisten, vorbei an den Lagunen von Juchitán und durch versengtes Brachland voll fransigem, abgeknicktem Schilf. Von der Grenze in Reynosa bis hierher: 2254 Kilometer königliche Straße durch Steppen voller Schlangen.

Mexiko hat viel zu bieten – von der vielfältigen Gastronomie über die vielen Sprachen und die üppigen Fiestas bis hin zu den Tröstungen durch Familie und Religion. Urlauber kennen und schätzen die Attraktionen, und Mexikaner sind stolz darauf. Aber es gibt noch mehr, manches davon ist unschön, und alles ist kompliziert.

Den augenfälligen Vorzügen gegenüber steht die traurige Tatsache, dass das Leben in Mexiko für alle und jeden gefährlich sein kann. Die ängstlichen Bonzen in Mexiko-Stadt schützen sich mit bewaffneten Bodyguards; die Armen in den Hütten kleben zu ihrer Verteidigung Glasscherben auf Mauerkronen und vergittern Fenster und Türen. Befestigungsanlagen, Mauern und Zäune sind sichtbare mexikanische Daseinsform: La Vida Mexicana spielt sich in Festungsbauten ab. Die Superreichen sorgen in ihren Trutzburgen für Kugelsicherheit, die Bürger leben hinter Mauern, und selbst die Ärmsten in der Mixteca Alta ziehen – in kindlichem Vertrauen auf wacklige Bambusgatter und grimmige Wachhunde – Zäune um ihre Grundstücke.

Ich empfand die Mexikaner als von Natur aus herzlich, und doch schien bei jeder ersten Begegnung ein zögerlicher Unterton, ein kleines, dunkles Verdachtsmoment mitzuschwingen. Es ist ihrer DNA durch ihre Geschichte eingeschrieben, zum Selbstschutz auf der Hut zu sein. Schon immer war jeder Fremde eine potenzielle Bedrohung. Für alles, was über bloße Bekanntschaft hinausging, brauchte es Vertrauen, und das musste verdient werden. *Ganar el respeto* war ein mexikanisches Gebot; tiefer ging *ganar la confianza*, das Vertrauen gewinnen. Ein *amigo* konnte man schnell werden, aber bis man Respekt und Vertrauen genoss, musste man sich erst einmal taxieren lassen: Großzügigkeit, Offenheit, Zuverlässigkeit, selbst die Art, wie man ging und stand, wurde beurteilt. Erst dann hieß es: *Se ganó mi confianza.* Dann war man ein *compadre.*

Daher empfand ich Freundschaftsangebote von Mexikanern immer als großherziges Geschenk, das ich dankbar annahm: Die Freundschaften mit ihnen konnten manchmal subtiler, dauerhafter und tiefer sein als Liebe.

Ich habe immer die Tugenden des Alleinreisens gelobt, den einsamen Pfad, die Anonymität und das Meditieren auf der freien Straße, und ich glaube immer noch, dass sich jeder Wanderer von Begriffen wie Schweigen, Einsiedlertum und Schläue (James Joyce' Schutzbegriffe) leiten lassen sollte; ganz besonders, wenn er vorhat, über seine Reisen zu schreiben.

Mexiko steckt voller Widersprüche. Man kann in Cancún vor seinem Mojito sitzen, selig einen Taco zerkrümeln und nichts weiter wollen als ein bisschen Geld in der Tasche und einen herbeigeeilten lächelnden Kellner am Tisch: Das tun Millionen. Der Gringo in seinem Auto auf einer einsamen Landstraße ist etwas anderes. Er ist beinah so angreifbar wie die Mexikaner selbst – Bewohner eines Staats, der seine Bürger nicht schützt. In Juchitán hatte ich mir eingestehen müssen, dass ich ohne die Hilfe mexikanischer Freunde nie so weit in dieses Land vorgedrungen wäre und es nie so gut verstehen gelernt hätte.

Von fast allen Mexikanern, die mir begegneten, hörte ich dringende Ermahnungen wie »Pass auf«, und viele halfen mir mit genauen Angaben über Orte, die ich meiden sollte, über Plätze, an denen ich mein Auto vor Vandalismus und Diebstahl geschützt abstellen könnte, wohin ich zu Fuß gehen sollte und wie ich die Etikette der Dörfer zu achten hätte: »Reden Sie immer erst mit dem Ortsvorsteher und stellen Sie sich vor, bevor Sie Fragen stellen.« (Während ich dies schreibe, frage ich mich, ob man in den USA einem Besucher aus Mexiko gegenüber genauso fürsorglich wäre.) Die Mexikaner hatten hinreichende Gründe, der Obrigkeit zu misstrauen – und warnten mich immer wieder vor der Polizei, mit der ich allerdings schon meine eigenen üblen Erfahrungen gemacht hatte.

Als der stoische alte Campesino mir in San Juan Bautista Coixtlahuaca den Ortsnamen erklärte – »Steppe der Schlangen« –, hatte ich auf einmal das ganze Bild der mexikanischen Kontraste vor Augen: die Herrlichkeit der drachenartigen gefiederten Schlange Quetzalcoatl, Gott der Winde, des Feuers und der Schöpfung bei den Azteken, und die Gefahr durch das lauernde Reptil.

»Quetzalcoatl war die wichtigste präkolumbianische Gottheit«, sagte mir mein Schriftstellerkollege Diego Olavarría später. »Die Schlange kommt in vielen mexikanischen Ortsnamen vor, zum Beispiel in Coatzacoalos und Coatepec. ›Cancún‹ bedeutet übrigens in der Sprache der Maya ›Schlangennest‹.« Er fügte hinzu: »Unser Ursprungsmythos und unser Wappen zeigen Schlangen als das Böse, das durch den tugendhaften Adler besiegt wird, die Wahrheit ist aber ein bisschen komplizierter: Der Adler kann sich einsam in die Lüfte schwingen, aber wir Mexikaner bleiben am Boden und müssen uns das Land mit den Schlangen teilen.«

Die Angst um Leib und Leben zog sich offenbar als so beherrschendes Thema durch die gesamte Geschichte Mexikos, dass die Menschen ihr Heil bei überirdischen Wundertätern suchten: Sie beteten zur Jungfrau von Guadalupe, zum heiligen Judas Thaddäus, zur Santísima Muerte, zum Narco-Heiligen Jesús Malverde und anderen spirituellen Rettern. Und wenn irgendwann ein irdischer Befreier aus dem Nichts auftauchte, um mit spektakulären Aktionen sein Land zu erlösen, dann wurde auch seine Person zum Heiland erhoben. Emiliano Zapata, Pancho Villa, Lázaro Cardenas gehören in diese Reihe: Revolutionäre, Erneuerer und Schutzheilige ihres Volkes.

Die neueste, am härtesten geprüfte Inkarnation revolutionärer Erlöser waren die Zapatisten. Vom ersten Augenblick an, als ich 1994 in den Nachrichten gesehen hatte, wie die vermummte Gestalt des Subcomandante Marcos zu Pferd den Urwald von Lacandón verließ und unter dem Banner des Ejército Zapatista Liberación Nacional in San Cristóbal einritt, hatte ich diesen Mann kennenlernen wollen. Wie so viele andere Revolutionäre war er umstritten: Die einen hielten ihn für ein schädliches Element, andere sahen den charismatischen Führer, für wieder andere war er der Messias der Indios. Seinen bürgerlichen Namen kannte niemand, niemand wusste, wo er im Urwald wohnte, niemand hatte je sein Gesicht gesehen.

Und jetzt war ich auf dem Weg in sein Gebiet, als geladener Gast seines »Conservatorio« in San Cristóbal, wo er zu sehen sein würde – oder auch nicht.

Das Auto rollte auf der glatten, geraden Strecke, auch dies ein Stück Camino Real, durch die feuchtwarme Ufersavanne des Isthmus von Tehuantepec; ein heißer Wind blies aus Nordosten, rüttelte an der Karosserie meines Autos und drückte die großen Trucks aus der Spur: ungeschlachte Flusspferde, die aufreizend mit dicken Hinterteilen vor mir her schwänzelten und schwer zu überholen waren. Dieser Wind, der Tehuano, hatte aber auch sein Gutes: hier in der Savanne standen meilenweit Windräder wie riesige Ventilatoren; schwirrende Rotorblätter pumpten Saft ins staatliche Netz.

Der Camino Real überwindet enorme Höhen: Auf seiner ganzen Länge klettert er von Normalnull bis auf über 1600 Meter. Nach hundert oder hundertfünfzig Kilometern mit Sturm und flachgewehtem Gras führte er jetzt aus dem Staat Oaxaca hinaus nach Arriaga in Chiapas – Sammelstelle des Migrantenzuges – und hatte in Tuxtla Gutiérrez die ersten 520 Höhenmeter hinter sich. Flugreisende kennen diese lebendige Halbmillionenstadt in ihrem Hochtal wegen des internationalen Flughafens; von hier aus reisen sie in die Städte von Chiapas weiter oder steigen am Drehkreuz Tuxtla in die Ferienflieger nach Cancún oder Merida um.

Mich interessierte Tuxtla im Zusammenhang mit den Zapatisten. Nach ihrem ersten Auftritt im Jahr 1994 in San Cristóbal und kriegerischen Auseinandersetzungen mit Polizei und Militär machte die mexikanische Regierung in den Friedensgesprächen von San Andrés den Aufständischen etliche Zugeständnisse. Das Abkommen erwies sich als heiße Luft. Als die Regierung ihre Versprechungen ein paar Jahre später noch immer nicht eingehalten hatte, zogen Zehntausende auf die Straßen von Tuxtla und forderten eine Verfassungsreform.

Ein Aktivist aus dieser Stadt, Rubicel Ruíz Gamboa, Unterstützer der zapatistischen Bewegung, Verfechter der Rechte der Indigenen, besonders um die Landreform bemüht und außerdem Führer der unabhängigen Zentralorganisation indigener Bauern, war im Jahr 1998 gerade auf dem Heimweg nach Tuxtla, als er von zwei Männern in einem Auto verfolgt wurde. Sein Wagen wurde beschossen, er starb im Kugelhagel. Mexikaner haben, wie US-Amerikaner auch, die Tendenz, ihre Wohltäter zu ermorden – Emiliano Zapata wurde 1919 umgebracht.

Mit der Ermordung von Ruíz sollten offenbar weitere Friedensgespräche zwischen Zapatisten und Regierung verhindert werden. Das Abkommen »Zur Wahrung der indigenen Rechte und Kultur« von San Andrés, für das die Zapatisten nur Hohn übrighaben, bleibt weiterhin bloßes Papier, keine der versprochenen Maßnahmen wurden bisher implementiert. Die übliche mexikanische Politik des Nichtstuns: Die Regierung will Gras über die Sache wachsen lassen und baut auf die Vergesslichkeit ihrer Bürger.

Die Graffiti an Mauern und Felswänden zwischen Tuxtla und San Cristóbal machten allerdings unmissverständlich klar, dass die Schandtaten der Regierung ebenso wenig in Vergessenheit geraten waren wie der Kampfgeist der Zapatisten, die bald ihre fünfundzwanzigjährige Herrschaft in Chiapas feiern und ihre Skimützen immer noch nicht abnehmen würden.

Östlich von Tuxtla, unweit der Stelle, an der Rubicel Ruíz Gambona niedergeschossen wurde, liegt der spektakuläre Cañon del Sumidero; der Río Grijala hat hier eine tiefe Spalte in den Fels gegraben. Wie so viele andere Orte mit einer grausamen Vergangenheit ist auch dieser von trügerischer Schönheit. Vögel zwitscherten an diesem sonnigen Tag in den Bäumen, Habichte wirbelten am Himmel, Buschwerk und waldige Hänge bedeckten die Sierra – keine Dörfer und kaum ein Haus neben der *autopista* zu sehen, die hier an der alten königlichen Gebirgsstraße der Missionare vorbeiführt. Nach einer knappen Stunde hinter Tuxtla war ich am Rande eines Tals, sah unten Häusergruppen und hatte kurz darauf das Kopfsteinpflaster der engen, einspurigen Straßen von San Cristóbal erreicht.

Nach den 37 Grad Celsius an der Küste waren mir die nebligen

Höhen und dicken, regenschwangeren Wolken von San Cristóbal – das Nachttemperaturen von vier Grad Celsius und in den Wintermonaten Frost und Schneefall kennt – gerade recht. Die Stadt, die Graham Greene so unerträglich primitiv gefunden hatte (»Ich will nur raus aus diesem verdammten Land«), war jetzt quirlig und schick, voller Andenkenläden und Boutiquen – so jedenfalls der Anschein.

Oventic: Resistir Es Existir

Auf den ersten Blick sieht San Cristóbal de las Casas aus wie ein Fernziel für Touristen, die wegen der Restaurants, der Kirchenarchitektur, des riesigen, labyrinthischen Marktes und des Kunsthandwerks (Schals, Bernsteinschmuck, Lackarbeiten, Ledersachen) da sind oder mit dem Bus weiter zu den Ruinen von Palenque wollen. »Zapatouristen« gibt es auch: Viele wollen die Stadt sehen, die als Erste von den Zapatisten eingenommen wurde, und statten sich hier mit den passenden T-Shirts und Kappen aus. Auf den zweiten Blick erschließt sich, dass der Ort fast ausschließlich von Mexikanern bewohnt wird, die eine der vielen Maya-Sprachen sprechen, hier sind es das Tzotzil und das Tzetzal. Wenn man in der Höhenluft keuchend zu Fuß in die Außenbezirke vordringt und genauer hinsieht, wird klar, dass die indigene Bevölkerung arm ist, in schlechten Wohnverhältnissen lebt und so gut wie keine sozialen Einrichtungen hat.

Die Menschen hier sind die kräftigen Leute ohne Gesichter aus dem langen Marsch; sie sind die direkten Nachfahren der Ureinwohner der präkolumbianischen Zeit. Ihre Vorfahren waren die Arbeiter und Bauern in den untergegangenen Reichen der Azteken, Zapoteken und Nahuatl. Sie lebten fernab von den Herrschern, den Privilegierten, von den geheimen Gesellschaften der Adler-und Jaguar-Krieger, vom eleganten Adel und von der Priesterkaste.

Einst waren sie die *maceualli* der Nahuatl: niederes Landvolk, das die Eliten mit Mais, Bohnen, Kürbissen, Tomaten, Kartoffeln, Sarsaparille und den Bohnen zu versorgen hatte, die sie *chocolatl* nannten.

Sie zogen Truthähne auf, sammelten Kaktusfeigen, Heilkräuter und die in Mexiko heimische Sonnenblume, von den Azteken wegen ihrer Ähnlichkeit mit einem Schutzschild *chimalxochitl*, Schildblume, genannt.

Arme, rechtlose Bauern haben in der Geschichtsschreibung seit Jahrhunderten keinen Platz. Eine frühe Ausnahme bildet das Werk des französischen Politikers und Ethnologen Jacques Soustelle. In der Einleitung von *Das Leben der Azteken. Mexiko am Vorabend der spanischen Eroberung* betont er die Bedeutung gerade dieses Standes: »[N]ach dem Unheil von 1521 [hat] nur er den völligen Zusammenbruch von Idee und Macht, von religiösem und gesellschaftlichem Gefüge überlebt [...] und [ist] heute noch da [...].«

Die Worte stammen aus dem Jahr 1955. Sie sind bis heute gültig. »Ja, wir sprechen immer noch Zapoteco, unsere Geheimsprache!«, hatte der Mezcalero Crispin García mir in San Dionisio gesagt, als wollte er auf eine geheime Parallelgesellschaft hinweisen.

Eine Million Indigene lebt in Chiapas und stellt damit ein Drittel der Bevölkerung. Diese Abkömmlinge der Maya haben zwölf verschiedene Sprachen und verständigen sich untereinander mit den gleichen Worten, die sie schon vor tausend Jahren benutzt haben; Spanisch lernen viele erst als Zweitsprache, manche gar nicht. Ein Drittel aller indigenen Kinder sieht nie ein Klassenzimmer von innen. Die Gesundheitsvorsorge ist so gut wie inexistent, das Pro-Kopf-Einkommen von Chiapas ist gleich dem in Kenia.

»Mit der stillen Beharrlichkeit der Ameise«, so übersetzt Samuel Beckett eine Zeile aus Alfonso Reyes' »Yerbas del Tarahumara«, haben die sogenannten Indios sich seit der Zeit der Conquista immer wieder aufgelehnt, wurden aber immer wieder kaltgestellt oder mit Schlägen gefügig gemacht. Namenspatron der Stadt San Cristóbal de las Casas ist der spanische Mönch (und spätere Bischof von Chiapas) Bartolomé de las Casas, der als Erster die grausame Behandlung der Urbevölkerung durch seine Landsleute anprangerte. Die sechs Urwaldromane von B. Traven, vor allem *Die Rebellion der Gehenkten* und *Ein General kommt aus dem Dschungel* spielen in den mexikanischen Revolutionsjahren und handeln von Unruhen, Schuldknechtschaft und Zwangsarbeit in Chiapas. Ab etwa 1920 hatte Traven viele Monate bei Holzfällern, Bauern und Indigenen gelebt und sich in seinem Werk für sie (die er etwas zu sehr verklärt) und ihre Sache eingesetzt. Nach seinem Tod im Jahr 1969 verstreute Travens Witwe von einem Flugzeug aus seine Asche über dem Urwald von Lacandón; es scheint, als hätte sich die Bewegung der Zapatisten aus der Asche dieses unerkannten Autors erhoben.

Mit meinem Schriftstellerfreund Juan Villoro, der mir die Einladung zu dem geheimen Konzil der Zapatisten verschafft hatte, traf ich mich an der Ecke einer dieser engen Gassen von San Cristóbal.

Ein paar Monate zuvor, in Colonia Roma, hatte Juan mir bei einem Teller Schweinebäckchen lieber von seinem Vater erzählen wollen als von sich selbst. Sein Vater, Luis Villoro, Einwanderer aus Spanien mit wissenschaftlichem Interesse an den Sprachen der Maya, war sehr viel in Chiapas gereist und hatte sich dort mit den Völkern der Indigenen beschäftigt. Das Ergebnis war 1950 unter dem Titel *Los grandes momentos del indigenismo en México* erschienen.

Hier in San Cristóbal erzählte Juan mir mehr. Zu Luis Villoros Professorenkollegen an der UAM, der Universidad Autónoma Metropolitana in der Hauptstadt, stieß irgendwann ein hochintelligenter, 1957 geborener junger Soziologe aus Tampico, Tamaulipas. Seine Schulzeit hatte er bei den Jesuiten des Instituto Cultural Tampico verbracht. Dieser junge Professor, er hieß Rafael Sebastián Guillén Vicente, war eben der Mann, der im Jahr 1984 in den Urwald ging und zehn Jahre später wieder auftauchte, zu Pferd, mit einer Skimütze auf dem Kopf. Unter dem Decknamen Subcomandante Marcos führte er eine Armee von Tausenden Zapatisten an, erklärte von Rathausbalkonen herab den Aufstand und besetzte, um die Aufmerksamkeit der mexikanischen Öffentlichkeit zu gewinnen, sieben Städte. Die größte davon war San Cristóbal.

»Mein Vater war ein Freund und Berater der Zapatisten«, sagte Juan. »Er stand Marcos sehr nah und teilte viele seiner Visionen. Ich habe die Rolle in gewisser Weise übernommen; deswegen bin ich jetzt hier.«

»Wie standen die Zapatisten zu deinem Vater?«

»Sie haben ihn bewundert und seine Bücher gelesen. Er war ein leidenschaftlicher Wortführer der Rebellion. Stell dir vor, er hat sogar darum gebeten, in einer Siedlung der Zapatisten begraben zu werden. Er liegt in Oventic unter einem besonderen Baum – ich weiß nicht, wie dieser Baum auf Englisch oder Spanisch heißt, nur, dass er selten ist. Bei uns heißt er *zotzte*.«

»Wo liegt Oventic – mitten im Urwald?«

»Nein, am Ende eines Tals in den Bergen; ein schöner Ort. Er gehört zu den verbotenen *caracoles* – so nennen die Zapatisten ihre Siedlungen. Ein hübscher Name, finde ich. Sie identifizieren sich mit der Beharrlichkeit von Schnecken.«

»Wie weit ist es bis dahin?«

»Ein, zwei Stunden Fahrt mit dem Bus. Die Straße ist gut ausgebaut.«

»Ich habe ein Auto.«

»*Querido* Pablo, der Autoreisende!«, lachte er. »Allerdings sind Fremde dort nicht willkommen.« Er überlegte für einen Augenblick. »Ich kann ja sagen, dass du das Grab meines Vaters besuchen möchtest, um ihm die Ehre zu erweisen. Das dürfte ihnen etwas sagen. Ich rufe Compañero David an, den diensthabenden *comandante*. Ich kenne ihn – wir probieren es einfach.«

»Erzähl mir bitte etwas über das Conversatorio.«

Das sei ein geheimes mehrtägiges Konzil der EZLN unter dem Titel »Sehen, Hören, Sprechen: Ist Denken verboten?« erklärte er. Zugelassen seien nur anerkannte Delegierte und Sympathisanten. Stattfinden sollte es im CIDECI-Uni-Tierra, dem Indigenen Zentrum für Integrales Lernen, einer zapatistischen Bildungseinrichtung in einer schäbigen Ecke von San Cristóbal, mit dem ironischen Namen Nueva Maravilla (Neues Wunder). In diesem Schulungszentrum mit Internat werden Absolventen der Grundschulen in den weit verstreut liegenden *caracoles* in einem breiten Spektrum von Fächern vom praktischen Landbau bis zur politischen Theorie weitergebildet.

»Ich freu mich auf das Konzil.«

»Sehr gut. Ich hab dich als Redner angemeldet.«

Das erschreckte mich ein wenig. »Über welches Thema soll ich reden?«

»Das steht dir völlig frei.«

»Kommt Marcos auch?«

»Er nennt sich neuerdings Galeano. Wo er sich aufhält, weiß niemand«, sagte Juan. »Aber es sind noch andere mexikanische Autoren da, du bist da, und ich bin da.«

Auch das sind Merkmale mexikanischer Lebensart, geboren aus der Not und der Notwendigkeit, aus jedem Tag das Beste zu machen: Spontaneität und Improvisationstalent. Ich hatte geglaubt, ich sei in San Cristóbal, um mir als Zuschauer eine Tagung der Zapatisten anzusehen, und nun sollte ich auf einmal als Redner auf die Bühne.

Und noch mal Spontaneität: Am Tag darauf kam die Genehmigung von Juans *Comandante*-Kontaktmann. Ich durfte den *caracol* in Oventic besuchen.

Auf dem Weg dorthin hielt ich in Chamula, bekannt wegen seiner bizarren religiösen Rituale, und fand das Kirchenschiff der Basilika San Juan Bautista in hellem Kerzenschein vor. Gläubige krochen auf dem Boden herum und arrangierten Kerzen, immer zu fünfzig oder hundert in symmetrischen Mustern, zündeten sie an, tranken Cola, stießen rituelle Rülpser aus – Aufstoßen gilt als reinigend – und besprengten den sandbestreuten Kirchenboden mit Cola-Trankopfern.

Es gab weder Kirchenbänke noch Priester, hier fanden keine Messe und kein Gottesdienst statt. Es war eine Zusammenkunft von Schamanen und Gläubigen, die von ihnen geheilt werden wollten. Einige sangen und strichen zur Läuterung mit Hühnereiern über Gesichter und Körper der Pilger. Andere hielten ein krächzendes Huhn vor einen knienden Büßer, drehten dann dem Tier den Hals um und legten den zusammengesackten Kadaver neben den Kerzen auf den Boden.

Als ich so dastand, kam ein Mann mit einer Flasche und einem Glas zu mir. »Mezcal«, sagte er und goss mir einen Schluck ein. Ich trank, blinzelte kurz die Schnapstränen aus den Augen und sah weiter zu.

Präkolumbianische Riten und christliches Zeremoniell hatten sich hier zu einem bizarren Kirchenfest mit einer Menge Kerzen, erwürgten Hühnern und Erfrischungsgetränken verbunden. (Schafe sind immerhin heilig, werden nicht geschlachtet und nicht gegessen: In Chamula laufen überall weidende Schafe herum.) Obendrein boten diese Riten eine Chance auf Vergeltung, denn wenn der erwählte Heilige dem Bittsteller seine Wünsche nicht erfüllte, konnte der Gläubige sein Abbild nach Art der Maya und Zapoteken, die ihre Götzenbilder mit Peitschenschlägen abstraften, züchtigen. In der Kirche von Chamula gab es, falls ein Gebet nicht erhört wurde, die Möglichkeit, ein paar Sprüche zu murmeln und den festlich gewandeten Heiligenfiguren die Kleider vom Leib zu reißen.

Weit entfernt von solchen Glaubensphantastereien, oben in den Bergen, fand man sein Heil in der Vernunft. Hinter den Dörfern Shanate und Callejón, der großen Stadt San Andrés Larráinzar und der Kleinstadt Talaquita lag der *caracol* Oventic hinter einem abweisenden Stahltor mit schwerer Kette und großem Vorhängeschloss. Dieses von der materiellen Welt abgewandte Bollwerk der Ratio und Rebellion schützte sich vor Zufallsgästen durch abschreckende Verbotsschilder. Diverse Varianten von *no pasar* und *prohibido* in roten und schwarzen Blockbuchstaben warnten den Besucher schon von fern.

Die Siedlung liegt im waldigen Hochland von Chiapas. Kleine Gehöfte von Waldbauern gibt es hier; Holzfäller roden die Äcker, damit sie bestellt werden können, und stapeln Holz zum Heizen und Bauen auf. Die tief eingeschnittenen Täler waren für Gemüseanbau terrassiert, sahen dunkel und fruchtbar aus, bewässert von Quellwasser aus den Brautschleiern rauschender Wasserfälle. Gepflügt und gehackt wurde von Hand, die Holzfäller schwangen Äxte; mit der Arbeit ihrer Hände machten die Arbeiter das Land zu dem ihren. »*La tierra es de quien la trabaja con sus manos*«, hatte Emiliano Zapata einst gesagt. Hier schien das mexikanische Landleben von ehedem geführt zu werden. Die üppig bewachsenen Hügel und zerklüfteten Berge in der Ferne sahen anders aus als alles, was ich bisher in Mexiko gesehen hatte; die Landschaft erinnerte mich an das nahe Guatemala, das ich von früheren Reisen kannte.

Die Siedlung Oventic bestand aus einer Ansammlung geteerter Straßen mit bunt bemalten Holzhäusern: Auf einem Wandbild das Porträt von Zapata, auf einem anderen das einer rehäugigen, wehrhaften Frau mit Maske. Auf einem Schild am Tor stand PARA TODOS TODO, NADA PARA NOSOTROS (Alles für alle, und nichts für uns selbst).

Die Straße hierher war leer gewesen: keine Touristen, keine Wanderer, keine Fremden. Wäre ich noch drei Stunden darauf weitergefahren, wäre ich in Teapa in Tabasco gelandet, also im Nirgendwo. Auf den Straßen der Siedlung, die ich hinter dem Tor liegen sah, waren keine Fahrzeuge unterwegs, und als ich laut rief, erschien keine Menschenseele. Nur ein im Schatten einer Veranda liegender Hund zuckte zur Antwort mit der Schwanzspitze. Zwischen allen anderen Verbotsschildern stand ein noch mehr Respekt heischendes ESTÁ USTED EN EL TERRITORIO ZAPATISTA EIN REBELDÍA – AQUÍ MANDA EL PUBELO Y EL GOBIERNO OBEDECE. (Sie befinden sich auf zapatistischem Gebiet – hier herrscht das Volk, und die Regierung gehorcht), dazu die Abkürzung MARZ für Municipio Rebelde Zapatista.

»*Hola!*« Ich wartete weiter.

Nach ein paar Minuten kamen zwei Männer mit schwarzen Skimasken von der Veranda eines weiter hinten liegenden Gebäudes herunter und schlenderten langsam auf mich zu. Einer hatte ein Klemmbrett in der Hand. Er sah mir durch die Gitterstäbe des Tors hindurch ins Gesicht und fragte grußlos: »Wer sind Sie?«

Ich suchte nach seinen Augen, die allein seine Maske freiließ, nannte meinen Namen und sagte: »Ich bin gekommen, um das Grab von Luis Villoro zu besuchen und Ihnen hier Hallo zu sagen.«

Er schob das Klemmbrett durch die Stäbe: »Hier unterschreiben.«

Als sie meine Unterschrift hatten, konferierten die beiden für einen Augenblick miteinander, wandten sich um und schlenderten wieder zu dem Gebäude zurück, aus dem sie gekommen waren.

Ich wartete weiter am Tor. Die Sonne schien, eine sanfte Brise fächelte durch die Blätter in den dichten Baumkronen ringsum. Von hier aus konnte ich in das Tal hineinsehen und in die Ferne, zu einer anderen Gebirgskette, die unter dem klaren Himmel bläulich schimmerte. Außer dünnem Vogelgezwitscher und Blätterrauschen war kein Ton zu hören. Hier vor dem versperrten Tor war ich bestimmt nicht auffällig – es war ja niemand da, dem ich hätte auffallen können.

Dieser *caracol* mit dem wohlklingenden Namen Resistencia y Rebeldía por la Humanidad war nicht unbekannt. 1996, zwei Jahre nachdem die Zapatisten zum ersten Mal aus dem Urwald aufgetaucht waren, hatte hier ein Großereignis stattgefunden; das »Erste Intergalaktische Treffen gegen den Neoliberalismus« mit viertausend Teilnehmern aus über vierzig Ländern.

»Hinter uns seid ihr«, hatte Marcos damals gesagt. »Hinter unseren Masken sind die Gesichter aller missachteten Frauen. Die Gesichter aller vergessenen Völker der Indigenen. Aller verfolgten Homosexuellen. Aller erniedrigten jungen Menschen. All derer, die wegen ihrer Gedanken oder Worte im Gefängnis sind. Aller gedemütigten Arbeiter. All derer, die einsam gestorben sind. Die Gesichter all der einfachen, normalen Männer und Frauen, die nicht zählen, die man nicht sieht, die keinen Namen und keine Zukunft haben.« Er endete mit den Worten: »Heute proben Tausende von kleinen Welten aus den fünf Kontinenten einen Anfang hier in den Bergen des mexikanischen Südostens: den Anfang des Aufbaus einer neuen und guten Welt, das heißt einer Welt, in der alle Welten Platz haben.«

Jetzt, nach zehn Minuten, kamen die Männer zurück. Sie öffneten ein kleineres Seitentor mit einer Trittstufe wie in einem Weidezaun, und ich durfte hinein in die autonome, geheime Siedlung Oventic. Ohne ein Wort geleiteten mich die beiden Männer zu einem Haus. Außen war es mit Bildern von bunten Vögeln, Regenbögen und mexikanischen Tänzern verziert, innen ein kahler und schäbiger Raum: das Vorzimmer eines Büros.

Einer meiner maskierten Begleiter klopfte sachte an eine Tür. Sie wurde einen Spaltbreit geöffnet, ich sah das abgewandte Halbprofil eines Mannes. Sie flüsterten etwas auf Tzotzil, was ich nicht verstehen konnte. Dann wurde die Tür wieder geschlossen. Nach ein paar Minuten kam ein Mann heraus, vielleicht war es der aus dem Büro; er trug ein Halstuch über Mund und Nase und sah damit aus wie ein Desperado aus einem alten Western.

»Sie möchten das Grab sehen?« Die sanfte Stimme passte nicht recht zur grimmigen Vermummung.

»Danke, sehr gern.«

Er geleitete mich hinaus auf einen schmalen Weg in ein Wäldchen; unterwegs schlossen sich zwei Frauen an und gingen mit verschränkten Armen hinter uns her. Auch sie trugen die schwarzen handgestrickten Skimützen der Zapatisten.

»Keine Fotos von Personen«, sagte der Mann mit dem Halstuch.

»Und die schönen bemalten Häuser?«

»Die können Sie fotografieren.«

Die Hauswand mit den lang bewimperten Augen in der Öffnung der Maske, den aufrecht stehenden Maiskolben mit dem maskierten Kopf und dem Spruchband SOMOS RAÍZ. Auf einer anderen weißen Außenwand die Umrisse von Afrika und eine Gedichtzeile auf Französisch mit der Signatur JKK. Viel später fand ich heraus, dass die Buchstaben für Joseph Kokou Koffigoh standen, der in den Neunzigern drei Jahre lang Premierminister von Togo gewesen war und nach seiner Amtsenthebung sein dichterisches Talent entdeckt hatte. Vielleicht hatte auch er vor zwanzig Jahren am »Intergalaktischen Treffen« teilgenommen.

Ein anderes Wandgemälde bekräftigte unter der Überschrift *Vivan las Luchas de los Kurdos y los Zapatistas* die Solidarität mit den Kurden: schnauzbärtige Orientalen in Kaftanen tanzten mit Zapatistinnen um ein Feuer. Ein riesiger schwarzer, von schwarz maskierten Figuren gerahmter Slogan auf der Längswand eines größeren Gebäudes lautete *Oventic Sakamchen Territorio Libre.* Daneben ein Porträt von Che Guevara und eine Reihe erhobener Fäuste unter einer flatternden Friedenstaube.

Und es gab noch mehr: Frauen mit Halstüchern vor Mund und Nase, Zapatisten mit Gewehren, Zapata selbst, gütig unter dem Rand seines Sombreros hervorblickend, Zapata mit Gewehr, mit strengem Blick und Zapata auf einer Tür – ohne Sombrero, aber mit Patronengürteln über der Brust. Das ganze Dorf war mit leuchtenden Primärfarben bemalt: Schnecken, Regenbögen, reizende Kinder – manche der Wandmalereien, vor allem eine mit tanzenden Männern, erinnerten an die zircensische Kunst eines Fernand Léger oder an die phantastische Schwerelosigkeit der spielerisch fliegenden Figuren von Marc Chagall.

Die Amtsgebäude von Oventic, das offenbar eine Art Zentralverwaltung für die anderen *caracoles* war, leuchteten ebenso bunt. Außer Zapata waren alle anderen Porträtierten maskiert, sogar die Frau an der Wand des Frauenbüros: Sie hielt eine Blume in der erhobenen Hand, in der anderen ein Gewehr, und auf dem Rücken trug sie ein – maskiertes – Kind. Auf einer bunten Wand räkelte sich eine dicke braune Schnecke mit Skimütze: ein Dorf ohne Gesichter, aber mit viel schwarzer Wolle.

Der Maskierte führte mich zum Grab unter dem Baum. Ein Eisengitter umgab es; vermutlich um die Ziegen und Kühe fernzuhalten.

»Ein besonderer Baum«, sagte ich, weil Juan mir das gesagt hatte.

»Ein *zotzte*«, sagte der Maskierte.

»Und wie heißt er auf Mexikanisch?«

»Ich kenne den Namen nur in unserer Sprache.«

Dieser Baum mit seinen handförmigen rötlichen Blättern war, wie ich später las, ein Amerikanischer Amberbaum, der im Süden der USA häufig vorkommt.

Auf dem Grabstein stand: *Companero y Filósofo Don Luis Villoro Toranzo. 1922–2014. Tu ejemplo siempre vivirá!*

Ich schrieb den Text in mein Notizbuch, der schlanke Mann mit der Maske und die zwei maskierten Frauen standen ungeduldig mit verschränkten Armen da und warteten.

»Darf ich mich hier noch umsehen?«

»Wenn Sie wünschen«, sagte der Mann.

Ich setzte zu einer Geste an und fragte: »Reicht das Land bis …«

»Es erstreckt sich über alles, was Sie hier sehen.« Er vollendete meine Geste mit einer ausladenden Bewegung über das ganze Tal, die Hügel dahinter und die ferne Bergkette. Dann schien er genug zu haben, zeigte auf die stämmigere der beiden Frauen, sagte: »Gehen Sie mit ihr«, und schien ihr eine Aufforderung zuzumurmeln.

Während sie vor mir herging, wollte ich sie etwas fragen. Ich wollte wissen, wie viele Menschen hier lebten.

»Ich spreche kein Spanisch«, murmelte sie.

Schweigend wanderten wir von Haus zu Haus, von Wandgemälde zu Wandgemälde bergab. Größere Gebäude standen hier; ihre breiteren Wände boten Platz für noch ambitioniertere Malereien. Sogar die Geschäfte waren bemalt, eins mit Schnecken, eins *(Tienda la Resistencia)* mit zapatistischen Rebellen. Wir kamen zu einem breiten, einstöckigen Flachbau von der Größe einer Schulturnhalle. Der gesamte höhlenartige Innenraum war vollgestellt mit Hunderten von schlichten Bänken in Reihen; hierdrin hatte sicher die gesamte Bevölkerung von Oventic Platz. Beim Anblick der vielen harten Bänke kamen mir zwei gegensätzliche Assoziationen: die schöne Vorstellung von Basisdemokratie in einer Bürgerversammlung in New England und die Langeweile der Leute, die stundenlang herumsitzen und lange Reden zur politischen Theorie über sich ergehen lassen mussten. Wahrscheinlich stand dieser Raum für beides.

Weiter unten am Berg sah ich eine Terrasse mit einem Basketballplatz und Gebäude, die wohl zu einer Schule gehörten: Auf dem Rasenplatz dahinter saßen oder lagen Grüppchen von schwatzenden Jungen und Mädchen; alle unmaskiert und sauber gekleidet. Die vielleicht hundert Schüler hatten gerade Pause. Kein Gekreisch und Gejohle, kein fröhliches Herumbalgen, das ich bei anderen Schülern in den Dörfern Mexikos beobachtet hatte. Durch ihre Zurückhaltung wirkten die Jugendlichen konzentriert; ihre aufmerksamen Blicke ließen auf Intelligenz schließen.

Ich grüßte. Sie grüßten zurück. Mit dem Gringo ins Gespräch kommen wollte aber niemand. Ich kam mir selber lästig vor, weil ich sie hier in ihrer freien Zeit störte, die so friedlich aussah: keine Musik, keine lauten Stimmen, kein Streit. Für einen Schulhof war diese große, so angenehme Ruhe sonderbar.

Als Kontrapunkt zur Wohlerzogenheit der Schüler ein Spruch an der Wand des Schulhauses: RESISTIR ES EXISTIR.

Um die Schule herum gruppierte sich das eigentliche Dorf. An Gassen und Wegen standen kleine Holzhäuschen und bescheidene Einfamilienhäuser, fast alle mit Gemüsegärten. Weiter unten im Tal gedieh Gemüse in gepflegten Gemeinschaftsgärten. In einem Gebäude war die Krankenstation.

Die vermummte Frau stapfte stumm vor mir her, blieb stehen, wenn ich stehen blieb, ging weiter, wenn ich weiterging.

Noch nie in meinem Leben hatte ich einen Ort wie diesen gesehen. Eine Gemeinde wie ein Schutzraum, kunstvoll bemalte Holzhäuser, alles still bis auf den Gesang von Vögeln.

Ich sah keine Maschinen, keine Motorfahrzeuge, nichts, was neu ausgesehen hätte. Diese Schlichtheit beeindruckte mich tief. Weil alles Moderne fehlte, wirkte alles sanft und ernst – eine von Hand erbaute Gemeinde mit selbst geschreinerten Häusern, farbig bemalten Wänden. Keine Spur von US-amerikanischen Produkten oder Einflüssen (wie überall sonst in Mexiko), eine völlige Gleichgültigkeit gegenüber El Norte. Ich durfte mich in Oventic frei bewegen und alles ansehen – die Gemüsegärten, die Hühnerfarm, den Baseballplatz – und kaufte mir in einem der Läden sogar eine handgestrickte Zapatistenmütze. Aber in ein Gespräch verwickeln ließ sich niemand.

Nach der Runde übers Gelände ging ich wieder den Berg hinauf. Unter dem Vordach eines üppig bemalten Hauses saßen zwei Männer. Ich erkannte sie an ihren Hemden: Es waren die beiden, die mich am Tor in Empfang genommen hatten (»Hier unterschreiben«); jetzt waren sie unmaskiert. Ich blieb stehen, um Hallo zu sagen.

»Keine Masken?«, fragte ich.

Sie zuckten mit den Achseln. An diesem so bunt bemalten Ort mochten Farben, Bilder und Wandsprüche das gesprochene Wort ersetzen. Eine für Mexiko sehr untypische, klösterliche Ruhe herrschte hier, kein fröhliches Geschwätz, kein Wortgeplänkel, es war wie die gedämpfte, heitere Atmosphäre in einem Aschram.

»Aber vorhin hatten Sie Ihre Mützen doch noch auf!«

Schweigen. Also fragte ich nach: »Warum?«

»Zur Sicherheit«, sagte einer der beiden.

Ich bedankte mich und ging, froh über den kleinen Einblick in diese selbst verwaltete Gemeinde des Widerstands. Meine Frage, wie sich die Bürger des Staates Mexiko vor Kriminellen, korrupten Polizisten und einer boshaften Regierung schützen sollten, schien beantwortet: in einem Schutzraum wie Oventic – oder in den siebenunddreißig anderen *caracoles* im Bundesstaat Chiapas.

Zapatistas

Die Rebellion war inzwischen dreißig Jahre alt. Begonnen hatte alles ganz bescheiden, mit Gesprächen und Vorbereitungen in den Urwalddörfern, mit der Auflistung von Missständen. Danach kam die Ausbildung von Soldaten, die Organisation von Gemeinschaften, die Suche nach Einigkeit in einer gemeinsamen Sache. Sie zog sich über Jahre in den versteckten Siedlungen in den wolkenverhangenen Wäldern und Nebeln des Urwalds von Lacadón hin. Es ging anders vor sich als bei Che Guevara, der mit seinen Männern nach Katanga marschierte, die zögerlichen Baluba aufwiegelte, nach wenigen Wochen das Feuer auf kongolesische Truppen eröffnete – und jämmerlich scheiterte. Der Aufwiegler von Chiapas war ein Gelehrter mit schriftstellerischer Freude an Gleichnissen, er war Teil einer Delegation, die Seminare über revolutionäre Taktiken abhielt, und seine Arbeit hatte sich friedlich über zehn Jahre hingezogen.

»Zehn Jahre lang haben wir uns auf diese ersten Minuten des Jahres 1994 vorbereitet«, schreibt Subcomandante Marcos, der gelehrte Rebell, in seiner Einführung zu Gloria Muñoz Ramirez' 2004 erschienenen Geschichte der zapatistischen Bewegung *Das Feuer und das Wort*. Marcos verschaffte sich schnell Gehör: Schon Jahre bevor die Zapatisten im Urwald aufgetaucht waren, hatten die Bauern von Chiapas sich dagegen gewehrt, dass sie von der Regierung marginalisiert wurden und den Interessen von ausbeuterischen Holz- und Minenkonzernen geopfert werden sollten. »Als die zapatistische Armee damals so gegen 1984, 1985 in unsere Dörfer kam, hatten wir ja schon andere Arten des friedlichen Kampfes probiert«, sagt Comandante Abraham in Ramirez' Buch. »Die Leute haben schon gegen die Regierung protestiert.«

»Die Bewegungen, die in der Welt Revolutionen auslösen, werden in den Träumen und Visionen im Herzen eines Bergbauern geboren«, schreibt Joyce in *Ulysses*. »Für ihn ist die Erde nicht der Boden zum Ausbeuten. Sie ist die lebendige Mutter.«

Die ersten Zapatisten, die aufrührerische Gedanken in den Urwald von Lacandona trugen, waren sechs indigene Männer und Frauen. Sie zelteten unter Bäumen und auf Bergwiesen abseits der traditionellen Dörfer und nannten ihre kleine Kampfgruppe Ejército Zapatista de Liberación Nacional: EZLN. Ein Jahr später stießen Gleichgesinnte zu ihnen. Zu diesen gehörte Rafaél Guillén, der hier auf dem Land den Namen Subcomandante Marcos annahm. »Sub«, weil er sich als Befehlsempfänger der indigenen *comandantes* empfand, die vor ihm da gewesen waren.

Diese Männer und Frauen zogen über die Dörfer, schlossen Freundschaften mit den Campesinos, unterrichteten und bewaffneten die Bauern und Holzfäller, die sie wiederum das Tzotzil lehrten und ihnen ihre Religion nahebrachten. Nach einer Lehre ihres Naturglaubens haben Sträucher und Bäume eine Seele und Menschen zwei. Eine Seele wohnt im menschlichen Körper, die andere in einem Tier – einem Opossum, einem Jaguar oder einer Fledermaus. (»Tzotzil« kommt vom Maya-Wort für Fledermaus.) Dieses Tier ist Krafttier und Gefährte im Geist. Im friedlichen Königreich Lacandona konnte kein Tzotzil einem solchen Lebewesen etwas zuleide tun, ohne sich selbst damit zu verletzen.

Immer mehr Bauern traten zu den Zapatisten über, die Armee formierte sich. Zehn Jahre vergingen, dann begann das Drama des Aufstands. Unter der Führung von Marcos marschierte die Armee der Zapatisten in San Cristóbal ein, versetzte das Land in Hochspannung – und löste Gewalt aus. Die mexikanische Armee tötete zapatistische Soldaten und verübte später, im Ort Acteal, ein Massaker an Zivilisten, vor allem Frauen und Kindern. Das uneinsichtige Verhalten der mexikanischen Regierung in den Friedensverhandlungen provozierte Marcos im Jahr 2001 zu seinem langen Marsch. Er zog mit seiner maskierten Armee nach Norden und auf einer über 3000 Kilometer langen verschlungenen Route durch die größten Städte Mexikos und schließlich zum Zócalo von Mexiko-Stadt, wo er unter dem Jubel von Hunderttausenden seine Faust erhob und eine aufrüttelnde Rede hielt.

»Wir sind hier, um unsere Forderungen nach Demokratie, Freiheit und Gerechtigkeit laut werden zu lassen«, deklamierte er. »Die Politiker glauben, dass heute ein Erdbeben zu Ende geht. Sie glauben, dass wir nur eine Fotografie sind, eine Anekdote, ein Spektakel. Die da oben wissen es, aber wollen es nicht sagen. Von heute an wird man die Leute mit der Hautfarbe der Erde nie wieder vergessen.«

Die jubelnde Menge im Zócalo machte sich sicher nicht klar, dass dieser triumphale Einmarsch siebzehn Jahre Vorbereitungszeit erfordert hatte. Erst nach drei harten Jahren im Regenwald mit Insekten, Schlamm und Entbehrungen waren die Zapatisten in ein indigenes Dorf vorgelassen worden – es braucht eben lange, bis man *confianza* genießt. Erst 1989 war eine bewaffnete Kerntruppe aus 1300 männlichen und weiblichen Soldaten zusammengestellt. Als die mexikanische Regierung damit begann, Eigentumstitel an traditionell von den Indigenen gemeinsam bewirtschafteten Ackerflächen (die sogenannten *ejidos)* zu vergeben, wandten sich die ausgehungerten, landlosen Bauern an die Bewegung der Zapatisten. Im Jahr 1993 war die EZLN schon auf 3000 Soldatinnen und Soldaten angewachsen. Das Oberkommando entschloss sich zur Militäroffensive.

Die Zapatisten wählten für ihren Aufstand ein wichtiges Datum: Am 1. Januar 1994 trat das Nordamerikanische Freihandelsabkommen in Kraft. Die Zapatisten (und viele andere auch) sagten die desaströsen Auswirkungen des NAFTA-Abkommens auf sämtliche Kleinbauernbetriebe in Mexiko voraus. Marcos marschierte in San Cristóbal ein und bemerkte gegenüber den anwesenden Touristen: »Wir bitten die Unannehmlichkeiten zu entschuldigen, aber dies ist eine Revolution.« Später korrigierte er sich: Es handele sich um eine Rebellion und nicht um eine Revolution. »Wir sind ein Volk«, wiederholte er. »Wir haben die Hautfarbe der Erde.«

Der bewaffnete Aufstand war ein Schock für Mexiko, zumal außer San Cristóbal noch sechs weitere Städte und zahllose Ranches von Großgrundbesitzern besetzt wurden. Vom Balkon des Rathauses von San Cristóbal verlas Marcos das erste Kommuniqué der Selva de Lacandón.

»Wir sind das Produkt eines fünfhundert Jahre währenden Kampfes«, sagte er. »Zuerst gegen die Sklaverei, dann im Unabhängigkeitskrieg der Aufständischen gegen Spanien, dann im Kampf gegen das Überrolltwerden vom nordamerikanischen Imperialismus, dann bei der Verkündigung unserer Verfassung und der Vertreibung des Franzosenreichs von unserem Boden, und später wurde in der Diktatur des Porfirio Diaz die gerechte Durchführung der Reformgesetze verweigert, und das Volk stand auf und die Volksrebellen wie Villa und Zapata erschienen, arme Leute wie wir. Man hat uns die allerelementarste Bildung und Vorbereitung vorenthalten, damit man uns als Kanonenfutter benutzen und den Reichtum unseres Landes plündern konnte. Es ist ihnen gleichgültig, dass wir nichts haben, absolut nichts, nicht einmal ein Dach über dem Kopf, kein Land, keine Arbeit, keine Gesundheitsvorsorge, keine Nahrung, keine Bildung. Wir können unsere politischen Vertreter nicht frei und demokratisch wählen, es gibt keine Unabhängigkeit von ausländischen Einflüssen, es gibt keinen Frieden, keine Gerechtigkeit für uns oder unsere Kinder. Aber heute sagen wir ›Ya basta!‹ – Es reicht!« Er trug eine Maske. Die Leute fragten, wer er sei. Er antwortete: »Ich bin nur ein Mestize – ein Mann aus dem Volk, der dafür kämpft, dass diese schreckliche Ungleichheit in unserem Land nicht mehr geduldet wird. Ich bin ein Kämpfer.«

Alle hörten Marcos aufmerksam zu, viele sympathisierten mit ihm, und selbst jene, die daran zweifelten, dass er in Mexiko einen grundlegenden Wandel herbeiführen könne, waren vom Inhalt seiner Botschaft beeindruckt. Eine der Teilnehmerinnen an meinem Literaturworkshop, die gebildete, aus bürgerlichem Haus stammende Valerie Miranda, sagte mir: »Ich bin kein großer Fan von den Zapatisten, aber ich habe es immer bewundert, wie Marcos es geschafft hat, allen Mexikanern unter dem Oberbegriff der Mestizen eine nationale Identität zu verschaffen. ›Es gibt kein ›Ihr‹ oder ›Wir‹, weil wir alle die Hautfarbe der Erde haben.‹ Das Land, die Erde, hat hier so eine große Bedeutung. Es ist schön, uns alle als Teil davon sehen zu können.«

Die mexikanische Regierung reagierte auf solchen Idealismus mit Bomben. Flugzeuge warfen ihre tödliche Fracht über den indigenen Dörfern von Chiapas ab. 145 Menschen starben. In den folgenden Tagen kam es zu offenen Schlachten in Ocosingo und Altamiros, Tausende schossen aufeinander, es gab Verluste auf beiden Seiten. Am 12. Januar 1994 einigte man sich auf einen Waffenstillstand: am Ende des Jahres verkündeten die Zapatisten, dass sie in Chiapas achtunddreißig autonome indigene Bezirke gegründet hatten. Der Erfolg der Zapatisten, dieses Resultat von geschickter Organisation, guter Planung und leidenschaftlicher Rebellion schreckte die US-amerikanischen Profiteure des NAFTA-Abkommens dermaßen auf, dass die Chase Manhattan Bank am 13. Januar 1995 die mexikanische Regierung in einem Memorandum dazu aufforderte, »die Zapatisten zu eliminieren, um eine effiziente Kontrolle über ihr Staatsgebiet und eine Sicherheitspolitik unter Beweis zu stellen«. Die mexikanische Regierung gehorchte, indem sie in das Gebiet der Zapatisten einmarschierte und zwanzigtausend Bauern von ihrem Land vertrieb.

Als schließlich Chiapas von Zehntausenden mexikanischen Militärs besetzt war, schlugen die Zapatisten Friedensgespräche vor. Der Ort des Treffens sollte ein Ort nahe Oventic sein. Das Ergebnis war das Abkommen von San Andrés, ein »Programm für Landreform, Selbstbestimmung der Indigenen und kulturelle Rechte«.

Um die Durchführung zu verzögern, stellte die mexikanische Regierung immer wieder einzelne Punkte der Vereinbarungen zur Diskussion und erreichte am Ende das Gewünschte: eine Pattsituation.

Schon immer haben die mexikanische Regierung und die Drogenkartelle sich zur Lösung komplexerer Probleme auf Massenmord verlassen: Das ist die Massaker-Option. Also marschierten im Dezember 1997 paramilitärische Truppen, die in Verbindung zur Regierungspartei PRI standen, in die Stadt Acteal (etwa 20 km außerhalb von San Andrés) in Chiapas ein und überfielen Menschen beim Gebet, eine den Zapatisten nahestehende Gemeindegruppe mit dem Namen Las Abejas (die Bienen).

Die Eindringlinge schlachteten 45 indigene Campesinos, darunter 21 Frauen, 15 Kinder und 9 Männer, mit Macheten und Gewehrschüssen ab. In einem sechsstündigen Feuergefecht wurden Hunderte verwundet. 150 bald darauf eingetroffene ausländische Journalisten wurden des Landes verwiesen. Auf diese Mordtat folgten weitere, bis schließlich Marcos zu seinem zweiwöchigen 3000-Kilometer-Marsch der Zapatisten auf Mexiko-Stadt aufbrach und dort 250 000 jubelnde Unterstützer fand.

Einer der Berichterstatter in Mexiko-Stadt war der portugiesische Nobelpreisträger José Saramago. Er schrieb: »Die Zapatisten haben ihre Gesichter verhüllt, um sichtbar zu werden, und nun haben wir sie endlich wirklich gesehen.«

»Hier sind wir«, rief Marcos vom Podium an der Plaza de La Constitución im Herzen der Stadt Mexiko herunter. »Wir sind das vergessene Herz des Landes, und wir stehen für die Würde der Rebellion.«

Ein paar Tage vor diesem Auftritt hatte Marcos der französischen Zeitung *Le Monde* ein Interview gegeben. »Dies ist nicht der Marsch von Marcos oder der EZLN«, sagte er. »Es ist der Marsch der Armen, der Marsch aller Indios. Wir wollen damit zeigen, dass die Tage der Angst vorüber sind.«

Marcos wurde bald zu einer vertrauten Stimme, wenn auch nicht zu einem vertrauten Gesicht. Seine Lieblingsautoren waren, wie er sagte, Cervantes, Lewis Carroll, García Márquez, Brecht, Borges, García Lorca und Shakespeare. *Hamlet* und *Macbeth* seien grundlegende Studien über Macht. An einer Kontrolle durch seine Armee sei er nicht interessiert: »Der Soldat ist eine Absurdität, weil er immer eine Waffe braucht, um andere von seinen Argumenten zu überzeugen.« Er fügte hinzu: »Als organisierte Streitkraft hat unsere Bewegung keine Zukunft.« Die Maskierung erklärte er so: »Wir wollen anonym bleiben, nicht, weil wir uns um uns selbst fürchten, sondern weil sie uns so nicht korrumpieren können.« Und an anderer Stelle sagte er: »Wir sind die Zapatisten, die kleinsten der Kleinen, die, die ihre Gesichter bedecken, um gesehen zu werden, die Toten, die sterben, um zu leben.«

Das NAFTA-Abkommen sei nichts als ein Vehikel für multinationale Konzerne, die damit die politischen Machtzentralen der Welt in den Griff bekämen. »Die neuen Herren der Welt haben es nicht mehr nötig, direkt zu regieren. Staaten sind nur noch Unternehmen mit Managern im Gewand von Regierungen. Die neuen regionalen Bündnisse fokussieren sich allenfalls auf Shoppingmalls – um Einigkeit auf politischer Ebene geht es gar nicht mehr. Das Zusammenrücken der Welt des Neoliberalismus ist rein ökonomischer Natur: Im gigantischen Hypermarkt des Planeten können und sollen Wirtschaftsgüter frei zirkulieren, aber nicht die Menschen.«

Wirtschaftliche Interessenverbände machen mit Tyrannen der Dritten Welt gemeinsame Sache, um an Güter, Dienstleitungen und Rohstoffe zu kommen. Die USA, Europa, China – überall das Gleiche: »die Globalisierung der Ausbeutung.«

Im Grenzland war es zu sehen gewesen: haufenweise ausländische Firmen, die zur Profitmaximierung ihre Arbeiter aus den Elendsvierteln ausbeuteten. In einem weitsichtigen Essay schrieb Marcos im Jahr 1997: »Der Neoliberalismus als globales System ist ein neuer Krieg zur Unterwerfung von Territorien. Das Ende des Dritten Weltkrieges, den man ›Kalter Krieg‹ nannte, bedeutet nicht, dass die Welt die Bipolarität überwunden und zu einem stabilen Gleichgewicht unter dem wachsamen Auge der Sieger gefunden hätte. Am Ende dieses Krieges gab es zweifellos einen Besiegten (das sozialistische Lager), aber wer der Sieger war, lässt sich schon schwerer sagen. [...] Die Niederlage des ›Reiches des Bösen‹ öffnet neue Märkte, deren Eroberung einen neuen Weltkrieg eröffnet hat, den Vierten.«

Als Apple nach China expandierte und Microsoft nach Indien, als Textil- und Elektronik-Unternehmen ihre Fabriken in Mexiko, Südkorea und Thailand bauten, schrieb Marcos: »Riesige Landstriche, Reichtümer und vor allem eine enorme Masse von verfügbaren Arbeitskräften wartet nur auf den neuen Herrscher der Welt. Es gibt aber nur einen Weltherrscher-Posten, und um den bewerben sich viele hoffnungsvolle Kandidaten.«

Marcos, der unabhängig bleiben und niemandes Fall oder Kunde werden wollte, übte harsche Kritik an der paternalistischen Haltung von Hilfsorganisationen. In der »Dreizehnten Säule« des zapatistischen Widerstandskalenders aus dem Jahr 2003 prangert er die Wohltätigkeits- und Spendenaktionen von Prominenten und kirchlichen Gruppen ebenso an wie die Praktiken mancher NGOs, die »ohne vorherige Absprache mit den Empfängern nicht nur bestimmte Projekte vorschreiben, sondern auch gleich verfügen wollen, wie und was wann eingesetzt werden soll. Stellen Sie sich die Enttäuschung in einer Gemeinde vor, die einen Brunnen braucht und eine Bibliothek hingestellt kriegt, oder in einer, die eine Schule braucht und Kurse über Kräutermedizin bekommt.«

Diese klaren Worte sagten mir etwas. Während meines gesamten Erwachsenenlebens, seit ich als Freiwilliger im Dienst des Peace Corps in Afrika als Lehrer gelebt habe, habe ich zu verstehen versucht, wie man das Elend, die Rolle der Wohltätigkeit, das Eingreifen von Hilfsorganisationen und die Machenschaften von Regierungen, besonders derer in der Dritten Welt, miteinander in Einklang bringen soll. In den letzten fünfzig Jahren war ich immer wieder in Afrika und kam zu dem Schluss, dass konventionelle Hilfsaktionen naturgemäß zum Scheitern verurteilt, nutzlos im Kampf gegen den Hunger und oft genug schädlich sind, weil sie das Leben einiger weniger auf Kosten der Mehrheit verbessern. Angeblich unpolitisch, ermöglichen solche Wohltätigkeitsorganisationen den Kleptokratien und Diktaturen ihren Fortbestand; die NGOs übernehmen die Aufgaben der Regierungen und hindern dadurch die unterdrückten Völker daran, das Ausmaß ihrer Ausbeutung zu erkennen.

Ich habe die Machenschaften von China in Afrika aus nächster Nähe gesehen: Hilfe für Despoten im Austausch gegen wertvolle Rohstoffe. Die USA handeln genauso, aber in kleineren, unauffälligeren Schritten; China tut es ganz offen und ungestraft. Auf meinen Afrikareisen für *Dark Star Safari* und *Ein letztes Mal in Afrika* habe ich mitbekommen, wie China sich mit Schmiergeldern oder riesigen, nicht zu bedienenden Krediten in die Diktaturen in Zimbabwe, Kenia, im Sudan und Angola einkaufte, um an Elfenbein, Gold, Bauxit, Erdöl und andere Rohstoffe zu kommen und damit die Länder in die Schuldknechtschaft trieb. Die USA verhalten sich kaum anders – auch sie machen sich die Missachtung der Menschenrechte in den Staaten ihrer Handelspartner zunutze.

Aus diesem Grund ist Apple (Steuerflucht, Ausbeutung chinesischer Arbeiter, aber angeblich auf ihr Wohl bedacht) ein Billionenunternehmen und einer der besten Freunde Chinas. Wenn jemand wie Bill Gates oder Tim Cook sich damit brüstet, den Armen zu helfen, aber gleichzeitig mit China kungelt, um an billige Arbeitskräfte zu kommen und vor den chinesischen Menschrechtsverletzungen (eine Million Uiguren zur Hirnwäsche in Xinjiang eingesperrt, Verfolgung von homosexuellen Männern und Frauen, Missachtung der Pressefreiheit) die Augen verschließt, kann man nur lachen. Als Bill Clinton den Amerikanern das NAFTA-Abkommen schmackhaft machen wollte, äußerte er sich nicht zur Abwanderung von Produktionsbetrieben aus den Städten der USA, auch schien er keine Kenntnis davon zu haben oder haben zu wollen, dass der Genmais aus den USA die Existenzgrundlage der Kleinbauern in Mexiko vernichten würde.

Ich habe Jahre gebraucht, um zu erkennen, dass Wohltätigkeitsorganisationen und NGOs profitable Unternehmen sind, viele gar kontraproduktiv. Der durchschnittliche Peace-Corps-Freiwillige wird um Erfahrungen reicher, wenn er für zwei Jahre in einer afrikanischen Diktatur lebt, aber für die Bürger des Gastgeberlandes ist das Ergebnis weniger einträglich: Nach allem, was ich weiß, werden die Schüler der Peace-Corps-Lehrer nicht selber Lehrer, sondern wandern nach Europa oder in die USA aus. Subcomandante Marcos hat für diese scheinbar gut gemeinten, aber letztlich selbstsüchtigen Bemühungen den Begriff Neoliberalismus geprägt, der in den USA bei Demokraten und Republikanern gleichermaßen verbreitet ist.

Was viele andere Rebellengruppen irritiert hat, ist die Weigerung der Zapatisten, in ihrem Kampf normale Bürger zu töten. Die – von etlichen irischstämmigen US-Amerikanern bejubelten und oftmals auch finanzierten – Bombenattentate der IRA wurden von den Zapatisten als unzivilisiert und inhuman verurteilt. Natürlich sind Angriffe auf die Zivilbevölkerung ein schwerer Bruch der Genfer Konventionen und strafbar wie ein Kriegsverbrechen. (Ich weiß es noch: Immer, wenn auf einem Marktplatz in Ulster eine Bombe hochging und Passanten tötete, meldeten die IRA oder die Ulster Defence Association sich entweder mit hämischem Triumphgeschrei oder sie ließen stumm die Toten verbluten.) Das Gleiche gilt für die Grausamkeiten von ISIS oder al-Qaida.

Zu den baskischen Separatisten und ihren Bombenattentaten schrieb Marcos im Jahr 2002: »Wir halten den Unabhängigkeitskampf des baskischen Volkes für gerecht und legitim, aber weder diese noch irgend eine andere edle Absicht rechtfertigt Opfer unter der Zivilbevölkerung. Dadurch sind nicht nur keine politischen Gewinne zu machen, und selbst wenn es doch so wäre, blieben die Kosten für ein

Menschenleben unbezahlbar. Wir verurteilen militärische Aktionen, bei denen Zivilisten zu Schaden kommen.«

Klarer kann ein Statement über die Würde der Rebellion und die Grenzen des Widerstands nicht sein. Es zeigt eine rationale Sicht auf die Welt und Wege zu ihrer Heilung: »Es gilt, eine Welt zu erschaffen, in der viele Welten Platz haben.« In dieser ersten postmodernen Revolte blieb Marcos' Haltung diejenige eines Pazifisten. Ich bewunderte ihn für seine Rücksicht auf die Zivilbevölkerung, ich identifizierte mich mit ihm in seiner schriftstellerischen Leidenschaft und war begeistert von seinen gleichnishaften Geschichten vom Kaninchen, vom Fuchs und von Durito, dem Käfer. Ich hatte Ehrfurcht vor seinem Durchhaltevermögen in einem der unwirtlichsten Urwälder auf diesem Planeten. Und ich freute mich über die Einladung zu der Veranstaltung der Zapatisten.

Die Straße nach Nueva Maravilla

Ich hatte in San Cristóbal noch Zeit totzuschlagen, also machte ich eine Runde durch die Cafés und Restaurants, trank Kaffee aus Chiapas oder schlürfte Mezcal und spazierte über den Markt, wo Frauen in schwarzen Ziegenhaarröcken und Indios aus den nahen Bergen unbekannte Früchte feilboten: Mamey mit orangefarbenem Fruchtfleisch, Ilama – eine kleine schuppige Kugel mit süßem rosafarbenem Innenleben –, spanische Limetten, birnengroße Guaven, Kaktusfeigen, die sie *tuna* nennen, bittere Xoconostle, Granadillas und Mangos. Die Höhenluft machte mich zittrig und nahm mir den Hunger, also beschränkte ich mich auf *caldos:* Brotsuppe, Maissuppe, Tortillasuppe, Pozole und den dicken Chiapas-Eintopf, *caldo tlalpeño.*

Bei einem unserer gemeinsamen Abendessen erinnerte mich Juan Villoro: »Du weißt, dass wir im Juli Präsidentschaftswahlen haben?« (Die Unterhaltung fand im April 2018 statt.) »Marcos stellt sich einen zapatistischen Präsidentschaftskandidaten vor. Er will eine indigene Frau vorschlagen: Marichuy Patricio.«

»Hat sie eine Chance?«

»Nein, das ist eher eine symbolische Geste«, sagte Juan. »Aber sie ist ein guter Mensch und würde eine großartige Präsidentin abgeben. Du wirst sie kennenlernen.«

Marichuy hieß mit vollem Namen María de Jesús Patricio Martínez. Die etwa Fünfzigjährige stammte aus einer Nahua-Gemeinde in Tuxpan, Jalisco. Sie sprach fließend Nahuatl, hatte eine Ausbildung als traditionelle Heilerin und ihre eigene Klinik. Sie hatte sich als Aktivistin für die Anliegen der indigenen Bevölkerung so engagiert, dass die Zapatisten, die sich normalerweise von den mexikanischen Wahlen – in ihren Augen reiner Schwindel – fernhielten, Marichuys Kandidatur als Repräsentantin des Congreso Nacional Indigena bei den kommenden Wahlen unterstützen wollten. Um einen Platz auf der Wahlliste zu bekommen, brauchte sie fast 900 000 Unterschriften.

»Was ist mit Obrador?« Andrés Manuel López Obrador galt als Mann des Volkes und hatte gute Umfragewerte.

»Die Zapatisten haben Einwände«, sagte Juan. Er zählte auf: In Obradors Wahlkampfteam waren viele ehemalige Mitglieder der missliebigen Regierungspartei, der PRI. Esteban Moctezuma, sein designierter Bildungsminister, war für die Verfolgung der Zapatisten zuständig gewesen, hatte an den geheimen Friedensverhandlungen mit ihnen teilgenommen und dennoch einen Haftbefehl gegen Marcos erlassen. Obrador würde nicht viel ändern; er würde allenfalls das bestehende Wirtschaftssystem mit ein paar populären kosmetischen Korrekturen versehen. Obradors Wahlprogramm befasste sich nicht mit der Bevölkerungsgruppe der Indigenen, schlimmer noch, er hatte wirtschaftlichen Plänen, die große indigene Gebiete zerstören würden, zugestimmt.

So viel zu Obrador – der später die Wahl gewinnen sollte.

Während ich noch mit mir rang, ob ich Seilbahn fahren oder wandern gehen, einen Tagesausflug zu den Ruinen von Palenque oder eine Fahrt nach Ocosingo machen sollte, kam die Nachricht von Juan. »Ein weißer Van ohne Aufschrift steht um drei Uhr am Zócalo-Ende der Calle Francisco Madero«, sagte er. »Es gibt immer Staus, und die Straßen sind schrecklich. Es kann eine Stunde dauern, bis ihr in Nueva Maravilla beim Conversatorio seid.«

Der unauffällige Kleinbus wartete an der vereinbarten Stelle. Ich stieg ein und machte mich mit den anderen Fahrgästen bekannt: eine ältere Anwältin, zwei Männer – ein Professor und ein Philosoph – und eine freundliche Indigena mittleren Alters: »Ich bin Marichuy« – die Präsidentschaftskandidatin.

Für jede weitere Unterhaltung wurden wir im Bus zu sehr durchgeschüttelt. Er rumpelte durch Barrios mit Namen wie La Hormiga (die Ameise), Progreso und America Libre bis zur Calle Las Cronistas, bog ab in die Calle Los Profesores und nach etlichen weiteren engen Nebenstraßen in die kaum als Straße zu bezeichnende, löchrige Calle Jon Chamula im Stadtteil Nueva Maravilla. Wir hielten vor einem Tor in einem hohen Zaun, dahinter sah man flache gelbe Gebäude mit roten Ziegeldächern und Wandgemälden: das zapatistische Institut UniTierra.

Die anderen Teilnehmer wanderten mit leisem Geplauder zwischen Ständen mit Essen oder zapatistischen Abzeichen herum. Alle Altersstufen und alle möglichen Aufmachungen waren vertreten: Skimasken oder Sturmhauben, professorale Anzüge, studentische Freizeitkleidung.

Indigene Frauen in bestickten Blusen und weiten Röcken scharten sich um Marichuy, begrüßten sie herzlich und geleiteten sie zum Gebäude mit dem Vortragssaal.

Juan winkte mir, wir mussten uns registrieren lassen. »*Colectivo?*«, fragte die Frau am Anmeldetisch. Das Wort steht auch für Sammeltaxis oder Busse, aber sie wollte wissen, für welche politische Gruppe ich hier sei.

»Kein Kollektiv.« Ich bekam meinen Besucherausweis; das Feld für das *colectivo* war freigelassen.

Drüben im Vortragssaal suchten Juan und ich uns Plätze nahe der Bühne. Marichuy und einige andere Frauen saßen schon dort oben. Der Saal war fast voll, etwa vierhundert Zuhörer warteten. Hinter der Bühne zwei hell angestrahlte Wandgemälde: Auf dem einen kniete mit gefalteten Händen eine Indigena mit weißer Bluse und Schürze, auf dem anderen blickte ein dunkelhäutiger Mann über das rote Halstuch hinweg, das seine untere Gesichtshälfte verdeckte.

»Der Herr da drüben«, Juan deutete auf einen älteren Mann mit Baskenmütze, »das ist der Soziologe Pablo González Casanova, ein Sozialreformer. In den Siebzigern war er Präsident der Staatlichen Universität Mexiko. Aber denen war er zu radikal. Das ist er immer noch. Was glaubst du, wie alt er ist?«

»Keine Ahnung.«

»Er ist sechsundneunzig«, flüsterte Juan. »Ein *hombre de juicio.* Genau wie du, *querido amigo.*«

Etwa zwanzig Minuten lang geschah erst mal nichts; das Geflüster und Gemurmel im Publikum steigerte sich währenddessen zu dem dumpf jaulenden Motorengeräusch, das man auch im Theater hört, bevor sich der Vorhang hebt.

Und auf einmal verdichtete sich die Luft, wurde schlagartig komprimiert, es wurde leiser, dann ganz still.

Es war unglaublich, wie schnell von der plappernden Menge im Saal kein Ton mehr zu hören war; alles konzentrierte sich auf fünf maskierte Männer, die von rechts auf die Bühne stiegen.

Vier von den fünfen waren kaum größer als einen Meter fünfzig, zwergenhafte Gestalten mit Stiefeln und wattierten Jacken. Zwei hatten schwarze breitkrempige Bauernhüte auf dem Kopf, zwei andere Camouflage-Schirmmützen. Der fünfte Mann war stämmig und viel größer als die anderen, auch er trug Schwarz. Was ich zuerst für ein Armband hielt, war ein zerrissener, um seinen Bizeps gewickelter Jackenärmel, aus dem ein rotes Hemd herausschaute. Auf dem Kopf hatte er eine abenteuerlich zerknautschte, verschossene braune Stoffkappe mit einem aufgenähten roten Stern. Vermummt war er nicht mit der üblichen wollenen Kopfbedeckung, sondern mit einer Art Henkersmütze – ich musste an feiste, beilschwingende Scharfrichter aus dem Märchenbuch denken –, die nur die Augen freiließ. Aber dieser Mann hielt keine Axt in der Hand, sondern ein Notizbuch. Da, wo der Mund sein musste, steckte eine Briar-Pfeife in der Haube. Kräftige Arme in schwarzen Ärmeln, breiter Rücken, breite Schultern. Halb abgewandt sprach er mit seinen Männern, die auf ihren Stühlen noch kleiner aussahen und mit über der Brust verschränkten Armen aufmerksam zuhörten. Dieser große Mann war Subcomandante Marcos.

Der ganze Raum schien den Atem anzuhalten. Es gab keinen Applaus, keinen Ton. Marcos setzte sich hin, schlug das Notizbuch auf und glättete die Seiten. Es herrschte eine Spannung, als stiege ein Wal aus den Fluten auf – wie in *Moby Dick.* Melville besingt die Schönheit von Flossen und Fischleib und schreibt: »Du wirst meinen Rücken gewahr werden, und meine Schwanzflosse, scheint er zu sagen, aber mein Antlitz wirst du nicht sehen. Aber ich kann seinen Rücken nicht in Gänze erfassen; und er kann über sein Antlitz sagen, was er will, ich sage es nochmals, er hat kein Gesicht.«

»*Compañeros y compañeras*, Brüder und Schwestern«, sprach Marcos aus seiner Maske heraus. »Willkommen in unserem Conservatorio.« Er sah zu Juan Villoro herüber und begrüßte ihn mit einem ungewöhnlichen juristischen Begriff als *»mi hermano bajo protesta«* – mein Bruder unter Vorbehalt.

Er las nicht ab, sondern sprach schnell und flüssig wie in einem persönlichen Gespräch und benutzte vertrauliche Kurzformen wie *compas* statt *compañeros.* Sein überraschender, plötzlicher Auftritt auf der Bühne verlieh seiner schieren Anwesenheit mehr Gewicht als seinen Worten. Zuerst hörten wir nicht zu, wir sahen hin. Das also, verstand ich auf einmal, war die Aura einer charismatischen Persönlichkeit von großer historischer Bedeutung. Die Blendwirkung der ersten Begegnung – es war zumindest für mich die erste – war überwältigend.

»Ich möchte euch Marichuy vorstellen«, sagte er, »unsere Schwester, unsere Heilerin aus Tuxpan.« Bei diesen Lobesworten saß die Angesprochene in ihrer bestickten Bluse einfach mit gefalteten Händen da und blickte ins Publikum.

Immer noch im Sitzen berichtete Marichuy jetzt von ihrer Kandidatur für das Präsidentenamt – wie schwierig es gewesen sei, die Unterschriften zu bekommen und wie perfide das System gegen sie gearbeitet habe. Ich bekam nicht alle Details mit, aber offenbar brauchte man eine App und ein Smartphone mit Internetzugang, um online seine Stimme abgeben zu können. Ich dachte an Carlos Slim, den Besitzer von Telmex, den Mann, dem fast alle Telefonverträge in Mexiko gehörten. Sie habe 300 000 Unterschriften zusammenbekommen, sagte Marichuy.

»Nicht genug!«, unterbrach Marcos. Er fuhr ganz sachlich fort: »Und wisst ihr warum? Weil das System manipuliert ist.«

Was er weiter sagte, kam so beiläufig und war so zur Seite gesprochen, dass ich kaum folgen konnte. Aber seine durch den Spalt der Maske blitzenden Augen waren so ausdrucksstark, so lebhaft, dass sie für sich sprachen. »Sie ist eine Heilerin, eine traditionelle *curandera*«, sagte er an einer Stelle wie zu sich selbst. »Sie hat ihre Mutter geheilt. Sie lebt in Guadalajara – da wird die traditionelle Heilkunst anerkannt.«

Unter lautem Applaus setzte sich Marichuy wieder hin, und Marcos rief: »Wo ist Alicia? Alicia, würdest du aufstehen?«

Eine junge Frau, die in meiner Nähe in einer der vorderen Reihen saß, erhob sich mit schüchternem Lächeln.

»Sie ist eine ganz großartige *compa*. Sie wollten sie ins Gefängnis stecken. Aber sie hat sie ausgetrickst. Jetzt geht sie aufs College.«

Alicia setzte sich wieder. Marcos nahm den Faden wieder auf und sprach über das System, dem Marichuy unterlegen war. Vielleicht machte die Vermummung, die jede Mimik verbarg, seine Gesten so besonders ausdrucksstark. Seine Arme und Hände zerhackten und zerschlitzten die Luft, er fuchtelte mit der Tabakpfeife und sprach in einem schmeichelnden, flehenden Ton, als feilsche er um etwas.

»Die halten uns für Romantiker.« Er zitierte ein paar Zeitungsartikel. »Zapatisten – Romantiker? Keineswegs. Wir stehen für die Vergessenen, für das Herz des Landes. So geht's nicht, Obrador! Und hier steht ein Beispiel für die Schizophrenie der Machthaber in Mexiko.« Er las: »Hier sagt Obrador, dass Marichuy besser nicht kandidieren sollte; sie sei ungeeignet. Und später, als er weiß, dass sie die Unterschriften nicht zusammenbekommen hat und keine Bedrohung mehr für ihn darstellt, sagt er, dass sie als Kandidatin eine wahrhafte Vertreterin des Volkes gewesen wäre. Das ist Heuchelei!«

Mit großer Ausführlichkeit kam er auf Frauen zu sprechen: »Frauen treffen die Entscheidungen, ihre Willenskraft ist das Rückgrat unserer Sache.« Aber, fügte er hinzu, »ich weiß natürlich nicht, was sie hinter verschlossenen Türen machen, wenn sie unter sich sind. Vielleicht lackieren sie sich die Fingernägel und debattieren dabei über Hegels Dialektik!«

Das Gelächter im Saal schien ihn zu weiteren Wortkaskaden aus Anschuldigungen und dahingesagten Bemerkungen anzustacheln. Es schien ihm Spaß zu machen. Ich hatte Mühe, ihm zu folgen.

»Ganz egal, was die Rechten und die Konservativen sagen«, rief er jetzt. »Wir wissen ja, was von denen kommt. Aber es waren die Stimmen der Linken, die sich am lautesten gegen Marichuys Kandidatur ausgesprochen haben. Wir haben ja nicht geahnt, wie viele Leute etwas gegen sie hatten – Leute, die es besser wissen müssten, die sie hätten unterstützen müssen. Sie ist eine Indigena, eine gute Arbeiterin und Mutter, heißt es. Was soll sie denn tun, um sich für eine Kandidatur zu qualifizieren? Wie sollen wir uns ändern? Wann ist es genug?« Seine Stimme dröhnte durch den Saal. »Die dreiundvierzig toten Studenten sind nicht genug. Die verschwundenen Frauen sind nicht genug. Vielleicht brauchen wir tausend Tote auf den Straßen, bis wir endlich gesehen werden, bis die Leute endlich sagen: ›Setzt sie auf die Liste. Lasst die arme kleine Marichuy kandidieren‹.«

Dann sprach er über das Verhältnis von Männern und Frauen und wandte sich schließlich mit gespielter Dramatik der Jugend zu: »Junge Zapatisten – wollt ihr wissen, was denen gefällt?« Er murmelte etwas Unverständliches ins Mikrophon. »Die mögen …« Murmel, murmel. »Die finden echt …« Murmel, murmel, und schließlich, mit Abscheu: »Die lieben Reggaeton! Ja, jetzt ist es raus!«

Er war so entnervt, wie es einem einundsechzigjährigen Friedenskämpfer zustand, der einen mexikanischen Staat befreit hatte und dann gezwungen war, sich die musikalischen Vorlieben in dieser Freiheit anzuhören, diesen Brei aus jamaikanischem Reggae, puertoricanischem Hip-Hop und Hits wie »Despacito« von Daddy Yankee (Ramón Luis Ayala), dem selbsternannten König des Reggaeton.

Dann richtete Marcos sich auf und rief nach hinten ins Publikum: »Jetzt bitte ich unsere *compañeras* auf die Bühne.«

Während der nächsten Minuten wanderte eine Hundertschaft von Frauen mit kapuzenartigen, gestrickten Masken langsam den schmalen Gang an der Seite der Sitzreihen entlang. Ihre Spitzen- und Rüschenblusen und die gewebten Wollröcke bildeten einen scharfen Kontrast zu den Kopfbedeckungen. Alle sahen gebannt auf dieses merkwürdig schöne Bild, das die Prozession von so vielen vermummten Frauen bot – Masken über Masken.

Auf der Bühne, die sich inzwischen mit maskierten Frauen gefüllt hatte, sah man Marcos in gespielter Verzweiflung die Hände heben, als wollte er hilflos sagen: »Ich geb's auf!« Dann verschwand er, umringt von seinen Männern, durch eine Hintertür. Die Pfeife lag noch auf dem Tisch.

Compañero Escritor

Mehr Eintopf, mehr Mezcal, ein Besuch in der Kathedrale von San Cristóbal, ein Vormittag zum Entwerfen der Rede, dann kam der leise Zuruf von Juan Villoro, dass der weiße Bus wieder wartete, dieses Mal an einer anderen Stelle. Am Treffpunkt waren Marichuy, die Schriftstellerin Cristina Rivera Garza mit ihrem Mann und noch einige andere versammelt. Wir stiegen ein und machten uns auf unseren anonymen Weg durch die Gassen, vorbei an Touristen und dem Parque Principal, miteinander bekannt. Je weiter wir nach Norden kamen, desto ärmlicher sahen die Stadtviertel aus.

Ich unterhielt mich ein bisschen mit Cristina Rivera Garza, der angesehenen hispanoamerikanischen Soziologin und Autorin von Kurzgeschichten und Romanen. Ihren vielschichtigen historischen Roman *Nadie me verá llorar* hatte ich in Mexiko-Stadt gelesen. Sie lebte in Houston, sagte sie, hatte aber schon eine ähnliche Reise durch das Grenzland unternommen wie ich. Sie stammte aus Matamoros und konnte mir meinen Eindruck von einer eigenständigen Grenzlandkultur bestätigen, die besonders dadurch so komplex war, dass Familien (wie auch ihre eigene) auf beiden Seiten lebten.

»Ich bin die gesamte Grenze abgefahren«, erzählte ich ihr. »Ich habe in meinem Leben etliche Grenzen überquert, aber so eine noch nie. Diese kleinen Grenzbrücken in Texas, der Fußweg von Douglas nach Aqua Prieta, die Tür im Zaun in Nogales – all das hat mich an Alice erinnert, die durchs Kaninchenloch ins Wunderland kommt.«

Cristina nickte und erzählte mir im rumpelnden Bus von ihren eigenen Erlebnissen an der Grenze. Einem Interviewer hatte sie vorher einmal gesagt: »Ich beschäftige mich viel mit Grenzen, mit Grenzen aller Art, geopolitischen und gedanklichen Grenzen, Grenzen zwischen Geschlechtern und Genres, zwischen Leben und Tod. Ich verbringe meine Zeit hauptsächlich damit, mir auszudenken, wie man sie überwinden kann. Wie kommt es, dass wir manche überqueren und uns anderen nicht einmal nähern dürfen?«

Ich verstand, was sie meinte. Bald fuhr der Bus wieder durch das hohe Tor des UniTierra-Geländes zum Conversatorio.

Juan erwartete mich: »Compañero Manuel will dich sprechen.« Der Compañero saß auf einer Bank unter dem Vordach eines der flachen Gebäude mit den Ziegeldächern; ein älterer, etwa sechzigjähriger Mann mit der schlichten schwarzen Zivilkleidung und der Schirmmütze der Zapatisten; eine Maske hatte er nicht. Niemand hier hatte neue Uniformen; alle trugen ihre geflickten alten Kleidungsstücke mit Stil und Würde, und weil es kalt war in Chiapas, waren alle warm eingepackt. Compañero Manuel umarmte mich zur Begrüßung und fragte: »Sind Sie bereit, *compañero*?«

»Ich habe eine kleine Ansprache vorbereitet.«

»Auf Spanisch oder Englisch?«

»Ich will zur Einführung Spanisch sprechen und dann Englisch.«

Er winkte einen schlanken Burschen mit Weste heran. »Das ist Alejandro. Er wird für Sie übersetzen.«

Ich gab Alejandro die Hand und fragte: »Wird der Subcomandante da sein, wenn ich spreche?«

»Das wissen wir nicht.« Manuel zog die Nase kraus. »Vielleicht, vielleicht auch nicht. Wir kennen seine Wege nicht.«

Der Saal war so voll wie beim letzten Mal, aber jetzt waren weder der Subcomandante noch seine Entourage auf der Bühne. Das Programm begann mit neuen Filmen aus Mexiko.

In *Tobias*, dem ersten Film, gedreht von den beiden jungen Filmemachern Francisca D'Acosta und Ramiro Pedraza, ging es um einen Dorfjungen, der davon träumt, mit seinem Basketballteam zu einem Match nach Barcelona zu reisen – aber es ging um mehr als

Basketball. Die erste Hürde für das Team besteht darin, das Geld für die Reise aufzutreiben. Als das geschafft ist, unterzieht sich Tobias, der noch nie aus seinem Dorf auf dem Isthmus herausgekommen ist, einer Reinigungszeremonie bei einem *curandero* – es ist die Zeremonie mit den Eiern, die ich in Chamula gesehen hatte – und holt sich dann bei den Dorfältesten Ratschläge für die Reise. Das Team schafft es bis nach Barcelona, verliert ein Spiel, gewinnt eins und ist bald, um ein paar Erfahrungen reicher, glücklich zurück in Mexiko

Somos Lengua war ein Film des vierzigjährigen Kyzza Terrazas über Rap in Mexiko. Ich fand den Film verstörend, und das nicht nur wegen der Sprache, die in ihrer Brutalität dem US-amerikanischen Rapperslang in nichts nachsteht, sondern auch wegen seiner atmosphärischen Grausamkeit. Slums und Mietskasernen in Mexiko-Stadt, üble Gegenden in Guadalajara, Torreón und Escobedo, schreckliche Geschichten von Verhaftungen und Schlägereien: elende, infernalische Armut.

Als das Licht wieder anging, war Subcomandante Marcos auf der Bühne. Hinter ihm saßen ein paar seiner Männer, zwei vermummte Frauen am Tisch. Die Menge im Saal wurde still und aufmerksam.

Und jetzt winkte Marcos zu mir herüber: »*Venga, Compañero Escritor!*«

Ich stieg die Stufen zur Bühne hinauf. Er empfing mich mit einer kräftigen Umarmung, und diese geteilte Energie entspannte mich. Mir war doch etwas unbehaglich gewesen: Ausländer in Chiapas, auffälliger Gringo unter lauter Tzotzils und Tzeltals, ein alter Mann in Straßenkleidung mit einem Stetson auf dem Kopf unter lauter vermummten Zapatisten. Ich fand diese Umarmung auf eine Weise beruhigend, die weit über eine hilfreiche Ermutigung hinausging. Umarmungen setzten erwiesenermaßen den Neurotransmitter Oxytocin frei. Er durchströmt wärmend und heilend den Körper, und der Umarmte fühlt sich geborgen. Der Subcomandante gab mich nicht, wie ich erwartet hatte, gleich wieder frei. Er hielt mich fest und sagte: »Willkommen.«

Mag sein, dass ich etwas in ihn hineinprojizierte, geblendet war von diesem Mann, der für mich ein Held war. In *Survivors in Mexico* räsoniert Rebecca West über Trotzki und Coyoacán: »Männer, die Bewunderung erregen, die man von Natur aus als Führercharaktere sieht, (was in Wahrheit nur etwas über die unnatürliche Bereitschaft derjenigen aussagt, die ihnen folgen), sind meistens leer. Menschliche Wesen brauchen hohle Gefäße, in die sie ihre Phantasien füllen und die sie bewundern können, genau wie sie Blumenvasen brauchen, um ihre Wohnungen mit Blumen zu schmücken.«

Napoleon, war eine solche Gestalt, schreibt sie, ein Mann, der »keine äußerlichen Anzeichen dafür hatte, dass er irgendwelche privaten Gedanken oder Gefühle hatte, die einem Fremden auch nur die geringste Freude gemacht hätten«. Leo Trotzki sei eine Ausnahme, kein leeres Gefäß, sondern »einer der ganz Großen, der etwas in sich trug, was mit den inneren Verwerfungen von uns Normalsterblichen korrespondierte«. Eine solche Ausnahme war auch der Subcomandante, nicht nur, weil er ein glänzender Taktiker und Anwalt der Rechte der Indigenen war, sondern in meinen Augen auch ein begabter Schriftsteller, der imstande war, die Lebhaftigkeit seines Seelenlebens und die geschmeidige Dialektik seines Denkens zu vermitteln. In all den Jahren seines Kampfes – auch als Maskierter versteckt im Urwald – hatte er sich mit einer Fülle von Essays, Kommuniqués, von Gleichnissen und Anklageschriften vom vermummten, berittenen Rebellen zum belesenen Philosophen gewandelt, der Bewunderung ungern zuließ und derlei Aufmerksamkeit lieber auf die Männer und Frauen der zapatistischen Bewegung lenkte. Ich projizierte nicht in ihn hinein, ich kannte ihn durch sein Werk, wie ich auch andere Schriftsteller kannte.

Als wir alle an einem langen Tisch auf der Bühne saßen, wandte sich der Subcomandante im Plauderton ans Publikum: »Danke, dass ihr uns diese Filme gezeigt habt. Ich kann mich noch gut daran erinnern, wie wir in den Achtzigern im Urwald von Dorf zu Dorf gezogen sind und Filme mit einem kleinen Projektor gezeigt haben, später hatten wir dann einen Fernsehapparat und Videokassetten. Kyzza hat sich der Rebellion angeschlossen, als er noch sehr jung war, und nun ist er hier und zeigt uns diesen Film. Was wir gern hätten, wäre ein Film über uns. Den können vielleicht mal die jungen Filmemacher drehen.« Danach wandte er sich zu mir. »Und jetzt habe ich das Vergnügen, *Compa* Paul willkommen zu heißen, den *Compañero Escritor*, unseren Besucher aus den USA.«

»*Muchas Gracias, Comandante*«, sagte ich und fuhr auf Spanisch fort. »Brüder, Schwestern, *compañeros, compañeras*, liebe Zapatistenfreunde, ich danke Ihnen für Ihre freundliche Aufnahme. Ich spreche in Ihrer Sprache zu Ihnen, aber Sie dürften bemerkt haben, dass ich sie nur mangelhaft beherrsche. Spanisch spreche ich leider wie ein Kleinkind. Auf Englisch unterhalten kann ich mich, wie ein *gabacho* das eben kann. Ich schreibe in meiner Muttersprache wie jeder vernünftige Mensch, aber hier kommt das Paradox: Träumen kann ich wie ein Genie.« Dieses abgewandelte Nabokov-Zitat schien anzukommen, es wurde gelacht.

»Für Sie bin ich sicher nur ein Gringo wie jeder andere. Tatsächlich habe ich indigene Vorfahren – auf diesen Teil meines geheimen Selbst bin ich stolz. Meine Großmutter mütterlicherseits kam aus dem Volk der Menominee, das sechstausend Jahre lang auf dem Gebiet des heutigen Wisconsin gelebt hat. Ihren Kampf kann ich daher besonders gut verstehen. Auch die indigenen Völker der USA wurden abgeschlachtet, betrogen und marginalisiert, seit die ersten Siedler auf dem Kontinent erschienen sind. Ich solidarisiere mich mit Ihrer Rebellion und freue mich, hier sein zu dürfen.«

Ich schob die Manuskriptblätter beiseite und fuhr, mit Pausen für Alejandros Übersetzung, auf Englisch fort.

Vor vielen Jahren, sagte ich, hätte ich etwas von der Welt sehen wollen und sei als Lehrer in ein abgelegenes Dorf in Afrika gegangen. In dieser Zeit gärte es dort; die Länder lehnten sich gegen die Kolonialherrschaft auf und kämpften um ihre Unabhängigkeit. Ich sei allerdings nur da gewesen, um im Busch Unterricht zu geben und die Landessprache zu lernen. Seinerzeit war auch Che Guevara in den Kongo gereist, um eine Offensive gegen die Separatisten in Katanga vorzubereiten. Seinem Tagebuch aus der Zeit gab er später den Untertitel »Die Geschichte eines Fehlschlags«.

Dieser Aufstand, sagte ich, konnte nur schiefgehen, weil Che sich nicht lange im Kongo aufgehalten habe, kaum Suaheli konnte und die angeborene Zurückhaltung der afrikanischen Dorfbevölkerung nicht verstand. Im Buch beschreibt Che die Besserwisserei der angereisten Kubaner, die hier nicht die erwarteten Revolutionäre, sondern konservative Bauern und Fischer antrafen. Nicht einmal die jungen in Maos China zu Guerillakämpfern ausgebildeten Afrikaner waren kampfbereit, als sie in Ches Lager ankamen. Sie waren von zu Hause weg gewesen, sie hatten Heimweh und wollten zurück in ihre Dörfer, zu ihren Familien und zur gewohnten Kost. Che wiederum konnte mit ihrer Sehnsucht nach dem Dorfleben nichts anfangen. Sein deprimiertes Buch, fand ich, könnte einen guten Leitfaden für das richtige Verhalten in fremden Kulturen abgeben.

Aber sie, die Zapatisten, hätten zehn Jahre im Urwald zugebracht, fuhr ich fort, keine Gewalt angewandt und seien als Freunde gekommen, hätten die Indigenen mit ihren Sorgen kennen- und verstehen gelernt und erst danach ihre Rebellenarmee aufgebaut. Die Menschlichkeit und Beharrlichkeit der Zapatisten, sagte ich, bewundere ich bei ihnen am meisten.

Dann erzählte ich von meiner Mexikoreise. Dass ich mich zu Hause in Massachusetts ins Auto gesetzt habe und bis hierher nach Nueva Maravilla gefahren war. Wir wohnten an zwei Enden derselben Straße. Ich erzählte von meinen Erfahrungen im Grenzland und von den negativen Auswirkungen des NAFTA-Abkommens, das statt der versprochenen Verbesserung der Lebensverhältnisse lediglich zur Ausbeutung der unteren Schichten geführt hatte.

»Ich habe es dort selbst erlebt«, sagte ich. »Für eine Viertelmillion Menschen in Ciudad Juárez, die dort in den Fabriken schuften und in Slums leben, gibt es nur eine Oberschule. Und für etwa fünfzig Familien in Oventic gibt es zwei. Oventic ist ein großartiges Beispiel für Erziehung und Aufklärung, ein schöner, autonomer, friedlicher und doch dynamischer Ort der Menschlichkeit.«

Etwas benommen von dieser Ansprache wandte ich mich zum Comandante und dankte ihm dafür, dass ich hier hatte sprechen dürfen.

In seinem üblichen freundschaftlichen Ton sagte er: »Wir freuen uns, dass du gekommen bist. Für uns ist sehr wichtig zu wissen, dass wir nicht allein sind, dass wir nicht nur in Mexiko Freunde haben, sondern auch in anderen Ländern. Ich halte dir nicht vor, dass du Amerikaner bist. Wir wollen Freunde aller Rassen und aller Länder …«

Dann sprach er schneller – viel zu schnell zum Mitschreiben – von der Isolation des Daseins hier im tiefen, feuchten Bergwald auf dem Isthmus. Gerade wegen dieser einsamen Lage seien auswärtige Freunde für die Zapatisten so wichtig. Mit einer Geste umschloss er die Filmemacher, Juan Villoro, den Philosophen Pablo Casanova und mich. Casanova bedachte er mit besonderen Lobesworten für sein auch im hohen Alter nicht nachlassendes Engagement.

»*Compa Escritor* – komm wieder«, sagte er. »Es gibt viele, die hier mit revolutionären Ideen ankommen, und was passiert dann? Sie mutieren zu konservativen Kurtisanen der Politik. Komm wieder, *compa*. Wir wünschen uns, dass du weiterhin eine Beziehung zu uns pflegst. Wir wollen nicht nur als Anekdote in deinen Reiseerinnerungen vorkommen.«

Dann öffnete er eine Mappe, entnahm ihr ein paar Manuskriptblätter und las eine selbst verfasste Geschichte über die Erlebnisse eines Kaninchens vor, das gemeinsam mit anderen Tieren auf Reisen gegangen war.

Die Art, wie ich hier aufgenommen worden war – umarmt, akzeptiert, gehört –, gab mir das Gefühl, Einlass in eine Gemeinschaft von Brüdern und Schwestern bekommen zu haben, die einen Kontrapunkt zu allem Negativen, Zerstörerischen in diesem Land gesetzt hatten. Sie hatten ihre Bewegung auf allem aufgebaut, was an den Traditionen der indigenen Völker – dieser Aristokraten der Welt – human und unvergänglich war. Das hier war keine Naturromantik und kein gewalttätiger Umsturzversuch, sondern ein gelebtes Statement zu dem, was Mexiko brauchte, ein auch für die übrige Welt vorbildhaftes Beispiel dafür, wie man mit Widerstand zur Wahrung der Menschenrechte beitragen kann.

Dass ich den Comandante (»El Sup«, wie er auch manchmal heißt) hatte kennenlernen können, hatte mich tief beeindruckt; den Soziologen und Historiker Pablo González Casanova hier anzutreffen, hatte eine besonders tröstliche Qualität. Juan Villoro hatte ja erwähnt, dass

Casanova als »zu radikal« für die UNAM, die staatliche Universität, gegolten hatte. Ich fragte Casanova danach. Er war Direktor des Zentrums für interdisziplinäre Forschung in den Natur- und Geisteswissenschaften an der UNAM gewesen. Als im Jahr 2000 eine Abteilung der Bundespolizei den Campus gestürmt und streikende Studenten festgenommen hatte, hatte er sich vehement darüber beschwert und dann sein Amt niedergelegt. Eines seiner zahlreichen Bücher, *La Democracia en México*, galt bei der Kritik als »bahnbrechendes Werk über die Geschichte demokratischer Prozesse in Mexiko«, als »erste kritische und systematische, auf empirischer Forschung basierende Forschungsarbeit über Machtstrukturen«.

Casanova war leutselig, im Gespräch sehr zugänglich und bei diesem Treffen ein überaus aufmerksamer Zuhörer. Bei den Zapatisten stand er für seinen lebenslangen Einsatz für die Sache der indigenen Völker in hohem Ansehen. Mit ihnen im Urwald kampiert hatte er nie, aber es schien ihm nichts auszumachen, von Mexiko-Stadt bis nach Chiapas zu reisen, mehrere Tage an einem obskuren Ort zuzubringen, auf einem harten Stuhl sitzend Reden und Debatten anzuhören und Filme anzusehen. Von meinem Platz in seiner Nähe aus konnte ich beobachten, wie er oft mit wachem, leuchtendem Gesichtsausdruck zustimmend nickte. Ein Aktivist, ein Optimist, ein Visionär und mit sechsundneunzig Jahren unverändert radikal: ein Vorbild.

Marcos stand auf und bat Casanova, es ihm gleichzutun. Der alte Herr lächelte, nahm seine Mütze ab, erhob sich von seinem Stuhl und stand aufrecht wie ein Soldat.

»Für deine Arbeit, deine Unterstützung und deine geistige Führung«, sagte Marcos, »erhebe ich dich in den Rang eines *comandante* der EZLN.«

Bei diesen Worten erhoben sich alle Zapatisten auf der Bühne und im Saal und salutierten; ihre Augen leuchteten aus den Sehschlitzen. Casanova erwiderte den Gruß.

Der Respekt und die Bewunderung, die diesem alten Herrn entgegengebracht wurden, faszinierten mich und schenkten mir die Hoffnung, dass auch mir vielleicht noch zwanzig Jahre vergönnt sein könnten. Möglich, dass der gebildete alte Professor T.S. Eliots »East

Coker« kannte (»Alte sollten Entdecker sein«) oder die Erkenntnis von Czesław Miłosz in »Späte Reife«:

Nur langsam, mit neunzig etwa, öffneten sich
Türen in mir, und ich ging hinein in die Klarheit des
Morgens.

Ich hatte meine Reise nach Mexiko einigermaßen bedrückt und voller Selbstmitleid begonnen, war mir ausgegrenzt, ignoriert und abgelehnt vorgekommen. Diese Reise sollte mich heilen, ein Gegenmittel für meine Niedergeschlagenheit sein. Das Mittel hatte gewirkt. Mit einem Lächeln im Gesicht machte ich mich in gehobener Stimmung auf den Heimweg und schwor mir wiederzukommen. Ich hatte hier Texte in Literaturzeitschriften wie *Letras Libres* und in der *Revista de la Universidad de México* veröffentlicht, mich mit mexikanischen Schriftstellerkollegen angefreundet, bei literarischen und politischen Veranstaltungen gesprochen und einen mexikanischen Verlag gefunden, Almadía. Zu den größten Freuden des Reisens gehört die Ankunft bei Freunden.

Ich wusste immer, dass ich ein Arbeiter im Weinberg sein
werde, genauso
wie alle Menschen, die gleichzeitig mit mir leben, mögen
sie sich dessen bewusst sein oder nicht.

Oder wie das mexikanische Sprichwort sagt: *Arrieros somos y en el camino andamos* – Wir alle sind Fuhrleute auf der Straße.

Fünfter Teil

DER HEIMWEG

Zur Grenze: Meine letzte *Mordida*

Ich machte mich auf den langen Weg nach Norden. Ich musste mich dafür allerdings keinem rasselnden Güterwaggon von *La Bestia*, keinem scheppernden Bus und keinem Lieferwagen der Narcos anvertrauen, sondern konnte flott in meinem eigenen Auto aus San Cristóbal de las Casas hinausrollen.

Die *Autopista* war an diesem Tag gesperrt – ein Polizist winkte mich von der Auffahrt hinunter –, also nahm ich die alte, schmale, kurvenreiche Straße an den Osthängen der Sierra Madre del Sur, angelegt für die Dominikaner aus Oaxaca, die bekehrbaren Heiden und für die Konquistadoren, die Gold wollten. Ein halbes Jahrtausend der Verfolgung indigener Völker in Chiapas: Der *Subcomandante* hatte nicht übertrieben.

Als im Jahr 1524 die Soldaten und Steuereintreiber der Konquistadoren auf ihrem Raubzug hier entlangkamen, wollten sie die Tzotzil unterwerfen. (In ihrer eigenen Sprache nennen die Tzotzil sich Batsil winik'otik, »das wahre Volk«.) Die Eindringlinge brachten die überraschten Ureinwohner in Rage. Das Land war ihr Land. Also schleuderten sie Steine, schossen Pfeile ab, kletterten auf die Bergspitzen an dieser Straße und »verhöhnten die Spanier, warfen kleine Goldstücke auf sie und forderten sie auf, sich den Rest bei ihnen in ihren Häusern zu holen«. Aber sie konnten es nicht mit den eisernen Dreimeter-Lanzen und Langspießen, Breitschwertern und Armbrüsten der Spanier aufnehmen. 1526, in der Schlacht von Tepetchia, sprangen viele Tzotzils angesichts der Niederlage lieber vom Rand des Sumidero Canyons in den Grijalva und damit in den Tod, als gefangen und versklavt zu werden. Die Ureinwohner von Chiapas, deren Geschichte sich als endlose Kette von Invasionen, Strafmissionen, Massakern und Auslöschungsversuchen liest, kommen bei den Zapatisten endlich zu ihrem Recht.

Die Straße wand sich wie in einer Umarmung um die wolkenverhangenen Steilhänge; in sonnigen Augenblicken gab sie einen Blick in die Abgründe grüner Täler frei. Viele Jahre lang war sie die Hauptstraße nach San Cristóbal gewesen; sie heißt noch immer Carretera Internacional, weil sie nach Guatemala und weiter nach Süden führt. 2006 wurde sie von der neuen, weniger kurvenreichen *Autopista* abgelöst. Die einzige Ortschaft an dieser alten Straße war Navenchauc; eine Ansammlung von flachen, kubischen Häusern aus rohen Hohlziegeln säumte Gassen voller herumschleichender Straßenköter.

Von den kalten 1800 Höhenmetern der Sierra Madre de Chiapas wand sich die Straße 1200 Meter abwärts durch den Wald bis zum heißen Tuxtla Gutiérrez und verlor auf gerader Strecke weitere 600 Höhenmeter bis hin zu den Windböen aus feuchtheißer, tropischer Meeresluft am Übergang zwischen den Bundesstaaten Chiapas und Oaxaca. An einer Straßensperre winkte mich ein Polizist mit einer krallenartigen Handbewegung an den Straßenrand. Ein älterer Mann, er sah müde aus. Gähnend nahm er missmutig mein Nummernschild aus Massachusetts in Augenschein.

»Ist das Ihr Fahrzeug?«

»Ja. Ich habe alle Papiere – Fahrzeug-Einfuhrerlaubnis, Versicherung, Führerschein.« Ich stocherte in den dicken Ordnern in meiner Aktentasche herum.

Vielleicht war es meine umständliche Art, vielleicht die ermüdende Aufzählung aller Papiere, die ihn noch mehr erschöpfte.

»Sie können weiterfahren«.

Dieses Mal fuhr ich an Juchitán vorbei, vermied Tehuantepec, wandte mich in die Berge und zurück in die sonnengetrocknete, staubbedeckte Dürre der Sierra, hinauf in die braungebackenen Berge des Hochlands von Oaxaca.

Gegen Mittag machte ich Rast in La Reforma, einer kleinen, von der Straße geteilten Ortschaft an einem steilen Hang. Zwischen den verstreuten Häusern eins mit einem Schild: RESTAURANTE ROSA –

ein größeres Einfamilienhaus mit zwei Esstischen im Wohnzimmer. Andere Gäste waren nicht zu sehen.

»Herzlich willkommen!« Drei Frauen begrüßten mich, drei Generationen: eine alte Frau stand am Herd, ihre Tochter siebte gerade Maismehl, die schlaksige Enkelin fläzte sich auf einem Stuhl – lange, ausgestreckte Beine, Füße auf den Armlehnen eines zweiten.

»Wohin fahren Sie?«, fragte die Alte.

»Zur Grenze. Und dann weiter in die Vereinigten Staaten.«

»Nehmen Sie mich mit!« Sie umklammerte meinen Arm.

Die anderen lachten gnädig über den komischen Vorwitz der Alten. Sie hielt mich noch immer im Griff ihrer knöchernen Finger.

»Was wollen Sie dort machen?«

»Ich kann kochen. Ich kann Ihr Haus putzen. Ich kann mich um Sie kümmern. Nehmen Sie mich mit – bringen Sie mich von hier weg. Es ist mir egal, woher Sie sind. Ich will mit.« Sie ließ meinen Arm los, trat zur Seite und verlieh ihrem Gesicht einen absichtlich übertriebenen, flehenden Ausdruck. »Bitte kommen Sie zurück und holen mich ab.«

Ihre Tochter hatte mir inzwischen die bestellte Quesadilla gemacht und stellte sie jetzt zusammen mit einer Tasse Kaffee vor mich. Die Enkelin kicherte und wackelte mit den nackten braunen Zehen. Ein schönes, träges Kind mit einem langen, blassen Modigliani-Gesicht, scharfgeschnittenen Augen und schlanken Fingern.

Um das Thema zu wechseln, fragte ich: »Wie alt bist du?«

»Zwölf.«

Jetzt betrachtete mich die Mutter des Mädchens mit prüfendem Blick: »Und Sie, *Señor*, wie alt sind *Sie* denn?«

»*Adivina* – Raten Sie mal.«

Mit gespieltem Studieneifer betrachtete sie mich eingehend, hielt den Kopf schief, spitzte den Mund, legte den Zeigefinger auf eine Wange und freute sich an der so erzeugten Spannung vor des Rätsels Lösung.

»Sechsundsiebzig!« Mit triumphierender Miene warf sie hochmütig den Kopf zurück.

»Aber ich bin ein *cabrón*!« Ich schlug mir auf die Brust.

Sie kreischten vor Vergnügen: In dieser Gegend war das Wort ein Schimpfwort. Nicht »Toller Kerl«, was ich damit hatte sagen wollen, sondern »Volltrottel«.

Später sah ich das Schild für den Abzweig nach San Dionisio und dachte an den Mezcalero Crispin García, der mir so ernsthaft etwas auf Zapotec zugeflüstert hatte. Ich machte zwei Tage Pause in San Jerónimo Tlacochahuaya. Dann übernachtete ich wieder in der Ex-Hacienda Guadalupe, und weil ich ahnte, dass ich tagelang kein gutes Essen mehr bekommen würde, ging ich allein in Oaxaca zum Essen auf die Dachterrasse der Casa Oaxaca. Am Nebentisch saß eine junge Frau in knallengen Jeans. Sie lächelte mich an, warf mit einer hübschen Hand ihr langes schwarzes Haar über die Schulter, wandte sich um und beugte sich vor, sodass ich den Aufnäher auf ihrer Gesäßtasche sehen konnte: *Eat Pray Fuck.*

Am nächsten Tag verließ ich die Ex-Hacienda und San Jerónimo bei Sonnenaufgang, fuhr auf der Schotterpiste durch die Agaven- und Knoblauchfelder bis zur Bundesstraße und dann weiter vorbei an Oaxaca-Stadt und Etla. Im so oft belagerten Nochixtlán gab es heute keine Straßenblockade. Auf der Überführung stand immer noch GERECHTIGKEIT UND RECHTE FÜR ALLE, und der verrostete, ausgebrannte Bus war auch noch da, wo ich ihn zuletzt gesehen hatte.

Etwas später taten sich wieder die tiefen Schluchten der Mixteca Alta auf, die spektakulärsten und leersten, die ich in ganz Mexiko zu Gesicht bekommen hatte. Hohe Gipfel im Südwesten und in der Tiefe, schwarz im Bergschatten, der Fluss. Dicht am Rand eines besonders steilen Straßenstücks ging ein kleiner Junge. Er war kaum älter als neun oder zehn und balancierte ein Bündel vielleicht zweieinhalb Meter langer Bambusstangen auf den Schultern – kein Haus, kein Pfad in der Nähe, nur die kleine, einsame Gestalt mit der sperrigen Last.

Kurz vor dem Stadtrand von San Luis Potosí sah ich Polizeiautos auf der Standspur und bekam feuchte Hände. Ich vergewisserte mich, dass sie mir nicht folgten und gab Gas. In der Wüste wieder die bekannten, für den trockenen Norden von Mexiko so typischen steifen Gestalten der *Palma China*.

Bei Los Lobos überlegte ich kurz, ob ich am Santa-Muerte-Heiligtum anhalten sollte, um noch einmal mit der Priesterin zu sprechen, fand es dann aber doch albern. Die Santa-Muerte-Perlenschnur und das kleine Skelett baumelten noch immer an meinem Rückspiegel. Hatte der missmutige Polizist an der Straßensperre auf dem Isthmus vielleicht diese seltsame Reliquie gesehen und mich deshalb weitergeschickt?

In Matehuala wollte ich übernachten und fuhr erst einmal in den dunklen Nebenstraßen herum, bis mir das nette Motel Las Palmas wieder einfiel, das ich schon von der Hinfahrt kannte: sicherer Parkplatz hinter einem soliden Zaun, saubere Zimmer, regionale Speisekarte.

»Von woher reisen Sie an?« Die junge Dame an der Rezeption war groß gewachsen und wirkte in ihrem schicken, maßgeschneiderten Hosenanzug sehr souverän, korrekt und überlegen.

»Oaxaca«, sagte ich.

»Haben Sie da Heuschrecken gegessen?«

»Jede Menge. Und Ameisen. Sehr lecker.«

Sie kräuselte den hübschen Mund. »Wir haben hier Besseres zu bieten.«

Es war gerade *cabuches*-Zeit: die essbaren Knospen des *echinocactus platycanthus* schmecken wie junger Rosenkohl. Ich aß sie zur anderen Spezialität aus Matehuala: zartes *cabrito al horno*, das ich in dieser Gegend schon einmal gegessen hatte.

Hilário, der Kellner, fragte mich, ob ich nach Norden unterwegs sei.

»Fahren Sie nicht durch Reynosa. Es ist gerade schlimm da.«

«Das hatte ich eigentlich vor.«

»Bloß nicht. Ich wohne in Monterrey. Reynosa ist gefährlich, glauben Sie mir. Besonders in dieser Woche.«

»Wie wäre Ciudad Alemán?«

»Besser, denke ich.«

Am nächsten Tag, ich fuhr im grellen Licht der sengenden Sonne durch die Vorortsiedlungen – jedes Gebäude, jedes Straßenschild, ja selbst die Hirten und die Frauen und Kinder mit ihren Bündeln waren alle mit einem feinen Staubfilm überzogen –, spürte ich einen Anflug von Melancholie. Sie kam wohl daher, dass mir mein Selbst von ehedem wieder einfiel, der deprimierte Alte, der keine Ahnung gehabt hatte, wohin die Reise ging. Jetzt war ich ein anderer Mensch geworden, weil ich wusste, wo ich gewesen war. Ich war nicht durch Leiden geläutert worden – das Ergebnis so mancher mühsamen Reise –, sondern hatte auf der Spur der Schlangen Freunde gefunden. Das hatte meine Stimmung gehoben.

Schon auf der Reise nach Süden hatte ich diese Wüstenlandschaft bestaunt; sie verzauberte mich auch jetzt mit ihrer schroffen Schönheit und überraschenden Wildheit. Bei Saltillo nahm ich eine Nebenstrecke und fuhr in den steilen, kiesigen braunen Höhenzug hinein, den spektakulären Bühnenhintergrund von Monterrey. Scharfgeschnittene Gipfel und messerartige Gratlinien in einer phantastischen, letzten Eruption von Sierra so nah an der flachen Wüste von Texas. Von den Anhöhen dieser klaren, schlichten Wildnis sah ich hinunter auf das dicht besiedelte Tal von Monterrey, auf Straßengewirr, auf massenhaft weiße Häuser mit flachen Dächern, die in der Sonne heiß und marokkanisch aussahen. Ich fuhr erst nach Osten und dann nach Norden um Monterrey herum, durch Industrievororte und eingezäunte Grundstücke mit Mietskasernen, dann, den Schildern nach Ciudad Mier folgend, weiter ostwärts nach Cadereyta Jiménez – für Bandenkriminalität berüchtigt – und weiter nach Cerralvo (ein Restaurant, eine Zapfsäule).

Die Straße nach Norden verlief flach und gerade durch einen dünn besiedelten Landstrich mit Mesquite-Sträuchern und hohem Gras: nur wenige Dörfer am Straßenrand, kaum andere Autos.

Ich fummelte am Autoradio: Ein Sender in Monterrey spielte klassische Musik, Töne, die ich nirgendwo sonst in Mexiko gehört hatte. Ein schönes Stück (Geige, Cello, Klavier) war zu hören. Ich kannte es, konnte es aber nicht benennen. Die süßen, besänftigenden Klänge schoben mich voran, vorbei am hohem Gras und den verkrüppelten Bäumen.

Damals in Ciudad Alemán an der Grenze hatte mich ein Ladenbesitzer gewarnt: »Fahren Sie nicht aus der Stadt hinaus. Dreißig Kilometer entfernt liegen die *Ranchitos* von der Mafia.«

Jetzt war ich im Gebiet der *Ranchitos* und der Mafia unterwegs. Vor einem Jahr hat man genau hier eine Reihe von Santa-Muerte-Schreinen entdeckt, kraftspendende Wegmarken für die Narcos an einer Strecke durch Steppe und niedriges Buschwerk. Rechts und links der Straße sah ich keine Menschen, nur zerbrochene Fenster, leere Geschäfte, verlassene Häuser und umgefallene Zäune: Anzeichen für Angst und Chaos. Zwischen General Treviño und Las Auras sah ich eine riesige Villa neben der Straße, dann eine Ranch mit dem unzweideutigen Namen *Ganadores* – die Sieger.

»Sie hörten das Notturno in Es-Dur von Franz Schubert«, sagte die Frau von Radio Monterrey.

Viele große Häuser waren hier nicht – ich sah vielleicht drei auf den hundertsechzig Kilometern hinter Monterrey –, aber jede protzige Villa stand offenbar für Drogengeld.

An einer Straßenkreuzung bei Ciudad Mier hielt ich an, um einen Lastwagen vorbeizulassen und war plötzlich von acht Jugendlichen umringt, die sich an meinen Fensterscheiben die Nasen plattdrückten.

»Was gibt's?«

Ein Junge schüttelte eine Blechdose: »Wir sammeln Geld für die Königin des Tages.«

Ich warf ein paar Münzen in die Dose: »Wo ist die Königin?«

Ein Mädchen schob sich an den Jungs vorbei und strahlte mich an. Sie trug eine schwarze durchsichtige Spitzenbluse, enge Shorts und – es war heiß hier auf der Straße im Bundesstaat Nuevo León – weiße High Heels aus Lackleder. Sie legte die Hände an die Wangen, neigte den Kopf wie eine Bühnenkokotte und machte einen Schmollmund.

»Ich bin die Königin«, sagte sie. Ihre Fingernägel hoben sich glitzernd von den Wangen ab.

Ich fragte die Truppe: »Wer von euch war schon mal in den USA?«

Zwei sagten, sie seien mal drüben im zehn Kilometer entfernten Roma, Texas, gewesen. Die Tortur vom staubigen, heruntergekommenen Ciudad Mier bestand darin, dass das fabelhafte Königreich des Geldes gleich um die Ecke hinter dem schmalen Flussbett lag.

In bester Laune fuhr ich davon, aber dann kam ein Umleitungsschild an einer gesperrten Straße. Ich landete in einem verlassenen Dorf – eine Schotterstraße, keine Schilder, kaputte Gebäude, es hätte eine der Fallen sein können, vor denen man mich gewarnt hatte. Nervös fuhr ich weiter, bis ich endlich wieder Asphalt unter die Räder bekam. Noch anderthalb Kilometer, dann sah ich die Andenkenläden, die Taqueria, in der ich seinerzeit gegessen hatte, den Laden mit der birnenförmigen, orangehaarigen Donald-Trump-Piñata, die Plaza mit dem Schuhputzer.

Texas lag nur einen Steinwurf entfernt hinter dem Fluss, und dennoch waren hier keine Gringos unterwegs. Ich hatte Hunger, ging wieder in die Taqueria und gönnte mir noch ein Eis. Ich ließ mir die Schuhe putzen und freute mich über die vertrödelte Zeit.

Ich erzählte Héctor, dem Schuhputzer, von meiner Reiseroute. »Da haben Sie aber Glück gehabt!«

Ich dachte nicht weiter über diese Bemerkung nach und überquerte ohne Zwischenfälle die internationale Brücke nach Roma, Texas. Auf dem Rio Grande fuhr ein Junge mit einem Jetski Kreise unter der Grenzbrücke. Ich war auf der Strecke von Monterrey hergekommen, die Hilário in Matehuala vorgeschlagen hatte: eine friedlich aussehende Landstraße durch die östlichen Vororte von Monterrey und Cadereyta Jiménez. Diese kaum befahrene, angenehme Straße, die Carretera 54, führte schön geradeaus durch Wäldchen und Weideland der *ranchitos* und ein paar kleine Ortschaften.

Erst später kam mir Héctors »Du hast viel Glück gehabt« wieder in den Sinn. Und viel später las ich etwas über die letzten Ereignisse in dieser Gegend: Über eben die Carretera 54, auf der ich entlanggefahren war, wurde der Menschen- und Drogenschmuggel abgewickelt; der gesamte Grenzstaat Nuevo León war das Schlachtfeld der Zetas und des Golfkartells, die hier ihre Konkurrenzkämpfe austrugen. In Cadereyta Jiménez (Besenfabrik, Ölraffinerie, Arbeiterwohnungen) wurden im Jahr 2012 fünf Gemeindeangestellte massakriert. Im selben Jahr fand man in San Juan, knapp hundert Kilometer südwestlich von Roma, neunundvierzig enthauptete, zerstückelte Leichen auf der Bundesstraße.

Ja, ich hatte Glück gehabt – unglaubliches Glück. Mein Glück waren die Begegnungen und die neuen Freunde. Ich hatte Glück bei meinen paar Missgeschicken, die ich immer unbeschadet – und mit einer Geschichte im Notizbuch – überstanden hatte. In mehr als fünfzig Reisejahren hat mich das Glück nicht verlassen.

Ich war heil in Roma angekommen, aber ich war noch nicht fertig. Ich wollte noch die Rückerstattung für die Einfuhrgenehmigung des Autos abholen und mein Visum verlängern. Also fuhr ich auf der texanischen Seite nach McAllen und über die Grenze nach Reynosa zur Zollbehörde.

»Ich kann mich heute nicht um Ihre Visaangelegenheiten kümmern.« Der Beamte trug eine Baseballkappe und sah mit seiner Aufmachung, wie alle seine Kollegen an der mexikanischen Grenze auch, wie ein Landarbeiter oder Bauer aus. »Die Rückerstattung kann ich Ihnen auszahlen, aber das Visum braucht drei Tage.«

»Ich kann unmöglich in drei Tagen wieder herkommen. Ich brauche das Visum jetzt.«

»Vorschriften.«

Ich bat ihn nochmals dringlicher und erklärte ihm, welche Unannehmlichkeiten ich durch die Wartezeit hätte.

»Vielleicht reden Sie mal mit dem Herrn da drüben.«

Er zeigte auf einen Mann in schwarzer Landarbeiterkluft. Ich erklärte mein Problem. Auch er beharrte auf der vorgeschriebenen Wartefrist. Eine amtliche Tafel an der Wand hinter ihm warnte in großen Lettern auf Spanisch und Englisch:

JEDER VERSUCH, EINEM BEAMTEN BESTECHUNGS-
ODER TRINKGELD ANZUBIETEN, IST STRAFBAR UND
WIRD GERICHTLICH VERFOLGT

»Ich verstehe ja, dass es nicht einfach ist.« Ich bräuchte das Visum trotzdem sofort.

Er winkte mich in sein Büro hinüber, unter die Warntafel. Er blätterte in meinen Papieren. An einem Finger trug er einen silbernen Ring mit einem grinsenden Schädel, aus dem anstelle der Augen rote Steine glommen; es sah aus, als knabberte das Totenkopfgebiss bei jeder seiner Handbewegungen an den haarigen Fingerknöcheln. Er musterte mich, es arbeitete in ihm.

»Ja. Ich kann Ihnen helfen«, flüsterte er. »Aber das kostet etwas.«

In einem solchen Moment denkt der misstrauische Reisende an eine Falle: Ich will jemanden bestechen, und dann werde ich dafür verhaftet. Aber wir befanden uns ja in der Schlangensteppe.

»*Cuánto?*«, wisperte ich.

Er fummelte mit einem Kugelschreiber herum, klickte nervös auf den Knopf für die Mine – jeder Klick signalisierte dabei offenbar eine Ziffer –, dann schrieb er endlich »180« auf einen Fetzen Papier, ballte den Zettel sofort schnell zusammen und steckte ihn ein.

»Pesos?«

Er prustete und schnaubte: mexikanische Verneinung. Ich wandte mich um, nahm verdeckt neun Zwanzig-Dollar-Scheine aus meiner Geldbörse, faltete und glättete sie und schob sie ihm hin. Der Dank bestand in einem leisen Schnalzen, einem befriedigten Lösen seiner klebrigen Zunge vom Gaumen; das Geld verschwand in seiner Tasche. Dann bereitete er meine Unterlagen vor, reichte sie mir und wünschte mir eine gute Reise.

Das darf keine Anekdote bleiben, dachte ich bei der Überfahrt über die Grenze, und ich kämpfte mit den Tränen, als mir die auf Zapotekisch geflüsterten Worte wieder in den Sinn kamen: *»Eet yelasu nara.«* Vergiss mich nicht.

Literaturnachweise

S. 15, 18, 194: Jack Kerouac, *Unterwegs. On the Road*, © 1959 Rowohlt Verlag.

S. 18: Albert Camus, *Tagebücher 1935–1951*, aus dem Französischen von Guido G. Meister, © 1997 Rowohlt Taschenbuch Verlag.

S. 236: Albert Camus, *Tagebuch März 1951–Dezember 1959*, aus dem Französischen von Guido G. Meister, © 1997 Rowohlt Taschenbuch Verlag.

S. 20: Graham Greene, *Gesetzlose Straßen. Aufzeichnungen aus Mexiko*. In: Ders., *Afrikanisches Tagebuch. Ein ausgebrannter Fall. Gesetzlose Straßen. Land im Dunkeln*, aus dem Englischen von Hubert Greifeneder, © 1965 Paul Zsolnay Verlag Wien.

S. 26: Daniel Defoe, *Robinson Crusoe*, aus dem Englischen von Karl Altmüller, Verlag des Bibliographischen Instituts Leipzig 1869.

S. 26, 234f.: Michel de Montaigne, »Über das Maßhalten«, in: Ders., *Gesammelte Schriften: Historisch-kritische Ausgabe mit Einleitungen und Anmerkungen*, Bd. 2, *Essays*, Buch 1; »Über Wagen«, in: Ebd., Bd. 5, *Essays*, Buch 3. Unter Zugrundelegung der Übertragung von Johann Joachim Bode hrsg. von Otto Flake und Wilhelm Weigand. München (u. a.): Müller, 1910.

S. 34, 159 u. a.: John Gibler, *Sterben in Mexiko. Berichte aus dem Inneren des Drogenkrieges*, aus dem Englischen von Norbert Hofmann, © Edition Tiamat, Verlag Klaus Bittermann.

S. 45f., S. 332: Carlos Fuentes, *Die gläserne Grenze. Roman in neun Erzählungen*, aus dem Spanischen von Ulrich Kunzmann, Hoffmann und Campe Verlag 1998.

S. 88: Francisco Cantú, *No Man's Land. Leben an der mexikanischen Grenze*, aus dem Englischen von Matthias Fienbork, © 2018 Carl Hanser Verlag GmbH & Co. KG.

S. 98/99: Graham Greene, *Spiel im Dunkeln*, aus dem Englischen von Walter Puchwein, in: Ders., *Erzählungen*, © 1977 Paul Zsolnay Verlag Wien.

S. 203: T. S. Eliot, »Gerontion«, in: Ders., *Werke in vier Bänden*, Bd. 4: *Gesammelte Gedichte 1909–1962*, hrsg., übersetzt und mit einem Nachwort von Eva Hesse, © 1972/1988 Suhrkamp Verlag.

S. 329: Carlos Fuentes, *Woran ich glaube: Alphabet des Lebens*, aus dem Spanischen von Sabine Giersberg, © 2004 DVA.

S. 261: Muriel Spark: *Memento Mori*, aus dem Englischen von Andrea Ott, © 1960, 2018 Diogenes Verlag AG Zürich.

S. 260, 325: Octavio Paz: *Das Labyrinth der Einsamkeit. Essay*, aus dem Spanischen und mit einer Einführung von Carl Heupel, © 1974 Suhrkamp Verlag.

S. 327: Salman Rushdie, *Heimatländer der Phantasie. Essays und Kritiken 1981–1991*, aus dem Englischen von Gisela Stege, © 1992 Kindler Verlag; Copyright der Originalausgabe © 1981, 1982, 1983, 1984, 1985, 1986, 1987, 1989, 1990, 1991 Salman Rushdie.

S. 379: Jacques Soustelle, *So lebten die Azteken am Vorabend der spanischen Eroberung*, aus dem Französischen von Curt Meyer-Clason, © 1956 DVA.

S. 390: Gloria Muñoz Ramirez: *Das Feuer und das Wort*, aus dem Spanischen von Gabriele Jahn, © 2004 Unrast Verlag.

S. 414: Czesław Miłosz: »Späte Reife«, in: Ders., *Gedichte*, aus dem Polnischen von Doreen Daume, Karl Dedecius, Gerhard Gnauck u. Christian Heidrich; ausgewählt u. mit einem Nachwort versehen von Adam Zagajewski, © 2013 Carl Hanser Verlag.

Paul Theroux
im Hoffmann und Campe Verlag

Mutterland
Roman
Aus dem amerikanischen Englisch von
Theda Krohm-Linke
653 Seiten, gebunden
ISBN 978-3-455-00290-4

Alle in Cape Cod halten Mutter für eine wunderbare Frau: fleißig, fromm, genügsam. Alle außer ihrem Ehemann und ihren sieben Kindern. Mit einer gehörigen Portion schwarzem Humor zeichnet Paul Theroux ein meisterhaft präzises und abgründiges Bild einer Familie, in der alle ständig gegen das ankämpfen, was sie verbindet.

Ein letztes Mal in Afrika
Übersetzt von Sigrid Schmid und Reiner Pfleiderer
415 Seiten, gebunden
ISBN 978-3-455-40526-2

Paul Theroux kehrt ein letztes Mal zurück in sein geliebtes Afrika: Er will von Kapstadt aus nach Norden reisen, fernab der ausgetretenen Pfade – auf der Suche nach dem „Königreich des Lichts". Doch was er vorfindet, ist ein zerstörtes Paradies.

Der alte Patagonien-Express
Übersetzt von Erica Ruetz
574 Seiten, gebunden
ISBN 978-3-455-50399-9

Von Boston bis nach Esquel im mythenumwobenen Patagonien – an einem eiskalten Wintermorgen begibt sich Theroux auf eine ganz besondere Zugreise: Mit Bummelbahnen und Luxuszügen fährt er monatelang gen Süden, bis zur Südspitze Argentiniens. Ein moderner Klassiker der Reiseliteratur.

Tief im Süden. Reise durch ein anderes Amerika
Mit Fotos von Steve McCurry
Übersetzt von Reiner Pfleiderer, Franka Reinhart
und Sigrid Schmid
605 Seiten, gebunden
ISBN 978-3-455-50376-0

Paul Theroux hat die ganze Welt bereist – Afrika, Indien, Ozeanien sind ihm vertraut. In *Tief im Süden* unternimmt er erstmals einen Roadtrip durch die Südstaaten seines eigenen Landes. Der Südosten der USA präsentiert sich ihm als eine Realität voller Härten, in der ihm zugleich ungeahnter Mut, Herzlichkeit und Gemeinschaftsgefühl begegnen.

Der Fremde im Palazzo d'Oro
Roman
Übersetzt von Gregor Hens
176 Seiten, gebunden
ISBN 978-3-455-40523-1

Taormina, Sizilien, Sommer 1962: Als ein junger Amerikaner auf Italienreise ein faszinierendes Paar kennenlernt, beschließt er, länger in dem malerischen Küstenort zu bleiben. Schnell verstrickt er sich in Sehnsüchte und Leidenschaften, die ihn gleichermaßen faszinieren und abstoßen … Ein Roman über die Macht der Erinnerungen, die ein Leben formen und prägen.